O PREÇO DA JUSTIÇA

O PREÇO DA JUSTIÇA

AS TAXAS NA JUSTIÇA SOB UMA PERSPETIVA JURÍDICO-TRIBUTÁRIA

2022

Cláudia Rodrigues Rocha

ALMEDINA

O PREÇO DA JUSTIÇA
AS TAXAS NA JUSTIÇA
SOB UMA PERSPETIVA JURÍDICO-TRIBUTÁRIA

AUTORA
Cláudia Rodrigues Rocha

EDITOR
EDIÇÕES ALMEDINA, S.A.
Avenida Emídio Navarro, 81, 3D
3000-151 Coimbra
Tel.: 239 851 904 · Fax: 239 851 901
www.almedina.net · editora@almedina.net

DESIGN DE CAPA
FBA.

PRÉ-IMPRESSÃO
EDIÇÕES ALMEDINA, S.A.

IMPRESSÃO E ACABAMENTO

agosto, 2022

DEPÓSITO LEGAL

ALMEDINA | GRUPOALMEDINA

BIBLIOTECA NACIONAL DE PORTUGAL – CATALOGAÇÃO NA PUBLICAÇÃO

ROCHA, Cláudia Rodrigues

O preço da justiça : as taxas na justiça sob uma perspetiva jurídico-tributária. – (Monografias jurídicas)
ISBN 978-989-40-0698-5

CDU 347

NOTA PRÉVIA E AGRADECIMENTOS

O presente trabalho corresponde, com algumas alterações, à dissertação de mestrado elaborada no âmbito do Mestrado em Direito Tributário apresentada na Escola de Direito da Universidade do Minho e cuja discussão ocorreu em 24 de março de 2022, perante um júri constituído pelos Senhores Doutores João Sérgio Ribeiro (presidente), Hugo Flores da Silva (arguente) e Joaquim Freitas da Rocha (orientador), da referida instituição.

A elaboração da dissertação contou com a orientação do Senhor Professor Joaquim Freitas da Rocha a quem devo agradecer não só a amabilidade em ter aceite tal orientação, mas os inestimáveis conselhos e contributos, o seu rigor científico e profissionalismo, bem como o incentivo à presente publicação.

Fico, igualmente, agradecida ao Senhor Professor Hugo Flores da Silva, arguente, pelas sugestões críticas e construtivas apresentadas durante a discussão pública da dissertação e sobre as quais procurei refletir e considerar para efeitos desta publicação.

As alterações – algumas meramente sistemáticas – que, entretanto, introduzimos ao texto da dissertação, não contraditam as posições inicialmente assumidas. O presente trata-se apenas de uma versão mais enriquecida e abrangente. Dedicamos alguns desenvolvimentos adicionais quanto à natureza jurídico-tributária da taxa de justiça agravada e a análise do princípio da equivalência na taxa de justiça consta, agora, de um capítulo autónomo. Procuramos, ainda, ter em consideração os subsídios legislativos, doutrinais e jurisprudenciais existentes até maio de 2022, numa tentativa de manter este trabalho o mais atualizado possível.

Não posso, também, deixar de agradecer, de uma forma geral, à Escola de Direito da Universidade do Minho pela qualidade e excelência do ensino.

Um especial e carinhoso agradecimento aos meus Colegas da Henrique Pina Lopes & Associados, Sociedade de Advogados, R.L., com quem tive o privilégio de iniciar e prosseguir o meu percurso profissional na advocacia e por quem tenho uma enorme admiração e estima. Em particular, expresso a minha gratidão à Dra. Alexandra Garcia e ao Dr. Pedro Dias Venâncio pela sua presença aquando da defesa pública da minha dissertação que agora se dá à estampa.

Aos meus Pais, o meu porto seguro, para cujo agradecimento as palavras são exíguas e não fazem jus, mas a quem tudo devo, e à Nikita, que simplesmente não poderia deixar de mencionar.

Senhora da Hora, maio de 2022

RESUMO

O estudo da taxa de justiça e de outras prestações devidas no tradicional esquema de resolução de litígios tem subalternizado a sua ligação aos *cosmos* do Direito tributário. O presente trabalho pretende ser uma análise, sob uma perspetiva jurídico-tributária, destas prestações e, em particular, da taxa de justiça, enquanto contrapartida pecuniária que os utilizadores da justiça suportam pelo impulso processual. Procurar-se-á contribuir para a insuficiência do seu tratamento, tendo em consideração que a negligência de um exame crítico, construtivo e completo de questões de pendor tributário, como o princípio da equivalência, e cuja finalidade precípua é a realização da isonomia tributária, poderá conduzir à desproteção dos seus sujeitos passivos.

Começaremos com uma narrativa direcionada para as espécies tributárias existentes no nosso espaço jurídico, após a qual estudaremos os antecedentes legislativos da taxa de justiça, desde o Direito romano, cuja abordagem será proveitosa para uma melhor e mais interessante compreensão deste figurino legal.

Chegados ao núcleo interno deste trabalho, procuraremos estudar a noção jurídica de taxa de justiça e salientar a sua natureza jurídico-tributária e carga principiológica, exercício que também implicará atomizar a taxa de justiça das custas processuais. Desmitificaremos que inexiste motivo para se distinguir entre taxa de justiça impulsória paga pelos sujeitos processuais que ocupam os extremos ativo e passivo da relação processual e, ainda, que não pode ser confundida com a compensação em sede de custas de parte. Dedicaremos atenção à taxa de justiça agravada, ao fenómeno da litigância em massa e à taxa sancionatória excecional.

Traremos à colação os problemas que o valor da causa poderá suscitar ao nível do princípio da equivalência e da adequação do montante da taxa de justiça ao custo ou benefício da prestação pública. Concluiremos, na esteira da doutrina mais autorizada, que o Tribunal Constitucional deverá sujeitar as taxas ao crivo do princípio da equivalência económica, que vá além da *proibição do excesso*, pois só assim se logrará fiscalizar a adequação dos seus montantes e contribuir para a proteção dos sujeitos passivos. O momento será, ainda, oportuno para estudarmos alguns mecanismos de tutela.

Por fim, analisaremos a taxa de justiça sob o esquema da relação jurídica tributária.

Palavras-chave: custas processuais; igualdade tributária; princípio da equivalência; taxa; taxa de justiça.

ABSTRACT

The justice tax study, as well as other obligations due under the traditional dispute resolution schemes has subordinated its connection to the tax law's cosmos. This work aims to be an analysis, from a legal-tributary perspective, of the justice tax as a pecuniary compensation that justice's users pay for the procedural impulse.

We will attempt to contribute to the insufficiency of its treatment, taking into account that the negligence of a critical, constructive and complete examination of tax issues, such as the principle of equivalence, and whose main purpose is the realization of tax isonomy, could lead to the lack of protection of its tax payers.

We will being with a narrative focused on the tax species existing in our legal space, after which we will study the legislative antecedents of the justice tax, since Roman Law, whose approach will be fruitful for a better and more interesting comprehension of this legal figure.

As we arrive to the inner core of this work, we will seek to study the legal notion of the justice tax and emphasize its legal-tax nature and principled burden, an exercise that will also imply atomizing the justice tax from other procedural costs. We will demystify that there is no reason to distinguish between the impulsive justice tax paid by the litigants who occupy the active and passive extremes of the procedural relationship and, also, that it cannot be mistaken with unsuccessful party's costs. We will pay attention to the aggravated justice tax, the phenomenon of mass litigation and the exceptional sanctioning tax.

We will bring up the problems that the value of the case may raise in terms of the principle of equivalence and the amount of the justice tax's adequacy to the cost or benefit of the service. We will conclude, in the wake of the most authorized doctrine, that the Constitutional Court should subject the taxes to the sieve of the principle of economic equivalence, that goes beyond the prohibition of excess, because only in this way will it be possible to supervise the adequacy of their amounts and contribute to the protection of tax payers. It will also be the fitting moment to study some protection mechanisms.

Finally, we will analyse the justice tax under the tributary legal relationship.

Keywords: court costs; justice tax; principle of equivalence; tax; tax equality.

INDÍCE

LISTA DE ABREVIATURAS E SIGLAS

Ac.	Acórdão
AR	Assembleia da República
art.º	Artigo
ATA	Autoridade Tributária e Aduaneira
CC	Código Civil
CCJ	Código das Custas Judiciais
CE	*Constituición Española*
CEDH	Convenção Europeia dos Direitos do Homem
CEJ	Centro de Estudos Judiciários
Cfr.	Conforme
CIAT	*Centro Interamericano de Administraciones Tributarias*
CIRS	Código do Imposto sobre o Rendimento das Pessoas Singulares
CIVA	Código do Imposto sobre o Valor Acrescentado
CPC	Código de Processo Civil
CPP	Código de Processo Penal
CPPT	Código de Procedimento e de Processo Tributário
CPTA	Código de Processo nos Tribunais Administrativos
CRP	Constituição da República Portuguesa
CTN	Código Tributário Nacional (Brasileiro)
DIVA	Diretiva 2006/112/CE do Conselho, de 28 de novembro de 2006, relativa ao sistema comum do imposto sobre o valor acrescentado
DUC	Documento Único de Cobrança

FMJ	Fundo para a Modernização da Justiça
IAS	Indexante dos Apoios Sociais
IGFEJ	Instituto de Gestão Financeira e Equipamentos de Justiça, I.P.
IRC	Imposto sobre o Rendimento das Pessoas Coletivas
IRS	Imposto sobre o Rendimento das Pessoas Singulares
IVA	Imposto sobre o Valor Acrescentado
LADT	Lei de Acesso ao Direito e aos Tribunais
LeyGT	*Ley General Tributaria* (Espanhola)
LGT	Lei Geral Tributária
LTPP	*Ley das Tasas y Precios Públicos* (Espanhola)
MJ	Ministério da Justiça
MP	Ministério Público
Ord.	Ordenações
org.	Organizado por
PGR	Procuradoria Geral da República
RCP	Regulamento das Custas Processuais
RGTAL	Regime Geral das Taxas das Autarquias Locais
ss.	seguintes
STA	Supremo Tribunal Administrativo
STF	Supremo Tribunal Federal
STJ	Supremo Tribunal de Justiça
TC	Tribunal Constitucional
TCAN	Tribunal Central Administrativo Norte
TCAS	Tribunal Central Administrativo Sul
TJUE	Tribunal de Justiça da União Europeia
TRC	Tribunal da Relação de Coimbra
TRE	Tribunal da Relação de Évora
TRG	Tribunal da Relação de Guimarães
TRL	Tribunal da Relação de Lisboa
TRP	Tribunal da Relação do Porto
UC	Unidade de Conta

LISTA DE ILUSTRAÇÕES

PROLEGÓMENOS

I) Enquadramento

Uma das funções do Estado é a satisfação de necessidades de natureza coletiva, ou seja, necessidades que, concretamente, se fazem sentir pela comunidade, conforme se extrai, desde logo, do art. 81.º, da nossa *norma normarum*. A realização desta tarefa, implica, inexoravelmente, despesa pública, o que, por sua vez, significa que o Estado necessita *dinheiro*, ou seja, financiamento. Como, por certo, já resulta do que acabamos dizer, a atividade financeira do Estado deve perseguir um objetivo capital: o da *prossecução do interesse público*[1]. Pois bem, uma das tarefas ou funções essenciais do Estado é a administração da justiça com vista à concretização plena do direito de acesso ao direito e tutela jurisdicional efetiva, com agasalho constitucional no art. 20.º, da CRP, e o exercício desta função

[1] Neste particular, Joaquim Freitas da Rocha elucida que a despesa pública deve ser orientada para um específico fim – o da prossecução do interesse público. Cfr. Rocha, Joaquim Freitas da, "Direito da Despesa Pública", Coimbra, Almedina, 2019, pp. 138-141. Igualmente, alerta Pedro Soares Martinez que "[...] o emprego dos dinheiros públicos há-de ser sempre condicionado por exigências do maior rigor, em ordem a evitar que as tentações humanas se sobreponham à realização do bem comum". Cfr. Martinez, Pedro Soares, "A essência do fenómeno financeiro" *in Revista de Finanças Públicas e Direito Fiscal*, Ano 1, Número 2, Verão, 2008, p. 17. Nos subsídios doutrinários externos, Marcus Abraham sustenta que o Estado moderno existe para atender às necessidades públicas, compreendendo as necessidades individuais, as necessidades coletivas e, ainda, as necessidades transindividuais (aqui se incluindo, por exemplo, a defesa nacional). O autor integra a administração da justiça nas necessidades coletivas. Cfr. Abranham, Marcus, "Curso de Direito Tributário Brasileiro", Rio de Janeiro, Forense, 2022, p. 5.

implica, naturalmente, custos para o erário público. Uma das formas de financiamento público resulta da cobrança de tributos, ou seja, de impostos, taxas e contribuições. Neste contexto, é amplamente aceite a ideia de que a Lei Fundamental não consagra uma justiça gratuita e é justamente neste cenário que assumem relevância as diversas *taxas* cobradas no acesso à justiça e, em particular, a figura central da nossa investigação – a taxa de justiça. Pela nossa parte, como veremos, não custará reconhecer que a taxa de justiça – pelo menos, esta – é um tributo público e que, por isso, a sua análise deve, em primeira instância, ser efetuada através da objetiva do Direito tributário. A taxa de justiça, enquanto contrapartida que os utilizadores da justiça suportam pelo acesso ao serviço *justiça*, é uma criatura legal que não tem merecido a devida atenção da dogmática tributária, olvidando-se a sua estreita ligação aos *cosmos* tributário e circunscrevendo-se, na maioria das vezes, a sua importância prática e teórica à vertente processual. Se poderemos classificá-la – esta e as restantes *taxas* – como genuínas taxas, é o que procuraremos estudar. Mas a relevância deste exercício não se esgota numa mera catalogação. São diversas as problemáticas que orbitam em torno da taxa de justiça, desde logo, a da sua natureza jurídico-tributária, sendo relevante – muito mais do que no plano formal, no plano material –, saber se estamos perante um imposto ou uma taxa e, nessa medida, se o *quantum debeatur* deverá estar subordinado ao princípio da capacidade contributiva ou ao princípio da equivalência. A base tributável da taxa de justiça afigura-se-nos outro tópico que deverá, pelo menos, convidar a uma reflexão. A taxa de justiça agravada, cobrada a propósito do fenómeno de litigância em massa, também merecerá a nossa atenção.

São, portanto, as diversas *taxas* na justiça e, particularmente, a taxa de justiça, que nos propomos analisar nesse trabalho, procurando revelar e elevar a sua importância à luz do Direito tributário.

II) Da atualidade e pertinência do tema

Um leitor mais cético, confrontando com esta fase embrionária do nosso trabalho, questionar-se-á seguramente da atualidade, relevância e pertinência do tema, sobretudo, no âmbito do Direito tributário.

Pois bem, como afirmamos, a taxa de justiça tem vindo a ser subalternizada pela doutrina tributarista. Para esta falta de tratamento doutrinário, prognosticamos, poderá contribuir uma certa ideia de que a ciência jurídica não se deve ocupar de uma matéria tão *bagatelar* como esta e que, da mesma, apenas devem ser conhecedores os funcionários judiciais. Não é verdade. Em primeiro lugar, a importância desta temática é revelada pela sua relação com o direito de acesso ao direito e tutela jurisdicional efetiva, podendo, abstratamente, apresentar-se como uma limitação a este direito fundamental, o que, só por si, deve exigir um correto e aprofundado tratamento[2]; em segundo lugar, a delimitação conceitual da taxa de justiça e a sua natureza jurídico-tributária, muito mais do que um mero exercício de classificação e arrumação, permite delimitar o seu tratamento constitucional, com todas as inerentes consequências. De igual importância, revestem-se as restantes *taxas* cobradas pelo acesso à justiça.

Por outro lado, a taxa de justiça é, frequentemente, confundida com as custas processuais – às quais, por vezes, também se atribui natureza tributária –, quando, na realidade, aquela configura apenas *uma* dessas custas (*lato sensu*) que um processo[3] envolve. Presentemente, ainda é comum encontrarmos construções dogmáticas que não conseguem escapar à tendência de confundir a taxa de justiça com a compensação que o vencido deve pagar ao vencedor em sede de custas de parte. Esta propensão também a encontramos, por vezes, no criador normativo e na jurisprudência[4]. Por outro lado, também é importante desmitificar a distinção entre a taxa de justiça paga pelo autor e aquela que é paga pelo réu[5].

[2] "Os critérios de cálculo da taxa de justiça, pela directa relação que têm, em termos económicos, com o condicionamento do exercido do direito de acesso à justiça, justificam o dispositivos de salvaguarda e de garantia de proporcionalidade entre o valor cobrado ao cidadão que recorre ao sistema público de administração da justiça e o custo/utilidade do serviço que efetivamente lhe foi prestado (artigos 2.º e 18.º, n.º 2, da CRP) evitando soluções de tal modo onerosas que se convertam em obstáculos práticos ao efectivo exercício de um tal direito." Cfr. Ac. do STJ, proferido no processo n.º 5745/16.0T8LSB.L1.S1, em 20 de maio de 2021, disponível em www.dgsi.pt [20-12-2021].

[3] Neste trabalho recorreremos frequentemente às expressões "processo" ou "processos", querendo, todavia, referirmo-nos à sua aceção mais ampla no sentido de incluir qualquer processo judicial, independentemente da sua natureza e da pretensão material em jogo.

[4] Por exemplo, na Proposta de Lei 149/XIII/4.ª que esteve na origem da Lei n.º 27/2019, de 28 de março.

[5] No decurso deste trabalho, utilizaremos os termos "autor" e "réu" na sua aceção mais ampla, ou seja, enquanto sujeitos processuais no pólo ativo e passivo da relação processual, incluindo, por isso, os binómios "requerente/requerido", "recorrente/recorrido", etc..

Será, também, oportuno abordar as finalidades da taxa de justiça, no sentido de percebermos se representa apenas um meio de angariação de receita pública ou se também se apresenta como um instrumento de remodelação ou reorientação comportamental. Tal exercício, com as suas particularidades, também deverá ser feito em relação à taxa de justiça agravada.

Será, assim, importante atomizar a taxa de justiça das restantes custas processuais, identificando a sua natureza jurídico-tributária, individualizando o seu pressuposto e finalidade e, sob o esquema da relação jurídica, definindo os seus sujeitos, objeto, facto tributário e causas extintivas.

Cremos que só um tratamento coerente, coordenado e crítico destas matérias permitirá compreender algumas das soluções legislativas, lançar um novo olhar sobre a taxa de justiça e contribuir para um afastamento do paradigma atual da sua modelação dogmática.

Por outro lado – e este também nos parece ser um fator digno de saliência – a jurisprudência e, em particular, a do Tribunal Constitucional tem-se revelado "comedida" na análise da legitimação material da taxa de justiça, fenómeno que, após delimitarmos a sua natureza jurídica, procuraremos analisar criticamente. A atualidade e relevância desta concreta análise resulta de dois fatores: primeiro, porque o cidadão encontra-se cada vez mais consciencializado de que o acesso à justiça implica uma ablação no seu património, sendo, por isso, relevante estudarmos esse fenómeno e de que forma essa imiscuição se revela legítima; segundo, porque é de colocar em evidência que só um verdadeiro controlo material da taxa de justiça permitirá o respeito pelo princípio da igualdade tributária, e do princípio da equivalência enquanto sua expressão, o que não se mostrará integralmente respeitado se as instâncias judiciais se quedarem por um controlo meramente formal.

A nossa intenção, porém, não é – nem poderia ser – fornecer ou sugerir soluções para casos concretos, tarefa que, evidentemente, extrapolaria o pendor jurídico-científico desta investigação e que, por isso, se encontra reservada para outras lides. Não deixaremos, contudo, de assinalar algumas propostas que, na nossa modesta visão, poderão contribuir para melhorar o quadro jurídico vigente.

O presente estudo emerge, assim, da necessidade de estudar as *taxas* na justiça sob um ângulo tributário, procurando contribuir para uma maior discussão, reflexão e divulgação do seu tratamento que, em nosso ver, tem sido negligenciado pela doutrina. Mas não só. Com esta investigação também pretendemos construir uma ferramenta de trabalho que, quiçá, possa ser útil para todos aqueles que têm de lidar com esta realidade, principalmente, com a taxa de justiça – por vezes, numa *ratio* diária, como será o caso dos profissionais forenses.

É, portanto, com a devida vénia por todos os subsídios doutrinários e jurisprudenciais que aqui se apresentarão, que nos atrevemos a afirmar que é terreno fértil no qual esperemos que a nossa investigação possa ser semeada e contribuir, de alguma forma, para a ciência jurídica.

III) Metodologia e plano expositivo

O nosso trabalho encontra-se dividido em oito partes.

Primeiramente, analisaremos os diversos tributos, com especial incidência sobre os impostos, taxas e contribuições. Nesta narrativa, far-se-á também uma referência a alguns princípios de Direito tributário, especificamente no quadro das taxas, como é o caso do princípio da equivalência, no âmbito do qual procuraremos, posteriormente, interpretar e integrar diversas problemáticas da taxa de justiça e de outras prestações.

Na segunda parte, faremos uma incursão histórica desde o processo romano das *legis actiones*, passando pelas Ordenações do Reino, até à atual configuração legal.

Na terceira parte, depois de sobrevoarmos o direito de acesso ao direito e à tutela jurisdicional efetiva, refletiremos sobre o modelo de financiamento da administração da justiça e, em particular, se poderá ser concebida como um benefício coletivo ou extraível em utilidades individuais. Após, importará desenhar o conceito de taxa de justiça, abordar a sua natureza jurídica, o seu pressuposto e enunciar as suas finalidades.

A quarte parte visa atomizar a taxa de justiça de outras custas associados a um processo, bem como das multas processuais. A taxa sancionatória excecional e a taxa de justiça agravada também serão objeto de estudo. Telegraficamente, também analisaremos a aplicação do IVA não só sobre a taxa de justiça, como sobre outros dispêndios relacionados com um processo.

Na quinta parte, estudaremos os princípios estruturantes em matéria de custas (*lato sensu*).

A sexta parte surge da necessidade de atomizar uma abordagem ao princípio da equivalência na taxa de justiça, com especial enfoque para a sua base tributável e onde procuraremos refletir sobre a sua (des)adequação ao custo ou benefício da prestação. O momento também propicia uma reflexão sobre a relação entre a morosidade na justiça e o princípio da equivalência.

A sétima parte é dedicada aos diversos meios de reação ao alcance dos sujeitos passivos.

Por fim, uma vez que seria impensável analisar este tributo sem recorrer à sua observação sob o quadro da relação jurídica, na oitava parte procuraremos estudar a taxa de justiça sob este esquema explicativo, ainda que de forma necessariamente superficial, atentas as limitações expositivas desta investigação. Neste capítulo, será dado maior enfoque aos sujeitos e ao facto tributário.

Em todos estes desenvolvimentos convocaremos doutrina e jurisprudência de espaços jurídicos externos, o que nos permitirá perceber de que forma algumas das questões aqui suscitadas são tratadas externamente e, sobretudo, que soluções ou propostas têm sido adiantadas.

Contudo, porque a nossa investigação não se poderá quedar por uma narrativa meramente passiva e descritiva, algumas construções legislativas e dogmáticas merecerão uma análise mais crítica, todavia, procurando-se sempre oferecer um modesto contributo para as questões em análise.

CAPÍTULO I
OS TRIBUTOS PÚBLICOS

1. O tributo

1.1. Enquadramento

Como dissemos na apresentação deste trabalho, o Estado tem a importantíssima missão de prossecução do interesse público, na sua aceção mais generalizada, necessitando, para tanto, de obter meios de financiamento. É neste contexto que pode começar a nossa referência ao *tributo*, que nasce e se justifica para possibilitar ao Estado a realização das tarefas que lhe estão incumbidas[6]. De entre as diversas formas de obtenção de receita com vista à perseguição do *bem comum*, merecem aqui destaque as receitas públicas, mais concretamente as receitas tributárias[7]. Entre nós, o tributo, contrariamente ao que sucede em outras ordens jurídicas, não se encontra normativamente definido, nomeadamente, na

[6] Neste sentido, ECHEVARRÍA PLAZA, Juan, "*La justicia como fundamento del sistema tributario español*", Madrid, Dykinson, 2021, p. 97.

[7] A atividade financeira do Estado está, evidentemente, aqui simplificada de modo grosseiro. Para maiores e cuidados desenvolvimentos, veja-se, entre outros, NABAIS, Casalta, "Direito Fiscal", 11.ª Edição, Coimbra, Almedina, 2019, pp. 27-30, AMORIM, José de Campos, AZEVEDO, Patrícia Anjos, "Lições de Direito Fiscal", Porto, Primeira Edição, 2020, pp. 12-17, MARTINS, Maria D'Oliveira, "Lições de Finanças Públicas e Direito Financeiro", 3.ª Edição, Coimbra, Almedina, 2019, pp. 80-83, GIULIANI FONROUGE, Carlos M., "*Derecho Financero – Vol. I*", 9.ª Edição, Buenos Aires, La Ley, 2004, pp. 3-4.

LGT[8], sendo tarefa da doutrina mais avalizada conceder-lhe uma noção jurídica. Poder-se-á equacionar, num primeiro momento, qual a relevância teórico-prática da delimitação conceptual de tributo. Ora, desde logo, apenas as prestações ou ingressos públicos que se considerem tributos beneficiarão da respetiva armadura jurídico-constitucional. Por outro lado, a figura do tributo, enquanto género, é, a miúde, confundida com a de imposto, que é uma das suas espécies[9]. Além disso, sendo o objeto da nossa investigação as diversas *taxas* existentes no acesso à justiça, em particular, a taxa de justiça, convirá determinar o conceito de tributo e, subsequentemente, o de cada uma das suas espécies, no sentido de, em primeiro lugar, determinar se as taxas de justiças se tratam de tributos e, em caso afirmativo, a que categoria ou espécie tributárias se podem reconduzir. Não obstante, analisando o art. 3.º, da LGT, constata-se que o tributo engloba três espécies distintas que correspondem à tradicional divisão[10]:

(i) Os impostos;
(ii) As taxas;
(iii) As contribuições financeiras a favor do Estado.

Vejamos, então, alguns subsídios doutrinários.

1.2. Noção jurídica

Alberto Xavier explica que o "[t]ributo é a prestação patrimonial estabelecida por lei a favor de uma entidade que tem a seu cargo o exercício de funções públicas, com o fim imediato de obter meios destinados

[8] Aprovada pelo Decreto-Lei n.º 398/88, de 17 de dezembro, com a última redação conferida pela Lei n.º 7/2021, de 26 de fevereiro.

[9] Tal sucede com os termos "fiscal" e "tributário", sendo o próprio legislador (e, por vezes, os tribunais) que, muitas vezes, utiliza incorretamente estes termos, sendo exemplo disso a própria designação do processo de execução fiscal. Para um intérprete menos atento, o termo "fiscal" aí utilizado poderia levar a crer que o processo só se aplicaria à cobrança coativa de impostos, o que não corresponde à realidade, como se retira, desde logo, da al. a), do n.º 1, do art. 148.º, do CPPT, aprovado pelo Decreto-Lei n.º 433/99, de 26 de outubro, com a última redação conferida Lei n.º 56/2021, de 16 de agosto, que se refere expressamente a "tributos".

[10] Esta distinção, como bem aponta Ana Paula Dourado, também se encontra na al. a), do n.º 1, do art. 165.º, da CRP. Cfr. Dourado, Ana Paula, "Direito Fiscal", 6.ª Edição, Coimbra, Almedina, 2021, p. 47.

ao seu financiamento."[11]. As suas propriedades distintivas, são, segundo o autor, (i) a patrimonialidade, (ii) a origem legal, (iii) a função financeira e (iv) a titularidade por entidades que exercem funções públicas[12]. A definição apresentada por Casalta Nabais, não se afasta da propugnada por Alberto Xavier. A sua delimitação conceitual far-se-á com base em três elementos – o elemento objetivo, o subjetivo e o teleológico. O elemento objetivo do tributo corresponde a uma prestação reveladora da natureza obrigacional das relações jurídicas que origina, pecuniária, e coativa, uma vez que nasce e se conforma exclusivamente com base na lei, tratando-se, assim, de uma obrigação *ex legge*[13]. Quanto ao elemento subjetivo, trata-se de uma prestação, exigida a favor de entidades que exercem funções ou tarefas públicas, a detentores de capacidade contributiva ou a beneficiários ou fautores de específicos serviços públicos. Por último, do ponto de vista teleológico, os tributos, sendo exigidos por entes que prosseguem fins ou tarefas públicas (ou seja, no fundo, a prossecução do interesse público), visam justamente a realização desses fins ou tarefas, e desde que não tenham carácter sancionatório[14]. De igual modo, Joaquim Freitas da Rocha e Hugo Flores da Silva explicam que tributo será "[...] qualquer prestação coativa com natureza tributária, pretendendo com tal significar-se (i) a taxativa origem normativa-legal [...], (ii) a modelação conteudística suficiente e esgotante também pela mesma via [...] e (iii) a finalidade financeira *stricto sensu*, de satisfação de necessidades coletivas e públicas (apartando as prestações coativas com fins diversos, designadamente sancionatórios, como

[11] Cfr, Xavier, Alberto, "Manual de Direito Fiscal", Volume I, Lisboa, 1974, p. 35.

[12] Curiosamente, o autor assume-se avesso ao uso da expressão "coatividade" para significar que o tributo tem origem legal. O autor afirma que este qualificativo não é correto, porque a coatividade é um requisito de pretensão do credor, estando também presente em obrigações voluntariamente assumidas, como é o caso dos preços. Cfr. *Idem, ibidem*, pp. 39-40.

[13] Cfr. Nabais, Casalta, "Sobre o regime jurídico das taxas" *in* CEJ, *Taxas e contribuições financeiras a favor das entidades públicas e contribuições para a segurança social*, Lisboa, 2015, pp. 13-15, disponível em https://cej.justica.gov.pt/LinkClick.aspx?fileticket=GyuW8xXfZvE%3d&portalid=30 [23-04-2022].

[14] Daí que Joaquim Freitas da Rocha e Hugo Flores da Silva ensinem que a relação jurídica tributária (e, note-se, não a relação jurídica fiscal), atendendo aos seus fins, tenha natureza publicista. Cfr. Rocha, Joaquim Freitas da, Silva, Hugo Flores da, "Teoria Geral da Relação Jurídica Tributária", Coimbra, Almedina, 2019 p. 40 e ss..

as multas ou as coimas)"[15]. Numa formulação mais compendiada, mas cristalina, J. L. Saldanha Sanches define tributos como sendo "[...] as receitas cobradas pelo Estado ou por outros entes públicos para a satisfação de necessidades públicas, sem função sancionatória"[16]. Em sentido muito próximo, Ana Paula Dourado também refere que os "[o]s tributos costumam ser definidos como as receitas criadas pelo Estado ou outras entidades públicas para a satisfação de necessidades públicas e sem função sancionatória"[17].

Como, por certo, resulta do que temos vindo de dizer, o conceito de tributo evidencia os seguintes caracteres: (i) o carácter pecuniário da prestação, o que significa que não integram este conceito prestações de *facere*[18]; (ii) a natureza *ex legge*, por oposição a prestações que nascem com base na autonomia da vontade (iii) a sua exigência por entes que exercem funções ou tarefas públicas; (iii) a finalidade financeira *stricto sensu*, no sentido de satisfazer necessidades coletivas e públicas; (iv) a ausência de finalidades sancionatórias, estando assim arredados deste conceito as multas, coimas ou outras prestações de natureza sancionatória.

1.3. As finalidades extratiributárias (remissão)

Julgamos que para se compreender este figurino legal na sua amplitude não podemos olvidar as finalidades extratributárias[19], orientadoras, regulatórias – conforme a base terminológica que se preferir – que algumas espécies tributárias podem, em concreto, prosseguir[20].

[15] Cfr. *Idem, Ibidem*, p. 18.

[16] Cfr. Sanches, J. L. Saldanha, "Manual de Direito Fiscal", 3.ª Edição, Coimbra, Coimbra Editora, 2007, p. 22.

[17] Cfr. Dourado, Ana Paula, "Direito Fiscal", *op. cit.* p. 46.

[18] Importa, no entanto, ter presente, como veremos, que em alguns casos legalmente previstos a prestação tributária pode ser satisfeita através do instituto da dação em pagamento. Sobre esta advertência, Rocha, Joaquim Freitas da, Silva, Hugo Flores da, "Teoria Geral...", *op. cit.*, p. 112.

[19] Uma vez que estamos a falar de tributos, afigura-se-nos, salvo melhor opinião, mais correta a utilização das expressões "finalidades extratributárias" ou "extra-redíticias", ao invés de "finalidades extrafiscais". No decurso deste trabalho, serão essas as expressas por nós utilizadas, salvo em citações ou paráfrases.

[20] No sentido de que o conceito de tributo deve ter em consideração as finalidades sociais, *vide*, Tipke, Klaus, Lang, Joachim, "*Steuerrecht*", 18.ª Edição, 2005, tradução portuguesa de

O tributo, além da prototípica finalidade financeira *stricto sensu*, pode assumir-se como um instrumento, por exemplo, de reorientação de comportamentos individuais, de desincentivo à prática de certos atos ou de limitação da procura de certo bem ou serviço, casos em que a arrecadação de receita assume um papel secundário. Os tributos que prosseguem estas finalidades são também apelidados de *tributos pigouvianos*, em homenagem a Arthur Cecil Pigou, ou *tributos corretivos*[21]. Neste contexto, Sérgio Vasques adverte que a finalidade de orientação ou regulação pode surgir como um mero efeito colateral da arrecadação de receita e, portanto, sem se emancipar ou autonomizar da finalidade recaudatória[22]. Poderá, no entanto, questionar-se se será rigoroso referir-nos a tributos *puramente arrecadatórios* e tributos *puramente extrafiscais*. De facto, um tributo que se apresente com finalidades recolectoras também poderá prosseguir finalidades extrafiscais. Por sua vez, um tributo extrafiscal também acaba por alcançar uma finalidade financeira. Seja como for, a extratributação será revisitada com mais pormenor adiante, quando abordaremos a taxa e, em particular, a taxa de justiça e a taxa de justiça agravada.

Luiz Dória Furquim, "Direito Tributário – Vol. I", Porto Alegre, Sergio Antonio Fabris Editor, 2008, pp. 134-136. De igual modo, Marcus Abraham também sustenta que a atividade financeira do Estado, além da função fiscal, também possui uma função extrafiscal ou de regulatória. Cf. ABRANHAM, Marcus, "Curso de...", *op. cit.*, p. 6.

[21] O economista inglês, procurando uma forma de lidar com as exterioridades negativas que começaram a surgir com a revolução industrial, ensaiou um modelo – o *modelo pigouviano* – na sua obra *The Economis of Welfare*, de 1920, segundo o qual o Estado deveria procurar igualar o custo privado e o custo social (ou o benefício privado e o benefício social), concluindo que os tributos seriam um instrumento a considerar. Esta conceptualização, evidentemente, não esteve isenta de críticas. Para maiores desenvolvimentos, FLEISCHER, Victor, "*Curb your Enthusiasm for Pigouvian Taxes*", in *Vanderbilt Law Review*, Vol. 68:6:1673, 2015, pp. 1682-1687. O autor acaba por concluir que, de uma forma geral, os tributos pigouvianos devem evitar-se. O seu campo preferencial e útil de atuação circunscreve-se ao meio ambiente e a situações de congestionamento. Com pertinência sobre a tributação corretiva, *vide* VASQUES, Sérgio, "O Princípio...", *op. cit.*, pp. 307-321.

[22] Para maiores desenvolvimentos sobre a autonomização das finalidades extratributárias, e sem prejuízo do que se dirá mais adiante, VASQUES, Sérgio, "O Princípio da Equivalência como Critério de Igualdade Tributária", Coimbra, Almedina, 2008, pp. 577-595, em especial, pp. 584-586.

1.4. Breve panorama externo

Analisemos, agora, o cenário em espaços jurídicos externos.

O art. 2.º, da *Ley General Tributaria*, aprovada pela *Ley 58/2003, de 17 de diciembre*, enuncia que "*[l]os tributos son los ingresos públicos que consisten en prestaciones pecuniarias exigidas por una Administración pública como consecuencia de la realización del supuesto de hecho al que la ley vincula el deber de contribuir, con el fin primordial de obtener los ingresos necesarios para el sostenimiento de los gastos públicos*"[23]. Na América Latina, a definição também não é muito distinta. O *Centro Interamericano de Administraciones Tributarias*[24], constatando que a legislação tributária dos diversos países da América Latina se apresentava vasta, dispersa e incompleta, com claro prejuízo para a segurança jurídica, elaborou, em 1997, um Modelo do Código Tributário. Desde então, o modelo sofreu duas alterações, tendo a última ocorrido em 2015. No seu art. 9.º, é estabelecido que "*[t]ributos son las prestaciones en dinero que el Estado exige, en razón de una determinada manifestación de capacidad económica, mediante el ejercicio de su poder de imperio, con el objeto de obtener recursos para financiar el gasto público o para el cumplimiento de otros fines de interés general*". Na ordem jurídica brasileira, o Código Tributário Nacional, estabelece, no seu art. 3.º, que "[t]ributo é toda prestação pecuniária compulsória, em moeda ou cujo valor nela se possa exprimir, que não constitua sanção de ato ilícito, instituída em lei e cobrada mediante atividade administrativa plenamente vinculada"[25].

Sobrevoando a doutrina, é também possível adiantar algumas delimitações conceituais. Para Ramón Falcón y Tella, as características básicas do tributo são, pois, a coatividade, o carácter pecuniário da obrigação a que o tributo dá lugar e o carácter público do ente que ocupa a posição de credor na obrigação[26]. Similarmente, Alejandro Menéndez Moreno observa que os tributos são uma classe ou modalidade de ingresso público, assinalando como características distintivas a coatividade,

[23] Para uma crítica a esta noção positivada, *vide* QUERALT MARTÍN, Juan, *et al.*, "*Curso de Derecho Financeiro y Tributario*", Madrid, Tecnos, 2015, p. 67 e ss..

[24] Portugal é membro do CIAT desde 1990.

[25] A legislação brasileira também afasta do conceito de tributo as prestações com função sancionatória, conforme se retira pelo art. 3.º, do CTN.

[26] Cfr. FÁLCON Y TELLA, Ramón, "*Derecho Financeiro y Tributario (parte general)*", 6.ª Edição, Madrid, Universidad Complutense, 2016, p. 33.

a finalidade prosseguida, isto é, cobertura das despesas ocasionadas pela realização de tarefas públicas, e o seu fundamento – não basta explicar que são prestações coativas e que se destinam à satisfação dos gastos públicos, é necessário saber o que legitima a sua cobrança aos cidadãos, e que, na sua opinião, é a capacidade económica dos seus sujeitos passivos. O autor ensaia, assim, uma definição de tributo, que consiste em "*[...] una obligación legal y pecuniária, fundamentada en la capacidade económica del deudor, estabelecida en favor de un ente público en régimen de derecho público para atender suas necessidades económicas*" [27]. Por sua vez, Gloria Alarcón-García explica que os tributos incorporam os designados "*ingresos públicos*" que configuram as importâncias percebidas pelo Estado e demais entidades públicas com a finalidade de cobrir gastos público. O tributo, que é *res publica*, caracteriza-se pela sua coatividade, por ser uma prestação pecuniária e ter como função a arrecadação de receita pública[28]. Para a doutrina italiana, "*[i]l tributo è un prelievo di ricchezza effettuato coattivamente da un ente pubblico non collegato sinallagmaticamente ad un «corrispettivo». Può consistere in imposte, tasse e proventi indennitari*"[29]. Na doutrina peruana, Francisco Ruiz de Castilla assinala que "*[...] el tributo es una obligácion cuya prestacíon consisten en dar una determinada suma de dinero, com carácter definitivo, al Estado y los particulares. Estos últimos tienen que gozar de riqueza económica. El tributo encuentra fundamenta en la potestad tributaria y su fuente es la ley, mientras que su finalidade básica es financiar las actividades del Estado*", admitindo-se, também, que possam ter finalidades extrafiscais[30]. No direito tributário brasileiro, é comum distinguir-se, sob o signo da contraprestação, entre tributos *vinculados* e *não vinculados*. Os primeiros compreendem as taxas e as contribuições, enquanto os segundos se referem aos impostos, por não se vislumbrar uma contraprestação específica do Estado a favor do contribuinte[31].

[27] Cfr. Menéndez Moreno, Alejandro, "*Derecho financero y tributario: parte general: lecciones de cátedra*", 9.ª Edição, Valladolid, Editorial Lex Nova, 2008, pp. 147-149.

[28] Cfr. Alarcón-García, Gloria, "*Manual del Sistema Fiscal Español – Un compendio sistemático y prático*", Navarra, Editorial Aranzadi, 2009, pp. 68, 88 e 158.

[29] Cfr. Falsitta, Gaspare, "*Corso Istituzionale di Diritto Tributario*", 6.ª Edição, Wolters Kluwer Italia, 2016, p. 9.

[30] Cfr. Ruiz de Castilla, Francisco, "*Derecho tributario: temas básicos*", Perú, Fondo Editorial de la PUCP, 2008, p. 29 e ss..

[31] Para maiores desenvolvimentos, Abranham, Marcus, "Curso de...", *op. cit.*, p. 42.

§ Considerações sequenciais

Como acabamos de ver, embora o direito positivo doméstico não nos brinde com uma noção jurídica de tributo, verifica-se que o legislador ordinário, no n.º 2, do art. 3.º, da LGT, utiliza o conceito de tributo como a categoria mais geral para as receitas coativas do Estado, que não tenham fins sancionatórios, onde se compreendem os impostos, as taxas e as contribuições financeiras a favor de entidades públicas. Após se ter sobrevoado a noção de jurídica de tributo, olhando ainda para alguns espaços jurídicos externos, importa agora analisar cada uma das suas espécies tributárias, ou seja, o imposto, a taxa e as contribuições[32]. Apesar da centralidade nas taxas na justiça e, em especial, na taxa de justiça, a nossa investigação não pode deixar de contemplar uma narrativa sobre as diversas espécies tributárias. O tema, como é sabido, tem sido objeto de abundante estudo pela doutrina mais autorizada, pelo que não pretendemos apresentar uma análise exaustiva, surgindo, antes, de uma necessidade lógica e sistemática. Assim, é nossa pretensão analisarmos a sua delimitação conceitual (com especial incidência para o pressuposto e finalidade), enquadramento constitucional e referência a alguns princípios conformadores. Aproveitamos, ainda, o ensejo para estudarmos algumas questões mais controvertidas e que poderão ter alguma influência nos desenvolvimentos subsequentes, como seja, por exemplo, a coatividade na taxa, em especial, quando a prestação pública em causa nasce a partir de uma *solicitação* do sujeito passivo.

Analisemos, então, o imposto, a taxa e as contribuições, por esta ordem.

2. O imposto

2.1. Noção jurídica na doutrina nacional

Tal como se disse em relação ao tributo, também a noção jurídica de imposto não se encontra normativamente prevista. O n.º 1, do art. 4.º, da

[32] Para J. L. Saldanha Sanches, esta tripartição é uma questão pacífica. Cfr. SANCHES, J. L. Saldanha, "Manual de...", *op. cit.*, p. 21. Sobre a divisão dos tributos, *vide*, entre outros, NABAIS, Casalta, "Direito Fiscal", 11.ª Edição, Coimbra, Almedina, 2019, p. 45 e 46 e FERNANDES, Filipe de Vasconcelos, "Direito Fiscal Constitucional – Introdução e Princípios Fundamentais", Lisboa, AAFDL, 2020, p. 50 e ss..

LGT, apenas refere que os impostos assentam essencialmente na capacidade contributiva, colocando, assim, a tónica no seu pressuposto. Na dogmática tributarista, muitos são os ensaios acerca de uma definição de imposto, por regra, em sentido convergente[33]. O imposto, à semelhança da conceção de tributo, também pode ser definido com recurso aos elementos subjetivo, objetivo e teleológico[34]. Segundo Casalta Nabais, este tributo será, do ponto de vista subjetivo, uma prestação devida por detentores de capacidade contributiva (sejam eles pessoas singulares ou coletivas), a favor de entidades que exercem funções ou tarefas públicas[35/36]. Por sua vez, objetivamente, o imposto caracteriza-se por ser uma prestação pecuniária, unilateral, definitiva e coativa. Teleologicamente, o imposto é exigido por entes públicos para a realização dessas funções ou tarefas públicas, e desde que não tenham carácter sancionatório, não se excluindo, porém, a prossecução de finalidades extrafiscais[37]. Para António Braz Teixeira, que apresenta uma definição um tanto ampla de imposto, na medida em nela incorpora a satisfação de fins públicos, e não necessariamente a obtenção de receitas, o imposto deve definir-se como sendo a "[...] a prestação definitiva e unilateral, estabelecida pela lei a favor de uma pessoa colectiva de direito público, para

[33] Referimo-nos, por exemplo, à definição proposta por António Braz Teixeira – não acompanhada pela maioria da doutrina – que, atendendo a uma perspetiva histórica, defende que o imposto deve abranger todas as suas formas, passadas e presentes, e não apenas o seu tipo hodierno, pelo que, exemplificando com as estampilhas fiscais no âmbito do Imposto do Selo, abolidas pela Lei n.º 150/99, de 11 de setembro, que aprovou o CIS, defende que não se pode reconduzir o imposto a uma prestação pecuniária. Cfr. Teixeira, António Brás, "Princípios de Direito Fiscal – Vol. I", 3.ª Edição, Coimbra, Almedina, 1990, pp. 36-37. Para uma noção de imposto onde o autor lembra que nenhuma definição é imutável, *vide* Ribeiro, João Sérgio, "Um novo paradigma de imposto", in *Fiscalidade – Revista de direito e gestão fiscal*, n.º 43, Coimbra, Coimbra Editora, 2010, p. 5 e ss.

[34] Assim, Nabais, Casalta, "O dever fundamental de pagar impostos – Contributo para a compreensão constitucional do Estado fiscal contemporâneo", Coimbra, Almedina, 1998, p. 224 e ss..

[35] Como observa Casalta Nabais, "[...] os impostos incidem sobre todos os pertencentes à categoria dos detentores de capacidade contributiva". Cfr. Nabais, Casalta, "O dever...", *op. cit.*, p. 440.

[36] Cfr. art. 18.º, da LGT.

[37] Para o autor, nesse caso, não estaremos perante verdadeiros impostos subsumíveis na "constituição fiscal", mas na "constituição económica", por se tratarem de instrumentos de política económica e social. Cfr. Nabais, Casalta, "Direito Fiscal", *op. cit.*, p. 44 e Nabais, Casalta, "O dever...", *op. cit.*, p. 629 e ss..

a realização de fins públicos, e a qual não constitui sanção de um acto ilícito"[38]. Colocando a tónica na nutrição de despesas públicas, J. L. Saldanha Sanches define o imposto como sendo uma prestação pecuniária, singular ou reiterada, que não apresenta conexão com qualquer contraprestação retributiva especifica exigida por uma entidade pública a uma outra entidade (sujeito passivo), utilizada exclusiva ou principalmente para a cobertura de despesas públicas. Estabelecendo logo a distinção com a sua espécie mais próxima, as taxas, Ana Paula Dourado delimita os impostos como sendo "[...] tributos de carácter unilateral por contraposição às taxas («critério estrutural»), materializados por prestação pecuniárias cuja finalidade seja a arrecadação de receitas a título principal ou secundário por parte de entidades públicas (fim fiscal), ou até a prossecução de quaisquer outras finalidades públicas (designadas de finalidades extrafiscais) que não tenham por base uma infração e correspondente sanção"[39]. Em jeito de conclusão, mas sem pretender esgotar todas as construções doutrinárias, assinala-se que, para Manuel Henrique de Freitas Pereira "[o] imposto é uma prestação pecuniária, coativa, unilateral, a título definitivo, sem carácter de sanção, devida ao Estado ou outros entes públicos com vista à realização de fins públicos"[40].

2.2. Noção jurídica em ordenamentos externos

Sob o ponto de vista do direito positivado, a *LeyGT*, na al. c), do n.º 2, do art. 2.º, define os impostos como "*[...] los tributos exigidos sin contraprestación cuyo hecho imponible está constituido por negocios, actos o hechos que ponen de manifiesto la capacidad económica del contribuyente*". Esta definição legal, que, aliás, aparece mais ou menos alinhada com as noções que acabamos de ver, não está isenta de críticas por parte da doutrina espanhola. Como teremos oportunidade de ver quando abordarmos as diferenças entre taxa e imposto, há autores espanhóis que se recusam a utilizar o termo *contraprestação*, independentemente do tributo que esteja em causa, por se entender que apenas respeita a obrigações contratuais, e não de

[38] Cfr. Teixeira, António Brás, "Princípios de...", *op. cit.* p. 35.

[39] Cfr. Dourado, Ana Paula, "Direito Fiscal", *op. cit.*, p. 50.

[40] Cfr. Pereira, Manuel Henrique de Freitas, "Fiscalidade", 6.ª Edição, Coimbra, Almedina, 2018, p. 17.

natureza legal[41]. Ainda a propósito da doutrina, há quem classifique o imposto como sendo uma categoria residual, nela se integrando os tributos que não possam ser classificados como taxas ou contribuições especiais[42].

Por sua vez, para a doutrina italiana, o imposto convoca uma ideologia de *solidariedade*, ou seja, os cidadãos que manifestem uma capacidade contributiva têm a obrigação de contribuir para as despesas públicas na medida de sua capacidade contributiva. Assim, "*[l]'imposta è dunque una obbligazione di riparto di oneri economici pubblici e ciascun contribuente è il debitore, assieme alla platea di tutti gli altri contribuenti della stessa imposta, di una quota*". [43] Isto mesmo è-nos evidenciado pelo direito positivo, em particular, pelo art. 53.º, da *Costituzione Italiana*, que postula que "*[y]utti sono tenuti a concorrere alle spese pubbliche in ragione della loro capacità contributiva*"[44].

Na doutrina alemã, Klaus Tipke e Joachim Lang definem o imposto como uma prestação pecuniária, definitiva, que não representa uma contraprestação em virtude de uma prestação específica, que se destina ao financiamento de despesas gerais, devida a um ente de direito público e *imposta a todos*[45]. Os autores também excluem o seu carácter voluntário e parecem negar-lhe finalidades sancionatórias.

Podemos, então, afirmar que o imposto é um tributo unilateral, cuja unilateralidade se traduz na inexistência de uma contraprestação individualizada por parte dos entes públicos (ou na inexistência de um serviço ou atividade pública individualizada), que prossegue finalidades

[41] Assim, por exemplo, Garcia Novoa, César, "*El concepto de tributo*", Espanha, Marcial Pons, 2012, p. 262.

[42] Cfr. Fálcon y Tella, Ramón, "*Derecho Financeiro...*", *op. cit.*, p. 62.

[43] Cfr. Falsitta, Gaspare, "*Corso Instituzionale...*", *op. cit.*, p. 12. Para Fabrizio Amatucci, "*[l]'imposta è un tributo essenzialmente contributivo (..)*". Cfr. Amatucci, Fabrizio, "*Principi e nozioni di diritto tributário*", Torino, G. Giappichelli Editore, 2016, p. 78.

[44] Com efeito, "*[...] è un istituto come funzione solidaristica mediante il quale pertanto chi ha «capacità contributiva», ossia ricchezze spendibili, concorre a finanziare le spese pubbliche anche in luogo di chi manca del tutto di tale capacità e pur fruisce di tutti i servizi e vantaggi che derivano dall'appartenenza alla comunità organizzata a Stato (o a ente sopra o sotto ordinato)*". Cfr. Falsitta, Gaspare, "*Corso Instituzionale...*", *op. cit.*, p. 12.

[45] Cfr. Tipke, Klaus, Lang, Joachim, "*Steuerrecht*", *op. cit.*, pp. 137-138.

públicas, mas sem finalidade sancionatória[46], de natureza coativa[47], na medida em que nascem e se conforma com base unicamente na lei, e definitiva, tratando-se, em princípio, de uma prestação que não dá lugar a qualquer reembolso, restituição ou indemnização[48]. O seu pressuposto é a manifestação de uma força contributiva, enquanto a finalidade reconduz-se ao financiamento de despesas públicas gerais.

§ Breve referência às finalidades extrafiscais

Como dissemos acima, quando falamos dos tributos, – mesmo que o imposto seja definido tradicionalmente estruturado à luz da sua função financeira, tal não significa que não possam prosseguir objetivos extratributários, que podem apresentar-se como mais ou menos *preponderantes* em relação à finalidade de angariação de receita[49]. Um dos exemplos

[46] Como sustenta J. L. Saldanha Sanches, "[j]á as coimas e as sanções pecuniárias estão orientadas para outros fins, embora estando igualmente sujeitas a reserva de lei, a sua existência encontra-se pré-ordenada *prima facie* a objetivos puramente dissuasórios e não ao da obtenção de receitas". Cfr. Sanches, Saldanha, J. J., "Manual de...", *op. cit.*, pág. 22. Itálico mantido conforme original. De igual modo, António Braz Teixeira refere que exclusão de natureza sancionatória se trata de uma característica negativa do imposto, sendo elemento que o distingue das multas e coimas, "[...] as quais, consistindo igualmente numa prestação definitiva de direito público, para a realização de um fim público (fim sancionador), visam punir certas violações da lei cuja gravidade se reputa dever ser sancionada pela exigências de determinados importâncias aos seus autores". *Cfr.* Teixeira, António Braz, "Princípios de...", *op. cit*, pág. 39. Por último, mas não menos importante Casalta Nabais assinala que "[...] o carácter não sancionatório do imposto constitui uma nota negativa do elemento teleológico [...]". Cfr. Nabais, Casalta, "O Dever...", *op. cit.*, p 225. Pela nossa parte, importa relembrar que a ausência de natureza sancionatória, conquanto se possa afirmar ser uma característica negativa do imposto, é transversal a todos os tributos.

[47] Casalta Nabais fala mesmo numa dupla coatividade, por os impostos se apresentarem como prestações coativas quanto ao seu nascimento e quanto ao seu cumprimento. Cfr. Nabais, Casalta, "Direito Fiscal", *op. cit.*, p. 42.

[48] Dizemos "em princípio", pois podem existir situações, patológicas ou não, que confiram ao sujeito passivo o direito à restituição ou ao reembolso do tributo. Falamos, por exemplo, da circunstância de um tributo ter sido pago com base num ato tributário ilegal que, mais tarde, vem a ser anulado ou revogado pelas entidades competentes. Sobre esta matéria, *vide* Rocha, Joaquim Freitas da, Flores da Silva, Hugo, "Teoria Geral...", *op. cit.*, 121 e ss..

[49] O direito positivo espanhol reconhece expressamente finalidades extratributárias aos tributos. Assim, o n.º 1, do seu art. 2.º, da *LeyGT* dispõe que "*[l]os tributos, además de ser medios para obtener los recursos necesarios para el sostenimiento de los gastos públicos, podrán servir como instrumentos de la política económica general y atender a la realización de los principios y fines contenidos en la Constitución*".

mais paradigmáticos será o dos Impostos Especiais sobre o Consumo[50]. Tratam-se de impostos que incidem sobre o consumo de álcool, as bebidas alcoólicas, as bebidas adicionadas de açúcar ou outros edulcorantes, produtos petrolíferos e energéticos e sobre o tabaco. São impostos que, na obstante serem geradores de receitas fiscais significativas[6], comportam uma forte componente extrafiscal, surgindo, nas palavras de Glória Teixeira, como "[...] instrumento privilegiado de política fiscal, nomeadamente, pela sua maior facilidade de influenciar o comportamento dos contribuintes"[51]. Outro exemplo é o imposto sobre os jogos de fortuna ou azar, cuja disciplina jurídica se encontra no Decreto-Lei n.º 422/89, de 02 de dezembro. Os tributos extrafiscais, como bem assinala Ana Paula Dourado, não podem, ainda que direcionados para uma determinada orientação de comportamentos, serem confundidos com sanções[52].

2.3. A criação dos impostos (o princípio da legalidade)

A memorável expressão anglo-saxónica *no taxation without representation*, que representava o descontentamento dos colonos americanos em relação à tributação feito por um parlamento que não os representava, por altura da Revolução Americana de 1766[53], alterou profundamente o paradigma da ideia de justiça tributária[54]. No domínio dos impostos, está,

[50] Cujo regime jurídico foi aprovado Decreto-Lei n.º 73/2010, de 21 de junho, com a última redação conferida pela Lei n.º 75-B/2020, de 31 de dezembro.

[51] Cfr. Teixeira, Glória, "Manual de Direito Fiscal", 6.ª Edição (Reimp.), Coimbra, Almedina, 2021, p. 33. Esta matéria não será por nos analisada, uma vez que a sua abordagem aqui ultrapassaria os objetivos desta investigação.

[52] Cfr. *idem, Ibidem*, p. 81.

[53] Contudo, John Locke, no seu texto de proclamação da Revolução de 1688, já questionava a legitimidade de um governo lançar e cobrar impostos sobre o povo sem o consentimento deste (fosse diretamente ou através de representantes por eles eleitos). Assim, o poder legislativo "[...] não deve lançar impostos sobre a propriedade do povo sem o consentimento desse mesmo povo, expresso directamente pelos membros da comunidade política, ou indirectamente pelos seus representantes". Cfr. Locke, John, "Segundo Tratado do Governo", Fundação Calouste Gulbenkian, 2007, p. 161.

[54] A ideia de representatividade não está, no entanto, imaculada de críticas. Isto porque, na verdade, para que um tal sistema seja eficiente devem confluir diversos circunstancialismos que, na prática, dificilmente se verificam. Assim, é necessário que os representados estejam devidamente informados, que a disputa pelos votos seja competitiva e que comportamentos estratégicos sejam evitados, entre outros. Neste sentido, Musgrave, Richard A., Musgrave,

entre nós, constitucionalmente concebido o princípio da legalidade fiscal, podendo mesmo sustentar-se que se trata de uma projeção daquele[55]. Assim, reza o n.º 2, do art. 103.º, da CRP, que "[o]s impostos são criados por lei, que determina a incidência, a taxa, os benefícios fiscais e as garantias dos contribuintes". É, no entanto, na al. i), do n.º 1, do art. 165.º, da CRP, que este princípio é densificado. Aqui, observa-se que o princípio se desdobra em duas vertentes, a saber, o *princípio da reserva de lei formal* e o *princípio da reserva material de lei.*

O *princípio da reserva de lei formal* implica que haja intervenção parlamentar, quer através de lei emanada pela AR, quer através decreto-lei autorizado emanado pelo Governo, na criação de impostos e na disciplina dos seus elementos essenciais (incidência, taxa, benefícios fiscais e garantias dos contribuintes)[56/57]. Isto significa que, se determinado tributo, que reúne todas as características para ser considerado imposto, for criado pelo Governo, sem precedência de autorização legislativa, tais normas criadoras estarão feridas de inconstitucionalidade orgânica[58].

Por sua vez, o *princípio da reserva material de lei* exige, nas palavras de Casalta Nabais, "[...] que essa lei ou decreto-lei autorizado leve a disciplina dos referidos elementos essenciais, ou seja, a *disciplina essencial* de cada imposto, tão longe quanto lhe seja possível"[59].

A legalidade fiscal encerra, portanto, uma ideia de *autotributação* ou *autoconsentimento*, na medida em que os impostos devem ser consentidos pelos próprios contribuintes, e com a menor contestação social possível. Mas, como assinala Paulo Nogueira da Costa, "[...] o princípio democrático contém, em si mesmo, um mecanismo de segurança contra os abusos do *jus tributandi*". Assim, "[...] o sistema tributário deve consistir, essencialmente, na tributação dos cidadãos, pelos cidadãos e para os

Peggy B., "*Public Finance in Theory and Practice*", 5.ª Edição, Nova Iorque, McGraw-Hill, 1989, p. 99.

[55] Sobre o princípio da legalidade, em sede de impostos, *vide*, entre outros, MARTINEZ, Pedro Soares, "Manual de direito fiscal", 2.ª Reimp., Coimbra, Almedina, 1987, p. 104 e ss..

[56] O mesmo vale dizer para as regiões autónomas e, em certa medida, para as assembleias municipais, conforme estabelece a al. i), do n.º 1, do art. 227.º, e n.º 3, do art. 238.º, ambos da CRP.

[57] Cfr. n.º 2, do art. 103.º, da CRP.

[58] Cfr. n.º 1, do art. 277.º, da CRP.

[59] Cfr. NABAIS, Casalta, "Direito Fiscal", *op. cit.*, p. 146. Itálico mantido conforme o original.

cidadãos"[60]. O princípio da reserva de lei tem, porém, de estar em concordância com outros princípios constitucionais que, em alguns casos, funcionam como forças de atenuação daquele. Falamos, por exemplo, do princípio da autonomia local, diretamente previsto no n.º 1, do art. 238.º, da CRP. Casalta Nabais observa que "[...] por força da exigência de articulação e compatibilização prática dos princípios da autonomia local, no seu vector de autonomia financeira e da sua correspondente projeção no plano normativo, e de reserva material integral de lei formal em matéria de impostos, aceita-se constitucionalmente uma certa moderação da intensidade desta, admitindo-se nomeadamente a delegação legal no poder normativo das autarquias locais de alguns «desenvolvimentos» dos elementos essenciais do imposto"[61].

Por outro lado, o princípio da reserva material de lei também encontra algumas atenuantes, como é o caso do princípio da praticabilidade, quando esteja em causa a luta contra a fraude e a evasão fiscais. A necessidade de disciplinar o regime de cada imposto, *tão longe quanto lhe possível*, pode dar lugar, ao abrigo do princípio da praticabilidade, à utilização de conceitos indeterminados ou à atribuição de poderes discricionários à administração fiscal. Mais a mais, do princípio da legalidade fiscal também resulta o princípio da tipicidade do imposto e que se resume no adágio *nullum tributum sine lege*. Deste modo, "[a] tributação resulta da verificação concreta de todos os *pressupostos tributários*, como tais previstos e descritos, abstratamente, na *lei de imposto*. Se não se verificar um desses pressupostos, já não é possível a tributação, por obediência a este princípio da *tipicidade do imposto*"[62].

Olhando para outros espaços jurídicos, verifica-se que a *Constitución Española* também reflete, em certa medida, este princípio, quando estabelece no n.º 1, do art. 133.º, que "*[l]a potestad originaria para establecer los tributos corresponde exclusivamente al Estado, mediante ley*", precisando o

[60] Cfr. MACHADO, Jónatas E. M., COSTA, Paulo Nogueira, "Manual de Direito Fiscal – perspetiva multinível", 3.ª Edição, Coimbra, Coimbra Editora, 2019, p. 69.

[61] Cfr. NABAIS, Casalta, "O Dever...", *op. cit.*, p. 372. O autor entende que a Constituição não estabelece propriamente qualquer poder tributário às autarquias locais, embora também não impeça. A reserva de lei prevista na al. i), do n.º 1, do art. 165.º, tem, assim, de se compatibilizar com o princípio da autonomia local. Cfr. *Idem, ibidem*, p. 307.

[62] Cfr. MARTINEZ, Pedro Soares, "Manual de...", *op. cit.*, p. 106. Itálico mantido conforme original.

n.º 2 que as Comunidades Autónomas e as Corporações locais poderão estabelecer e exigir tributos, de acordo com a Constituição e as leis. O Tribunal Constitucional espanhol, na *Sentencia 6/1983, de 4 de febrero,* sancionou que o n.º 1, do art. 133.º, da CE, define a competência exclusiva do Estado, contudo, apenas estabelece uma reserva geral de direito, que deve ser entendida como o poder "originário" da criação de tributos, mas não a qualquer tipo de regulamentação das matérias tributárias[63]. Deste modo, esta reserva de lei deve ser entendida no sentido de se referir aos critérios ou princípios, segundo os quais as questões tributárias devem ser regidas, como por exemplo, a criação de um imposto e a determinação dos seus elementos essenciais. Assim, no ordenamento constitucional espanhol vigora uma conceção flexível do princípio da reserva de lei em matéria tributária, que não determina que toda a matéria tributária deva ser regulada por lei, mas apenas a criação dos tributos e os seus elementos essenciais, nas quais se podem situar, genericamente, a criação de isenções ou de bonificações. No entanto, a sua especifica regulação, ou até mesmo a supressão ou redução das isenções ou das bonificações, não está sujeita ao princípio da reserva de lei, desde logo, porque tal não configura uma alteração aos elementos essenciais do tributo.

2.4. Princípio da capacidade contributiva enquanto projeção do princípio da igualdade

A nossa Constituição é unívoca quando, no art. 13.º, estabelece que todos os cidadãos têm a mesma dignidade social e são iguais perante a lei. Dissemos também acima, a propósito da definição de imposto, que se

[63] Cfr. *Sentencia 6/1983, de 4 de febrero,* disponível em https://www.tribunalconstitucional.es [12-10-2020]. Em causa, estava uma disposição transitória do *Real Decreto-ley 11/1979, de 20 de julio,* que previa, a título temporário, a revogação de algumas isenções a e a conversão de outras em bonificações. As Comunidades de Proprietários de edifícios, sitos em Albacete, sujeitos ao regime de benefícios próprios de *las vivendas de protección oficial,* entenderam existir inconstitucionalidade, por violação dos art.os 9.3, 31.3, 33, 86.1,1 e 133.1, da CE. Todavia, com base nos argumentos que acabamos de ver, o Tribunal Constitucional espanhol pronunciou-se pela conformidade constitucional desse decreto-lei, desde logo porque o próprio art. 86.1., da CE prevê que, em caso de extraordinária e urgente necessidade, o Governo poderá ditar disposições legislativas provisórias que tomarão a forma de Decretos-lei e que não poderão afetar ao ordenamento das instituições básicas do Estado, aos direitos, deveres e liberdades dos cidadãos regulado.

trata de uma prestação exigível a pessoas (singulares ou coletivas) com capacidade contributiva. Pois bem, tratando-se o Direito tributário e, em particular, do Direito fiscal, de uma área tão impregnada no nosso quotidiano, com a qual nos confrontamos diariamente (ainda que, naturalmente, sem essa constante consciência), nele emergiu uma ramificação daquele princípio, o princípio da igualdade fiscal, assente no critério da capacidade contributiva que exige, como veremos, uma *personalização do imposto*[64]. O princípio da capacidade contributiva é, assim, uma expressão ou projeção do princípio da igualdade em matéria tributária. Dir-se-á mesmo que é o *princípio básico do Direito tributário*[65]. Este critério, porém, apenas é implicitamente acolhido na Constituição, no n.º 1, do art. 103.º, e n.º 1, do art. 104.º. Na legislação ordinária, o n.º 1, do art. 4.º, da LGT, faz-lhe expressa referência, estipulando que "[o]s impostos assentam essencialmente na capacidade contributiva, revelada, nos termos da lei, através do rendimento ou da sua utilização e do património".

Querendo densificar um pouco mais o princípio da capacidade contributiva, olhemos para algumas construções dogmáticas. Casalta Nabais, que elege o pagamento de impostos a verdadeiro dever fundamental, salienta que "[...] todos os cidadãos se encontram adstritos ao cumprimento do dever de pagar impostos, e da uniformidade, a exigir que semelhante dever seja aferido por um mesmo critério – o critério da capacidade contributiva. Este implica assim igual imposto para os que dispõem de igual capacidade contributiva (igualdade horizontal) e diferente imposto (em termo qualitativos ou quantitativos) para os que dispõem de diferente capacidade contributiva na proporção desta diferença (igualdade vertical)"[66]. O princípio da capacidade contributiva visa, portanto, estabelecer uma igualdade horizontal e uma igualdade vertical, ou seja, utilizando as palavras de Sérgio Vasques, "[...] o imposto deve ser repartido na medida da capacidade que cada um mostre para o suportar: a contribuintes com maior força económica deve corresponder imposto maior, a contribuintes com menor força económica deve cor-

[64] A expressão em itálico é de Sérgio Vasques. Cfr. VASQUES, Sérgio, "Capacidade contributiva, rendimento e património", *in Fiscalidade – Revista de Direito e Gestão Fiscal*, n.º 23, Coimbra, Coimbra Editora, 2005, p. 19.

[65] Neste sentido, TIPKE, Klaus, LANG, Joachim, "*Steuerrecht*", *op. cit.*, p. 201.

[66] Sobre o princípio da igualdade fiscal, *vide*, entre outros, NABAIS, Casalta, "*O Dever...*", *op. cit.*, p. 435 e ss..

responder impostos mais pequeno também".[67] A doutrina nacional defende, assim, que o princípio da capacidade contributiva é pressuposto e critério da tributação[68]. É *pressuposto* na medida em que exige que todos os tributos tenham por objeto "bens fiscais", excluindo da tributação o mínimo existencial e o máximo confiscatório, e é *critério* da tributação porque rejeita que o conjunto dos impostos e cada um dos impostos tenham por base qualquer outro critério, seja ao nível das respetivas normas, seja ao nível dos correspondentes resultados. Daí que Sérgio Vasques nos ensine que "[...] um imposto não se pode dizer em correspondência com o princípio da capacidade contributiva simplesmente por incidir sobre a riqueza mas apenas quando incida sobre a riqueza de modo determinado [...] De um modo que reflita a força económica real do contribuinte [...] O imposto só deve começar onde comece esta força económica, operando a capacidade contributiva como *pressuposto* da tributação, e deve terminar aí onde termine também, servindo então a capacidade contributiva de *limite* ao imposto"[69]. De acordo com o funcionamento do princípio da capacidade contributiva, para que haja tributação, é ainda necessário que haja, por parte do contribuinte[70], uma manifestação de riqueza através de um destes bens tributários: o rendimento, o património e o consumo (despesa) e, naturalmente, uma lei (em sentido material) que preveja o respetivo facto tributário. Além disso, o princípio da capacidade contributiva encontra-se, como veremos, em concorrência com o princípio da equivalência, o que, de certo modo, se compreende face à natureza das coisas –o imposto é um tri-

[67] Cfr. Vasques, Sérgio, "Capacidade contributiva...", *op. cit.*, pág. 16.

[68] Com vimos, o próprio n.º 1, do art. 4.º, da LGT, sob a epígrafe "pressupostos dos tributos", refere que os tributos assentam essencialmente na capacidade contributiva.

[69] Cfr. Vasques, Sérgio, "Capacidade contributiva...", *op. cit.*, pág. 19. Sobre esta matéria, *vide*, entre outros, Nabais, Casalta, "O Dever...", *op. cit.*, p. 435 e ss., em particular, p. 443.

[70] Utilizamos a expressão "contribuinte", e não "sujeito passivo", por respeito a situações em que a qualidade de sujeito passivo não depende do critério da capacidade contributiva. É o caso da substituição tributária, em que a prestação tributária será entregue ao sujeito ativo, não pelo sujeito que realizou o facto tributário, mas por um terceiro que com ele mantem relações especiais e que, por isso, lhe vai exigir a prestação em causa, conforme art. 20.º, da LGT. O substituto tributário é, assim, um sujeito passivo, ainda que indireto, mas a prestação não lhe é exigida com base na capacidade contributiva, que se mantém inerente ao substituído (contribuinte). Cfr. Rocha, Joaquim Freitas da, Silva, Hugo Flores, "Teoria Geral...", *op. cit.*, p. 84 e ss..

buto unilateral, que não pressupõe uma contraprestação individualizada por parte de quem *tira*[71]. Uma ideia que é assinalada por Casalta Nabais quando refere que "[...] o pagamento dos impostos, enquanto condição da existência e funcionamento do estado, é da responsabilidade de todos os cidadãos independente da utilidade ou benefício auferido, o que revela uma total falta de correspondência entre a teoria da equivalência ou do benefício [...]"[72].

O princípio da capacidade contributiva é, assim, instrumento que expressa e mede a isonomia tributária, cabendo ao legislador ordinário concretizar ou estabelecer a medida da capacidade contributiva a exigir em cada imposto ou situação[73].

3. A taxa

3.1. Contextualização

Dirijamos, agora, a nossa atenção para a protagonista deste estudo. A delimitação conceptual da taxa, com base, essencialmente, no pressuposto e finalidade, permitirá diferenciá-la não só dos demais tributos como, numa fase mais avançada deste trabalho, mostrar-se-á útil para atomizar a taxa de justiça[74].

[71] Contudo, nem todos os impostos assentam no princípio ou critério da capacidade contributiva e, tanto assim é, que o n.º 1, do art. 4.º, da LGT, utiliza a expressão "essencialmente". É caso, por exemplo, do Imposto Único de Circulação, introduzido no sistema tributário português no Anexo II, da Lei n.º 22- A/2007, de 29 de junho, com a última redação conferida pela Lei n.º 84/2021, de 6 de dezembro. O art. 1.º dispõe que "[o] imposto sobre veículos obedece ao princípio da equivalência, procurando onerar os contribuintes na medida dos custos que estes provocam nos domínios do ambiente, infra-estruturas viárias e sinistralidade rodoviária, em concretização de uma regra geral de igualdade tributária". Ora, a proclamação de que o IUC assenta no princípio da equivalência, bem sabendo que os impostos assentam no princípio ou critério da capacidade contributiva, poderá conduzir a uma discussão sobre a verdadeira natureza desse tributo.

[72] Cfr. Nabais, Casalta, "O Dever...", *op. cit.*, p. 451.

[73] Cfr. Nabais, Casalta, *Idem, ibidem*, p. 440 e ss..

[74] Sobre o conceito de taxa, *vide*, entre outros, Teixeira, Glória, Nogueira, João Félix, "Breve anotação sobre o conceito de taxa", *in Revista da Faculdade de Direito da Universidade do Porto*, Ano II, 2005, p. 167 e ss., CEDOUA, *et al.*, "Direito do urbanismo e autarquias locais – realidade actual e perspectivas de evolução", Coimbra, Almedina, 2006, pp. 149-159 e Carvalho, Jorge, Oliveira, Fernanda Paula Marques de, "Perequação – Taxas e cedências: administração urbanística em Portugal", Coimbra, Almedina, 2008, pp. 55-64.

Importa, assim, começar por referir que, até à revisão constitucional de 1997, a al. i), do n.º 1, do art. 168.º, da CRP, que corresponde ao atual art. 165.º, apenas previa a "[c]riação de impostos e o sistema fiscal". Com a quarta revisão constitucional, operada pela Lei Constitucional n.º 1/97, de 20 de setembro, aditou-se "e regime geral das taxas e demais contribuições financeiras a favor das entidades públicas". A taxa aparece, no n.º 2, do art. 4.º, da LGT, como sendo um tributo que assenta "[...] na prestação concreta de um serviço público, na utilização de um bem do domínio público ou na remoção de um obstáculo jurídico ao comportamento dos particulares". O legislador ordinário não consagrou uma definição de taxa, embora, a Lei n.º 53-E/2006, de 29 de dezembro, que define o Regime Jurídico das Taxas nas Autarquias Locais, no seu art. 3.º, estabeleça que "[a]s taxas das autarquias locais são tributos que assentam na prestação concreta de um serviço público local, na utilização privada de bens do domínio público e privado das autarquias locais ou na remoção de um obstáculo jurídico ao comportamento dos particulares, quando tal seja atribuição das autarquias locais, nos termos da lei" [75].

Para compreendermos melhor esta criatura legal, sobrevoemos algumas construções doutrinais e jurisprudenciais.

3.2. Noção jurídica na doutrina e jurisprudência portuguesas

Na doutrina tradicional, Alberto Xavier sustenta que a distinção entre taxa e imposto assenta, desde logo, no carácter sinalagmático daquela, de sorte que "[...] o fundamento do tributo é a prestação da actividade pública, a utilização do domínio e a remoção do limite jurídico e por isso estas realidades e a taxa que lhes corresponde encontram-se entre si ligadas por um *nexo sinalagmático*, em termos de uma se apresentar como contraprestação da outra"[76]. Por sua vez, Pedro Soares Martinez coloca a tónica na (in)divisibilidade da prestação pública, assinalando que, embora existam serviços públicos cuja utilidade não é divisível pelos cidadãos, existem outros, como é o caso da justiça, donde é possível extrair utilidades individualizáveis[77]. Como veremos adiante, a divisibilidade

[75] Neste sentido, *vide*, entre outros, FERNANDES, Filipe de Vasconcelos, "Direito Fiscal...", *op. cit.*, p. 60.

[76] Cfr. XAVIER, Alberto, "Manual de Direito Fiscal", Lisboa, 1974, p. 43.

[77] Assim, "[...] quando através dos serviços públicos se prestam utilidades particulares, individualizáveis, quando esses serviços são diviseis, em suma, há possibilidade de realizar a sua

da prestação administrativa permitirá determinar, em maior ou menor medida, o custo ou benefício individual provocado ou obtido pelo sujeito passivo da taxa. Por outras palavras, se a contraprestação administrativa não se encontrar suficientemente definida e delimitada não será possível estabelecer uma equivalência entre a taxa e a contraprestação. Para Sérgio Vasques, "[a] taxa constitui uma prestação pecuniária e coactiva exigida por uma entidade pública em contrapartida de uma prestação administrativa efectivamente provocada ou aproveitada pelo sujeito passivo"[78]. É, pois, necessário que se tratem de prestações públicas *efetivamente* provocadas ou aproveitadas, ainda que futuras. A atividade administrativa não pode ser "virtual" ou "imaginária", ou seja, tem que ser *efetivamente* prestada, não podendo destinar-se à compensação de prestações meramente presumidas ou potenciais. Questão diferente, porém, tem que ver com aqueles casos em que essa prestação administrativa é meramente potencial ou presumida, que, como sustenta o autor, podem suscitar problemas ao nível da sua estrutura e, no limite, sujeitar o tributo a outro tratamento jurídico-constitucional[79]. António Braz Teixeira define as taxas como sendo as "[...] prestações estabeleci-

cobertura financeira, ou parte dela, através do pagamento de prestações exigíveis aos particulares que utilizam tais serviços. Estas prestações designam-se por taxas". O autor, porém, ressalva que o critério da divisibilidade, por si, é insuficiente para se estabelecer a diferença entre taxa e imposto. Cfr. MARTINEZ, Pedro Soares, "Manual de...", *op. cit.*, p. 34 e ss.

[78] Cfr. VASQUES, Sérgio, "O princípio da equivalência como critério de igualdade tributária", Coimbra, Almedina, 2008, p. 138.

[79] Sem deixar de ter em consideração que não é este o objeto primordial desta investigação, não podemos ignorar, a título exemplificativo, o caso da designada "taxa turística" cobrado, por exemplo, pelo município do Porto e Lisboa. Se sobrevoarmos o Regulamento Geral de Taxas, Preços e outras Receitas do Município de Lisboa, o seu art. 68.º determina que "[a]s taxas municipais turísticas previstas no presente regulamento são devidas em contrapartida do singular aproveitamento turístico proporcionado pelo conjunto de atividades e investimentos relacionados direta e indiretamente com a atividade turística, designadamente, através da realização de obras de construção, de manutenção, de reabilitação e de requalificação urbanas e das demais benfeitorias efetuadas em bens do domínio público e privado municipal, em zonas de cariz potencialmente turístico, e do benefício originado pela prestação do serviço público de informação e apoio aos turistas, e ainda pelo serviço público de dinamização cultural e recreativa da cidade". Considerando o pressuposto invocado pelo legislador, e se bem vimos o problema, parece-nos ser passível de discussão a robustez deste nexo sinalagmático entre a presença de um turista no município de Lisboa e uma concreta prestação que haja sido causada ou de que haja beneficiado que, neste caso, parece apenas presumida.

das pela lei a favor de uma pessoa colectiva de direito público, como retribuição de serviços individualmente prestados, da utilização de bens do domínio público ou da remoção de um limite jurídico à actividade dos particulares"[80]. No confronto com o imposto, J. L. Saldanha Sanches refere que "(..) o imposto distingue-se da taxa por não implicar qualquer contraprestação retributiva individualizável – o imposto é unilateral e a taxa é bilateral. Na definição doutrinal e legal de taxa, podemos distinguir um aspeto estrutural (a sinalagmaticidade) e, em consequência, os pressupostos para a sua cobrança". Na mesma senda, para Casalta Nabais, os impostos são tributos unilaterais, enquanto as taxas são bilaterais. "Com efeito, enquanto os impostos obedecem ao exigente princípio da legalidade fiscal e a sua medida tem por base o *princípio da capacidade contributiva*, as taxas bastam-se com a reserva à lei parlamentar (ou decreto-lei parlamentarmente autorizado) do seu *regime geral* e a sua medida assenta no *princípio da proporcionalidade* taxa/prestação estadual proporcionada ou taxa/custos específicos causados à respectiva comunidade"[81]. Por sua vez, Aníbal Almeida anota que a taxa constituiu uma receita pública exigida aos utentes de um serviço semipúblico como contrapartida pelo seu uso ou utilização por parte destes. O autor preconiza, ainda, três variantes de taxas, consoante as finalidades por elas prosseguidas, quer seja a título principal ou a título predominante, a saber, (i) as *taxas compensadoras*, (ii) as *taxas moderadoras* e (iii) as *taxas (meramente) estatísticas*[82]. Para Glória Teixeira, é no art. 3.º, do RGTAL, e também no n.º 2, do art. 4.º, da LGT que encontramos a noção de taxa[83]. É, porém, com o devido respeito, que discordamos desta posição. A formulação constante quer do RGTAL, quer da LGT, é incompleta, pois limita-se a indicar o que poderão consubstanciar os pressupostos da taxa, sendo que aquele diploma tem, ainda, a particularidade de apenas visar as autarquias locais e, portanto, insuficiente para que dele se possa retirar uma noção jurídica ampla de taxa.

80 Cfr. Teixeira, António Braz, "Princípios de...", *op. cit.*, p. 43 e ss..

81 Cfr. Nabais, Casalta, "Direito Fiscal", *op. cit.*, p. 46.

82 Cfr. Almeida, Aníbal, "Estudos de Direito Tributário", 2.ª Edição, Coimbra, Almedina, 1999, pp. 59-60 e 66-67.

83 Cfr. Teixeira, Glória, "Manual de...", *op. cit.*, p. 36 e ss.. Neste sentido, *vide* ainda Silva, Suzana Tavares da, "As taxas e a coerência do sistema tributário", Braga, CEJUR – Centro de Estudos Jurídicos do Minho, 2008, p. 10.

No que respeita à *iurispurdentia*, em particular, a constitucional, a delimitação conceitual da taxa tem acompanhado a doutrina nacional. No Ac. n.º 539/2015, estabeleceu-se que "[a] taxa constitui uma prestação pecuniária e coativa, exigida por uma entidade pública, em contrapartida de prestação administrativa efetivamente provocada ou aproveitada pelo sujeito passivo, assumindo uma natureza sinalagmática. A taxa pressupõe a realização de uma contraprestação específica resultante de uma relação concreta entre o contribuinte e a Administração e que poderá traduzir-se na prestação de um serviço público, na utilização de um bem do domínio público ou na remoção de um obstáculo jurídico ao comportamento dos particulares (artigo 4.º, n.º 2, da LGT)"[84].

Ora, chegados aqui, parece-nos pacífico que a sinalagmaticidade integra o código genético da taxa. O relaxamento do princípio da legalidade em matéria de taxas, que também será abordado mais à frente, confere à Administração amplos poderes de criação e conformação do regime jurídico das taxas, o que tem vindo a determinar que o Tribunal Constitucional venha frequentemente a ser chamado a apreciar a solvabilidade constitucional de algumas taxas criadas por entes públicos, concluído, em alguns casos, pela sua desconformidade, justamente por não se vislumbrar um nexo de sinalagmaticidade suficientemente robusto entre a taxa e a prestação pública[85]. Questão diferente, como veremos, tem que ver com seu controlo material.

[84] Cfr. Ac. do TC n.º 539/2015, proferido no processo n.º 27/15, em 21 de outubro de 2015, disponível em www.tribunalconstitucional.pt [03-10-2020]. No mesmo sentido, por exemplo, Acs. do TC n.º 418/2017, proferido no processo n.º 789/2016, em 13 de julho de 2017, e n.º 848/2017, proferido no processo n.º 281/17, em 13 de dezembro de 2017, ambos disponíveis em www.tribunalconstitucional.pt [03-10-2020].

[85] Assim, entre outros, Acs. do TC n.º 611/2017, proferido no processo n.º 361/2017, em 03 de outubro, n.º 17/2018, proferido no processo n.º 388/2017, em 10 de janeiro de 2017, n.º 34/2018, proferido no processo n.º 540/2017, em 31 de janeiro de 2017 e, mais recentemente, o n.º 4/2020, proferido no processo n.º 841/2019, em 05 de fevereiro de 2019, todos disponíveis em www.tribunalconstitucional.pt [03-10-2020]. Em todos estes arestos, discutiu-se a inconstitucionalidade de normas que determinavam o pagamento de uma taxa municipal de proteção civil devida pela prestação de serviços no domínio da prevenção de riscos e da proteção civil. Foi repetidamente sustentado pelo Tribunal Constitucional o entendimento de que nas taxas fixadas pelas autarquias locais no âmbito de serviços da proteção civil não era possível estabelecer uma relação – efetiva ou presumida – com específicas pessoas ou grupos que deles fossem causadores ou beneficiários, exemplificando que até as pessoas que se deslocassem ocasionalmente aos municípios podiam dar causa à atividade da

Olhando para o seu *pressuposto*, podemos, então, classificar as taxas da seguinte forma:

(i) As exigidas em virtude da prestação de um serviço ou atividade públicas;
(ii) As exigidas pela utilização de bens do domínio público;
(iii) As exigidas pela remoção de um obstáculo jurídico.

Por sua vez, quanto à sua *finalidade*, é necessário que a taxa vise compensar à concreta prestação pública de que o sujeito passivo é o efetivo causador ou beneficiário. Esta compensação pode estar direcionada para o custo ou para o valor da prestação público, como veremos mais á frente. Em abstrato, a taxa também pode prosseguir finalidades extratributárias, como por exemplo, de reorientação ou modelação de certos comportamentos dos sujeitos passivos, mas desde que, pelo menos a título secundário, prossiga uma finalidade compensatória. Contudo, é importante não perder vista que a taxa, enquanto espécie tributária que é, continua a prosseguir uma finalidade de angariação de receita. Simplesmente, o que sucede, é que essa angariação está direcionada para uma vertente compensatória (de um custo ou benefício). Como dissemos, a extratributação nas taxas será revisitada mais adiante, pelo que não se justifica, por ora, uma abordagem mais desenvolvida.

§ Em especial, sobre a sua coatividade

Nas diversas formulações que vimos, e ao contrariamente do sucede a miúde com a definição de imposto, é pouco abordado o carácter coativo das taxas. Quererá, isto, dizer que a taxa se trata de uma prestação de natureza voluntária? Cremos que não.

É certo que o Tribunal Constitucional, no Ac. n.º 1108/96, observa que "[a] taxa insere-se ainda numa lógica de interacção também característica do mercado e não exprime, pelo modo como se justifica, uma intervenção coactiva no direito de propriedade". Contudo, no referido Ac. n.º 215/2005, sustentou-se a natureza coativa da taxa, explicando

proteção civil. O tribunal concluiu que tais tributos se tratavam de verdadeiros impostos, cuja aprovação é da exclusiva responsabilidade da AR, nos termos da al. i), do n.º 1, do art. 165.º, da CRP, estando tais normas feridas de inconstitucionalidade orgânica. Na doutrina, *vide*, entre outros, DOURADO, Ana Paula, "Direito Fiscal...", *op. cit.*, p. 78. e ss..

que "[e]m suma, temos como elementos essenciais do conceito de taxa: prestação pecuniária imposta coactiva ou autoritariamente; pelo Estado ou outro ente público; sem carácter sancionatório; utilização individualizada, pelo contribuinte; solicitada ou não, de bens públicos ou semi-públicos; com contrapartida numa actividade do credor especialmente dirigida ao mesmo contribuinte"[86]. Neste particular, permitimo-nos tomar as razões sustentadas, entre outros, por Sérgio Vasques que atribui expressamente natureza coativa à taxa[87]. Assim, também Jorge Carvalho e Fernanda Paula Marques de Oliveira enfatizam que "[...] a taxa tanto pode ser *originada numa solicitação espontânea*, como pode ser *imposta pela lei*"[88]. Em nota bastante semelhante, César Martínez Sánchez, refere que "*[l]a «provocación» puede ser directa, en los casos en los que media una solicitud del particular; o indirecta, en aquellos casos en que la Administración interviene*

[86] A natureza coativa da taxa continua a ser reafirmada em recentes arestos, como é o caso, por exemplo, do já referido Ac. n.º 539/2015.

[87] "Porque a nota da coactividade é comum a todos os tributos públicos, as taxas não se podem conceber como prestações voluntariamente realizadas pelos particulares, como se fossem semelhantes, no seu processo de formação ou nos seus efeitos, a um preço". Cfr. Vasques, Sérgio, "O Princípio...", *op. cit.*, p. 143. António Braz Teixeira também defende o carácter coativo da taxa, uma vez que, tal como no imposto há situações em que o contribuinte pode, ou não, colocar-se na situação geradora do imposto, também no caso das taxas nem sempre o seu sujeito passivo goza de liberdade. Cfr. Teixeira, António Braz, "Princípios de...", *op. cit.*, p. 44 e 45.

[88] Cfr. Carvalho, Jorge, e Oliveira, Fernanda Paula Marques de, "Perequação...", *op. cit.*, p. 57. Um exemplo de uma taxa imposta por lei pode ser dado com recurso à taxa de gestão de resíduos cujo regime jurídico se encontra regulado no Decreto-Lei n.º 102-D/2020, de 10 de dezembro, com a última redação conferida pela Lei n.º 52/2021, de 10 de agosto. A taxa de gestão de resíduos funciona com base no mecanismo de repercussão, de modo que são sujeitos passivos da taxa, por exemplo, as entidades responsáveis pelos sistemas de gestão de fluxos específicos de resíduos, individuais ou integrados, bem como de sistemas de gestão de resíduos urbanos multimunicipais ou intermunicipais, e que se repercute economicamente nos seus clientes, aquando da cobrança das suas prestações, nos termos dos n.os 2 e 3, do art. 110.º, daquele diploma. Vale a pena assinalar que o n.º 1, do art. 8.º, daquele diploma, estabelece que "[o] regime económico e financeiro das atividades de gestão de resíduos visa a compensação total dos custos económicos e tendencial dos custos sociais e ambientais que o produtor gera à comunidade ou dos benefícios que a comunidade lhe faculta, de acordo com o princípio geral da equivalência". Sobre esta matéria, por exemplo, CEDOUA, "*et al.*, "Direito do...", *op. cit.*, p. 152, e Fernandes, Filipe de Vasconcelos, "Direito Fiscal...", *op. cit.*, p. 196.

de oficio invocando un interés general"[89]. O que sucede – e quiçá talvez possa ser este o elemento *desestabilizador* –, é que os particulares ao dirigirem-se à Administração com um pedido "[...] revelam conhecer o elemento sinalagmático da prestação, situando-se, de forma mais ou menos espontânea no plano de incidência da taxa"[90]. Existe, portanto, uma certa liberdade, maior do que nos impostos, do particular em se constituir na situação que dá origem à obrigação tributária, o que, no entanto, não confere um carácter consensual à relação jurídica. Pelo contrário, esta solicitação parece mesmo ser condição lógica para a aplicação do princípio da equivalência[91]. A questão, se bem vimos, também já foi certeiramente colocado por Carlos Baptista Lobo, quando afirma que "[o] aspecto fundamental não reside, pois, na sua voluntariedade nem na extracção de um benefício directo ou vantagem imediata, mas sim na utilização objectiva, pelo contribuinte, de meios organizados do Estado e para os quais esta entidade incorre em custos"[92].

A taxa é um tributo que nasce e se conforma exclusivamente com base na lei. A autonomia da vontade é substituída pela lei. Assim, desde que se verifique o facto sociológico, previsto na lei (em sentido material), temos um facto tributário, logo, a obrigação de pagamento da taxa prevista, nisto se traduzindo a sua natureza coativa. Por exemplo, e para o que nos interessa, no âmbito judicial, bastará a apresentação em juízo de uma Petição Inicial, ou até mesmo de uma Contestação, para que se verifique o impulso processual, ou seja, o facto tributário, e, nessa medida, nasça a obrigação de pagamento da taxa de justiça (excecionado, naturalmente, as situações tipificadas de isenção ou do benefício de apoio judiciário, na modalidade de dispensa de pagamento da taxa

[89] Cfr. Martínez Sánchez, César, "*Principio de Equivalencia en el Sistema Tributario Español*", Madrid, Marcial Pons, 2015, p. 74.

[90] Cfr. Garcia, Nuno de Oliveira, "Contencioso de Taxas – Liquidação, audição e fundamentação", 3.ª Edição, Coimbra, Almedina, 2018, p.180. A solicitação do serviço é, na ótica do autor, um dos motivos pelos quais há um relaxamento no dever de fundamentação nas taxas – por oposição ao que sucede nos impostos – que se dá dar por respeitado pela simples estrutura sinalagmática da taxa.

[91] Neste sentido, Martínez Sánchez, César, "*Principio de...*", *op. cit.*, p. 65. O autor sustenta que "*[...] la voluntariedad en la solicitud o recepción de los bienes o servicios públicos es una condición lógica, en tanto consecuente con su propio fin, para la aplicación del principio de equivalencia en la financiación de dichos bienes y servicios*".

[92] Cfr. Lobo, Carlos Baptista, "Reflexões sobre...", *op. cit.*, p. 433.

de justiça e demais encargos com o processo)[93]. Esta natureza coativa afasta qualquer carácter consensual ou voluntarista deste tributo, uma vez que a taxa não pode ser criada, nem os seus elementos conformados, no plano da autonomia privada, antes pelo contrário, é fixada autoritariamente no exercício do *jus imperii*.

Com as suas particularidades, esta também é a mecânica dos impostos. Por exemplo, a mera outorga de um contrato de aquisição onerosa do direito de propriedade sobre um bem imóvel – como facto sociológico previsto na lei (que, subjetivamente, tem intrínseca uma manifestação de capacidade contributiva, traduzida num ato de despesa) – é suficiente para o nascimento da obrigação de o adquirente suportar o respetivo IS[94]. Cremos que é neste sentido que Alberto Xavier, equacionado se o pagamento de uma taxa se traduz numa obrigação legal ou voluntária, conclui que "[o] facto de um acto voluntário estar na origem de uma situação produtora dos efeitos fiscais não significa que as obrigações em que estes se traduzem tenham na vontade a sua fonte"[95]. Para o cosmos tributário, esta conduta do sujeito passivo não é um ato, mas mero facto. Assim, sustenta, "[n]as taxas – repita-se – a vontade do particular é, quando muito, um pressuposto de facto para que surja a obrigação, mas nunca um elemento formativo de um acordo"[96].

Pela nossa parte, cabe ainda salientar que, sendo a nota da coatividade comum a todos os tributos públicos, não se compreenderia como não pudesse tal nota estar representada na taxa, enquanto uma das espécies tributárias existentes no nosso ordenamento jurídico tributário.

[93] Cfr. n.os 7, 8, 9 e 10, do art. 552.º, n.º 2, do art. 529.º, art. 530.º, e art. 570.º, todos do CPC, aprovado pela Lei n.º 41/2013, de 26 de junho, com a última redação conferida pela Lei n.º 55/2021, de 13 de agosto.

[94] Cfr. art. 1.º, n.º 1, art. 5.º, n.º 1, al. a) e art. 3.º, n.º 1 e n.º 3, al. a), todos do Código do Imposto do Selo, aprovado pela Lei n.º 150/99, de 11 de setembro, com a última redação conferida pela Lei n.º 36/2021, de 14 de junho.

[95] Cfr. XAVIER, Alberto, "Manual de...", *op. cit.*, p. 47.

[96] Cfr. *Idem, ibidem*. A respeito da definição de tributo, o autor também assinala que se trata de uma obrigação legal porque, na sua natureza, não está um ato voluntário, mas um mero facto a que a lei atribuiu efeito de a constituir.

3.3. Noção jurídica em ordens jurídicas externas

No direito comparado registam-se diversas noções jurídicas mais ou menos convergentes.

A respeito do direito positivo, a Constituição da República Federativa do Brasil, de 1988, no seu art. 145.º, II, estipula que as taxas são devidas "[...] em razão do exercício do poder de polícia ou pela utilização, efetiva ou potencial, de serviços públicos específicos e divisíveis, prestados ao contribuinte ou postos a sua disposição"[97]. Tratam-se de *taxas de serviço* ou *taxas de polícia*. Em particular, as taxas de serviço, sendo a *remuneração* a favor do Estado pela prestação de um serviço público, este deve ter efetiva ou potencial utilização (ou seja, estar à disposição do sujeito passivo) e tratar-se de uma atividade específica e divisível[98]. É curioso ter em atenção que, nos termos do art. 4.º, do CTN, a determinação da natureza jurídica do tributo faz-se olhando para o seu facto gerador, ou seja, para o facto tributário, sendo irrelevantes a denominação e demais características formais adotadas pela lei e a destinação legal do produto da sua cobrança. Parece-nos que assumirá aqui relevância a distinção de que falamos há pouco entre tributos vinculados e não vinculados.

Em Espanha, a taxa pressupõe igualmente a verificação de uma contraprestação[99] específica, contudo, com algumas singularidades. No direito positivo, a taxa encontra-se definida no n.º 2, do art. 2.º, da *LeyGT*, todavia, o legislador não se ficou por aqui, e, ao contrário do que sucede entre nós, foi criado um regime geral das taxas. Falamos, pois,

[97] A noção é bastante similar à que consta do art. 77.º, do CTN.

[98] Sobre esta matéria, entre outros, ABRANHAM, Marcus, "Curso de...", *op. cit.*, pp. 383-386.

[99] Como adiantamos há pouco, existe em alguma da doutrina espanhola uma tendencial aversão ao termo *contraprestação*. Para César García Novoa, "*[l]a tasa es un tributo cuyo presupuesto es un servicio que se recibe, pero se trata de una obligación legal y no de una contraprestación, que sólo es referible a obligaciones contractuales*". O autor, no entanto, não discute que a taxa tem como pressuposto a prestação de um serviço ou atividade pública individualizada. Cfr. GARCIA NOVOA, César, "*El concepto...*", *op cit.*, p. 262 e ss. Esta ideia também é defendia por Ramón Falcón y Tella. Cfr. FALCÓN Y TELLA, Ramón, "*Derecho Financiero...*", *op. cit.*, p. 62. Pela nossa parte, e com o devido respeito, parece-nos que o termo "contraprestação" assume no Direito tributário e, em particular, no esquema dos tributos comutativos, um sentido muito próprio que é o de referir-se a uma prestação pública divisível de que o sujeito passivo é o efetivo ou presumido beneficiário ou causador, por oposição ao que sucede nos impostos.

da LTPP que define o regime jurídico das taxas e dos preços públicos. O art. 6.º, da LTPP, define taxa como "*[...] los tributos cuyo hecho imponible consiste en la utilización privativa o el aprovechamiento especial del dominio público, la prestación de servicios o la realización de actividades en régimen de derecho público que se refieran, afecten o beneficien de modo particular al obligado tributario, cuando los servicios o actividades no sean de solicitud o recepción voluntaria para los obligados tributarios o no se presten o realicen por el sector privado*". No Perú, o *Código Tributario* também define taxas como sendo "*el tributo cuya obligación tiene como hecho generador la prestación efectiva por el Estado de un servicio público individualizado en el contribuyente*"[100]. O legislador dá ainda outro passo e assinala mesmo o carácter coativo da taxa ao referir que "*[n]o es tasa el pago que se recibe por un servicio de origen contractual*". Não será, pois, de estranhar que, em certa medida, as noções acabamos de estudar correspondam à adotada pelo Modelo do Código Tributário para América Latina, que estabelece que a taxa "*[...] es el tributo cuya obligación tiene como hecho generador la prestación efectiva o potencial de un servicio en régimen de derecho público, individualizado en el contribuyente*". Em todo o caso, *mister* se torna que haja uma atividade pública individualizada, caso contrário, não haverá lugar ao pagamento de uma taxa. Isto é algo que, na doutrina italiana, é representado pela ideia de *facto imputável ao ente público* ("*fatto imputabile all'ente publico creditore*")[101]. Quanto à doutrina, o autor peruano Francisco Ruíz de Castila assinala a existência de quatro fatores que permitem distinguir a taxa de outros tributos – (i) um serviço, (ii) um serviço público, (iii) um serviço individualizado e (iv) um serviço efetivamente prestado[102]. Olhando para a italiana, tem-se vindo a definir taxa com bases nos elementos atrás mencionados. Assim, "*[l]a tassa è una prestazione pecuniaria coattiva o ex lege che il soggetto passivo è tenuto a corrispondere all'ente pubblico in relazione alla fruizione o alla fruibilità di un servizio pubblico o di un'attività pubblica (ammnistrativa o giurisdizionale). Normalmente l'attività dell'ente pubblico viene espletata su demanda del soggetto e*

[100] Cfr. al. c), da Norma II, do Título Preliminar do *Código Tributario*, aprovado pelo *Decreto Supremo n.º 133-2013-EF, de 22 de junio de 2013.*

[101] Deste modo, "*la tassa non è dovuta o, se è stata pagata, deve essere restituita se il servizio non è stato reso per fatto imputabile all'ente pubblico creditore*". Cfr. Falsitta, Gaspare, "*Corso instituzionale...*", *op. cit.*, p. 14.

[102] Cfr. Ruíz de Castila, Francisco, "*Derecho tributario...*", *op. cit.*, p. 34.

produce un beneficio nella sfera giuridica del richiedente"[103]. Fazendo, igualmente, menção à coatividade da taxa, e à prestação concreta de uma atividade administrativa, Pasquale Russo diz-nos que "*[...] la tassa à definibile comò la prestazione che lo Stato od altri enti pubblici possono imporre al fine di procurarsi un'entrata in stretta correlazione all'espletamento di funzioni pubbliche che riguardando specificamente l'obbligato e nell'ambito di un rapporto (o se si preferisce, ad evitare equivoci, di una situazione) di scambio di utilità nel senso più volte precisato. Onde la profonda differenza che si profila tra la tassa e l'imposta, non riconducibile ad una semplice peculiarità dei rispettivi presupposti, sebbene ci si trovi di fronte, in entrambi i casi, ad una obbligazione che ha la sua fonte nella lege*"[104]. Em Espanha, Alejandro Menéndez Moreno define taxa "*[...] como una obligación legal y pecuniária, estabelecida en favor de un ente público, cuyo deudor manifesta una capacidad económica consistente en la utilización privativo o aprovechamento especial del dominio público, o en la recepción de servicios o actividades administrativas que se refieran, afecten o beneficien de modo particular al deudor, cuando tal recepción sea obligatoria o, en su caso, los servicios o actividades no se presten por el sector privado*"[105]. Com especial incidência sobre a coatividade, Juan Martin Queralt assinala que "*[l]a nota que subyace en todas estas exigencias es la coactividad en la solicitud o recepción de la prestación del servicio o de la actividad. Coactividad material que existe cuando el pago de la prestación patrimonial es anudado legal o reglamentariamente a la realización de una actividad administrativa o de un servicio público. Asimismo, cuando esos servicios o actividades, que presta la Administración, se puedan considerar imprescindibles para satisfacer las necesidades básicas de la vida personal o social de los particulares, de acuerdo con las circunstancias sociales de cada momento y lugar. Y también se apreciará esa coactividad cuando sea únicamente el sector público el que preste el servicio o realice la actividad, sin que exista otra posibilidad de obtener la satisfacción y pagando, em consecuencia, la prestación patrimonial exigida)*"[106]. Não podemos, ainda, deixar escapar o curioso apontamento

[103] Cfr. FALSITTA, Gaspare, "*Corso Istituzionale...*", *op. cit.*, p. 12.

[104] Cfr. RUSSO, Pasquale, "*Instituzioni Di Diritto Tributario*", Milano, Giufree Editore, 2014, p. 8 e ss..

[105] Cfr. MENÉNDEZ CORDERO, Alejando, "*Derecho financeiro...*", *op. cit.*, p. 167.

[106] Cfr. Juan Martin Queralt, "*Curso de...*", *op. cit.* p. 87. Neste sentido, César Garcia Novoa que, como já dissemos, se recusa a utilizar o termo contraprestação (por entender que se refere ao domínio das obrigações contratuais), assinala que, ainda que o pressuposto da taxa

de que na ordem jurídica francesa distinguem-se entre taxas e "*redevances*" ou "*rémunérations pour services rendus*". Assim, embora ambas se relacionem com a prestação de um serviço, as taxas podem ser exigidas, não só aos utilizadores efetivos do serviço, mas aos usuários potenciais, enquanto as "*redevances*", estando subordinadas à existência de uma contraprestação, apenas são exigidas aos efetivos usuários. Além disso, também devem exprimir uma equivalência económica entre o seu valor e o serviço prestado, o que significa que não podem ultrapassar o valor do custo do serviço. A sua receita deve, ainda, ser consignada ao serviço em causa, ou seja, não pode ser afeta a despesas gerais do Estado[107].

3.4. A criação das taxas (o princípio da legalidade)

Como vimos há pouco, o princípio da legalidade fiscal sujeita a que a criação e estruturação dos impostos provenha de lei parlamentar ou de decreto-lei autorizado, nos termos do n.º 2, do art. 103.º, e al. i), do n.º 1, do art. 165.º, ambos da CRP.

Sucede que, no âmbito das taxas, há um *relaxamento* do princípio da legalidade, determinando que apenas o seu regime geral está sujeito a reserva parlamentar, o que decorre expressamente da al. i), *in fine*, do n.º 1, do art. 165.º, da CRP, e, ainda, do n.º 3, do art. 3.º, da LGT. Isto significa que, quer a sua criação, quer os seus elementos essenciais, por exemplo, o seu *quantum*, integrarão as competências de órgãos legalmente previstos. É o caso, por exemplo, das taxas das autarquias locais. O Regime Financeiro das Autarquias Locais e Entidades Intermunicipais, aprovado pela Lei n.º 73/2013, de 03 de setembro, prevê, no n.º 1, do seu art. 20.º, que os municípios podem criar taxas nos termos do regime geral das taxas das autarquias locais. Assim, o RGTAL – que será retomado adiante – prevê que os entes locais gozam de competências tributárias que lhes permite a criação de verdadeiros tributos, entre os

seja um serviço público, trata-se de uma obrigação legal. Cfr. García Novoa, César, "*El concepto...*", *op. cit.*, p. 262.

[107] Assim, Bouvier, Michel, "*Introdution au Droit Fiscal Général et à la Théorie de L'Impôt*, 14.º Edição, Paris, L.G.D.J, 2020, p. 19. O autor conclui que, na realidade, a taxa e o imposto não são criaturas tão diferentes, sendo apenas a taxa uma variante. Assim, "*[c]es trois élements font qu'en réalité la taxe no diffère pas véritablment de l'impôt dond on peut dire qu'elle n'est qu'une variante, en en partageant très largement les mêmes caractéristiques*".

quais, as taxas. J. L. Saldanha Sanches explica que, em relação às taxas, "[...] razões de eficiência administrativa e optimização financeira justificam adicionalmente a concessão de amplos poderes a Administração, quer quanto à criação de taxas, quer quanto ao seu nível. A criação e quantificação das taxas é uma decisão que, apesar de poder ser tomada pelo Parlamento, cabe, em regra, à Administração e às Assembleias Municipais ou de Freguesias, às entidades a quem cabe a prestação pública de que a contraprestação é a taxa"[108]. Este *tempero* do princípio da legalidade compreende-se se tivermos em consideração os pressupostos da taxa. Como já dissemos, é o particular que normalmente se constitui na situação que dá origem à obrigação tributária. O sujeito passivo está em condições de conhecer que concreta contrapartida ou contraprestação está associada (*rectius*, fundamenta) o pagamento da taxa e que decorre do nexo sinalagmático que caracteriza este tributo. Tal já não sucede, porém, com o imposto, que dispensa esta sinalagmaticidade e que se destina à nutrição de despesas públicas, indivisíveis, insuscetíveis de serem imputadas ou beneficiadas isoladamente por cada contribuinte. Parece-nos, assim, que o nexo sinaglamático determina uma relativização da ideia de autoconsentimento, sendo a sua exigência muito menor da que se verifica com o imposto[109].

[108] Cfr. SANCHES, J. L. Saldanha, "Manual de...", *op. cit.*, p. 31 e ss.. Parece-nos, assim, inexata – com todo o respeito que é devido –, a afirmação de Vasco Valdez quando sustenta que "[...] os impostos são criados por lei [...] e as taxas são-no por decreto lei [...]". Cfr. VALDEZ, Vasco, "A Constituição e as normas fiscais. Noção de imposto e taxa. A relação jurídica tributária", *in* CATARINO, João Ricardo, GUIMARÃES, Vasco Branco, *Lições de Fiscalidade*, 7.ª Edição, Coimbra, Almedina, 2021, p. 186.

[109] J. L. Saldanha Sanches ensina que, como nos impostos não há parâmetros de controlo imediatos quanto à sua medida, o princípio da legalidade fiscal surge como uma garantia dos destinatários dos impostos, enquanto nas taxas, a própria relação sinalagmática em que assenta permite um controlo e, daí, a sua não sujeita às apertadas vinculações do princípio da legalidade. Cfr. SANCHES, Saldanha J. L., "Manual de...", *op. cit.*, p. 31. No mesmo sentido, LOBO, Carlos Baptista, "Reflexões sobre a (necessária) equivalência económica das taxas", *in* Faculdade de Direito da Universidade de Lisboa, *Estudos jurídicos e económicos em homenagem ao Prof. Doutor António de Sousa Franco – Volume I*, Coimbra, Coimbra Editora, 2006, p. 431. O autor sustenta que "[d]ada a configuração jurídica bilateral própria das taxas não se torna necessária esta prévia autorização parlamentar para sua criação [...]". Sobre a reserva de lei aplicável às taxas, *vide*, entre outros, FERNANDES, Filipe de Vasconcelos, "Direito Fiscal...", *op. cit.*, p. 302 e ss..

§ O Regime Geral das Taxas das Autarquias Locais como o (inexistente) regime geral das taxas?

O n.º 1, do art. 1.º, do RGTAL, é bastante claro quando dispõe que "[a] presente lei regula as relações jurídico-tributárias geradoras da obrigação de pagamento de taxas às autarquias locais". Por sua vez, a proposta de lei que esteve na origem deste diploma – a Proposta de Lei n.º 90/X/1.ª – assinala que "[a] presente lei pretende estabelecer o regime geral de criação das taxas das autarquias locais, disciplinando uma matéria onde se tem gerado grande conflitualidade entre as autarquias e os particulares, com o recurso crescente aos Tribunais"[110]. Isto não significa, porém, que as autarquias locais gozem de uma discricionariedade desmesurada ou descontrolada, por oposição às apertadas malhas impostas pelo princípio da legalidade fiscal nos impostos. É certo que lhes é concedida uma ampla margem de liberdade quanto à criação e disciplina de taxas, o que tem vindo a espoletar críticas na doutrina, todavia, é possível assinalar algumas limitações[111]. Desde logo, o n.º 2, do seu art. 4.º, estabelece que "[o] valor das taxas das autarquias locais é fixado de acordo com o princípio da proporcionalidade e não deve ultrapassar o custo da actividade pública local ou o benefício auferido pelo particular", embora, em abono da verdade, o n.º 2, do art. 20.º, do Regime Financeiro das Autarquias Locais e Entidades Intermunicipais[112], já previa que "[a] criação de taxas pelos municípios está subordinada aos princípios da equivalência jurídica, da justa repartição dos encargos públicos e da publicidade, incidindo sobre utilidades prestadas aos particulares, geradas pela atividade dos municípios ou resultantes do benefício económico decorrente da realização de investimentos municipais"[113]. Além

[110] Cfr. Proposta de Lei n.º 90/X/1.ª, disponível em www.parlamento.pt [15-10-2020].

[111] Para Sérgio Vasques "[o] Regime Geral das Taxas das Autarquias Locais, por seu lado, constituiu um texto manifestamente incompleto, que delimita as taxas ainda de modo impreciso, que hesita na fixação dos seus princípios ordenadores, que prescinde da uniformização dos regulamentos de municípios e freguesia e no qual faltam os mecanismos de controlo com que noutros ordenamentos se procura acautelar a igualdade tributária nesta área do sistema". Cfr. Vasques, Sérgio, "O Princípio...", *op. cit.*, p. 110.

[112] Aprovado pela Lei n.º 73/2003, de 03 de setembro, com a última redação conferida pela Lei n.º 66/2020, de 04 de novembro.

[113] "O princípio estruturante da criação de taxas locais [...] é o princípio da *equivalência jurídica* entre a taxa e a prestação pública que a legitima". Cfr. Sanches, J. L. Saldanha, "Manual de...", *op. cit.*, p. 40. Itálico mantido conforme original.

disso, como salienta Joaquim Freitas da Rocha, "[a]s finalidades que subjazem à sua criação em concreto não são arbitrarias, uma vez que as taxas apenas podem ser criadas para prosseguir um de dois propósitos: desincentivar a prática de certos atos ou operações [...] ou repartir os custos de produção com e entre os munícipes utilizadores". O princípio da equivalência surge, assim, e em particular neste último caso, como limite ao poder local quanto à criação de taxas. Não iremos abordar exaustivamente esta temática que, aliás, se afigura muito mais consentânea com uma investigação dedicada ao Direito tributário local, contudo, permitimo-nos chamar à atenção para o art. 8.º, do RGTAL. Este preceito determina, por um lado, que as taxas das autarquias locais sejam criadas por regulamento aprovado pelo órgão deliberativo competente e, por outro lado, que esse regulamento contenha obrigatoriamente, sob pena de nulidade, (i) a indicação da base de incidência objetiva e subjetiva, (ii) o valor ou a fórmula de cálculo do valor das taxas, (iii) a fundamentação económico-financeira relativa ao *quantum*, (iv) as isenções e sua fundamentação, (v) o modo de pagamento e outras formas de extinção da prestação tributária admitidas e (vi) a admissibilidade do pagamento em prestações. Como alguns autores assinalam, a al. c), do n.º 2, do art. 8.º, introduziu uma importante obrigatoriedade – a de que o regulamento que aprovar a taxa (municipal ou de freguesia) contenha "[a] fundamentação económico-financeira relativa ao valor das taxas, designadamente os custos directos e indirectos, os encargos financeiros, amortizações e futuros investimentos realizados ou a realizar pela autarquia local". De acordo com a Proposta de Lei n.º 90/X/1.ª, esta exigência emana do princípio da proporcionalidade e permite "[...] o rigoroso controlo da natureza do tributo como taxa" [114].

Pois bem, pela nossa parte, o RGTAL não é o *regime geral a* que aludem a al. i), do n.º 1, do art. 165.º, da CRP, e o n.º 3, do art. 3.º, da LGT. Na realidade, tal regime, simplesmente, não existe[115]. Esta ausência – que alguns autores entendem tratar-se de uma inconstitucionalidade

[114] Entre outros, *Idem, ibidem, op. cit.*, p. 41.

[115] *Mutatis mutandis*, o mesmo se diga quanto às contribuições financeiras a favor de entidade públicas. No entanto, para Ana Paula Dourado, "[o] RGTAL concretiza a exigência constitucional de reserva de lei quanto ao regime geral das taxas e, ao mesmo tempo, concretiza a exigência do princípio da proporcionalidade aplicáveis às taxas, enquanto tributo assente

por omissão[116] – é severamente criticável e poderá mesmo *seduzir* o intérprete a socorrer-se supletivamente do RGTAL[117]. É verdade que no RGTAL se encontram positivados alguns princípios nucleares e transversais em matéria de taxas, como o princípio da equivalência[118], contudo, trata-se de um regime arquitetado para as taxas locais, tendo em consideração diversas singularidades que não estão presentes em outras realidades tributárias. Além disso, o RGTAL pressupõe que a taxa seja criada e concretizada por via regulamentar, como facilmente se conclui pelo seu art. 8.º, o que necessariamente colidirá com outras formas de criação de taxas e com a natureza do órgão criador (basta pensar, a nível das garantias dos sujeitos passivos da taxa, qual o órgão competente para receber e tramitar uma reclamação). Pense-se, assim, por exemplo, na taxa de justiça que, na maioria das situações, e como oportunamente estudaremos, deve ser autoliquidada pelo interveniente processual responsável pelo impulso processual.

Com efeito, temos algumas reservas em admitir que, até à fixação de um regime geral das taxas, se possa aplicar supletivamente o RGTAL, sendo certo que, ainda que tal se possa admitir em determinadas situações, é um exercício que exige diversas cautelas ao intérprete e julgador,

num sinalagma." Cfr. Dourado, Ana Paula, "Direito Fiscal...", *op. cit.*, p. 76. O texto que aqui se apresenta deixa antever que, com a devida vénia, não seguimos este entendimento.

[116] Assim, por exemplo, Machado, Jónatas E. M., Costa, Paulo Nogueira da, "Curso de...", *op. cit.*, p. 20 e Rodrigues, Benjamim Silva, "Para uma reforma...", *op. cit.*, p. 190.

[117] Como afirma Joaquim Freitas da Rocha, "[...] não se pode, ao contrário do que sucede com outras, dizer que seja uma omissão irrelevante ou de significado menor, atenta a proliferação de pseudo-taxas e variadíssimas contribuições relativamente às quais as dúvidas de natureza jurídica são imensas, colocando-as em zonas cuja fronteira relativamente aos impostos (sujeitos a uma restritíssima reserva de lei formal e absoluta) é difícil de identificar. Basta pensar nas denominadas "taxas turísticas" ou "taxas de proteção civil" para se ter uma ideia aproximada da falta que faz um tal regime geral". Cfr. Rocha, Joaquim Freitas da, "A (falta de) qualidade legislativa em matéria tributária", Braga, Universidade do Minho, 2019, p. 9, disponível em https://repositorium.sdum.uminho.pt/bitstream/1822/68191/1/Falta%20de%20qualidade%20legislativa.pdf [20-11-2021].

[118] Segundo Ana Paula Dourado, "[...] este art. 4.º n.º 1 deveria orientar o legislador e os tribunais portugueses na concretização do princípio da proporcionalidade relativamente a todas e quaisquer taxas criadas no ordenamento jurídico português". Cfr. Dourado, Ana Paula, "Direito Fiscal", *op. cit.*, p. 77.

sob pena de conduzir a situações de (ainda mais) desproteção dos respetivos sujeitos passivos[119].

3.5. Princípio da proporcionalidade

O tema que agora abordaremos, ainda que num padrão genérico, não poderá ser dissociado de um outro, que veremos adiante, e que tem que ver com o princípio da equivalência.

Por enquanto, importa assinalar que, considerando os pressupostos e a finalidades da taxa, o *quantum debeatur* não poderá ser excessivamente reduzido ou excessivamente elevado em relação à prestação pública. Por outro outras palavras, deve assegurar-se que o sacrifício imposto pela taxa não excede o estritamente necessário à realização do interesse público, não violando, assim o princípio da proporcionalidade *stricto sensu*, previsto no n.º 2, do art, 266.º, da CRP. Estamos, portanto, no plano da legitimação material da taxa. Socorrendo-se do princípio da proporcionalidade, o TC tem vindo repetidamente a sustentar a ideia de que a falta de exata correspetividade entre a prestação pública e a taxa não desvirtua a natureza do tributo, nem será de subordina-la ao tratamento do imposto, desde que não traduza uma *manifesta desproporcionalidade*. Terá sido, aliás, a propósito das portagens da Ponte 25 de Abril, que o Tribunal Constitucional introduziu o critério da *proibição da manifesta desproporcionalidade*, como uma espécie de controlo negativo, escudando-se no argumento de que a este tribunal não cabe controlar as opções legislativas de tributar determinada realidade, bem como o montante do tributo[120]. O TC tem-se quedado por uma *equivalência jurídica* para

[119] Sérgio Vasques, porém, defende, até à edição do regime geral das taxas, a aplicação do RGTAL "[...] às taxas em tudo aquilo que a natureza comutativa destes tributos não contrarie". Cfr. Vasques, Sérgio, "O Princípio...", *op. cit.*, p. 649.

[120] "Pode, assim, dizer-se que o Tribunal Constitucional rejeita – seguindo a doutrina fiscalista portuguesa que se exprime sem discrepâncias – o entendimento de que uma taxa cujo montante exceda o custo dos bens e serviços prestados ao utente se deve qualificar como imposto ou de que deve ter o tratamento constitucional de imposto. Não é, assim, acolhida entre nós uma velha tese do clássico autor alemão do século XIX, Adolf Wagner, de que uma taxa «passa» a imposto quando dela decorrem lucros para a entidade que a estabeleceu, princípio este "da equivalência" que ainda hoje é defendido na doutrina e jurisprudência alemãs [...] Quando se verifica a correspectividade ou o carácter sinalagmático entre a imposição e um serviço divisível prestado – como ocorre no caso dos autos – não se está perante

avaliar a conformidade jurídico-constitucional da taxa, subalternizando a adequação do montante – isto é, a *equivalência económica* – no controlo da legitimação material da taxa. Tornam-se também evidentes, por um lado, os problemas que alvorecem da ausência de um regime geral de taxas, enquanto força motriz de um controlo mais rigoroso ao nível do montante das taxas, criando condições para uma maior desproteção do sujeito passivo.

De qualquer forma, o que dissemos acima deixa antever que, em matéria de taxas, o princípio da proporcionalidade é, em certa medida, mas não necessariamente assim, projetado através do princípio da equivalência. Tendo em mente o papel notável que o princípio da equivalência desempenha na taxa, justifica-se que lhe dediquemos algumas considerações, não só em termos abstratos, mas, *in concreto*, quando estudarmos a taxa de justiça.

3.6. As taxas e o princípio da equivalência enquanto projeção do princípio da igualdade (em especial, o custo e o benefício)

Querendo iniciar esta narrativa com uma noção do princípio da equivalência, podemos afirmar, tomando por empréstimo as palavras de Sérgio Vasques, que "[o] sentido essencial do princípio da equivalência está na exigência de que os tributos públicos se adequem ao custo que o sujeito passivo gera à administração ou ao benefício que a administração lhe proporciona"[121]. Na doutrina alemã, Klaus Tipke e Joachin Lang evidenciam que o princípio sistemático das taxas é o princípio da equivalência e que permite o cálculo do montante da taxa através da cobertura dos custos e da compensação da vantagem[122].

O princípio da equivalência vincula, *prima facie*, o legislador, embora não encontre respaldo – pelo menos, expressamente – no texto constitucional. Poderá, porém, ser extraído do próprio princípio da igualdade, previsto no art. 13.º, da CRP, sendo certo, por outro lado, que, apesar da ausência de um regime geral das taxas, é mencionado no art.

um imposto". Cfr. Ac. do TC n.º 640/95, proferido no processo n.º 286/94, em 15 de novembro de 1995, disponível em www.tribunalconstitucional.pt [03-10-2020].

[121] Cfr. Vasques, Sérgio, "O Princípio...", *op. cit.*, p. 338.

[122] Cfr. Tipke, Klaus, Lang, Joachim, "*Steuerrecht*", *op. cit.*, p. 139.

4.º, do RGTAL, sob a epígrafe "Princípio da equivalência jurídica"[123/124]. Cremos que, o facto de a Lei Fundamental referir-se a um *sistema fiscal*, por oposição a um *sistema tributário*, bem como alguma *marginalização* dos tributos comutativos, quer no direito positivo, quer na dogmática tributarista, terão contribuído, em parte, para tal ausência. Mas não só. Como veremos, o princípio da equivalência também poderá ser entendido como projeção ou a consequência lógica de outros princípios fundamentais, o que também poderá explicar a ausência de alusão explícita. Assim, antes de avançarmos, podemos afirmar, em termos simplistas, que, nos tributos comutativos e, em particular, nas taxas, o princípio da igualdade é concretizado pelo princípio da equivalência, tal como, no âmbito dos impostos, é expresso através do princípio da capacidade contributiva[125].

O princípio da equivalência pode, então, ser entendido como um *critério de repartição*, determinando que os encargos tributários, ao ter como fundamento o custo ou o benefício da prestação pública, a custo ou benefício igual corresponda tributo igual e, a custo ou benefício

123 Cfr. VASQUES, Sérgio, "O Princípio...", *op. cit.*, pp. 356-364.

124 Embora, como bem aponta J. L. Saldanha Sanches, "[...] o legislador reconduz a equivalência (a que chama «jurídica») à proporcionalidade". Cfr. SANCHES, J. L. Saldanha, "Manual de...", *op. cit.*, p. 40. Esta crítica também é partilhada por Sérvio Vasques, sustentado que "[...] possuindo embora a epígrafe de *princípio da equivalência jurídica*, consagra no seu n.º 1 um genuíno *princípio de equivalência económica* [...]". Cfr. VASQUES, Sérgio, "O Princípio...", *op. cit.*, p. 349-350. Itálico mantido conforme original.

125 Neste contexto, o Tribunal Constitucional assinala que "[n]o tocante aos tributos unilaterais, o critério que se afigura constitucionalmente mais adequado é o da capacidade contributiva, pois, tratando-se de exigir que os membros de uma comunidade custeiem os respetivos encargos, a solução justa é que sejam pagos na medida da força económica de cada um; já quanto aos tributos comutativos e paracomutativos, o critério distintivo da repartição é o da equivalência, pois, tratando de remunerar uma prestação administrativa, a solução justa é que seja paga na medida dos benefícios que cada um recebe ou dos encargos que lhe imputa". Assim, "[...] o critério da capacidade contributiva já não se mostra materialmente adequado à repartição dos tributos comutativos – taxas e contribuições –, porque a sua natureza exige que a repartição se faça em função do custo provocado pelo contribuinte ou em função do benefício de que ele se aproveita. Com efeito, a bilateralidade ou sinalagmaticidade característica desse tipo de tributos apela a uma relação de equivalência entre o tributo e o custo provocado ou o benefício gozado: a custo ou benefício igual deve corresponder tributo igual e a custo ou benefício diferente deve corresponder tributo diferente". Cfr. Ac. do TC n.º 344/2019, proferido no processo n.º 673/2017, em 04 de junho de 2019, disponível em www.tribunalconstitucional.pt [07-11-2020].

diferente, corresponda tributo diferente. Estamos, evidentemente, perante uma projeção do *princípio da igualdade*, com guarida constitucional no art. 13.º, da CRP. Por outro lado, também podemos falar em *critério de quantificação*, com influência sobre o *quantum* da prestação tributária que deve corresponder ao custo provocado ou ao benefício proporcionado. Como se vê, nesta hipótese, o princípio da equivalência é representado como uma projeção do *princípio da proporcionalidade stricto sensu*, consagrado no n.º 2, do art. 266.º, da CRP, e que exige que o sacrifico imposto pela taxa não exceda o estritamente necessário à realização do interesse público.

No entanto, os problemas da quantificação e da repartição, em matéria de taxas e contribuições, não se podem dissociar. O princípio da igualdade não se mostrará respeitado independentemente do valor da prestação tributária e vice-versa. É dizer, é insuficiente que sujeitos passivos que provoquem o mesmo custo ou aufiram o mesmo benefício paguem a mesma taxa ou contribuições se, ainda assim, o seu montante se mostrar acima ou abaixo do custo ou do benefício[126]. Do mesmo modo, não se pode dar o princípio da igualdade por respeitado se, apesar de o montante se mostrar conforme o custo ou o benefício, são introduzidas diferenciações injustificados entre os sujeitos passivos. Trata-se, no entanto, de uma discussão que não nos cabe aqui desenvolver[127].

De uma forma ampla, quando se fala em equivalência fala-se em compensação dos custos ou dos benefícios. Anatomicamente, na esteira da doutrina de Sérgio Vasques, o princípio da equivalência pode, então, decompor-se numa *equivalência de custo* ou numa *equivalência de*

[126] Sobre esta matéria, VASQUES, Sérgio, "O Princípio...", *op. cit.*. pp. 361-365. Se bem compreendemos a sua doutrina, o autor defende tratar-se de uma visão redutora a que defende que o princípio da equivalência pode ser uma manifestação do princípio da igualdade ou do princípio da proporcionalidade, uma vez que a justa repartição dos encargos tributários dependerá, em larga medida, do seu montante. Assim, sustenta que o princípio da equivalência se torna num instrumento muito mais eficaz quando entendido como uma expressão de igualdade, pois é o que melhor permite um controlo tanto ao nível da sua estrutura, como ao nível do montante das taxas e contribuições.

[127] Daí que Sérgio Vasques advirta ser "[...] indispensável que os tribunais assumam como sua tarefa de examinar a quantificação dos tributos comutativos e que nesta matéria vão além da mera proibição do "excesso manifesto" [...]". Cfr. VASQUES, Sérgio, "O Princípio...", *op. cit.*, p. 531.

benefício[128]. Estes critérios – um ou outro – são ambos aptos, em abstrato, a concretizar o princípio da equivalência. Tratam-se de concretizações alternativas do mesmo princípio. Caberá, então, ao legislador definir, em concreto, o conteúdo do princípio da equivalência para cada tributo, podendo optar pelo critério do custo ou do benefício[129]. Dito de outra forma, o princípio da equivalência mostrar-se-á honrado se a taxa se adequar ou ao custo gerado para a administração, ou ao benefício proporcionado ao sujeito passivo da taxa. Assim, "[...] quando o legislador oriente um tributo comutativo à compensação de custos, será esta a vertente do princípio da equivalência em função da qual se há-de controlar a respetiva estrutura e montante, quando o oriente à compensação de benefícios, será esta outra vertente do princípio da equivalência que se mostra adequada ao seu exame"[130]. A concretização predominante do princípio da equivalência repousa, no entanto, no princípio da cobertura dos custos, daí que algumas construções dogmáticas se orientem apenas para a cobertura dos custos. Não está, porém, excluída a possibilidade de, num só tributo, se reunirem ambos os critérios, embora com as devidas cautelas, sob pena de conduzir a soluções incoerentes[131].

[128] Podemos, ainda, falar em *princípio do benefício, critério da cobertura dos custos* ou *critério da equivalência ou do ganho privado*, embora, em nosso ver, se tratem de bases terminológicas que, de uma forma ou de outra, acabam por se reconduzir à mesma ideologia. Neste sentido, TEIXEIRA, Glória, NOGUEIRA, João Félix, "Breve anotação...", *op. cit.*, p. 169 e 170. Quanto ao princípio da cobertura dos custos, *vide*, entre outros, DOURADO, Ana Paula, "Direito Fiscal", *op. cit.*, p. 71. No sentido de que as taxas se baseiam no princípio do benefício, MARTINS, Maria D'Oliveira, "Lições de...", *op. cit.*, p. 81.

[129] Para Glória Teixeira e João Félix Nogueira, porém, a opção entre o critério da cobertura dos custos ou o critério da equivalência ou do ganho privado, não é arbitrário. Os autores propõem alguns critérios, como o do interesse predominante (interesse público ou interesse individual) e a natureza da prestação pública. Se o interesse predominante for o público, devera, então, atender-se ao critério da cobertura dos custos. Pelo contrário, se o interesse prevalecente for o individual, deve estabelecer-se o critério da equivalência ou do ganho privado. Por outro lado, se a taxa for devida pela provocação de custos, aplicar-se-á o critério da cobertura dos custos e, nos restantes casos, o segundo critério. Todavia, os autores admitem que nem sempre é possível estabelecer, com precisão, o montante do custo ou do benefício. Cfr. TEIXEIRA, Glória, NOGUEIRA, João Félix, "Breve anotação...", *op. cit.*, p. 169 e 170.

[130] Cfr. VASQUES, Sérgio, "O Princípio...", *op. cit*, p. 402.

[131] Cfr. VASQUES, Sérgio, "O Princípio...", *op. cit*, p. 406 e ss.. Glória Teixeira e João Félix Nogueira também parecem admitir a aplicação conjunta de ambos os critérios. Cfr. Teixeira, Glória, NOGUEIRA, João Félix, "Breve anotação...", *op. cit.*, p. 169.

O princípio da equivalência, como projeção da isonomia tributária, compreende-se. Vejamos: uma prestação da administração implicará simultaneamente quer um custo para o erário público, quer um benefício para o respetivo sujeito passivo. Ora, perante a ausência de tributação, o sujeito passivo estaria numa situação privilegiada face aos demais que não tiveram qualquer participação no facto, dele não tendo retirado qualquer benefício ou provocado qualquer custo. Como se vê, a ausência de tributação introduziria uma distorção gravíssima ao nível da igualdade. Daí que caiba ao legislador, gozando de uma ampla margem de conformidade, escolher entre um ou outro critério, uma vez que ambos são aptos, em abstrato, a concretizar o princípio da equivalência. É justamente a isto que se refere Ana Paula Dourado quando, ao falar no *princípio da cobertura de custos*, observa que o montante da taxa também é critério para se aferir da sua bilateralidade, na medida em que, idealmente, os custos pelo serviço prestado, pelo bem utilizado ou pelo obstáculo jurídico removido não devem exceder o benefício proporcionado ao contribuinte[132]. Note-se, com efeito, que o n.º 1, *in fine*, do art. 4.º, do RGTAL, estabelece que "[...] *não deve* ultrapassar o custo da actividade pública local ou o benefício auferido pelo particular"[133]. Conquanto esta norma se circunscreve ao âmbito local, não deixa de não ser importante sublinhar que o legislador parece pronunciar-se em termos imperativos, impondo ao criador da taxa que o seu montante não ultrapasse o custo ou o valor da prestação público. Este critério delimitador do *quantum* da taxa é importante na medida em que, não se verificando esta equivalência económica, poderá estar em causa a própria legitimação material da taxa.

Quanto à jurisprudência, importa assinalar que, não obstante o princípio da equivalência ser objeto de esgotante análise no Tribunal Constitucional, o tribunal refere-se, por vezes, indistintamente a ambos os

[132] Cfr. DOURADO, Ana Paula, "Direito Fiscal", *op. cit.*, p. 71. Parece-nos, porém, e com o devido respeito, que a autora cruza as noções de *custo* e *benefício*, enquanto concretizações do princípio da equivalência, uma vez que o associa simultaneamente à compensação do custo e à compensação do benefício, não sendo irrelevante, em particular, no plano do controlo material, saber se estamos perante uma compensação direcionada para o custo ou para o benefício.

[133] O itálico é nosso.

critérios do custo e do benefício[134], merecendo, porém, saliência o já mencionado Ac. n.º 344/2019, onde, de forma muito clarividente, o tribunal explica que o "[...] princípio da equivalência impõe assim que as taxas e contribuições sejam adequadas ao *custo* ou *valor* das prestações públicas. A correspondência entre o tributo e a prestação administrativa tanto pode ser aferida em função do custo que o sujeito passivo provoca (*princípio da cobertura de custos*) como em função do benefício que ele aproveita (*princípio do benefício*)".

Em todo o caso, a ideia de que o princípio da equivalência se reporta ao custo ou ao benefício está presente na jurisprudência nacional, "(..) ainda que nem sempre nos nossos tribunais articulem de modo claro a relação entre equivalência, custo e benefício"[135].

Urge também assinalar uma ideia simples, mas que nos parece contribuir para uma melhor compreensão do princípio da equivalência: é que este não se encontra *ao serviço* da taxa. Pelo contrário, este é o tributo que melhor permite, pela sua sinalagmaticidade, concretizar o princípio da equivalência[136]. A taxa é, assim, o instrumento de tributação preferencial do princípio da equivalência, mas este é, antes de mais, a expressão de igualdade e proporcionalidade tributárias, sendo estas transversais a todo o sistema tributário[137].

A ideia fundamental a reter é a de que as taxas, por oposição aos impostos, assentam no princípio da equivalência (concretizado através do critério do custo ou do benefício) e que postula uma tendencial correlatividade entre a taxa e a contraprestação pública. A manifestação de

[134] Por exemplo, no Ac. do TC n.º 364/2019, proferido no processo n.º 66/2018, em 19 de junho de 2019, o tribunal refere-se a custos *e* benefícios, transparecendo a ideia de que o legislador terá, ou poderá, atender simultaneamente, e quanto ao mesmo tributo, a ambos os critérios. Já no Ac. do TC n.º 353/2003, proferido no processo 330/03, em 08 de julho de 2003, a propósito da proporcionalidade, o tribunal refere-se, num primeiro, momento, ao custo do serviço prestado e, logo de seguida, concluindo que não pode ocorrer uma desproporção intolerável, refere-se à utilidade do serviço prestado, o que, quanto a nós, não poderá reconduzir-se senão ao critério do benefício proporcionado ao sujeito passivo da taxa. Todos disponíveis em www.tribunalconstitucional.pt [07-11-2020].

[135] Cfr. Vasques, Sérgio, "O Princípio...", *op. cit*, p. 341.

[136] Neste sentido, Vasques, Sérgio, "O Princípio...", *op. cit.*, pp. 449-453, e Garcia, Nuno de Oliveira, "Contencioso de...", *op. cit.*, p. 184.

[137] O princípio da equivalência também é um instrumento de responsabilização do indivíduo perante a comunidade. Assim, Vasques, Sérgio, "O Princípio...", *op. cit.*, p. 373.

uma capacidade contributiva, nesta matéria, será meramente lateral (e eventual) em relação ao pressuposto primordial da taxa. Sendo concorrentes, o princípio da equivalência e o princípio da capacidade contributiva são duas faces da mesma moeda, não podendo, porém, afirmar-se que, entre eles, exista uma relação de hierarquia e que um é *superior* em relação ao outro[138]. Aliás, em rigor, ambos são aptos, considerando as características do tributo em causa, a concretizar o princípio da igualdade em matéria tributária. O fim do princípio da equivalência, se vimos corretamente, será a realização do princípio da igualdade. Não obstante aprofundarmos algumas questões mais adiante, parece-nos oportuno propormos o seguinte esquema explicativo da projeção do princípio da igualdade em matéria tributária:

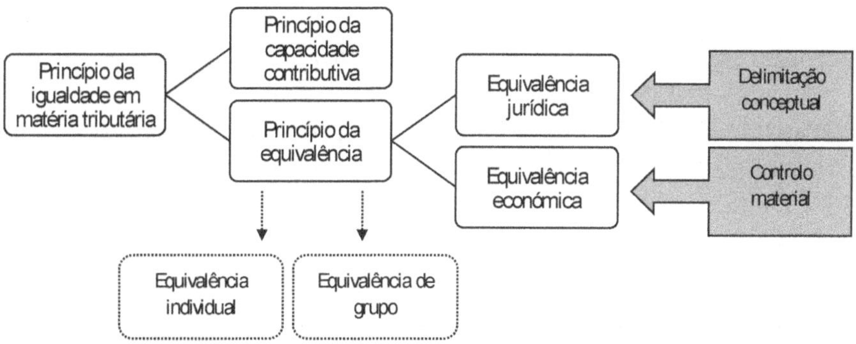

Esquema 1 – Esquematização do princípio da capacidade contributiva e do princípio da equivalência

3.6.1. Visão externa do princípio da equivalência

No que concerne a ordens jurídicas externas, a doutrina espanhola também se tem dedicado ao estudo do princípio da equivalência, reconhecendo que o valor das taxas deve ser fixado em função do custo do

[138] Para César Martínez Sánchez, porém, o princípio da equivalência e o princípio da capacidade contributiva não são completamente antagónicos. Assim, "*[e]l principio de equivalencia y el de capacidad económica no han de ser necesariamente contradictorios, sino que, por ele contrario, en determinados casos pueden coexistir de forma armónica*". Cfr. Sánchez Martinez, César, "*Principio de...*", *op. cit.*, p. 134. No sentido de que o princípio da equivalência é a alternativa ao princípio da capacidade contributiva, e que é o *princípio mais velho*, Tipke, Klaus, Lang, Joachim, "*Steuerrecht*", *op. cit.*, p. 204.

serviço ou da atividade (real ou estimado), que, por sua vez, funciona como limite quantitativo[139]. Contudo, antes de avançarmos, importa clarificar que a ordem jurídica espanhola tenda a atribuir uma maior importância ao princípio da capacidade contributiva nos tributos comutativos, o que se deve essencialmente ao próprio texto constitucional, pois o art. 31.1, da CE, estabelece que todos contribuirão para o sustento dos gastos públicos de acordo com a sua capacidade contributiva. Seguindo esta influência do texto constitucional, o legislador ordinário permite que, aquando da fixação do *quantum* das taxas possam, eventualmente, ter-se em consideração critérios genéricos de capacidade económica dos sujeitos[140]. Contrariamente ao cenário doméstico, o princípio da capacidade contributiva assume uma relevância ligeiramente distinta nos tributos comutativos, parecendo – pelo menos, em termos abstratos – que capacidade contributiva e equivalência possam conviver.

Sobrevoemos, então, a doutrina espanhola.

César García Novoa explica que, quando haja lugar à prestação de uma atividade por parte da Administração, provocada pelo contribuinte, o custo dessa prestação ou atividade pública há-de ser imputado, exigido, a este – princípio da provocação do custo – devendo existir uma equivalência entre o valor a ser pago e o custo do serviço[141]. Contudo, para o autor, não se pode reconduzir as taxas unicamente à sua quantificação, mas também ao seu fundamento. A circunstância de a taxa ser quantificada de acordo com o custo da prestação do serviço ou atividade, permite concluir que não se fundamenta na capacidade económica. Contudo, o autor não nega que a capacidade contributiva não se encontra, de alguma forma, presente no fundamento das taxas. Desta forma, o princípio da capacidade contributiva continua a manifestar-se nas taxas, contudo, trata-se de *uma capacidade contributiva (ou económica) relativa*, na medida em que se manifesta, não propriamente no seu va-

[139] Cfr. FALCÓN Y TELLA, Ramón, "*Derecho Financiero...*", *op. cit.*, p. 60. O autor sustenta, todavia, que o princípio da equivalência enquanto limite não se projeta em cada taxa individualmente considerada, mas no seu conjunto.

[140] Isto mesmo consta do n.º 4, do art. 24.º, do *Real Decreto Legislativo 2/2004, de 5 de marzo*, que aprovou a *Ley Reguladora de las Haciendas Locais*. Aí, se consigna que "*[p]ara la determinación de la cuantía de las tasas podrán tenerse en cuenta criterios genéricos de capacidad económica de los sujetos obligados a satisfacerlas*". *Vide*, ainda, os art.os 7.º e 8.º, da LTPP.

[141] Cfr. GARCÍA NOVOA, "*El concepto...*", *op. cit.*, p. 262 e ss.

lor, mas na sua fundamentação. O *quantum* deve estar mais em função do custo do serviço, do que propriamente de considerações de força contributiva. Deste modo, o princípio da capacidade contributiva justificaria que não fossem exigidas taxas a quem não manifestasse tal capacidade[142]. Por sua vez, Juán Queralt Martín defende que o pressuposto da taxa é a utilização de um serviço público, pois "*[s]e paga porque se utiliza un servicio público o se obtiene una licencia por obras; no, como regla geral, porque se demuestre una mayor o menor capacidad económica*"[143].

Em Itália, Pasquale Russo defende que, para a quantificação do serviço ou atividade da Administração, nada impede o legislador - caso a concreta situação assim o permita - de ter em consideração o princípio da capacidade contributiva. Inclusive, defende que tal poderá contribuir para uma igualdade substancial no acesso a serviços públicos[144].

3.6.2. A equivalência jurídica e a equivalência económica

Nesta narrativa em torno do princípio da equivalência, podemos ainda referir-nos à *equivalência jurídica* e à *equivalência económica*. Como veremos, tratam-se de questões situadas em dois planos distintos - um, tem que ver com a delimitação conceitual da taxa, outro, relaciona-se com a legitimação material.

Como vimos, o desenho conceitual de taxa implica, de um ponto de vista jurídico, a existência de uma contrapartida específica em benefício do sujeito passivo, é dizer, pressupõe uma relação de troca. Esta ideia de contrapartida - de uma espécie de *quid pro quo* - é aquilo a que se vem designando de equivalência jurídica. Deste modo, com a "[...] *equivalência jurídica* pretende-se assinalar a relação rigorosamente comutativa que é característica da taxa, o nexo sinalagmático que existe entre a obrigação tributária que impende sobre o sujeito passivo e a prestação que

[142] Cfr. *Idem, ibidem*, p. 268 e ss..

[143] Cfr. QUERALT MARTÍN, Juan, *et al.*, "Curso de...", *op. cit.*, p. 89.

[144] Tradução nossa. No texto original, o autor refere que "*[...] anzi, in merito alla quantificazione della prestazione, si deve osservare che nulla impedisce al legislatore di (ed anzi l'occasione è propizia per) tenere conto della capacità contributiva degli utenti per la determinazione dell'entità della prestazione dovuta singolarmente da costoro e, in specie, al fine di adottare una misura ridotta per i meno abbienti, in modo che le loro condizioni economiche non siano di ostacolo ad una sostanziale situazione di uguaglianza in punto di effettivo godimento del servizio pubblico*". Cfr. Cfr. RUSSO, Pasquale, "*Instituzioni di...*", *op. cit.*, p. 9.

ele efetivamente provoca ou aproveita" [145]. Por outro lado, tal como vimos há pouco – embora, na altura, não nos tenhamos referido a esta noção – "[..] com a *equivalência económica* pretende-se assinalar em vez disso a relação que se estabelece entre o montante das taxas e o custo ou valor das prestações que constituem a sua contrapartida"[146]. É digno de assinalar que o princípio da equivalência económica parece encontrar-se positivado no n.º 2, do art. 4.º, do RGTAL, que estabelece que "[o] valor das taxas das autarquias locais é fixado de acordo com o princípio da proporcionalidade e não deve ultrapassar o custo da actividade pública local ou o benefício auferido pelo particular", pese embora a sua epígrafe referir-se, erradamente, ao princípio da equivalência jurídica. Importa, assim, acrescentar que, em nosso ver, a equivalência jurídica traduz um conceito qualitativo, na medida em que mais não traduz do que a necessária contrapartida individualizável a favor do sujeito passivo, enquanto a equivalência económica é um conceito quantitativo, determinado que o seu montante se adeque ao custo provocado ou ao benefício proporcionado ao sujeito passivo[147].

Pois bem, quando falamos do conceito de taxa, vimos que, muito embora deva existir uma correlação entre o destinatário do encargo financeiro e o beneficiário da despesa pública, tem-se entendido que, a nível conceitual, apenas assume relevância a equivalência jurídica, de modo que a sua sinalagmaticidade não é descaracterizada se não exis-

[145] Cfr. VASQUES, Sérgio, "O Princípio...", *op. cit*, p. 348.

[146] Cfr. *Idem, ibidem*. César Garcia Novoa, embora ciente das dificuldades em determinar com exatidão o custo do serviço ou o valor da prestação pública, não deixa de atribuir importância à equivalência económica, afirmando que "*[...] el principio de equivalencia que gobierna el régimen de las tasas se proyecta sobre la cuantía del tributo, postulando una equivalencia entre la cantidad a pagar y el importe del servicio. La determinación legal de la cuantía del tributo experimenta así una importante novedad: en la medida en que la cuantía de las tasas aparece vinculada al coste del servicio y éste depende de estudios técnicos reflejados en las respectivas memorias economico-fianceniras, se entiende que la ley no puede fijar con precisión el importe o la cuantía de la tasa, por las importantes implicaciones técnicas que escapan a una visión rigurosa de la reserva de ley*". Cfr. GARCIA NOVOA, César, "*El concepto...*", *op. cit.*, pp. 261 e 262.

[147] Parece-nos, salvo melhor opinião, que será mais ou menos neste sentido que Carlos Baptista Lobo afirma, ao assinalar que a figura da taxa de justiça pressupõe uma contrapartida especifica em favor do contribuinte (*rectius*: sujeito passivo), que assenta "[...] qualitativamente num princípio de equivalência jurídica". Cfr. LOBO, Carlos Baptista, "Reflexões sobre...", *op. cit.*, p. 432.

tir equivalência económica[148]. Esta ideia tem vindo a ser sustentada quer pela maioria da doutrina, quer pela nossa jurisprudência. Neste sentido, pronunciou-se Alberto Xavier, afirmando que "[...] do ponto de vista económico, só casualmente se verificará uma equivalência precisa entre prestação e contra-prestação, entre o quantitativo da taxa e o custo da actividade pública ou o benefício auferido pelo particular – aliás muitas vezes indetermináveis por não existir um mercado que os permita exprimir objectivamente". Deste modo, "[...] ao conceito de sinalagma não importa a equivalência económica, mas a *equivalência jurídica*"[149]. Aníbal Almeida que, aliás, é bastante critico do uso da expressão *sinalagma*, também assinala que "[o] carácter *compensador* das taxas não significa, como é óbvio, que o seu montante tenha de equivaler pontualmente ao custo do serviço (o que, aliás, só poderá estatuir-se, como exigência prévia, em termos de pura *previsão*), podendo, pois verificar-se, no fim do período, quer em termos globais, quer caso a caso, que o montante da receita de uma *taxa compensadora* ficou aquém ou foi além do *custo total* (*fixo* e *variável*)"[150].

No plano jurisprudencial, em especial, a constitucional, o princípio da equivalência tem sido objeto de abundante análise. Porém, o Tribunal Constitucional também tem relativizado o papel da equivalência económica, em especial quando se tratam de taxas com finalidades extratributárias[151]. Importa, assim, autonomizar alguns arestos. O Ac. n.º 1108/86, já mencionado acima, refere que "[...] a taxa surge como uma figura estruturalmente juridicamente através da sinalagmaticidade e correspectividade das prestações, tendo como causa uma prestação de que é beneficiário o cidadão vinculado ao seu pagamento. A taxa não surge, todavia, necessariamente justificada pelo exacto custo da prestação ou do benefício, distinguindo-se nesse sentido, do

[148] Para Casalta Nabais, são de designar por tarifas, "[...] as taxas que exprimem não apenas uma equivalência jurídica, como é o característico de todas as taxas [...] mas também uma equivalência económica, como é característico dos preços". Cfr. NABAIS, Casalta, "Direito Fiscal", *op. cit.*, p. 54.

[149] Cfr. XAVIER, Alberto, "Manual de..."; *op. cit.*, pp. 43-44. Itálico mantido conforme original.

[150] Cfr. ALMEIDA, Aníbal, "Estudos de...", *op. cit.*, p. 66. Itálico mantido conforme original.

[151] Neste sentido, entre outros, incluindo os atrás mencionados, veja-se o Ac. do TC n.º 68/2007, proferido no processo n.º 215/05, em 30 de janeiro de 2007, disponível em www.tribunalconstitucional.pt [24-10-2021].

preço, segundo alguns autores. Para a função da taxa pode ser menos relevante o custo e, por exemplo, mais relevante a contenção da utilização de um serviço (no sentido de uma ultrapassagem do princípio da cobertura dos custos pela figura da taxa) [...]". No já mencionado Ac. n.º 640/95, ficou patente o entendimento do Tribunal Constitucional – mais tarde, reafirmado em outros arestos – de que uma taxa cujo montante exceda o custo dos bens e serviços prestados ao seu utilizador não deve ser qualificado como imposto, não sendo de lhe conceder o respetivo tratamento constitucional. No Ac. n.º 274/2004 concluiu-se que "[...] o carácter sinalagmático da taxa não exige a correspondência do seu montante ao custo do bem ou serviço prestado: a bilateralidade que a caracteriza mantém-se, mesmo na parte excedente ao custo [...] não é, por si só, de qualificar a taxa como imposto, ou de lhe conceder tratamento constitucional de imposto, se o respectivo montante exceder o custo dos bens e serviços prestados ao utente [...]". Mais adiante, o tribunal expressa inequivocamente esta ideia, afirmando que "[n]a verdade, o carácter sinalagmático do nexo entre o pagamento desse tributo e a prestação da actividade pelo ente público não é descaracterizado se não existir equivalência económica, bastando, essencialmente, a correspondência jurídica".

Mais recentemente, o predito Ac. n.º 344/2019, embora não se afaste da tese predominante de que, para a qualificação como taxa basta a equivalência jurídica, referencia que "[i]sso não significa, contudo, que para efeito de legitimação material as taxas e contribuições não devam ser ordenadas ao custo ou valor das prestações administrativas. A equivalência, enquanto expressão do *princípio da proporcionalidade*, também exige que o quantitativo da prestação tributária deva corresponder ao custo ou benefício que se pretende compensar, sendo o tributo inválido se manifestamente excessivo ao custo ou valor dos bens e serviços prestados ao sujeito passivo"[152]. Na senda deste aresto, o Ac. n.º 332/2021, estabelece que "[...] o princípio da equivalência exige que o *quantum* do tributo seja fixado em função do *custo* ou *valor* das prestações públicas; mas a relação de equivalência estabelecida, por esta via, entre a obrigação tributária e a prestação administrativa (provocada ou aproveitada)

[152] Itálico mantido conforme original.

não tem, contudo, de traduzir uma rigorosa *equivalência económica,* sendo suficiente que aquela relação traduza uma *equivalência jurídica*"[153].

Em padrões gerais, podemos assim dizer que a jurisprudência tem vindo a estabelecer, como linha vermelha, a manifesta desproporcionalidade entre o montante da taxa e o custo (ou valor) do serviço público, de sorte que nem sequer se possa falar num nexo sinalagmático entre a prestação público e a taxa. A equivalência jurídica posa, então, como um limite ao excesso e ao arbítrio, ou seja, se bem vimos as coisas, como uma projeção do princípio da proporcionalidade.

Ora, esta tendencial desconsideração pelo princípio da equivalência económica suscita, em nosso ver, vários problemas, desde logo, porque pode seduzir as entidades criadores das taxas a marginalizarem uma adequada quantificação do custo do serviço o, que, por sua vez, se reflete na via judicial, resultando numa desproteção dos sujeitos passivos. Se o criador não é obrigado a apresentar, por exemplo, uma fundamentação económico-financeira relativa ao valor das taxas, da qual se possa descortinar tratar-se de uma equivalência de custo ou de benefício, afigura-se-nos difícil que as instâncias judicias possam proceder a um correto controlo material da criatura legal, mas apenas formal. A origem destes problemas parece-nos evidente – a ausência de um regime geral das taxas. Diríamos, inclusive, estar perante um círculo vicioso que, enquanto não for resolvido pela via legislativa, é à via judicial que cabe um papel preponderante[154].

[153] Cfr. Ac. do TC n.º 332/2021, proferido no processo n.º 1197/2019, em 26 de maio de 2021, disponível em www.tribunalconstitucional.pt [08-11-2021]. Itálico mantido conforme original. No mesmo sentido, por exemplo, Ac. do TC n.º 268/2021, proferido no processo n.º 1010/19, em 29 de abril de 2021, disponível em www.tribunalconstitucional.pt [08-11-2021].

[154] A legislação espanhola é bastante mais exaustiva e exigente a este respeito. Desde logo, o art. 7, da LTPP, establece que "*[l]as tasas tenderán a cubrir el coste del servicio o de la actividad que constituya su hecho imponible*". Por sua vez, o art. 19.2, a propósito, das taxas devidas pela prestação de um serviço público, consigna que "*[...] el importe de las tasas por la prestación de un servicio o por la realización de una actividad no podrá exceder, en su conjunto, del coste real o previsible del servicio o actividad de que se trate o, en su defecto, del valor de la prestación recibida*". O princípio da equivalência, porém, é temperado pela introdução do critério da capacidade contributiva, estabelecendo o art. 8, que, na fixação das taxas, ter-se-á em consideração, quando possível, a capacidade económica dos sujeito passivos. No entanto, é o art. 20.1, da LTPP, que merece especial referência, ao exigir, sob pena de nulidade, aquando da criação ou modificação de uma taxa, uma memória económica-financeira. Assim, "*[t]oda propuesta de establecimiento de una nueva tasa o de modificación específica de las cuantías de una preexistente deberá incluir, entre*

Julgamos, assim, que a equivalência económica não deve ser marginalizada, uma vez que sempre assumirá relevância na legitimação material da taxa. É dizer, se é certo que a equivalência jurídica é relevante ao nível da delimitação conceitual da taxa, não é menos certa a importância da equivalência económica no campo supra-conceitual, isto é, ao nível da legitimação material. Como sinaliza Sérgio Vasques, "[n]em por isso se deve, no entanto, admitir que o exame das taxas se possa quedar pelo controlo formal da «equivalência jurídica» que releva à reserva de lei parlamentar, descartando o controlo da «equivalência económica» que releva ao princípio da igualdade tributária". Aliás, já demos conta, o autor sustenta – posição com a qual concordamos – que o princípio da igualdade nunca se mostrará verdadeiramente respeitado pela simples equivalência jurídica, é dizer, independentemente do valor da prestação tributária (sendo o oposto também verdade).

Com efeito, arriscar-nos-emos a afirmar que, para se concluir pela solvabilidade constitucional de uma taxa, deve-se observar quer a equivalência jurídica, quer a equivalência económica, porquanto, ainda que aquela se verifique e, portanto, estejamos formalmente perante uma taxa, se o *quantum* da taxa estiver, injustificadamente, acima ou abaixo do custo provocado ou do benefício proporcionado pelo serviço público em causa, violando-se os princípios constitucionais da igualdade e até da proporcionalidade, poderá equacionar-se a sua desconformidade constitucional. Em nosso ver, afirmar que a taxa é um tributo sinalagmático deve significar, por um lado, existir uma (tendencial) equivalência económica, ou seja, o valor da prestação deve ser tendencialmente equivalente ao custo provocado ou ao benefício proporcionado pela contraprestação, e uma equivalência jurídica, traduzida no nexo entre a obrigação tributária que impende sobre o sujeito passivo e a prestação a que ele dá causa (provoca). Porém, como veremos mais detalhadamente à frente, o controlo material do montante da taxa não poderá quedar-se pelo teste da proibição do excesso.

los antecedentes y estudios previos para su elaboración, una memoria económico-financiera sobre el coste o valor del recurso o actividad de que se trate y sobre la justificación de la cuantía de la tasa propuesta".

§ O problema da quantificação dos custos ou do benefício (remissão)

Os desenvolvimentos anteriores deixam antever alguns dos problemas que decorrem da necessidade da adequação da taxa ao custo que o sujeito passivo gera ou ao benefício que lhe é proporcionado. Falamos, pois, da quantificação do custo ou do benefício. Esta quantificação nunca será exata, é dizer, nunca é verdadeiramente possível adequar um tributo ao custo ou benefício que o sujeito passivo, individualmente considerado, provoca ou aproveita. No entanto, isso não exime o legislador ordinário da (importante) tarefa de, socorrendo-se de critérios mais ou menos normalizados e rigorosos, determinar tal custo ou benefício e, em consequência, fixar o *quantum* das taxas[155]. Só uma correta mensuração do custo ou do benefício, ainda que aproximada, permitirá também às instâncias judiciais uma atuação mais ativa no controlo material das taxas. Esta problemática será revisitada quando abordarmos a taxa de justiça agravada e o princípio da equivalência na taxa de justiça, pelo que tomamos a liberdade de remeter para os pontos 3.2. e 3.3., do Capítulo IV, e 5.3., 5.4. e 5.5, do Capítulo VI.

3.6.3. A equivalência individual e a equivalência de grupo

No estudo que dedica ao princípio da equivalência, Sérgio Vasques fala-nos, ainda, da *equivalência individual* e da *equivalência de grupo*, matéria esta que se localiza na dimensão subjetiva da relação jurídica tributária.

[155] Se bem vimos, a problemática parece ter sido certeiramente suscitada, na doutrina brasileira, por Edgard Neves da Silva, quando se refere ao *elemento económico global* ou base de cálculo, e ao *elemento económico individual*. O elemento económico global representa a mensuração económica do facto gerador, ou seja, o custo da atividade pública, e que apenas se pode tratar de um custo estimado, uma vez que o custo real, enquanto parâmetro ideal, é de difícil precisão. Assim, refere o autor, "[...] tem-se de aceitar ser ele um custo estimado, um custo aproximado, variando dentro de uma razoabilidade menor ou maior. Entretanto, essa razoabilidade, essa equivalência, poderá ser submetida ao crivo do Poder Judiciário. Já o elemento económico individual permitirá encontrar o valor do tributo a ser pago individualmente. Para o efeito, deverá utilizar-se um critério de rateio que, dependendo das circunstâncias, poderá será, *verbi gratia*, a área, peso, periodicidade, etc.. A fórmula apontada pelo autor consiste em dividir o custo da atividade pública (globalmente considerado) por um determinado critério de rateio, para se alcançar o *quantum debeatur*. Cfr. Silva, Edgard Neves da Silva, "Taxas", *in* Martins, Ives Gandra da Silva, *Curso de Direito Tributário*, 11.ª Edição, São Paulo, Saraiva, 2009, p. 262 e ss..

Num padrão generalista, podemos dizer que a *equivalência individual* traduz o custo ou benefício que a prestação da administração provoca ou proporciona a um sujeito passivo individual e, normalmente, surge associada às taxas, uma vez que se dirigem à compensação de prestações efetivamente provocadas ou aproveitadas pelo sujeito passivo.

A *equivalência de grupo*, por sua vez, compreende o custo ou o valor que determinada prestação pública reveste para um dado grupo de sujeitos passivos e, porque direcionadas para a compensação de prestações de que o sujeito passivo apenas é presumido causador ou beneficiário, é nas contribuições financeiras a favor de entidades públicas que se manifesta[156].

3.6.4. Uma equivalência temporal? (remissão)

Nesta odisseia pelo princípio da equivalência, impõe-se outra reflexão. Será necessário existir uma coincidência temporal entre as prestações, isto é, entre a taxa e entre o respetivo serviço ou atividade? A resposta, julgamos, será negativa.

O pagamento da taxa (qualquer taxa, portanto) pode ter lugar no mesmo momento em que é realizada a prestação pública, em momento posterior ou, ainda em momento anterior. A exigência de taxas em contrapartida de prestações futuras não lhes desvirtua a natureza jurídico-tributária de taxa. É necessário, porém, não confundir a exigência de taxas em virtude de prestações futuras com a sua exigência em virtude de prestações presumidas, ou seja, que se destinem a compensar prestações meramente potenciais ou eventuais[157]. No mesmo sentido, adotando uma formulação mais generalizada, Benjamim Silva Rodrigues assinala que "[é] claro que nada obriga à existência de uma relação de

[156] Neste sentido, por exemplo, os já referenciados Acs. n.º 344/2019 e n.º 268/2021. Na doutrina espanhola, César Martínez Sánchez é bastante crítico da adoção do princípio de equivalência de grupo, por entender que desvirtua o próprio princípio da equivalência, "*[...] puesto que desnaturaliza buena parte de las funciones que dicho principio pretende cumplir. En particular, transcender el cálculo individual del coste generado por cada sujeto pasivo pone en cuestión la pretendida superación de la separación entre los gastos y los ingresos públicas, la búsqueda de un uso mas racional de los servicios públicos, la invocada atención a las preferencias de los ciudadanos y la mayor motivación de estos a la hora de afrontar su obligaciones tributarias*". Cfr. Martínez Sánchez, César, "*Principio de...*", *op. cit.*, p. 259.

[157] Sobre esta matéria, *vide* Vasques, Sérgio, "Regime das Taxas Locais: Introdução e Comentário", Coimbra, Almedina, 2008, pp. 85-89 e "O Princípio...", *op. cit.*, pp. 159-162.

imediação temporal entre a contraprestação consubstanciante do bem satisfazente da necessidade do contribuinte e o pagamento da taxa"[158]. Parece-nos que é também neste sentido que o STA, a propósito de uma execução fiscal para cobrança de uma dívida proveniente da falta de pagamento de propinas, sancionou que "[t]odavia, o sinalagma não implica a contemporaneidade ou a simultaneidade das prestações. Nem a Constituição nem a lei obrigam a que exista uma coincidência temporal entre as prestações (do sujeito passivo e do sujeito activo), isto é, uma coincidência temporal entre o pagamento da propina e a efectivação da prestação de serviço de ensino correspondente"[159].

Com efeito, um eventual assincronismo entre as prestações não será suficiente, em princípio, para alterar a natureza jurídica da taxa, nem, cremos, para colocar, só por si, em causa a sua legitimação material. Esta problemática será revisitada quando abordarmos o fenómeno da morosidade na justiça e das suas repercussões ao nível do princípio da equivalência, pelo que tomamos a liberdade de remeter para o nosso ponto 7, do Capítulo VI.

4. A distinção entre taxa e imposto

4.1. Principais elementos individualizadores

Chegados aqui, estamos em condições de traçar o *profile* das taxas e dos impostos, o que, além da evidente relevância teórico-prática, desde logo, a nível do seu tratamento constitucional, será importante revisitar quando tratarmos especificamente da taxa de justiça[160].

Pois bem, desde logo, nos impostos, quer a sua criação, quer a definição dos seus elementos essenciais, está sujeita a reserva legal parlamentar. Na taxa, ao invés, apenas o seu regime geral está sujeito a lei parla-

[158] Cfr. Rodrigues, Benjamim Silva, "Para uma reforma do sistema financeiro e fiscal do urbanismo em Portugal", *in* Correia, Fernando Alves (coord.), *1.º Colóquio Internacional – O Sistema Financeiro e Fiscal do Urbanismo – Ciclo de Colóquios – O Direito do Urbanismo do Séc. XII*, Coimbra, Almedina, 2002, p. 184. No mesmo sentido, por exemplo, Cfr. Lobo, Carlos Baptista, "Reflexões sobre...", *op. cit.*, p. 432.

[159] Cfr. Ac. do STA n.º 4/2015, proferido no processo n.º 1957/13, em 22 de abril de 2015, disponível em www.sta.pt [05-05-2021].

[160] Desde logo, por exemplo, a nível de competência de criação.

mentar ou decreto-lei autorizado, tudo conforme a al. i), do n.º 1, do art. 165.º, da CRP[161]. Por outro lado, o imposto é um tributo essencialmente contributivo, assente numa ideia de *solidariedade*. O imposto aparece desagregado de uma concreta atividade ou prestação por parte do sujeito ativo. Por este motivo, é que o imposto assenta *essencialmente* na capacidade contributiva dos sujeitos passivos. Se preferimos outra forma de ver as coisas, até poderá haver uma prestação do ente público, no entanto, será *impessoal, inespecífica, coletiva*, de tal modo que é impossível saber o benefício ou vantagem que cada cidadão, individualmente considerado, aproveitou, ou o custo que provocou. Já a taxa, enquanto verdadeiro tributo comutativo, traduz uma ideia de *responsabilidade* – quem dá causa à despesa pública, paga[162]. A taxa é, portanto, exigida, em função (por causa) dessa mesma prestação[163]. É neste sentido que a doutrina italiana assinala que "*[...] [l]o scopo delle imposte è, essenzialmente, quello di suddividere tra i contribuenti il carico finanzeiro delle attività publiche. La tassa è invece un tributo direttamente collegato all'erogazione/fruizione di determinate attività pubbliche o servizi resi dall'ente impositore alla collettività*"[164]. Podemos, assim, dizer que, sob uma perspetiva de justiça tributária, os impostos surgem conexos a uma justiça distributiva, enquanto as taxas, como tributos rigorosamente comutativos que são, associam-se a uma justiça comutativa ou, no caso das contribuições, paracomutativa. Neste particular, sustenta César Martínez Sánchez, "*[...] en lo que se refiere a la justicia distributiva, se tratará de buscar la igualdad proporcional en las relaciones (a cada cual según su mérito, capacidade, necesidad, etc.). Por el contrario, la justicia conmutativa se rige por un criterio inspi-*

[161] Daí que, no já mencionado Ac. do TC n.º 539/2015, o tribunal se refira a *dois tipos de reserva parlamentar*, um relativo aos impostos, e que abrange o seu regime geral e os elementos essenciais, e outro, referente às taxas e às contribuições financeiras, que apenas se refere ao seu regime geral.

[162] Neste sentido, entre outros, *vide* o Ac. do TC n.º 636/2019. Por este motivo, há quem entenda que a taxa também tem uma função retributiva.

[163] Cfr. VASQUES, Sérgio, "O Princípio...", *op. cit.*, p. 140. Cremos que também é neste sentido que, na doutrina brasileira, Edgard Neves da Silva sustenta que "[...] o que designará a natureza especifica da taxa será o seu fato gerador, e com ele será feita a diferença com as demais espécies tributárias, aliás, como reza o art. 4 do CTN". Cfr. SILVA, Edgard Neves, "Taxas", *op. cit.*, p. 958.

[164] Cfr. AMATUCCI, Fabrizio, "*Principi e nozioni...*", *op cit.*, p. 78

rado en la igualdad aritmética (identidad entre las contraprestaciones [...]"[165]. Aníbal Almeida coloca a tónica no *critério de repartição dos encargos*. Assim, "[s]e, para financiar a produção de um serviço público, a *entidade pública* com *poder tributário* se dirige aos *residentes* no seu espaço territorial *enquanto* tais (digamos, *uti cives*), estamos em face do *imposto*; mas se, pelo contrário, essa entidade preferir dirigir-se, quando for caso disso (i.e., no caso dos «serviços *tecnicamente* semi-públicos»), aos seus utentes, enquanto tais (digamos, *uti singuli*), estamos em face de uma *taxa*"[166]. Condensando, no caso dos impostos, deve-se tributar os contribuintes consoante a sua diferente capacidade de pagar, enquanto nas taxas, em especial, nas taxas compensadoras ou remuneradoras, o critério da repartição deve ser o do uso. Compreende-se, portanto, que a taxa, pela sua estrutura, seja incapaz de servir à aplicação do princípio da capacidade contributiva[167].

Quanto à jurisprudência nacional, no Ac. do TC n.º 348/86, de 11 de dezembro, concluiu-se que "[...] sempre é certo que a diferença específica de taxa, como tributação, distinguindo-a de imposto, reside no vínculo sinalagmático, bilateral, ínsito no seu conceito, como se depreende das definições anteriormente dadas. A sinalagmaticidade encontra-se arredada do conceito de imposto. Enquanto a taxa representa como que um «preço» de uma utilidade individualizada e directa, de que beneficia directamente o próprio tributado, o imposto constitui uma receita do Estado ou da entidade pública legalmente autorizada a cobrá-la, destinada à realização de fins públicos, e não especificamente do interesse do sujeito passivo de incidência dessa tributação". Volvidos cerca de dez anos, o já referido Ac. n.º 1108/96, de 20 de dezembro, concluía que "[a] taxa, diferentemente do imposto, não surge como uma intervenção na propriedade dos cidadãos, tendo o tributo em que consiste como causa (no sentido da doutrina do direito civil) o beneficio derivado de uma prestação originária de um ente público [...]". A mais recente juris-

[165] Cfr. Martínez Sánchez, César, "*Principio de...*", *op. cit.*, p. 35.

[166] Cfr. Almeida, Aníbal, "Estudos de...", *op. cit.*, pp. 70-71.

[167] Carlos Baptista Lobo sustenta que "[...] mesmo sem a aprovação de um «regime geral das taxas e outras contribuições financeiras» da Lei Geral Tributária resulta inequivocamente a sua exclusão do âmbito do princípio da capacidade contributiva (artigo 4.º da Lei Geral Tributária) e do princípio da capacidade da legalidade na sua vertente de reserva de lei formal ou reserva de Parlamento [...]". Cfr. Lobo, Carlos Baptista, "Reflexões sobre...", *op. cit.*, p. 430.

prudência, como o Ac. n.º 539/2015, por nós também já referido, sufragou que "[a] taxa tem igualmente a finalidade de angariação de receita. Mas enquanto que nos impostos esse propósito fiscal está dissociado de qualquer prestação pública, na medida em que as receitas se destinam a prover indistintamente às necessidades financeiras da comunidade, em cumprimento de um dever geral de solidariedade, nas taxas surge relacionado com a compensação de um custo ou valor das prestações de que o sujeito passivo é causador ou beneficiário"[168]. Por outro lado, no que respeita ao critério material, resulta do *supra* exposto que a medida da exigibilidade dos impostos é aferida segundo o princípio da capacidade contributiva (art. 4.º, n.º 1, da LGT), enquanto, nas taxas, é aferida segundo o princípio da equivalência numa perspetiva de troca (art. 4.º, n.º 1, do RGTAL)[169].

Em todo o caso, é inegável que o pressuposto do tributo desempenhará um papel importante na tarefa classificatória. Quer isto dizer que, se o pressuposto é, por exemplo, a posse de determinado património, a obtenção de determinados rendimentos, o consumo de determinado bem ou serviço, *et cetera*, revelador de uma força contributiva, cuja tributação esteja dissociada de qualquer específica atividade da Administração, estaremos, em princípio, perante um imposto. Se o pressuposto, ao invés, é a prestação de um serviço ou atividade púbica individualizada, de tal modo que, se não existisse essa atividade – prestação de um serviço, concessão de licença, etc. – não haveria justificação (ou melhor, fundamentação) para a sua tributação, então, será seguro concluir tratar-se de uma taxa[170]. Quanto às finalidades, também não podemos perder de vista que a taxa visa compensar essa mesma prestação proporcionada pelo ente público, e não instrumentalizada para a prossecução de finalidades generalizadas. Daí que na doutrina espanhola se defenda que não é a existência, ou não, de contraprestação que distingue a taxa do imposto, mas a prestação, ou não, de uma atividade pública

[168] Esta jurisprudência voltaria a ser reafirmada, por exemplo, no Ac. do TC n.º 848/2017, proferido no processo n.º 281/17, em 13 de dezembro de 2017, disponível em www.tribunalconstitucional.pt [25-10-2020].

[169] Neste sentido, Silva, Suzana Tavares, "As Taxas...", *op. cit.*, p. 54.

[170] Esta ideia é exposta, de forma muita clara, por Juan Martin Queralt. Cfr. Martín Queralt, Juán, "*Curso de...*", *op. cit.*, p. 88.

individualizada. Com efeito, "*[p]recisamente la existência de una actividade administrativa es la que sirve de critério válido para diferenciar entre tasa e impuesto, puesto que en el presupuesto de hecho del impuesto no adqueire ninunga relevância jurídica la existência de una atividade administrativa*"[171].

4.2. O *nomen iuris* como critério irrelevante para a distinção

Um critério que se afigura irrelevante para a distinção entre taxa e imposto é o *nomen iuris*. Na verdade, pode muito bem suceder que determinado tributo, classificado pelo legislador como taxa, se venha a revelar, na sua estrutura, um imposto, por exemplo. Sobre esta questão, o TC, no referido Ac. n.º 539/2015, concluiu que "[...] a caracterização de um tributo, quando releve para efeito da determinação das regras aplicáveis de competência legislativa, há de resultar do regime jurídico concreto que se encontre legalmente definido, tornando-se irrelevante o nomen juris atribuído pelo legislador ou a qualificação expressa do tributo como constituindo uma contrapartida de uma prestação provocada ou utilizada pelo sujeito passivo"[172]. É, portanto, neste sentido que Jónatas E. M. Machado e Paulo Nogueira da Costa afirmam que "[a] distinção entre taxa e imposto apresenta uma natureza substantiva, valendo independentemente da designação forma que a lei dê a uma ou a outro"[173].

Este entendimento também é adotado em outros ordenamentos jurídicos. Por exemplo, o Tribunal Constitucional espanhol, na *Sentencia 102/2005, de 20 de abril*, entendeu que a natureza do tributo deve ser aferida independentemente da qualificação dada pelo legislador[174]. O tributo não se define, portanto, pela designação dada pelo legislador ordinário. Como já registamos, também o art. 4.º, do CTN, estabelece que para a determinação da natureza jurídica do tributo é irrelevante a designação adotada pela lei.

[171] Cfr. *Idem, ibidem*, p. 88.

[172] Neste sentido, *vide*, entre outros, Acs. do TC n.º 365/2008, proferido no processo n.º 22/08, em 02 de julho de 2008, n.º 320/2016, proferido no processo n.º 107/2014, em 19 de maio de 2015 e n.º 367/2018, proferido no processo n.º 106/18, em 03 de julho de 2017, todos disponíveis em www.tribunalconstitucional.pt [06-05-2021].

[173] Machado, Jónatas E. M., Costa, Paulo Nogueira da, "Manual de...", *op. cit.*, p. 19.

[174] Cfr. *Sentencia 102/2005, de 20 de abril*, disponível em https://www.tribunalconstitucional.es [14-10-2020].

4.3. A contrapartida genérica do imposto

Permitimo-nos, ainda, uma última observação. Como vimos, é comum assinalar-se, numa formulação genérica, que a distinção entre taxa e imposto assenta na unilateralidade ou bilateralidade[175]. Contudo, em nosso ver, é uma enunciação que, sem as devidas cautelas, poderá torna-se *perigosamente* genérica. Vejamos.

Desde logo, a unilateralidade e a bilateralidade são conceitos do domínio civilístico e que, por isso, terão de ser entendidos à luz desse território, com as devidas adaptações[176]. Assim, na doutrina de Antunes Varela, "[d]izem-se unilaterais os contratos dos quais resultam obrigações só para uma das partes." Já nos contratos bilaterais "[...] as obrigações se encontram unidas uma à outra por um vínculo de *reciprocidade ou interdependência (sinalagma)* [...]". O vínculo que, segundo a intenção dos contraentes, acompanha as obrigações típicas do contrato desde o nascimento deste (sinalagma *genético*) continua a reflectir-se no regime da relação contratual, durante todo o período de execução do negócio e em todas as vicissitudes registadas ao longo da existência das obrigações (sinalagma *funcional*)"[177]. Deste modo, o sinalagma genético refere-se à génese do contrato, ou seja, à obrigação assumida por cada um dos contraentes, enquanto o sinalagma funcional aponta para a ideia de que as obrigações têm de ser exercidas em paralelo. Uma das consequências, quiçá, fundamentais, desta distinção, é o recurso, ou não, à *exceção de não cumprimento*[178]. Desde que não haja prazos diferentes para

[175] Sobre a distinção de imposto e taxa, *vide*, entre outros, TEIXEIRA, António Braz, "Princípios de...", *op. cit.*, p. 43 e ss..

[176] Aliás, é neste contexto que Aníbal Almeida é crítico da utilização da própria expressão *sinalagma*, uma vez que significa *pacto* ou *contrato*, mais consistente, por isso, com as prestações fixadas no domínio da autonomia da vontade. É uma posição que apresenta similitudes com a de alguns autores espanhóis que também se recusam a utilizar o termo "contraprestação", conforme assinalamos acima. Cfr. ALMEIDA, Aníbal, "Estudos de...", *op. cit.*, p. 65.

[177] Cfr. VARELA, João de Matos Antunes, "Das Obrigações em Geral – Vol. I", 10.ª Edição, Coimbra, Almedina, 2011, pág. 398 e ss..

[178] A este propósito, *vide*, por exemplo, ROCHA, Joaquim Freitas da "Direito Financeiro Local", 3.ª Edição, Coimbra, Almedina, 2019, p. 301. A propósito das taxas das autarquias locais, o autor defende que deve existir uma dupla equivalência entre as respetivas prestações, pelo que, "[...] do ponto de vista jurídica, o não cumprimento por uma das partes origina a exceção de não cumprimento da outra, o que significa que se município não prestar em concreto o serviço a que se compromete – no presente, e não como mera possibilidade ou

o cumprimento das prestações, qualquer dos contraentes pode recusar a sua prestação, invocando este instituto, enquanto o outro não efetuar o que lhe compete ou não oferecer o seu cumprimento simultâneo. Ora, a afirmação *tout court* de que os impostos são tributos unilaterais, porque não lhes corresponde uma prestação por parte do sujeito ativo, ou seja, porque dessa relação jurídica tributária apenas resulta a obrigação para o sujeito passivo de pagar impostos, se não for interpretada *cum grano salis*, poderá dar a entender que para o ente público, *maxime* o Estado, por um lado, não existem quaisquer obrigações e, por outro, pior ainda, que poderá dar um qualquer destino à receita pública, o que não é verdade, pois sempre estarão adstritos à prossecução do interesse público[179]. O que sucede é que, como consequência do pagamento de impostos, o sujeito passivo não pode exigir ao Estado uma concreta contraprestação pública[180].

Em jeito de conclusão, afigura-se-nos oportuno convocar o Ac. do TC n.º 365/2008, que observou que "[o] imposto, enquanto prestação unilateral, não corresponde a nenhuma contraprestação específica atribuída ao contribuinte por parte do Estado; ele terá apenas a *contrapartida genérica* do funcionamento dos serviços estaduais"[181]. Podemos afirmar, em nosso ver, que ambos os tributos constituem fonte de receita

potencialmente futura, não sendo de admitir «prestações presumidas» –, o munícipe pode recusar-se a pagar a taxa ou pode pedir o seu reembolso caso já tenha pago".

[179] Na senda da distinção entre tributos vinculados e não vinculados, que registamos mais atrás, os impostos são tributos *não vinculados*, porque o facto tributário não depende de uma atuação estatal. "Essa característica faz com que o produto da arrecadação dos impostos ingresse nos cofres públicos sem que haja uma contraprestação estatal correlacionada com sua cobrança, podendo o Estado aplicar os recursos – após as transferências tributárias – em qualquer das suas despesas gerais, seja na educação, na segurança, na limpeza pública, nos hospitais, entre outros, tudo conforme sua programação orçamentária". Cfr. Abranham, Marcus, "Curso de...", *op. cit.*, p. 341.

[180] Neste sentido, por exemplo, Echevarría Plaza, Juan, "*La justicia...*", *op. cit.*, pp. 100-101.

[181] Itálico nosso. O Ac. n.º 251/05 parece, de certo modo, alertar para o que acabamos de dizer, uma vez que, embora reconhecendo o carácter unilateral dos impostos, ressalva que à exigência do imposto está contraposta a satisfação de encargos públicos. Assim, "[...] à exigência do imposto não está diretamente contraposta qualquer utilização dos bens ou serviços públicos, embora ele se destine a satisfazer os encargos que advêm da sua prestação à Comunidade Política". O que sucede é que, no caso dos impostos, não é possível identificar ou individualizar uma prestação administrativa associada à prestação do contribuinte, de tal modo que se possa considerar como sendo o seu causador ou beneficiário (nos impostos, é a coletividade que beneficia).

pública, contudo, a nota caracterizadora ou distintiva relaciona-se com o grau de *intimidade* ou de *pessoalidade* entre o tributo e a atividade da Administração, e que invariavelmente se manifesta na sua finalidade. Nos impostos, existe, pois, uma *contrapartida genérica* e esta é, em nosso ver, a diferença ontológica entre taxa e imposto[182].

5. As Contribuições (breves notas)

5.1. Considerações gerais

No início deste capítulo, falamos numa divisão tripartida dos tributos entre impostos, taxas e contribuições. Chegou o momento de olhar para as contribuições.

Na al. i), do n.º 1, do art. 165.º, do CRP, a par das taxas, encontramos a referência às contribuições financeiras a favor das entidades públicas. Neste alinhamento, o n.º 2, do art. 3.º, da LGT, estabelece que "[o]s tributos compreendem os impostos, incluindo os aduaneiros e especiais, e outras espécies tributárias criadas por lei, designadamente as taxas e demais contribuições financeiras a favor das entidades públicas"[183]. Parece-nos que, quer o legislador ordinário, quer o constituinte, equiparam – ou pelo menos, aproximam – as contribuições financeiras a favor das entidades públicas à taxa. Sucede que, o n.º 3, do art. 4.º, da LGT, dispõe que "[a]s contribuições especiais que assentam na obtenção pelo sujeito passivo de benefícios ou aumentos de valor dos seus bens em resultado de obras públicas ou da criação ou ampliação de serviços públicos ou no especial desgaste de bens públicos ocasionados pelo exercício de uma actividade são consideradas impostos". As *contribuições especiais* parecem, assim, estar sujeitos ao tratamento constitucional dos impostos através de uma *cláusula de equiparação*[184]. Ou seja, de um ponto de vista de tra-

[182] Neste particular, Vasco Valdez explica que "[...] não há o direito por parte do contribuinte a exigir nenhuma contrapartida especifica por parte do ente público, a não ser de uma forma difusa (v.g. ter direito a serviços de saúde ou de educação adequados, como contrapartida dos impostos pagos, mas trata-se, como se disse, de algo não exigível sob o ponto de vista jurídico e só escrutinável na apreciação política que os cidadãos entendam formular em eleições livres". Cfr. VALDEZ, Vasco, "A dinâmica...", *op. cit.*, p. 185.

[183] Assim, VASQUES, Sérgio, "O Princípio...", *op. cit.*, p. 172 e ss..

[184] Cfr. ROCHA, Joaquim Freitas da, SILVA, Hugo Flores da, "Teoria Geral...", *op. cit.*, p. 69. No mesmo sentido, FERNANDES, Filipe de Vasconcelos, "Direito Fiscal...", *op. cit.*, p. 50.

tamento constitucional, as contribuições especiais estão subordinadas à reserva de lei integral[185]. Esta terceira categoria conhece, ainda nos dias de hoje, alguma turbulência no que respeita à sua emancipação face aos impostos e às taxas. Podem, no entanto, aventar-se, em nosso ver, vários argumentos a favor da sua autonomização. Desde logo, porque antes da revisão constitucional de 1997, já o nosso sistema tributário conhecera contribuições especiais – as designadas *contribuições especiais tradicionais*[186]. Aliás, entre nós, tiveram os seus dias de glória nos anos noventa e encontram-se tradicionalmente ligadas às *obras públicas*, daí que possam ser desdobradas em *contribuições de melhoria* ou por *maiores despesas*[187]. A sua importância nos sistemas tributários contemporâneos tem vindo a diminuir, não só porque se trata de uma categoria pouco abrangente – nela apenas cabem as contribuições ligadas às obras públicas –, mas porque a maioria da doutrina nacional tende a qualificar às contribuições especiais tradicionais como impostos, como, aliás, veremos mais à frente[188]. Este cenário conduz a que se questione se, com a alteração introduzida pela quarta revisão constitucional, o legislador constituinte não pretendeu, efetivamente, autonomizar as contribuições financeiras a favor das entidades públicas (e, parece-nos, das próprias contribuições especiais que, como vimos, acabam por seguir o regime jurídico, pelo menos, em termos constitucionais, dos impostos).

185 "Uma formulação pouco feliz, uma vez que o que o legislador pretendeu dizer é que a essas contribuições se aplica o *regime legal* dos impostos em concordância, de resto, com a jurisprudência constitucional que as considera submetidas ao *regime constitucional* dos impostos. Quer isto dizer que são tidas como impostos as contribuições especiais que podemos designar por *contribuições especiais clássicas* [...]". Cfr. Nabais, Casalta, "Sobre o...", *op. cit.*, p. 17.

186 Por exemplo, a contribuição especial devida pela valorização da área beneficiada com a construção da nova ponte sobre o Tejo, criada pelo Decreto-Lei n.º 51/95, de 20 de março.

187 Assim, Vasques, Sérgio, "O Princípio...", *op. cit.*, p. 112. Veja-se que no direito tributário brasileiro, as contribuições de melhoria relacionam-se com as obras públicas, dispondo o art. 81.º, do CTN, que "[a] contribuição de melhoria cobrada pela União, pelos Estados, pelo Distrito Federal ou pelos Municípios, no âmbito de suas respectivas atribuições, é instituída para fazer face ao custo de obras públicas de que decorra valorização imobiliária, tendo como limite total a despesa realizada e como limite individual o acréscimo de valor que da obra resultar para cada imóvel beneficiado". Em Espanha, *la contribución especial* também está ligada à realização de obras públicas ou à criação ou ampliação de um serviço público, nos termos do art. 2.2.b), da *LeyGT*. Na doutrina espanhola, entre outros, Falcón y Tella, Ramón, "*Derecho Financiero...*", *op. cit.*, pp. 61-62.

188 Cfr. Vasques, Sérgio, "O Princípio...", *op. cit.*, pp. 116-117 e 215-226.

As contribuições são, assim, figuras que se encontram entre a taxa e o imposto[189]. Procurando defini-las, Sérgio Vasques refere que "[...] constituem prestações pecuniárias e coactivas exigidas por uma entidade pública em contrapartida de uma prestação administrativa presumivelmente provocada ou aproveitada pelo sujeito passivo". Nesta definição, devem poder caber não só as contribuições especiais clássicas, mas todas as outras figuras que se encontram naquela parcela de terreno entre a taxa e o imposto[190].

Uma vez que a figura central desta nossa investigação é, essencialmente, a taxa de justiça – e prognosticando que a discussão da sua natureza jurídica orbita, essencialmente, em torno do imposto e da taxa –, não nos dedicaremos a estudar aprofundadamente as contribuições. Querendo, porém, proceder-se uma arrumação desta matéria, com base no que temos vindo de expor, as contribuições podem ser agrupadas da seguinte forma:

(i) Contribuições especiais tradicionais;
  a. Contribuições de melhoria;
  b. Contribuições por maiores despesas;
(ii) Contribuições financeiras a favor das entidades públicas.

Vejamos, então, telegraficamente, as contribuições especiais e as contribuições financeiras, em especial, olhando para o seu pressuposto e finalidade.

5.2. As contribuições especiais

As contribuições especiais dirigem-se a grupos de pessoas que manifestam capacidade contributiva, resultantes do exercício de uma atividade administrativa pública por parte de todos aqueles que tal atividade indistintamente beneficia[191]. Como dissemos, podemos apontar duas modalidades – as contribuições de melhoria e as contribuições por maiores despesas. Contudo, em ambos os casos, é devida uma prestação

[189] Neste sentido, NABAIS, Casalta, "Direito Fiscal", *op. cit.*, p. 48.

[190] Cfr. VASQUES, Sérgio, "O Princípio...", *op. cit.*, p. 172.

[191] Este *benefício* conduz a que J. L. Saldanha Sanches sustente que, a par dos impostos, as contribuições especiais são "[...] encargos tributários que de forma mais ou menos completa recorrem também ao princípio do benefício como forma de legitimação e parâmetro de distribuição dos encargos tributários". Cfr. SANCHES, J. L. Saldanha, "Manual de...", *op. cit.*, p. 22.

– a contribuição – em virtude de uma vantagem pública que, ainda que não possa ser individualizada, refere-se a um grupo determinável de cidadãos ou contribuintes – o grupo que provoca custos (ou desgaste) ou beneficia da correspondente atividade pública. Como assinala Filipe de Vasconcelos Fernandes, "[...] assentam sobre manifestações diferenciais de capacidade contributiva despoletadas por acréscimos de rendimento a que os sujeitos passivos têm acesso quer por força de benefícios não remunerados quer, em alternativa, pelo especial desgaste que provocam em determinados bens públicos sem que, para tal, lhes tenha sido previamente exigida qualquer compensação"[192]. José Casalta Nabais entende que estamos perante *impostos especiais*, por terem no seu pressuposto manifestações de força contributiva de determinados grupos de indivíduos resultantes do exercício de uma atividade administrativa pública[193]. No mesmo sentido, João Sérgio Ribeiro também defende que as contribuições especiais são, na sua essência, impostos[194].

Telegraficamente, as *contribuições de melhoria* verificam-se nos casos em que é devida uma prestação em virtude de uma vantagem económica particular resultante do exercício de uma atividade administrativa pública. Já as *contribuições por maiores despesas*, como a sua designação deixa antever, reportam-se a uma prestação devida em virtude de os bens ou a atividade exercida pelas pessoas que integram determinado grupo darem origem a um maior desgaste ou despesa pública.

5.3. As contribuições financeiras a favor das entidades públicas

Foi com a revisão constitucional de 1997 que se aditou à al. i), do n.º 1, do art. 165.º, da CRP, a expressão "e regime geral das taxas e demais contribuições financeiras a favor das entidades públicas", autonomizando-se uma terceira criatura tributária, um *tertium genus*. Significa, isto, que à semelhança das taxas, o regime geral das contribuições financeiras a favor de entidades públicas deve constar de lei ou de decreto-lei parlamentarmente autorizado (art. 165.º, n.º 2., al. i), *in fine*, da CRP). Como já demos conta, porém, apenas foi aprovado o RGTAL, permanecendo em falta, não só o regime geral das taxas, como das contribuições finan-

[192] Cfr. Fernandes, Filipe de Vasconcelos, "Direito Fiscal...", *op. cit.*, p. 72.

[193] Cfr. Nabais, Casalta, "Direito Fiscal", *op. cit.*, p. 49 e ss..

[194] Cfr. Ribeiro, João Sérgio, "Um novo...", *op. cit.*, p. 9 e ss.

ceiras[195]. A autonomização deste *tertium genus* surge em virtude do aumento exponente de tributos cujo perfil, em bom rigor, não apresentava nem as características dos impostos, nem as características das taxas, ocupando um espaço intermédio, sendo hoje frequentemente apontadas como tributos paracomutativos. As contribuições financeiras a favor das entidades públicas dirigem-se a grupos de pessoas ligados pela partilha de uma específica contraprestação de natureza grupal. Por norma, estão associadas aos sectores de regulação e supervisão, sendo, portanto, a sua abrangência subjetiva, um grupo de cidadãos sujeitos a essa regulação ou supervisão. Filipe de Vasconcelos Fernandes sustenta que se estabelece uma estrutura de incidência ancorada na presunção de que, do exercício daquela atividade pública, resulta um benefício, igualmente imputável aos indivíduos que integram esse grupo[196]. Importa, porém, precisar que as contribuições financeiras têm como finalidade compensar prestações administrativas e realizadas, de que o sujeito passivo é *presumivelmente* o causador ou beneficiário (distinguindo-se das taxas que têm como finalidade compensar prestações administrativas de que o sujeito passivo é *efetivamente* causador ou beneficiário), operando-se aqui uma equivalência de grupo[197]. Por conseguinte, e como reiteradamente tem sustentado a jurisprudência do Tribunal Constitucional, não estamos perante uma equivalência sinalagmática, uma vez que se trata

[195] Para Sérgio Vasques, até que seja criado um regime geral, a criação e disciplina das contribuições para a segurança social, das taxas de regulação económica, das quotizações profissionais, dos impostos especiais, das contribuições de melhoria e dos tributos ambientais permanece reservada à AR. Estes tributos devem, assim, ser equiparados, para efeitos de reserva de lei parlamentar, a impostos, até à edição do seu regime geral. Cfr. Vasques, Sérgio, "O Princípio...", *op. cit.*, pp. 242-244.
Não obstante, o Tribunal Constitucional já se pronunciou no sentido de que, ainda que não se encontre previamente estabelecido o respetivo regime geral, tal como prevê a al. i), do n.º 1, do art. 165.º, da CRP, o Governo não se encontra impedido, sem intervenção parlamentar, de criar contribuições financeiras individualizadas, no exercício de uma competência concorrente, sem prejuízo da Assembleia sempre poder revogar, alterar ou suspender o respetivo diploma, no exercício dos seus poderes constitucionais. Por outro lado, "[...] a aprovação desse regime geral não surge como ato-condição ou pressuposto necessário da criação individualizada desses tributos". Neste sentido, entre outros, o já mencionado Ac. do TC n.º 539/2015 e, ainda, o Ac. do STA, proferido no processo n.º 0394/13.8BEVIS 0812/17, em 26 de setembro de 2018, disponível em www.dgsi.pt [24-10-2021].

[196] Cfr. Fernandes, Filipe de Vasconcelos, "Direito Fiscal...", *op. cit.*, p. 49.

[197] Neste sentido, *idem, ibidem*, pp. 71 e 248 e ss..

de uma compensação devida por prestações de que o sujeito passivo é apenas presumido causador ou beneficiário[198]. Se olharmos individualmente para cada sujeito que integra o grupo em causa, essa presunção nem sempre se confirma, contudo, essa presunção já será segura quanto ao grupo. Com efeito, continua a verificar-se uma relação de troca característica da taxa, com a diferença, porém, que se estabelece entre a Administração e um grupo, e não entre aquela e um sujeito passivo individualmente considerado.

5.4. A sua distinção em relação às taxas

A distinção entre taxa e contribuições (quer as tradicionais, quer as modernas constituições) faz-se, desde logo, olhando para o seu pressuposto. É que, no pressuposto destas últimas, encontramos uma prestação de que o sujeito passivo é apenas *presumivelmente* o seu causador ou beneficiário[199]. Ainda assim, e com as suas particularidades, a taxa e as contribuições financeiras a favor das entidades públicas parecem partilhar a mesma finalidade, isto é, o mesmo fundo comutativo, atraindo o princípio da equivalência e repelindo o princípio da capacidade contributiva, o que permitirá afastá-las – embora nem sempre de forma evidente – das contribuições especiais e dos impostos[200]. Contudo, insistimos, a sua finalidade passa pela compensação de custos ou benefícios *presumidos*, por oposição ao que se verifica na taxa. O já mencionado Ac. n.º 4/2020, sancionou que "[a]s contribuições distinguem-se especialmente das taxas porque não se dirigem à compensação de prestações efetivamente provocadas ou aproveitadas pelo sujeito passivo, mas à compensação de prestações que apenas presumivelmente são provocadas ou aproveitadas pelo sujeito passivo, correspondendo a uma relação de bilateralidade genérica. Preenchem esse requisito as situações em que a prestação poderá beneficiar potencialmente um grupo homogéneo ou um conjunto diferenciável de destinatários e aquelas em que a responsabilidade pelo financiamento de uma tarefa administrativa é imputável a um determinado grupo que mantém alguma proximidade com as finalidades que através dessa atividade se pretendem atingir".

198 Neste sentido, por exemplo, o já citado Ac. do TC n.º 268/2021.

199 Cfr. Vasques, Sérgio, "O Princípio...", *op. cit.*, pp. 172-177.

200 Assim, *idem, ibidem*, pp. 373-379.

CAPÍTULO II
EVOLUÇÃO DA TRIBUTAÇÃO DO ACESSO À JUSTIÇA E ANTECEDENTES DA TAXA DE JUSTIÇA

1.1. O sistema de processar romano (uma introdução)

O nosso sistema jurídico foi fortemente inspirado por elementos romanos, canónicos e germânicos. Aliás, a Península Ibérica, de um modo geral, foi influenciada pelo direito romano. Para compreendermos a evolução das custas processuais e, em particular, da taxa de justiça, tentaremos traçar uma linha orientadora na sua evolução histórica[201]. Para este exercício, afastar-nos-emos, por enquanto, do direito tribuário, por um lado, porque as taxas na justiça, e, em particular, a taxa de justiça, são indissociáveis do domínio processual e, por outro, porque uma cabal compreensão do seu regime implica uma jornada histórica.

Ora, no que respeita ao direito romano– sensivelmente entre a época arcaica e a época clássica e, mais tarde, na época pós-clássica – têm sido

[201] De notar que, no direito romano primitivo, apenas existiam disposições relativos ao processo civil, e não, por exemplo, ao processo penal. Na realidade, como assinala Max Kaser, o direito e a jurisdição penal, bem como a administração do Estado, seriam matérias públicas, influenciadas por forças políticas e, como tal, subtraídas de critérios exclusivamente jurídicos. Cfr. KASER, Max, "*Römisches privatrecht*", tradução portuguesa de Samuel Rodrigues, Ferdinand Hammerle e Maria Armanda de Saint-Maurice, "Direito privado romano", Lisboa, Fundação Calouste Gulbenkian, 1999, p. 35.

assinalados pela doutrina três períodos do direito processual respeitantes ao:

(i) Processo das ações da lei (*legis actiones*), que remonta até cerca de 130 a. C.;
(ii) Processo formulário (*per formulas*), localizado entre os anos 149 a. C. e 126 a. C.[202]
(iii) Processo cognitório (ou *cognitio extra ordinem* em sentido estrito), já no séc. III d. C.[203].

O sistema processual primitivo era, essencialmente, de cunho privado, quer isto dizer que, inicialmente, eram os próprios litigantes que dirigiam o processo, sob a supervisão do pretor (*praetor*)[204]. Por outro lado, apenas prosseguiam a sua marcha os processos que se subsumissem numa das fórmulas (orais, e não escritas) admitidas e aceites pelo pretor[205]. As atuações processuais tinham de se cingir rigorosamente ao prescrito nas leis, no *ius civile*, e todo o processo se caracterizava pela oralidade. Nisto se traduzia o sistema *legis actiones*. Porém, ainda na sua vigência, surgiu um outro, o *agere per formulas*, criado através *da Lex Aebutia de formulis* (aproximadamente em 130 a. C.), e que foi gradualmente substituindo aquele. Esta nova forma de processar caracterizava-se pela renúncia às fórmulas orais, agora substituídas por fórmulas escritas que continham uma redação específica, consoante a pretensão em causa.[206] O pretor, ouvindo as alegações das partes, decidia se seria de conceder

[202] O sistema *agere per formulas* terá, assim, a determinado momento, coexistido com o *legis actiones*.

[203] Assim, por exemplo, Kaser, Max, "*Römisches privatrecht*", *op. cit.*, pp. 429-468.

[204] A missão do pretor, pelo menos, no direito romano primitivo, era administrar a justiça nas causas civis. O magistrado desempenhava um papel bastante relevante nos litígios, pelo menos, na *legis actiones* e no sistema *agere per formulas*, e que consistia em apreciar a existência, ou não, do direito. Sobre a figura do *pretor*, *vide*, entre outros, Kaser, Max, "Römisches privatrecht", *op. cit.*, p. 33 e Cruz, Sebastião, "Direito Romano (*Ius Romanum*)", 4.ª Edição, Coimbra, Coimbra Editora, 1984, pp. 67-70.

[205] Sobre as várias ações da lei, *vide*, entre outros, Kaser, Max, "*Römisches privatrecht*", *op. cit.*, pp. 434-439.

[206] As fórmulas eram ordens escritas dadas pelo pretor ao juiz, no sentido de condenar ou absolver o demandado, consoante se demonstrasse, ou não, a existência do direito, fixando-se o objeto do litígio. No fundo, o programa do processo, como que, diríamos nós, um *despacho saneador*. Cfr. Cruz, Sebastião, "Direito Romano", *op. cit.*, p. 334 e Kaser, Max, "*Römisches privatrecht*", *op. cit.*, pp. 444-445 e 448.

ou não a *actio* pedida pelo demandante e, em caso afirmativo, e obtendo a concordância das partes em submeterem-se perante um tribunal, o pretor elaborava a fórmula processual, após a qual se iniciava processo, perante um juiz privado (*iudex privatus*)[207], condenando-se ou absolvendo-se o demandado.

Ora, quer o sistema *legis actiones*, quer o *agere per formulas*, caracterizavam-se pela (tendencial)[208] gratuidade da justiça. Na verdade, não existem indícios que apontem no sentido de serem devidas importâncias – nomeadamente taxas ou impostos – por, de algum modo, se recorrer aos serviços da justiça. Assim nos diz Alfonso Agudo Ruiz, "*(...) en los tiempos primitivos y aún bajo la República los procesos no generan gasto alguno de aquellos denominados judiciales, ni daban lugar a ninguna tasa*"[209]. Esta particularidade, à luz da época, é, de certa forma, compreensível. Na verdade, quer o pretor, quer o juiz privado, não eram remunerados pelas suas funções na administração da justiça. Por outro lado, os próprios sistemas processuais (e até mesmo as relações jurídicas da época) eram de alguma simplicidade. Atente-se que mesmo no processar *agere per formulas*, só parte da tramitação se efetuava por escrito. Assim, o carácter privado que, inicialmente, caracterizava o sistema de processar (especialmente na *legis actiones* e no *agere per formulas*) e, por inerência, a simplicidade destes processos, e até mesmo das relações jurídicas da época, poderão explicar a gratuitidade na justiça[210].

[207] Mais tarde, no âmbito do sistema *cognio extra ordinem*, este era conduzido por juízes funcionários.

[208] Cumpre explicar que nos referimos à *tendencial* gratuitidade por a sentença poder, eventualmente, condenar o autor no reembolso das despesas ao demandado por atuação maliciosa em juízo. Neste contexto, Pedro Albuquerque refere que "[o] direito romano conheceu uma multiciplidade de institutos destinados a sancionar a responsabilidade no processo conforme atestam as figuras da *calumnia*, da *infamia*, da *pluris petitio* ou o *iusiurandum calumniae*, entre outros". Cfr. ALBUQUERQUE, Pedro "Responsabilidade processual por litigância de má fé, abuso de direito e responsabilidade civil em virtude de actos praticados no processo: a responsabilidade por pedido infundado de declaração da situação de insolvência ou indevida apresentação por parte do devedor", Coimbra, Almedina, 2006, p. 15.

[209] Cfr. AGUDO RUIZ, Alfonso, "*Las costas en el proceso civil romano*", Madrid, Dykinson, 2013, p. 53.

[210] Para maiores e cuidados desenvolvimentos acerca desta tendencial gratuitidade que caracterizava a justiça da época, *vide* AGUDO RUIZ, Alfonso, "*Las costas...*", *op. cit.*, pp. 16-18.

Aproximadamente no séc. III, d. C., o sistema processual viria a sofrer profundas alterações. O processo das fórmulas foi substituído pelo processo cognitório e a função jurisdicional residia, agora, nos próprios Imperadores. A forma de processar, outrora simples e desburocratizada, tornou-se complexa. Aqui, o demandante apresentava o seu pedido, por escrito, através do *libellus conventionis*, que marcava o início de um processo que continha várias fases (incluindo a citação do demandado, contestação, fase instrutória, sentença e, sendo caso disso, fase recursória). Todo o processo até à sentença é conduzido por juízes funcionários. Estas mudanças no paradigma do sistema processual são, inevitavelmente, o resultado do cenário político, social e até jurídico da época, marcada por uma economia sufocada, agravamento de impostos, crescente complexidade das relações jurídicas e transformações nos ofícios judiciais (as funções de juiz, jurisconsulto e gadvogado deixaram de ser privadas e careciam de retribuição). Todos estes fatores, conjugados e relacionados, terão seguramente determinado, não só a adoção de um novo sistema processual, como o abandono de uma justiça gratuita. Vejamos, então, em que consistia esta onerosidade.

1.2. A *sportulae*

1.2.1. Contextualização

O nascimento da *cognitio extra ordinem* trouxe, consigo, se assim podemos dizer, a *morte* da justiça gratuita[211]. O direito romanista do Baixo Império caracterizou-se por um período de decadência política e intelectual e de regressão económica. A legislação, obra dos Imperadores, passou a ser a principal fonte de direito e assiste-se aos primeiros esforços de codificação. Neste contexto, cumpre assinalar o *Codex Vetus*,[212] que terá entrado em vigor em 529 d. C. e que configurava uma compilação que, entre

[211] Daí que Alfonso Ruis Agurdo se refira a uma justiça gratuita – a que caracteriza o processar *legis actiones* e *agere per formulas* – e uma justiça retribuída – a que se passou a verificar no *cognitio extra ordinem*.

[212] O *Codex Vetus* ou *Codex primus* foi o próprio código publicado, no entanto, em virtude de intensa atividade legislativa de Justiniano, nomeadamente, ao nível das constituições imperiais, havia-se desatualizado e, em 534 d. C., foi publicado o Código Justinianeu.

outros, continha uma ampla e rigorosa legislação acerca das *sportulae*. É esta a figura de que nos ocuparemos nos próximos desenvolvimentos.

1.2.2. *Sportulae* ordinárias e extraordinárias

Sportulae era um dos termos utilizados pelo direito romano para se referir aos direitos pecuniários reconhecidos aos oficiais de justiça que intervinham nas diferentes fases do processo. Com efeito, pelos atos oficias dos funcionários que intervinham nas diversas fases do processo (*exsecutores*[213]) deveriam ser pagas taxas (*sportulae*) que, em larga medida, integravam o vencimento destes funcionários[214], embora seja de admitir que esta prática – de entregar compensações, em dinheiro ou espécie, aos funcionários judiciais – fosse anterior ao séc. IV, tornando-se num costume que, mais tarde, passou a obrigação[215]. Contudo, a atividade legislativa de Justiniano era intensa, nomeadamente, ao nível das constituições imperiais e, em especial, na matéria das *sportulae*, de tal modo que se pode falar em *sportulae ordinárias* e *sportulae extraordinárias*. Como veremos, as *sportulae* podiam ser fixadas de acordo com o valor da causa, da classe social dos litigantes, da marcha processual, entre outros critérios. A informação processual sobre as *sportulae* ordinárias é escassa, no entanto, existindo *sportulae* fixadas de acordo com a classe a que o litigante pertenceria, é de presumir que existiriam taxas para os restantes cidadãos de Roma – e que seriam as *sportulae* ordinárias. A explicação para a insuficiência de informação é que Justiniano terá revogado a legislação anterior relativa às mesmas, substituindo-a por uma constituição sua que, no entanto, à semelhança do que aconteceu com outras, ter-se-á perdido. De todo o modo, pensa-se que esta obra estaria divi-

[213] Como explica Alfonso Ruiz Agurdo, o *exsecutor* tinha por função "*[...] dar cumplimiento a las órdenes del tribunal, desde la citación del demandado haja la ejecución de la sentencia [...]*". Cfr. AGUDO RUIZ, Alfonso, "*Las costas...*", *op. cit.*, pp. 164-165.

[214] Tratando-se de funcionários, parece-nos que a circunstância de os seus salários serem, em grande parte, pagos com recurso a esta taxa, evidencia a sua componente ou finalidade de angariação de receita pública – a realização da justiça implicaria a utilização de recursos humanos, funcionários do Império, que, naturalmente, teriam de ser retribuídos por essas funções. Este custo seria, assim, imputado aos utentes da justiça e, dessa forma, compensar-se-ia a despesa pública com os seus salários. Por sua vez, na ótica dos seus utilizadores, a justiça começava a tornar-se onerosa.

[215] Assim, AGUDO RUIZ, Alfonso, "*Las costas...*", *op. cit.*, p. 19.

dida em três capítulos. No primeiro capítulo, teríamos as *sportulae* fixadas de acordo com o valor do litígio que, por sua vez, era fixado no já referido *libellus conventionis*. No segundo capítulo, o imperador terá proibido os *exsecutores* de cobrarem *sportulae* superiores às legalmente previstas, estabelecendo sanções. Assim, os litigantes que entendessem terem sido cobradas *sportulae* excessivas, poderiam lançar mão da denominada ação *in quadrupulum*[216], de modo a ser aplicada uma sanção aos *exsecutores*[217]. Por fim, o terceiro capítulo abordava a *pluris petitio quantitate*, que consistia numa ação que o demandado podia intentar contra o demandante, quando este havia pedido, na sua ação, mais do que era devido, exigindo-lhe o triplo da quantia que havia determinado o aumento das *sportulae*[218]. Na nossa ótica, esta ação distinguia-se da anterior em dois aspetos, por um lado, porque era intentada contra o demandante, e não contra o *exsecutor* e, por outro, ainda no plano subjetivo, porque pressupunha uma conduta censurável do demandante – que atribuiu um valor superior à causa – enquanto na ação *in quadruplum*, era o *exsecutor*, *motu proprio*, que havia cobrado taxas superiores.

No que respeita às *sportulae* extraordinárias, adiantamos há pouco que, em outras constituições imperiais, estariam previstas taxas que variavam consoante a classe[219] a que o seu causador pertencesse, embora

[216] A sanção a aplicar seria a do quádruplo, da qual três partes reverteriam a favor do Fisco, enquanto o remanescente reverteria a favor de quem tivesse sofrido o dano.

[217] Tudo levar a crer que as *sportulae* legalmente fixadas nem sempre seriam respeitadas, pois Justiniano sempre se preocupou em reafirmar essa regra, o que é evidente não só pela pulverização legislativa, como pela cominação do seu incumprimento com sanções.

[218] Esta ação está, compreensivelmente, ligada à questão das taxas. Na verdade, pressupondo que as *sportulae* aumentariam consoante o valor da causa, um valor superior ao verdadeiro valor do litígio implicaria para as partes, nomeadamente, para o demandando, taxas superiores. Poderia até, em nosso ver, potenciar situações de conluio entre os *exsecutores* e os demandantes, de modo a que aqueles recebessem mais do que aquilo a que teria direito – o que, em certa medida, poderá explicar a especial preocupação demonstrado por Justiniano em proibir a perceção de *sportulae* superiores às legalmente previstas. Numa outra ordem de considerações, não podemos deixar de observar que esta ação também parece relacionar-se com a responsabilidade processual das partes, afigurando-se como uma forma de responsabilizar a que não procedeu com honestidade processual. Enfim, em todo o caso, são sementes daquilo que viria a florescer no hodierno sistema jurídico.

[219] Por exemplo, o Imperador Anastácio considerava que os soldados seriam uma classe privilegiada e, portanto, deveriam beneficiar de uma diminuição das *sportulae*, no entanto, também entendia que a parte contrária deveria beneficiar das mesmas taxas, por uma questão de igualdade económica. Assim, *Idem, ibidem*, p. 198.

também dependessem da natureza do litígio, civil ou penal.[220] Ora, a persistência e dedicação do imperador bizantino em fazer renascer a ciência do direito era de tal ordem que, mesmo após a publicação do Código Justinianeu, e face às numerosas constituições imperiais, foram publicadas Novelas (*Novellae Leges* ou *Novellae Constitutiones*), entre 535 d. C. e 565 d. C.. Destaca-se, inclusive, uma constituição de 535 d. C. que estabelecia que nas causas maiores não poderiam ser cobradas taxas (*sportulae*) superiores às estabelecidas na constituição, enquanto as causas menores seriam gratuitas[221]. Já numa constituição constante de uma Novela de 539 d. C., previa-se que nos julgamentos efetuados junto dos juízes pedâneos (*iudex pedaneus*), nas causas de valor superior a 100 áureos, o juiz teria direito, de *sportulae*, a 2 áureos de ambas as partes aquando da conclusão da *litis contestatio*, e outros 2 áureos aquando da conclusão do litígio. Porém, se o valor da causa fosse inferior a 100 áureos, não haveria qualquer direito a *sportulae*[222].

1.2.3. A *sportulae* como antecedente histórico da taxa de justiça

Pois bem, sem prejuízo do que estudaremos de seguida, parece-nos oportuno assinalar que as *sportulae* terão sido, pode dizer-se, o embrião da taxa de justiça contemporânea. Na verdade, estas compensações adquiriram extrema importância no *cognitio extra ordinem*, e, como vimos, crê-se que seriam fixadas em função de diversos fatores, como o valor da causa, o tribunal, e o próprio desenrolar do processo, critérios, estes, que não são de todo alheios ao nosso atual sistema de tributação de acesso à justiça- Deste modo, as partes, na pendência do processo, e de acordo com as respetivas fases, iriam desembolsando as *sportulae* no sentido de compensar os serviços realizados pelos funcionários (incluindo, como vimos, do próprio juiz). De certo modo, as *sportuale* adequar-se-iam – com as normais limitações da época – ao serviço que iria sendo desenvolvido, de tal forma que o acesso à justiça poderia ser mais, ou

[220] Cfr. *Idem, ibidem*, p. 181 e ss..

[221] Cfr. *Idem, ibidem*, pp. 174-175 e 210-211. Não é, porém, claro, em que consistiriam as causas menores e as causas maiores, contudo, como veremos de seguida, poderá equacionar-se que as causas maiores seriam as de valor superior a 100 áureos, enquanto as causas menores as de valor inferior.

[222] Assim, *idem, ibidem*, p. 213.

menos, dispendioso consoante o valor da causa e a sua complexidade, sendo certo que, um dos inconvenientes seria, justamente, a imprevisibilidade dos custos. Em certa medida, esta forma de tributação parece coincidir com a fórmula que, durante algum tempo, vigorou entre nós, assente no critério "acto por acto e termo por termo", e que oportunamente veremos. Parece-nos, também, legítima a conclusão de que as *sportulae* passaram, com o tempo, a assumir uma forte componente de angariação de receita, no sentido de, pelo menos, fazer face às próprias despesas do aparelho judicial, até porque enquanto o direito processual assumia uma natureza iminentemente privada a justiça era gratuita. Por outro lado, o crescente aperfeiçoamento do aparelho judicial que, na fase pós-clássica, já se caracterizava pela utilização de documentos, juízes com formação jurídica, possibilidade de representação por advogados, direito recursório, entre outros, terá também contribuído para que se implementasse uma certa triagem no acesso à justiça, eventualmente, alcançável pela tributação sobre os litígios.

A onerosidade deste sistema processual era, efetivamente, complexa, no entanto, como veremos mais desenvolvidamente à frente, é possível encontrarmos pontos de contacto com o atual sistema de tributação. Enfim, muito haveria a dizer em relação, não só às *taxas de justiça* do direito romano, como às custas processuais, desde logo, pela extraordinária semelhança com o quadro legal contemporâneo, contudo, o tempo urge, e impõe-se sobrevoar o direito português.

2. Os estádios de evolução da taxa de justiça no Direito português

2.1. Notas introdutórias

Na história do direito português propriamente dito, sabemos ser possível estratificar diversos momentos ou períodos essenciais, como o período do direito de influência romano-canónica, com especial destaque para a época das ordenações, o período de formação do direito português moderno, o período do individualismo e, finalmente, a época do direito social[223]. Sabemos, também, que o direito português se integra

[223] É ainda possível apontar outra distinção, relativa à formação do direito peninsular, e que se caracteriza pelo período primitivo, período romano, período germânico ou visigótico e o período muçulmano.

na designada família ou sistema romano-germânico, dada a forte influência, para o que ora nos interesse, do direito romano.

Pois bem, por evidentes limitações expositivas, permitimo-nos que, tendo já sido feita uma breve abordagem pelo direito romano, o nosso estudo se inicie num momento um pouco avançado na marcha evolutiva do sistema jurídico – a época das Ordenações do Reino –, até porque foi justamente a partir do séc. XVII que se assistiu a uma *complexização* do aparelho judiciário.

2.2. As Ordenações do Reino

2.2.1. Considerandos iniciais

Como dissemos acima, a história do direito português é indissociável da do direito romano, no entanto, viria a conhecer um importante marco, que, aliás, caracterizou a emancipação da nossa ordem jurídica em relação a outras – as Ordenações do Reino, em meados do século XV. O desenvolvimento do direito português foi acompanhado de um progressivo acréscimo de diplomas avulsos, o que, à semelhança do que sucedeu no direito romano, viria a reclamar uma compilação. Contudo, esta necessidade de se proceder a uma arrumação de diplomas avulsos não remonta à época das Ordenações, constatando-se a existência de coletânea de leis do Reino anteriores a esse período[224]. Falamos, assim, do Livro das Leis e Posturas[225], cuja elaboração se localiza em finais do século XIV e inícios do século XV, e das Ordenações de D. Duarte, que remontam a meados do século XV. O Livro das Leis e Posturas, ainda que sem um plano sistemático, por se tratar de uma mera coligação de legislação avulsa, ao contrário das Ordenações do Reino, continha, não só leis relativas a aspetos processuais, como, especificamente, a custas. Nas Ordenações de D. Duarte, também encontramos algumas passagens

[224] Assim, *vide* Costa, Mário Júlio de Almeida, "História do Direito Português", 5.ª Edição (Reimp.), Coimbra, Almedina, 2018, p. 297.

[225] O Livro das Leis e das Posturas, que se situa aproximadamente entre fins o século XIV e inícios do século XV, era uma das coletâneas anteriores às Ordenações do Reino, sendo a outra as Ordenações de D. Duarte, do século XV. Cfr. Costa, Mário Júlio de Almeida, "História do...", *op. cit.*, pp. 297-299.

relativas às custas. Não nos prendemos, contudo, com considerações gerais e atentemos, então, nas Ordenações.

Ora, as Ordenações Afonsinas remontam ao reinado de D. João I que, perante as diversas queixas formuladas em Cortes quanto à dispersão e confusão das leis, encarregou João Mendes, corregedor da Corte, de proceder a uma reforma e compilar as fontes de direito. No entanto, D. João I viria a morrer sem ver a sua obra concluída, cuja promulgação ocorre apenas no reinado de D. Afonso V, em 1446 ou 1447. A obra era composta por cinco livros, destacando-se, para o nosso tema, os Livros I e III, dado o conteúdo jurídico-administrativo daquele e o teor processual deste. Pois bem, no Livro III, Título XX, § 5, começa-se por dizer que "[e] o Juizes devem muito trabalhar para trazer as partes a concordia, e esto naõ he de necessidade, mas de onestidade e virtude polos tirar de trabalho, omesios, e despesas [...]". Tal excerto sugere, desde logo, que o sistema processual da época seria oneroso, dispendioso (daí, a primazia pela via consensual)[226].

Vejamos em que consistia esta onerosidade, começando, assim, por olhar para a figura da *dízima*.

2.2.2. A dízima

As primeiras Ordenações não parecem contemplar legislação expressa sobre o pagamento de um imposto, taxa ou qualquer outro tributo, ou ingresso público, pelo acesso à justiça. Em termos de prolepse, podemos, contudo, assinalar que as Ordenações Manuelinas e Filipinas pre-

[226] Não nos parece, contudo, que caso as partes alcançassem um acordo, o acesso à justiça tornar-se-ia gratuita: em primeiro lugar porque, em nosso ver, nada nos textos das ordenações parece evidenciar alguma situação de gratuidade na justiça (como, por exemplo, sucede presentemente com os regimes de isenções subjetivas e objetivas); em segundo lugar, porque a busca por uma conciliação inter-sujeitos processuais, ainda que ocorresse nos primórdios do litigio, já implicava a utilização da justiça e, portanto, a provocação de despesas (pense-se, desde logo, no vencimento das entidades oficiais, como o próprio Juiz). Numa outra ordem de considerações, e avocando o que dissemos acima acerca das taxas, a resolução do litígio por via consensual sempre representaria um benefício para os litigantes. Em todo o caso, certamente que tal conciliação reduziria substancialmente as custas processuais, sendo certo que, hodiernamente, o nosso CPC, não só prefere a tentativa de conciliação, como resulta da al. a), do n.º 1, do art. 591.º, 594.º, n.º 2, 604.º ou até mesmo do art. 931.º, como prevê expressamente que, no caso de transação, as custas são pagas a meio, salvo acordo em contrário, nos termos do n.º 2, do art. 537.º

viam o pagamento da *dízima da sentença*, figura que melhor se analisará adiante mas que, sinteticamente, correspondia ao custo que a elaboração e aposição do selo na sentença implicava, e que correspondia à decima parte do valor da causa. Sabemos, porém, desde logo, pelo conteúdo das Ordenações (em particular, do Livro I) que uma das principais repartições públicas foi, durante anos, a Chancelaria[227]. Esta repartição era responsável pela redação, validação (mediante a aposição do selo régio) e expedição de todos os atos escritos que, normalmente, se designavam por Cartas, daí que a prestação em análise também pudesse ser apelidada de dízima da Chancelaria. Além disso, se recuarmos um pouco ao Livro das Leis e Posturas, existia um diploma legal[228] com o título "[e]sta he a tauçasom quanto devem levar das Cartas d'ElRey", que previa o valor a cobrar por cada Carta, incluindo as das sentenças definitivas e interlocutórias. Ora, o Livro I, Título X, das Ordenações Afonsinas, ao enunciar as funções do Escrivão da Chancelaria, refere "[m]andamos ao Escripvão da Nossa Chancellaria, que faça estas cousas, que pertencem a seu Officio: primeiramente elle dê as Cartas cada dia, como forem asseelladas, perante o Recebedor, e ponha em ellas a pagua per sua maão [...]".O procedimento de *oficialização* consistiria, mais ou menos, no seguinte: as Cartas seriam seladas pelo Porteiro da Chancelaria, que lá se deslocaria (de manhã ou de tarde) a pedido do Chanceler-mor. De imediato, o Porteiro as entregava ao Escrivão da Chancelaria para "lhe pôr a paga" e, após o respetivo pagamento, seriam entregues aos interessados pelo Porteiro[229].

Apesar de alguma obnubilação, parece-nos que, embora as Ordenações Afonsinas não se refiram expressamente à dizima da sentença, como acontece com as suas sucessoras, existem alguns indícios que apontam para a sua existência: desde logo, a sentença era extraída sob a forma de Cartas, pelo que, à partida, estaria implicado o pagamento de uma importância[230].

[227] Mais tarde, a Chancelaria daria origem à Chancelaria-mor.

[228] Este diploma poderia, eventualmente, ser apelidado de regimento, dado o seu conteúdo jurídico-administrativo, conforme explicação que avante se fará.

[229] Cfr. Ord. Afo., Livro I, Título XVIII, Ord. Man., Livro I, Título XXII e Ord. Fil., Livro I, Título XXX.

[230] Esta é uma dúvida que parece ser admitida, pelo menos, por parte da doutrina, pois Pedro Albuquerque observa que "[e]m Regimento de 16 de janeiro de 1589 e Alvarás de 25

O cenário torna-se um pouco mais claro nas Ordenações Manuelinas, do reinado de D. Manuel e cuja edição integral, contendo os cincos livros, remonta a 1514. Trata-se de outra reforma legislativa que procurava atualizar as Ordenações Afonsinas, desta feita, com a tarefa bem mais facilitada devido à descoberta da imprensa, em 1487[231]. O seu Livro, I, Título XIII, § 12, estabelecia que competia ao Escrivão da Chancelaria a arrecadação das dízimas. A dízima correspondia à décima parte da demanda[232] e que o condenado teria de pagar, não à parte, mas ao Rei, por não ter justa razão para litigar. Por este motivo, havia quem defendesse que a dízima se tratava de uma pena por calúnia, imposta ao réu, como é o caso de Joaquim José Caetano Pereira e Sousa, que afirmava que "[h]a outras penas contra os litigantes ou temerarios, ou dolosos, como a Dízima"[233]. Mas, além das dízimas, existiam ainda a vintena e a quarentena, previstas para causas específicas, como por exemplo, as que versassem sobre o direito de arrendamento[234].

As Ordenações Manuelinas estabeleciam, ainda, o modo de cobrança. No caso de o demandando ser condenado, no pedido e nas custas, em quantia total superior a trinta mil reis, a parte vencedora estava isenta do pagamento da dízima da sentença. Neste caso, o Escrivão da Chancelaria apontava esta verba num livro (de periodicidade anual) para, posteriormente, ser cobrada diretamente à parte vencida. Caso a condenação fosse em valor igual ou inferior àquela quantia, a parte vencedora tinha de pagar a dízima, ficando com um direito de crédito sobre o

de setembro de 1655 e de 20 de outubro de 1665, é admitida entre nós a pena de Dízima, aliás já existente, ao que parece, desde D. Afonso IV ou mesmo antes, por ao seu tempo se encontrarem já vestígios dela [...]". Cfr. Albuquerque, Pedro, "Responsabilidade processual...", *op. cit.*, p. 37.

231 Assim, *vide*, entre outros, Costa, Mário Júlio de Almeida, "História do...", *op. cit.*, pp. 313-314, e Silva, Nuno J. Espinosa Gomes da, "História do Direito Português: Fontes de Direito", 2.ª Edição, Lisboa, Fundação Calouste Gulbenkian, 1991, p. 266.

232 Como veremos, não nos parece que a dízima incidisse sobre o valor da causa, mas antes sobre aquilo a que a parte vencida era condenada.

233 Cfr. Sousa, José Caetano Pereira e Sousa, "Primeiras linhas sobre o Processo Civil – Tomo I", Lisboa, Imprensa Nacional, 1831, p. 276.

234 Assim,"[e] se a demanda for sobre aluger, ou arrendamento de casas, ou outros bens, em que peça que lhe entregue a casa, ou outros bens arrendados, e for julgado que se entregue ao Author da dita casa contra vontade do Réo, pagarse-ha na Chancellaria de tal sentença a vintena do aluguer do dito anno, ou dos mais que tiver por cumprir do arrendamento". Cfr. Regimento da Chancelaria, de 16 de janeiro de 1589, título 7, § 8.

vencido[235], salvo se "loguo hi amostrar, e fezer certo" em como este não tinha bens, nem fazenda, que pudessem satisfazer as quantias em que foi condenado (onde se incluía a dízima). Nesta hipótese, a parte vencedora estaria dispensada de pagar a dízima da sentença, devendo a mesma ser-lhe logo entregue, tudo o mais se passando como se estivéssemos perante uma condenação superior a trinta mil reis.

Entretanto, na vigência das Ordenações Manuelinas, foi publicado o Regimento[236] da Chancelaria, de 16 de janeiro de 1589, e que se ocupava exaustivamente das dízimas, vintenas e quarentenas, estabelecendo valores, especificando situações e regras para a sua cobrança. Este diploma também parece sugerir que só haveria lugar ao pagamento da dízima quando a parte fosse condenada à entrega de determinada quantia pecuniária ou coisa móvel. Nas restantes situações, pagaria a vintena ou quarentena[237], consoante o que se encontrasse definido no regimento. O diploma previa, ainda, isenções e, algumas delas, verdadeiras isenções subjetivas, como era o caso da Rainha, Príncipe, Infante e netos do Reino (legítimos ou ilegítimos), que não pagavam à Chancelaria-mor qualquer importância, mesmo que se tratassem de sentenças[238]. O regimento previa, naturalmente, outra regras, que, em nosso ver, seria deslocado aprofundar nesta investigação.

As Leis Extravagantes de Duarte Nunes do Lião[239], de 1569, também continham referências às dizimas da sentença na Parte III, Título VIII, contudo, como obra intercalar que eram, foram necessariamente sucedidas pelas Ordenações Filipinas. Esta obra, do reinado de Filipe I, apenas viria a ser publicado durante o reinado de Filipe II, pela Lei de 11

[235] Pelo demais contexto, parece-nos que esta dízima integraria a quantia exequenda, em sede de execução de sentença, a par da condenação no pedido e custas.

[236] Em princípio, o Regimento da Chancelaria seria um alvará, podendo os diplomas legais receber designações especiais, como o caso dos regimentos, "[...] quando relativos à organização dos tribunais ou aos direitos e obrigações dos funcionários públicos [...]". Cfr. Costa, Mário Júlio de Almeida, "História do...", *op. cit.*, p. 329.

[237] Um exemplo de pagamento da quarentena eram as sentenças de condenação na restituição da posse. Cfr. Título XVII, § 5.

[238] Cfr. Regimento da Chancelaria, de 16 de janeiro de 1589, Título 6, § 1.

[239] As Leis Extravagantes de Duarte Nunes do Lião constituam um complemento sistematizado das Ordenações Manuelinas, que surgira face à pulverização legislativa. Assim, *vide*, entre outros, Costa, Mário Júlio de Almeida, "História do...", *op. cit.*, p. 317 e ss..

de janeiro de 1603, e constitua outra profunda reforma[240]. O seu Livro I, Título XIX, § 11, e Título XX, § 3, reproduz, sem alterações substanciais, o que temos vindo de expor, com a diferença de que, entretanto, a Chancelaria-mor havia dado origem à Chancelaria do Reino e à Chancelaria da Casa da Suplicação. As causas relativas às dízimas, incluindo as execuções, eram decididas pelo Juiz da Chancelaria, conforme resulta do Alvará, de 23 de fevereiro de 1644, e Decreto, de 3 de dezembro de 1721, que determinava que os embargos à execução das dízimas eram por este decididos.

Posteriormente, a Lei de 18 de fevereiro de 1653 veio determinar que o pagamento da dízima se aplicava, não só aos réus condenados, como também aos autores, quando vencidos, com exceção dos órfãos. É de conjeturar que, até então, o entendimento era de que só os réus vencidos, e não os autores, pagavam a dita dízima, o que, de certa forma, se alinha com a posição de alguns autores que entendiam que a dízima era uma pena imposta ao réu. Contudo, o Regimento da Chancelaria, de 16 de janeiro de 1589, referia-se, por vezes, às *partes*, o que, em nosso ver, incluía autor e réu. Por exemplo, é dito que "[e] as ditas dizimas pagarão as partes, que condemnadas forem, assim das custas, como das penas, que forem julgadas [...]"[241]. Este diploma também estabeleceu que a dízima, que revertia a favor do Rei, seria aplicada na despesa da guerra.

O elenco de sujeitos isentos de pagamento da dízima veio a ser alargado com o Alvará de 8 de maio de 1745, abrangendo as "pessoas miseráveis", bem como os órfãos, menores e viúvas, salvo no caso de terem litigado com dolo ou malícia. Por outro lado, quem deduzisse embargos de terceiros, sem fundamento para tal, ou sendo estes rejeitados, seriam igualmente condenados ao pagamento dízima[242]. Posteriormente, o Alvará de 13 de novembro de 1773, estabeleceu que nas sentenças criminais não havia lugar ao pagamento da dízima, pois tal prática seria abusiva, uma vez que nem as Ordenações Filipinas, nem o Regimento da Chancelaria, previam o pagamento da dízima em causas penais.

[240] Cfr. *idem, ibidem*, p. 321 e ss..

[241] Cfr. Título XVII, § 5.

[242] Tudo indica que o fundamento para tal regra residia no uso abusivo de embargos de terceiros, com a finalidade de protelar a ação executiva.

A dízima da sentença veio, contudo, a ser expressamente abolida, através de Decreto publicado em 23 de novembro de 1822, naquilo que já seria uma reforma judicial e, quiçá, por influência do liberalismo e do vintismo. O seu art. 96.º estabelecia "[f]ica abolida a dizima da Chancellaria em todos os juizos e causas, em que até agora se pagava [...]". Em substituição, determinou-se que, havendo dolo ou malicia, o litigante seria condenado numa multa, em que metade revertia para a parte vencedora e, a outra metade, para a Fazenda Nacional.

A dízima viria a ser retomada, anos mais tarde, para, depois, voltar a ser definitivamente abolida, como se verá adiante.

Uma última nota relevante. O Regimento da Chancelaria previa um prazo de prescrição relativo às dizimas, estipulando que "[e] porque os Rendeiros das Chancellarias, quando os houver, não sejão negligentes em arrecadar as ditas dizimas, vintenas, e quarentas, ordeno, e mando, que do dia que a sentença passar pela Chancellaria, até cinco annos primeiros seguintes, os ditos Rendeiros trabalhem de demandar as ditas dizimas; e passados os ditos cinco anos, as não poderão mais demandar, nem serão sobre ellas ouvidos". Este prazo preclusivo, porém, apenas se aplicava no caso de o sujeito passivo da dízima possuir bens, caso contrário, a sua cobrança podia ocorrer a todo o tempo[243]. Esta ideia de prescrição também é evidenciada pelo teor do já referido Decreto, de 3 de dezembro de 1721, em que se refere expressamente "[...] direitos velhos da mesma Chancellaria de cinco annos a esta parte, visto estarem prescritas as dividas mais antigas, conforme a regra vinte e duas della [...]"[244].

§ Reflexão sobre a sua natureza jurídica

Dúvidas não existirão de que o nosso sistema de custas se inspirou no direito romano[245]. Uma vez que a dízima desempenhou um papel

[243] A cobrança das dízimas, naturalmente, fazia-se em moldes apropriados à época. Assim, o Executor da Chancelaria, acompanhado do Escrivão, deslocavam-se à casa do devedor "[...] e alli tirarão as verbas dos devedores [...]", apontando-se a diligência e o respetivo produto num livro, numerado e rubricado pelo Juiz da Chancelaria. Segundo as Ordenações Filipinas, no Livro I, Título XIV, o Juiz da Chancelaria era o responsável por passar as Cartas das execuções das dízimas das sentenças.

[244] A regra vinte e duas seria, ao que tudo indica, a contida no Regimento da Chancelaria, de 16 de janeiro de 1589, e que acabamos de analisar.

[245] Assim nos ensina Salvador da Costa, quando refere que "[o] nosso antigo sistema de custas foi particularmente inspirado pelos princípios do direito romano sobre custas [...]". Cfr.

importante no que à tributação do acesso à justiça respeita, importa refletir sobre a sua natureza jurídica.

A doutrina, neste particular, nunca foi uniforme. Como demos conta acima, autores há que defendem tratar-se de uma pena imposta ao réu por calúnia, apoiando-se no Regimento da Chancelaria, de 1589, que dispunha que "[...] a dita dizima não he direito da Chancelaria, mas he pena, que se dá ao que faz má demanda". Nas suas lições de processo civil, que remontam ao séc. XIX, Francisco José Duarte Nazareth afirmava que "[a] multa na antiga legislação era denominada dizima; vinha a ser a decima parte do valor da demanda [...]"[246]. Na mesma linha de pensamento, mais recentemente, Hélder Martins Leitão afirma que "[n]a antiga legislação a multa tinha o nome de dízima, porque era igual à décima parte do valor da causa"[247]. Outros há que sustentam tratar-se de um imposto, como é o caso de Pedro Albuquerque, que afirma que "[e]sta Dízima da chancelaria era um imposto lançado sobre os litigantes, e cobrado pelo fisco, contra os que faziam má demanda e consistia na décima parte do valor da ação a pagar pelo condenado por não ter justa causa para litigar. [...]"[248]. Similarmente, questionando se configuraria uma taxa de justiça, Paula Costa e Silva afirma que o enquadramento jurídico, em especial, o Regimento da Chancelaria, permite concluir que a dízima se tratava de um imposto[249]. Em anotação ao Código de Processo Civil de 1876, aprovado por Carta de Lei de 8 de novembro de 1876, Eduardo Alves de Sá refere que "[é] tão antiga, quanto obscura, a origem das multas judiciaes, primeiramente chamada de «dizima» ou «decuma cancellariae», por serem de dez por cento do

COSTA, Salvador da "Código das...", 1995, *op. cit.*, p. 15. Mais recentemente, o autor reafirma que "[o] moderno instituto das custas tem a sua origem nas sanções patrimoniais a que a parte vencida estava sujeita no primitivo processo romano das "*leges actiones*" e, depois, no sistema da "*cognitio extra ordinem*". Cfr. COSTA, Salvador da, "As Custas no Contencioso Tributário" *in Centro de Estudos Judiciários, Temas de Direito Tributário 2017 – Procedimento Tributário e Custas Processuais*, Lisboa, 2017, p. 37, disponível em https://cej.justica.gov.pt/LinkClick.aspx?fileticket=zhZIZ0wEo58%3d&portalid=30 [31-03-2022].

246 Cfr. NAZARETH, Francisco J." Duarte, "Elementos do processo civil – Primeira Parte – Volume Primeiro", 4.ª Edição, Coimbra, Livraria de J. Augusto Orcel, 1866, p. 354.

247 Cfr. LEITÃO, Hélder Martins, "Das custas, multa e indemnização", 2.ª Edição, Porto, Almeida & Leitão, Lda., 1997, p. 173.

248 Cfr. ALBUQUERQUE, Pedro, "Responsabilidade processual...", *op. cit.*, p. 38.

249 Cfr. SILVA, Paula Costa e, "A Litigância...", *op. cit.*, pp. 80-81.

valor do pedido"[250]. Contudo, não é claro o seu posicionamento nesta matéria, até porque assinala que "[o]s nossos praxistas e escriptores filiam este tributo, ou pena, no direito romano, mas isso mesmo é incertissimo".

Pois bem, procurando analisar a dízima sob a atual edificação jurídica dos tributos, cremos não ser possível reconduzi-la rigorosamente a qualquer das espécies tributárias, por vários motivos. Parece-nos ser de seguir a tese que defende que a dízima era multa, contudo, com a algumas modestas observações. O sistema jurídico das Ordenações é, evidentemente, bastante distinto do presente e o Direito tributário, como direito das receitas coativas do Estado, ainda não se tinha autonomizado – aliás, o próprio Direito fiscal também era ele próprio muito rudimentar – pelo que as figuras de tributos, multas e penas surgiam mescladas, despidas da rigorosa distinção que atualmente se faz. As próprias construções dogmáticas parecem acolher indistintamente estes conceitos. Por exemplo, Francisco José Duarte Nazareth explica nas suas lições que a "[a] multa é uma pena pecuniaria e fiscal; é uma especie de tributo lançado sobre o litigante, que em juizo contencioso decair da acção"[251].

Julgamos que, um dos primeiros obstáculos a um reconhecimento de natureza tributária deverá ser a sua feição sancionatória que, ainda se apresentasse como secundária, sempre a afastaria dos tributos. Para a afirmação do seu carácter sancionatório parece contribuir – embora o *nomen iuris* não seja determinante –, o Regimento da Chancelaria que a apelidava de "pena". Por outro lado, apesar de revelar uma natureza coativa, e a sua cobrança fosse levada à prática por um ente público, nem sempre se mostrou claro se existia uma intenção recolectora em torno da sua cobrança, transversal a todos os tributos. No Regimento da Chancelaria é dito que "[p]agarse-ha na Chancellaria dizima à minha Fazenda de qualquer sentença, que se der em minha Corte, e Casa da Supplicação, e do Porto [...]", sendo que a Lei de 18 de fevereiro de 1653 determinava a canalização dessa receita para as despesas da guerra. O já referido Decreto, de 3 de dezembro de 1721, também refere "[...] a execução de tudo o que se estava devendo á minha Fazenda, das dizimas [...]".

250 SÁ, Eduardo Alves de, "Commentario ao Código do Processo Civil Portuguez – 2.º Volume", Typ. de Christovão Augusto Rodrigues, Lisboa, 1877, p. 327.

251 Cfr. Nazareth, Francisco José Duarte, "Elementos do...", *op. cit.*, p. 352.

O mais natural é, pois, que o produto da sua cobrança se destinasse a fazer às despesas do Reino, contudo, os dados disponíveis não permitem demonstrar, com segurança, a intenção de obtenção de receita pública.

Numa outra ordem de considerações, dir-se-á que a dízima não tinha em consideração a capacidade contributiva dos contribuintes, nem residia no princípio da equivalência – ou filosofia similar –, pois a responsabilidade pelo seu pagamento era fixada *por causa* do decaimento na ação, e não pelo custo ou benefício que o utente da justiça, com a prestação desse serviço, havia provocado ou retirado[252]. Por outras palavras, o pressuposto da tributação alienava-se de qualquer força contributiva ou da prestação individualizada de um serviço ou atividade públicas.

Deste modo, não nos parece possível e rigoroso reconduzir a dízima da sentença a qualquer das espécies tributárias analisadas, nem tão pouco à categoria ampla de *tributos*, ainda que pudesse configurar uma espécie tributária alienígena, pelo menos, de acordo com a atual arquitetura jurídica que exclui as prestações com fins sancionatórios.

Parece-nos, assim, que a dízima estaria mais próxima da família das prestações com finalidades sancionatórias, como é o caso das multas processuais[253]. Na verdade, a dízima acabou mesmo por ser substituída por uma multa devida pela litigância dolosa ou maliciosa e cujo produto revertia para a parte vencedora e para a Fazenda Nacional. Além disso, em analepse, esta figura também parece divergir de uma outra que já aqui abordamos – a *sportulae*. Esta prestação, ainda que visasse o financiamento da atividade da justiça e, consequentemente, arrecadação de receita pública, não teria uma finalidade sancionatória. Já a dízima da sentença, ainda que integrasse o erário régio, visava penalizar – ou pelo menos, é a ideologia que lhe parece estar associada – a "má demanda", ou melhor, o decaimento na ação. Causa-nos, ainda, estranheza que a figura da dízima aparecesse, como demos conta, quase sempre ligada ao réu e que só na Lei de 18 de fevereiro de 1653 se determinasse que o pagamento da dízima se aplicava, não só aos réus condenados, como também aos autores vencidos[254].

[252] É, porém, curioso assinalar a crescente preocupação régia em não submeter determinadas pessoas, que presumiam viver em situações de carência económica, ao seu pagamento.

[253] Como veremos adiante, será de questionar a utilização do termo "multa".

[254] Esta nossa conclusão encontra sustento nos comentários de Eduardo Alves Sá, quando explica que "[...] a principio o dizimo era só pago pelo réo e nunca pelo autor, ainda que

Como se vê, trata-se de uma figura que na doutrina portuguesa não acolheu opinião unânime, para o que, cremos, contribui bastante a sua configuração nem sempre precisa e a evolução sinuosa. Não custará, no entanto, admitir que ostenta características que a liga mais à *família* das sanções.

2.2.3. As custas pessoais e as custas judiciais

2.2.3.1. Enquadramento

A onerosidade do sistema processual, principalmente, na época das Ordenações, não se caracterizava apenas pela dízima, mas por outras quantias pecuniárias. Falamos, assim, das custas que, por sua vez, dividiam-se em (i) *custas pessoais* e (ii) *custas judiciais ou do processo*, ou seja, "[...] entre as partes que respeitavam ao processo e as que visavam a reparação de uma das partes pela outra no que concerne aos prejuízos causados pela demanda em que a última ficara vencida, sendo as primeiras suportadas pelo litigamte que tivesse demando ou contestado sem justa causa"[255]. É no Título III, das Ordenações do Reino, que cuidava do processo civil, incluindo o executivo, e os recursos, que encontramos a matéria relacionada com as custas.

Nos desenvolvimentos subsequentes, sobrevoaremos esse regime.

2.2.3.2. As custas pessoais

No que respeita às custas pessoais, impunha-se, *prima facie*, aferir se a parte vencedora pertencia a uma determinada classe social, por exemplo cavaleiros, vassalos ou clérigo. Quer isto dizer que, consoante a posição ou classe social da parte vencedora, teria esta direito a determinada importância por cada dia que se deslocasse a juízo, fossem ouvidas as testemunhas por si arroladas ou as testemunhas da parte contrária.

decahisse da acção. Posteriormente, porém, esta pena applicou-se a todos que dechaiam das demandas, réos, ou autores: a regra era pagal-a o condemnado, «*porque he visto*, como diz Pereira e Sousa, *não ter justa causa de litigar*»". Cfr. SÁ, Eduardo Alves e, "Comentário ao...", *op. cit.*, p. 328. Itálico mantido conforme original.

[255] Cfr. COSTA, Salvador da, "Código das Custas Judiciais – Anotado e comentado", 5.ª Edição Coimbra, Almedina, 1995, p. 15., "Código das Custas Judiciais – Anotado e Comentado", 4.ª Edição, Coimbra, Almedina, 2001, *op. cit.*, p. 39.

Sendo, por exemplo, a parte vencedora cavaleiro ou vassalo, teria direito a custas no valor de "[...] oyto reaes por dia [...]". Depois, também estavam previstas situações em que determinadas pessoas seriam equiparadas – para efeitos de custas pessoais – a vassalos e, consequentemente, à sujeição ao correspondente regime[256]. Contudo, as custas pessoais seriam diminuídas para "[...] quatro reaes por dia (...) se a parte vencedora fosse um "piom". Diríamos, pois, tratar-se quase que de *custas de classes.* Além deste critério, as custas pessoais também eram contabilizadas em função do tempo despendido. Assim, "[o] princípio fundamental na contagem das custas pessoais é o de que o seu quantitativo é determinado em função do tempo e do seu valor, calculado este em relação com a qualidade e o estatuo social da parte que o despende, directa e indirectamente, no julgamento da causa"[257]. As custas pessoais, para serem contabilizadas como tal, teriam ainda de obedecer a um nexo de causalidade, isto é, apenas eram consideras as despesas ocasionadas *por causa da demanda*[258].

2.2.3.3. As custas do processo

As custas do processo, por sua vez, e como a sua designação sugere, tratam-se das despesas que a demanda originou ao nível do sistema judiciário.

As Ordenações previam que seria o vencido o responsável pelo pagamento das custas ao vencedor. Trata-se, portanto, de uma emanação da regra *victus victori*, que determina o pagamento de uma compensação ao litigante vencedor pelo vencido. Este seria condenado no pagamento das custas à parte vencedora, independentemente da natureza da contenda (cível, criminal ou outra) e da qualidade processual da parte vencida (quer fosse autor ou réu). Julgamos estar perante o antecedente

[256] É o caso, por exemplo, de o vencedor ser aposentado por idade, aleijado ou tolhido que não pudesse cavalgar em "bestas de sella", e se deslocasse de albarda.

[257] Cfr. SILVA, Paula Costa e, "A Litigância...", *op. cit.* p. 49.

[258] Como explica Paula Costa e Silva, "[...] se a parte se desloca do seu centro de actividade, mas aproveita essa deslocação para outras finalidades que não apenas a de acompanhar o processo, estas horas não será contadas. Isto porque seria realmente iníquo fazer a parte vencida suportar custos que, afinal, não são apenas imputados ao processo". Cfr. I*dem, ibidem*, p. 50.

histórico das atuais custas de parte, que analisaremos adiante. No entanto, é importante descortinar aqui duas regras.

a) As Ordenações Afonsinas

As Ordenações Afonsinas estabeleciam que "[...] deve ser em todo o caso condenado ao vencedor nas custas, assy feito Civel como Crime, e de qualquer calidade, e condiçam que seja, quer seja vencido o Autor, quer o Reo"[259]. Desta forma, o vencido seria condenado no pagamento das custas à parte vencedora, independentemente da natureza da contenda (cível, criminal ou outra) e da sua qualidade processual. Contudo, caso o vencido tivesse "justa rezam" para litigar, deveria ser relevado das custas (cremos, portanto, que tanto das custas do processo, como das custas pessoais). Porém, quando não houvesse justa causa para litigar, mas houvesse "rezam colorada para demandar, ou se defender", seria o vencido apenas condenado nas custas do processo, ficando isento das custas pessoais. Além disso, se no decurso do processo se viesse a constatar o vencido "[...] nom ter direito na demanda [...]", porque havia cessado o fundamento para litigar, então o Julgador apenas condená-lo-ia nas custas que, desde então, havia originado, devendo ser relevado das custas realizadas antes de saber, ou dever saber, da verdade substancial dos factos[260]. Caso a parte vencida tivesse demandado com culpa, a título de negligência, "[...] sem outra malicia [...]", seria apenas condenada em custas singelas. Todavia, havendo "[...] malicia evidente, ou persumptiva [...]", o vencido seria condenado no dobro ou triplo das custas processuais, consoante o grau de dolo, o qual seria livremente apreciado pelo Julgador[261]. Se não fossem achados bens à parte vencida condenada nestes termos, que pudessem ser objeto de ação executória, tal condenação converter-se-ia no que nos parece ser uma pena de prisão por

[259] Cfr. Ordenações Afonsinas, Livro III, Título LXX, 1.º §.

[260] Em nosso ver, é uma regra que, em certa medida, se assemelha à prevista no art. 536.º do CPC, em que o seu n.º 1 dispõe que quando a demanda do autor ou requerente ou a oposição do réu ou requerido eram fundadas no momento em que foram intentadas ou deduzidas e deixaram de o ser por circunstâncias supervenientes a estes não imputáveis, as custas são repartidas entre aqueles em partes iguais. Sobre esta matéria, e, em especial, a sua relação com a responsabilidade processual das partes, *vide*, entre outros, Albuquerque, Pedro, "Responsabilidade Processual...", *op. cit.*, p. 33.

[261] Cfr. Ordenações Afonsinas, Livro III, Título LXX, 3.º §.

dívidas[262]. De todo o modo, não podemos deixar de assinalar, *en passant*, que tal regra apresenta diversos pontos de contacto com o atual instituto da litigância de má fé, previsto no art. 542.º, do CPC[263].

b) As Ordenações Manuelinas

Esta compilação manteve alguns aspetos anteriormente analisados, contudo, com algumas diferenças que merecem saliência. Desde logo, caso o vencido fosse o autor, e tivesse justa causa para litigar, seria relevado das custas. Assim, "[...] pero se o Autor, posto que o Reo seja absoluto, ouve justa razam de litiguar, será relevado das custas"[264]. O mesmo já não sucedia, porém, para o réu que, ainda que se tivesse defendido com justa causa, seria apenas isento do pagamento das custas pessoais, mas, em caso algum, das custas do processo. Simplificando, a justa razão para litigar revelaria o autor das custas (do processo e pessoais), enquanto a razão colorada para demandar apenas isentaria o vencido (autor ou réu) do pagamento das custas pessoais, sendo as processuais sempre devidas. As demais regras suprarreferidas também se conservaram. Veja-se, ainda, que a regra de que se a causa que o autor entendia ser justa veio a revelar-se como aparente ou colorada também só se aplicava ao autor. Assim, "[e] porque acontece alguas vezes, que o Autor no começo do processo parece que tem justa razam para demandar [...]".

[262] Assim, "[e]m todo caso, honde o vencido he condenado nas custas em dobro, ou em tresdobro, e nam lhe forem achados bens, em que se faça execução por ellas, deve elle ser prezo ate que as pague de cadea (...)". Nas Ordenações Filipinas, Livro V, Título CXVIII, é explicado que, se alguém querelar contra outrem e o réu for absolvido, por não se conseguir demonstrar as imputações que lhe eram feitas, o autor seria condenado nas custas, bem como nos danos e perdas que o réu tenha sofrido em virtude dessa querela. Caso aquele tivesse agido com malícia, seria condenado nas custas em dobro ou triplo, consoante o grau de dolo. Cfr. ALBUQUERQUE, Pinto, "Responsabilidade processual...", *op. cit.*, p. 34-35. Sobre esta matéria, *vide*, ainda, SILVA, Paula Costa e, "A Litigância...", *op. cit.*, p. 45.

[263] O instituto da litigância de má fé, ainda que previsto detalhadamente no CPC, é aplicável subsidiariamente a outras áreas processuais, como por exemplo, no direito processual tributário e no direito processual administrativo, de harmonia com o disposto no art. 104.º, da LGT, e do art. 1.º, do CPTA, aprovado pela Lei n.º 15/2002, de 22 de fevereiro, com a última redação conferida pela Lei n.º 56/2021, de 16 de agosto. Sobre a evolução da responsabilidade processual civil, *vide*, entre outros, ALBUQUERQUE, Pedro, "Responsabilidade processual..., *op. cit.*, p. 30 e ss..

[264] Cfr. Ordenações Manuelinas, Livro III, Título LI, 1.º §.

Este desnível entre autor e réu é exclusivo das Ordenações Manuelinas, uma vez que não a encontramos nas Ordenações Afonsinas, como vimos, não tendo também sido adotado pelas Ordenações Filipinas, como veremos.

c) As Ordenações Filipinas

As Ordenações Filipinas introduziram algumas modificações nesta matéria.

Desde logo, quando tivesse existido justa causa para litigar, o vencido seria relevado das custas pessoais, sem qualquer distinção entre autor e réu, como sucedeu nas Ordenações Manuelinas. Assim,"[q]uando o Juiz der sentença final, em qualquer caso, de qualquer qualidade que seja, sempre condenará em custas, ao menos do processo, assi ao réo, que for vencido, como o autor, quando o réo for absoluto, *sem poder dellas relevar cada huma das partes, postoque lhe pareça, que cada huma dellas teve justa causa para litigar* [...]" E das custas pessoaes poderão ser escusas, se tiverem justa causa de litigar"[265]. Contudo, se no decurso do processo se viesse a constatar a parte vencida "[...] nom ter direito na demanda [...]", porque havia cessado o fundamento para litigar, então o Julgador apenas condená-la-ia nas custas que, desde então, havia provocado, devendo ser relevada das custas realizadas antes de saber, ou dever saber, da verdade substancial dos factos[266]. Além disso, caso a parte vencida tivesse demandado com culpa, a título de negligência, "[...] sem outra malicia [...]", seria apenas condenada em custas singelas. Todavia, caso tivesse havido "[...] malicia evidente, ou persumptiva [...]", o vencido era condenado no dobro ou triplo das custas processuais, consoante o grau de dolo, o qual seria livremente apreciado pelo Julgador. Se não fossem achados bens à parte vencida, condenada nestes termos, que pudessem ser objeto de ação executória, tal condenação converter-se-ia no que nos parece ser uma pena de prisão por dívidas[267].

[265] Cfr. Ordenações Filipinas, Livro III, Título LXVII, 1.º §. O itálico é nosso.

[266] A obra refere mesmo que que "(...) deve ser relevado das que foram feitas antes que elle fosse, ou devesse ser em conhecimento da verdade sostancial do Feito (...)".

[267] Assim, "[e]m todo caso, honde o vencido he condenado nas custas em dobro, ou em tresdobro, e nam lhe forem achados bens, em que se faça execução por ellas, deve elle ser prezo ate que as pague de cadea (...)". Nas Ordenações Filipinas, Livro V, Título CXVIII, é explicado que, se alguém querelar contra outrem e o réu for absolvido, por não se conseguir demonstrar as imputações que lhe eram feitas, o autor seria condenado nas custas, bem

Por último, salientamos que nas causas cíveis em que uma das partes fosse o Rei, representado pelo Procurador, não havia lugar a custas, independentemente da posição processual que ocupasse[268]. Na nossa opinião, não é absolutamente cristalino se só o Rei estaria isento de custas, ou se tal isenção se verificava em ambos os pólos da relação jurídica processual, contudo, atenta a redação da lei, propenderíamos para a segunda hipótese[269]. Uma vez mais, permiti-nos assinalar algumas semelhanças com o atual desenho normativo, em especial, o previsto na al. a), do n.º 1, do art. 4.º, do RCP, que prevê que o MP, nos processos em que age em nome próprio na defesa dos direitos e interesses que lhe são confiados por lei, mesmo quando intervém como parte acessória, e nas execuções por custas e multas processuais, coimas ou multas criminais, está isento de custas.

Enfim, as Ordenações do Reinos eram bastante exaustivas nesta sede, contudo, o que importa reter é que a parte vencedora deveria ser reparada pelos prejuízos que a demanda causou. O *quantum* das custas pessoais variaria, *inter alia*, consoante o título ou classe que ocupava na sociedade e tempo despendido[270]. Por outro lado, a parte vencida só seria

como nos danos e perdas que o réu tenha sofrido em virtude dessa querela. Caso aquele tivesse agido com malícia, seria condenado nas custas em dobro ou triplo, consoante o grau de dolo. Cfr. Albuquerque, Pinto, "Responsabilidade processual...", *op. cit.*, p. 34-35. Sobre esta matéria, *vide*, ainda, Silva, Paula Costa e, "A Litigância...", *op. cit.*, p. 45.

[268] Nas causas de natureza criminal, quando o réu, acusado pelo Promotor da Justiça ou pelo Procurador, fosse condenado, pagaria as custas do processo (cfr. Ord. Man., Livro III, Título LI, § 7 e Ord. Fil., Livro III, Título LXVII, § 3). De resto, é uma regra que também se assemelha à prevista no atual art. 514.º, do CPP, aprovado pelo Decreto-Lei n.º 78/87, de 17 de fevereiro, com a última redação conferida pela Lei n.º 94/2021, de 21 de dezembro, que consigna que o arguido condenado é responsável pelo pagamento, a final, dos encargos a que a sua atividade houver dado lugar.

[269] Nas Ordenações Filipinas, Livro III, Título LXVII, § 3, é dito que "[e] bem assi nos feitos cíveis, que são entre nós e cada hum do povo, não ha custas, quer o Procurador dos nossos feitos seja autor, quer o réo, conforme ao costume antigo destes Reinos". Esta regra era, de resto, reproduzida nas Ordenações Afonsinas, Livro III, Título LXX, § 1, e nas Ordenações Manuelinas, Livro III, Título LI, § 7. Em todo o caso, parece-nos tratar-se de uma isenção subjetiva, e não propriamente objetiva, uma vez que não tem por fundamento um tipo de espécie processual, mas antes a qualidade de uma das partes. Porém, também é verdade que isenta tanto o Rei, como a outra parte, pelo que, eventualmente, poderá referir-se a ela como uma norma de isenção subjetiva bilateral.

[270] De certo modo, existem algumas semelhanças com a regra que vimos no âmbito das constituições imperiais, em que determinadas classes privilegiadas beneficiavam de uma diminuição das *sportulae*.

condenada em custas pessoais quando não tivesse justa razão para litigar, caso contrário, delas seria isenta. Em todo o caso, a parte vencida sempre pagaria as custas do processo, bem como a dízima da sentença, nos termos e condições acima estudados.

2.2.3.4. A justa razão para litigar e razão colorada para demandar (contextualização e breve distinção)

As regras acima enumeradas introduzem-nos vários conceitos ou critérios para a condenação em custas – (i) a justa razão para litigiar[271] e (ii) a razão colorada para demandar ou se defender. Uma vez que o desenvolvimento desta matéria nos parece desadequado, atenta a sua proximidade com a litigância de má fé, e não com a taxa de justiça, abster-nos-emos disso mesmo. Contudo, por questões de enquadramento, não podemos deixar de clarificar alguns pontos. Desde logo, não se tratam de sinónimos de ganho de causa (até porque a condenação em custas pressupõe, justamente, o decaimento do condenado). A distinção entre elas parece radicar num elemento temporal. Assim, o vencido teria *justa razão* para litigar quando entendesse ter tal razão durante todo o processo, ou seja, até ao seu fim. Por outro lado, teria *razão colorada* quando, embora o entendesse quando demandou ou se defendeu, deixou de ser possível manter esse entendimento *durante* o processo. Com efeito, "[a] causa que o autor entendia ser justa revelava-se, afinal, como aparenta ou colorada. No entanto, porque o autor estava de boa fé aquando da propositura da acção, não tendo quebrado o juramento, não se via confrontado com a obrigação de suportar as custas pessoais da parte contrária"[272].

2.3. O cenário do séc. XIX até meados do séc. XX

Nas linhas precedentes, vimos que a ideia de tributação do acesso à justiça encontra, entre nós, lugar, pelo menos, desde as Ordenações do Reino, ideologia que, em abstrato, remonta ao antigo direito romano. A dízima da sentença terá sido abolida no vintismo, através de Decreto

[271] É de assinalar que nas Ordenações Manuelinas e Filipinas, a expressão utilizada é a de justa causa (e não razão) para litigar.

[272] Cfr. SILVA, Paulo Costa e, "A Litigância...", *op. cit.*, p. 121.

publicado em 23 de novembro de 1822. Seguiram-se, no período da formação do direito português moderno, até à atualidade, várias reformas legislativas, designadamente, no plano judicial. No séc. XIX, através do Decreto de 16 de maio de 1832, por proposta de Xavier Mouzinho da Silveira, ocorreu a Reforma Judiciária. Após esta, seguiram-se outras, através dos Decretos de 29 de novembro de 1836 e 13 de janeiro de 1837. No entanto, a mais marcante, e que, curiosamente, nunca chegou a entrar em vigor, teria sido a Novíssima Reforma Judiciária, através do Decreto de 21 de maio de 1841. O seu art. 828.º parecia retomar a ideia da dízima da sentença, desta feita, sob a designação de multa, e com algumas particularidades, postulando que "[e]m todas as acções ordinárias, summarias, ou cíveis, ou crimes civilmente intentadas, o litigante, que dechair, será condemnado para a Fazenda Nacional numa multa de cinco por cento do valor da cousa demandada, confórme o vencido. – Não excederá porém esta multa quinhentos mil réis. A condenação será expressa na sentença, e não excedendo a 5.000 réis, será paga pelo vencedor no momento de fazer extrair a sentença, sendo-lhe lançada em regra de custas, para com estas a haver do vencido". Além disso, estariam isentas da multa "[...] os litigantes, que pela antiga legislação não pagavam dízima [...]". Este diploma continha, ainda, uma tabela anexa sobre os emolumentos e salários judiciais. Porém, como referimos, a Novíssima Reforma Judiciária nunca chegou a entrar em vigor.

Entretanto, com a entrada em vigor do Código de Processo Civil de 1876, aprovado por Carta de Lei de 8 de novembro de 1876, criou-se uma multa aplicável ao vencido que tivesse litigado de má fé. Dispunha, assim, o seu art. 121.º, que "[q]uando o juiz entender que a parte vencida litigou com má fé, impor-lhe-ha na sentença a multa de 10 por cento do valor em que decair". Cremos que a figura da dízima acabou por dar lugar a esta multa, até porque o seu valor corresponde justamente à décima parte do valor em que o vencido sucumbiu. Digno de assinalar é, ainda, a regra do art. 126.º, deste diploma. É que, nos casos em que fosse aplicável aquela multa, o vencido seria ainda condenado numa indemnização a favor do vencedor, a ser arbitrada, melhor, quantificada, na sentença.

Pois bem, até 1935, o sistema de tributação dos litígios assentava no critério "acto por acto e termo por termo"[273]. Esta regra constava da

[273] O aludido diploma legal, no seu texto preambular, utiliza a expressão "acto por acto e funcionário por funcionário", possivelmente, prognosticamos, porque a receita revertia, em

Tabela de Emolumentos e Salários Judiciais, aprovada pela Lei de 13 de maio de 1896, à qual se seguiu a Tabela dos Emolumentos Judiciais, em vigor até à aprovação do Decreto-Lei n.º 25 882, de 1 de outubro de 1935. Na verdade, foi só com aquele diploma, que logo entrou em vigor, que se operou uma profunda alteração no modelo de tributação, criando-se o *imposto de justiça*[274].

Vejamos, então, que consistiu em esta mudança.

2.4. O Código das Custas Judiciais de 1940 (e o imposto de justiça)

Com a aprovação do referido Decreto-Lei n.º 25 882, a tributação da justiça sofreu uma mutação. Para o efeito, concorreram diversos fatores, quase sempre relacionados com a injustiça, imperfeição (se é que existe algum sistema *perfeito*) e imprevisibilidade dos custos processuais. Uma das principais e constantes preocupações do legislador parece ter sido a previsibilidade dos custos, assente na ideia de que um serviço, como o da justiça, que não permitia aos seus utilizadores estimar os custos, geraria insegurança jurídica. O sistema, até então, vigente, apresentava graves deficiências. 0 sistema adotado foi o das taxas globais ou taxas fixas em função do valor da causa, em detrimento de um sistema baseado em taxas individuais (isto é, para cada funcionário, para cada ato, *et cetera*) ou, até, de um sistema em que fossem fixadas pelo próprio juiz. Ora, este sistema – de taxa fixa proporcional ao valor da causa – era, para Salvador da Costa, "[...] o único sistema que permite conhecer antecipadamente o valor da taxa de justiça correspondente a cada acção ou procedimento e simplificar consideravelmente o acto de contagem"[275].

parte, a favor Estado e, noutra parte, integrava o vencimento dos funcionários. António Santos Abrantes Geraldes é crítico deste sistema, por um lado, porque não permitia conhecer antecipadamente os custos com o processo e, por outro, porque um sistema que diz aos funcionários judiciais que quanto mais atos processuais praticarem, maiores serão os seus proventos, é, nas suas palavras, inaceitável. Cfr. GERALDES, António Santos Abrantes, "Temas Judiciários – Volume I", Coimbra, Almedina, 1998, p. 171. O autor italiano Francesco Carnelutti também era critico desta forma de tributação que chegou a vigorar em Itália, desde logo, porque não permitia prever o custo de um processo. Cfr. CARNELUTTI, Francesco, "*Finanza e...*", *op. cit.*, p.246.

274 O imposto de justiça criminal, à data, já existia, por força do Decreto de 18 de novembro de 1910.

275 Cfr. COSTA, Salvador, "Código das...", 2001, *op. cit.*, p. 146.

Em sentido próximo, Hélder Martins Leitão também assinala que "[a] taxa de justiça só a partir de 1935 que passou a ser fixa e proporcional ao valor da causa. Durante muito tempo, eram as custas contadas «acto por acto e termo por termo». Como a tendência era para a proliferação, com intuitos dilatórios, do número de actos e termos, o facto dificultava e comprometia a contagem e ainda mais distante ficava a decisão final"[276].

Mais tarde, não muito, com a aprovação do CCJ, através do Decreto-Lei n.º 30688, de 26 de agosto de 1940, sistematizou-se e exaustivamente desenvolveu-se esta matéria[277]. O seu art. 1.º dispunha que as custas judiciais compreendiam o imposto de justiça, os selos e os encargos[278/279], aqui se enunciando o *princípio da justiça retribuída* e que, com as devidas adaptações, foi herdado pelas sucessivas alterações e reformas legislativas[280]. No que respeita aos processos de natureza civil, o imposto de justiça era fixado em função do valor da causa, em cada instância. Assim, nas ações cíveis de valor até 2.000,00 $, a taxa de imposto a aplicar ao valor tributável era de 23%. Sobre o acrescido, até ao montante de 10.000,00 $, aplicava-se a taxa de 13%. Nas ações de valor superior a 10.000,00 $, a taxa de imposto variava consoante o acrescido, existindo as mais diversas taxas. A taxa de imposto diminua com o aumento do valor da causa, de tal modo que, numa ação cível de 2.000.000,00 $ a taxa era de 0,6% e, no caso de o valor da ação ser superior, a taxa era de 0,3% sobre o acrescido. A ideologia era a mesma no caso dos tribunais superiores e nos processos orfanológicos, embora, neste último caso, dada a intervenção de menores e pessoas equiparadas, as taxas de

[276] Cfr. Leitão, Hélder Martins, "Das custas...", *op. cit.*, p. 36.

[277] Ainda assim, como veremos adiante, tratava-se de um código com mais de duzentas disposições normativas e que não condensava toda a matéria relativa a custas, cuja compreensão absoluta carecia de articulação com outros diplomas, como é exemplo o CPC.

[278] De acordo com os n.os 11 e 12, do art. 49.º, os encargos compreendiam, entre outros, a procuradoria e as custas de parte.

[279] Sem prejuízo desta clarificação que se fará mais adiante olhando para o atual RCP, importa notar na tridimensionalidade do conceito de "custas judiciais", donde resulta que este não se pode confundir com o de "imposto de justiça" ou "taxa de justiça".

[280] Neste sentido, *vide* Geraldes, Abrantes, "Temas Judiciários...", *op. cit.*, p. 175. O preâmbulo do já aludido Decreto-Lei n.º 25 882 começa logo por assinalar que a administração da justiça era retribuída.

imposto de justiça eram relativamente menores, continuando, em todo o caso, a assentar na tal regressividade que mencionamos há pouco[281/282].

Quanto à forma de cumprimento desta obrigação, estamos um pouco distantes do atual quadro jurídico. Na verdade, o imposto de justiça era pago sob a forma de *preparos* – uma espécie de caução para garantir o pagamento das custas e que se aplicava tanto ao autor, como ao réu[283]. Assim, o art. 126.º, dispunha que "[n]os processos, sempre que possa haver lugar à aplicação do imposto de justiça, haverá preparos que revestem três modalidades: iniciais, para despesas ou deslocações[284] e para pagamento"[285]. Os preparos, por sua vez, eram calculados com base no imposto de justiça que seria devido a final, através da aplicação dos fatores previstos no art. 130.º. Para simplificar esta exposição, um exemplo: numa ação cujo valor era de 2.000 $, o imposto de justiça, resultante da aplicação da taxa de 23%, cifrava-se em 460,00 $[286]. O preparo inicial, por sua vez, resultaria da aplicação do fator de 25% sobre este valor, resultando, assim, num preparo de 115,00 $. O pagamento do preparo deveria ser efetuado nos três ou cinco dias subsequentes à prática do ato processual, consoante fosse responsável o autor ou réu, nos termos do art. 135.º.

Quanto à liquidação (no sentido de quantificação ou apuramento do montante a pagar), o art. 217.º explicava que, "[l]ogo que comece a correr prazo para depósito de preparos [...] a secretaria passará e entregará na tesouraria, lavrando têrmo no processo, as guias para estes depósitos

[281] Cfr. art. 35.º e ss..

[282] Cfr. art. 30.º.

[283] Esta intenção de garantir as custas resulta, não só da própria sistematização, pois a matéria dos preparos encontrava-se sob o Capítulo VI, com a epígrafe "Da garantia das custas", como de algumas normas. Por exemplo, o § único, do art. 138.º, dispõe que "[s]e, porém, os preparos iniciais forem suficientes para garantir a totalidade das custas, não haverá mais preparos". Por outro lado, o art. 140.º estabelece que "[à] parte que tenha feito preparos serão estes restituídos por inteiro quando não haja lugar ao pagamento de custas, ou parcialmente, se excederem a importância das custas contadas".

[284] No entanto, de acordo com o art. 128.º, "[o]s preparos para despesas de deslocação têm lugar quando se efectuem, a requerimento das partes e antes da audiência de julgamento, diligências que obriguem à deslocação do tribunal".

[285] O já referido Decreto-Lei n.º 25 882 previa, no entanto, quatro modalidades de preparos, isto é, preparos iniciais, preparos para diligências, preparos para caminhos e preparos para julgamento, de harmonia com o disposto no art. 34.º.

[286] Cfr. al. A), do art. 16.º.

ou pagamento"[287]. Tratava-se, portanto, de uma *heteroliquidação* ou *liquidação administrativa*, algo a que aludiremos mais adiante.

O código também previa algumas situações de redução do imposto, para as situações em que a demanda terminasse, por exemplo, antes de proferido o despacho que ordenava a citação do réu ou antes da designação do dia para a realização da audiência de discussão e julgamento, isto é, consoante a fase processual em que terminasse e, consequentemente, a maior ou menor atividade judicial[288]. Por outro lado, o 38.º, n.º 3, § único, previa a possibilidade de redução para metade do imposto devido, quando a complexidade da causa ou do incidente justificasse[289]. Por fim, salientamos que se encontrava previsto a aplicação de multa por litigância de má fé, nos termos do art. 145.º.

O diploma também estabelecia isenções, de imposto de justiça e, ou, de custas, mas que não nos cabe analisar neste trabalho.

Quanto à parte criminal, vigorava a regra de que o réu no caso de condenação, e no caso de decaimento, em sede recursória, seria responsável pelo pagamento do imposto de justiça criminal. Neste caso, porém, não estavam previstas taxas, mas valores mínimos e máximos, ficando a sua fixação ao critério do Julgador, atendendo à situação material do infrator e aos limites estabelecidos para o processo correspondente à infração mais grave de que foi acusado, nos termos do art. 150.º. Os valores de imposto estavam previstas nos art.os 155.º a 157.º. Neste âmbito, cabe dizer que, caso o réu não procedesse ao pagamento do imposto dentro do prazo para pagamento voluntário, poderia ocorrer execução ou conversão, isto é, caso a secretaria concluísse pela existência de bens, ser instaurada execução para cobrança coerciva da dívida ou,

[287] Como veremos, só mais tarde (muito mais tarde) é que se operou uma *privatização* desta função, de modo que a liquidação da, entretanto, denominada taxa de justiça, passou a recair, regra geral, sobre os próprios utentes da justiça.

[288] Cfr. art.os 17.º, 19.º, 21.º, 22.º e 25.º, entre outros. A ideologia presente nesta regra é um pouco semelhante à prevista hodiernamente no art. 14.º-A, do RCP.

[289] Esta é uma regra que, no CCJ, de 1962, foi retomado no seu art. 18.º, que também previa uma redução do imposto no caso de simplicidade da causa. A ideologia, parece-nos, é particularmente interessante, e não podemos deixar de observar alguma semelhança com o expediente – nem sempre utilizado pelos tribunais portugueses e suscitado pelos próprios litigantes – previsto no n.º 7, do art. 6.º, do RCP. Mas, a este assunto, voltaremos oportunamente.

pelo contrário, na falta de bens, a sua conversão em prisão por dívidas à razão de 5 $ por dia, de harmonia com o disposto no art. 169.º[290/291].

Por fim, mas não menos importante, resulta do seu art. 47.º, que, embora a maior percentagem da receita resultante da cobrança do imposto de justiça revertesse a favor do Estado, o remanescente era distribuído pelo tribunal respetivo, ou seja, onde tivesse corrido o processo que havia dado origem à tributação[292]. Por exemplo, no caso dos tribunais de comarca, a receita destinava-se à secretaria, ao Cofre dos Conservadores, Notários e Funcionários de Justiça e ao Cofre do Tribunal. Por sua vez, o art. 185.º, estabelecia que a receita do Cofre dos Conservadores, Notários e Funcionários de Justiça destinava-se, designadamente, ao pagamento dos vencimentos dos funcionários. Já a receita dos Cofres dos Tribunais destinava-se, entre outros, ao pagamento das despesas dos respetivos tribunais, de acordo com o art. 189.º.

2.5. O Código das Custas Judiciais de 1962 (e o nascimento da taxa de justiça)

Decorridos cerca de vinte anos, o código viria a sofrer uma revisão com o Decreto-Lei n.º 44 329, de 08 de maio de 1962, que aprovou o novo CCJ. Foi o código com o período de vigência mais longo, ainda que sujeito a diversas alterações legislativas, algumas das quais profundas, tendo permanecido na nossa ordem jurídica mais de trinta anos.

As regras relativas ao imposto de justiça não sofreram alterações significativas. Na verdade, a taxa de imposto continuava a incidir sobre o valor da causa que, por sua vez, continuava a depender das instâncias e da espécie de ação processual em causa[293]. A obrigação de preparar

[290] O imposto de justiça seria liquidado pela secretaria, no prazo de quarenta e oito horas, nos termos do art. 166.º. Quanto ao pagamento, no caso de condenação no imposto, o mesmo seria feito nos termos CPP, na versão à data vigente, conforme norma remissiva do art. 167.º. Nos restantes casos, o imposto (juntamente com eventuais acréscimos) deveria ser pago no prazo de cinco dias após o requerimento ou ato por que o mesmo era devido, sob pena de considerar o requerimento sem efeito.

[291] No entanto, conduzidas diligências, se o julgador ficasse convencido de que o devedor não tinha como pagar a dívida, não converteria a dívida em prisão.

[292] Por exemplo, no caso de processos ou recursos decididos no STJ, 50% do imposto de justiça revertia a favor do Estado.

[293] Os art.os 8.º a 12.º, tratavam do valor da causa.

mantinha-se, no entanto, com o art. 97.º a estabelecer que os preparos iniciais eram aqueles que se verificavam no início de qualquer processo, enquanto os subsequentes seriam todos aqueles que durante a tramitação processual fossem determinados pelo juiz. A forma de cálculo, embora mantendo a matriz original, foi ligeiramente simplificada, com a aplicação de uma taxa fixa. Assim, nos preparos iniciais, resultava da aplicação de 15% sobre o valor do imposto de justiça a pagar a final, enquanto nos preparos para julgamento seria de aplicar 10%[294]. O prazo para pagamento também se alterou, passando a ser de cinco dias após a prática do ato processual sujeito a tributação, independentemente da posição processual[295]. Contudo, o modo de liquidação e pagamento manteve-se, prescrevendo o n.º 1, do art. 222.º, que "[l]ogo que comece a correr qualquer prazo para depósito de preparos ou pagamento de custas ou multas a secção do processo passa e entrega na tesouraria, lavrando termo no processo, as guias para estes depósitos ou pagamento".

Este diploma viria a sofrer algumas alterações através, designadamente, dos Decretos-Lei n.º 47692, de 11 de maio de 1967, 49213, de 29 de agosto de 1969, 161/76, de 27 de fevereiro, 366/80, de 10 de setembro, 118/85, de 19 de abril[296], 384-A/85, de 30 de setembro, Lei n.º 38/86, de 6 de setembro, Decretos-Lei n.º 214/87, de 28 de maio, 387-D/87, de 29 de dezembro, 92/88, de 17 de março e 212/89, de 30 de junho[297]. São dignos de saliência quatro destes diplomas legais.

O Decreto-Lei n.º 49213, de 29 de agosto de 1969, assentou numa especial preocupação com a previsibilidade do custo no acesso à justiça, devendo existir um "[...] equilíbrio entre a actividade e o dispêndio em concreto provocados por uma parte e a oneração que lhe deva corresponder"[298]. Almejava-se, assim, uma tributação justa e previsível, e que, de acordo com o legislador, não seria atingida pela aplicação de uma taxa, fixa ou variável. Ocorreu, portanto, uma profunda alteração no paradigma do imposto de justiça, cujo apuramento, até então, se fazia

[294] Cfr. n.º 1, do art. 97.º.

[295] Cfr. n.º 1, do art. 104.º.

[296] Retificado pela Declaração de Retificação publicada em Diário da República n.º 125/1985, 1.º Suplemento, Série I de 1985-05-31.

[297] Sobre estas alterações, *vide*, entre outros, Costa, Salvador, "Código das...", 1995, *op. cit.*, p. 13.

[298] Cfr. Preâmbulo.

através da aplicação da respetiva taxa ao valor da causa. Passou, então, a prever-se exaustiva e quase que minuciosamente o valor do imposto, de tal modo que a Tabela I daquele diploma previa cerca de duzentas verbas diferentes, consoante o valor da causa[299]. O mesmo se passava para os processos orfanológicos e para os recursos (Tabelas II e III).

Por sua vez, o Decreto-Lei n.º 387-D/87, de 29 de dezembro, marcou o início de outra reforma legislativa em matéria de custas, determinada, em parte, pelo aumento significativo do recurso aos tribunais e, consequentemente, o aumento da despesa pública neste setor. Este era um cenário que reclamava do legislador especial atenção, que tinha, agora, de repensar o modelo de tributação. Foi com este diploma legal que o discurso normativo-legal passou a dirigir-se ao "imposto de justiça" como "taxa de justiça". O art. 16.º, do CCJ, passou, então, a prescrever que "[n]os tribunais de comarca, as taxas de justiça devidas pelos processos cíveis, incluindo os inventários que sejam ou passem a facultativos, falências, insolvências, recursos de revisão e de oposição de terceiro, são as constantes da tabela anexa, calculadas sobre o valor da causa". As novidades legislativas não se quedavam por aqui. A taxa de justiça, ainda que continuasse a incidir sobre o valor da causa, estava agora indexada à designada unidade de conta de custas, que correspondia a um quarto do salário mínimo nacional, automaticamente atualizável de três em três anos.

A reforma legislativa prosseguiu e, com o Decreto-Lei n.º 92/88, de 17 de março, foram introduzidas mais modificações ao nível das taxas, algumas das quais com o intuito de densificar o princípio da gratuitidade da justiça para a parte vencedora[300].

Por fim, o Decreto-Lei n.º 212/89, de 30 de junho, ajustou algumas taxas de justiça e modificou a designação de unidade de conta de custas para a atual unidade de conta processual (UC), correspondente a ¼ da remuneração mínima mensal mais elevada[301]. Por último, no que tange ao regime prescricional, o seu art. 164.º previa o prazo de cinco anos para a prescrição das custas processuais, com a ressalva de que se o

[299] De todo o modo, o valor de imposto de justiça decrescia com a expansão da base tributável, ou seja, com o aumento do valor da causa.

[300] Cfr. Preâmbulo e n.º 2, do art. 4.º.

[301] De salientar, porém, como teremos oportunidade de ver, que, atualmente, a UC processual corresponde a ¼ do valor do IAS.

responsável tivesse litigado com o benefício da assistência judiciária, tal prazo era elevado para quinze anos.

2.6. O Código das Custas Judicias de 1996 (e a constante emancipação da taxa de justiça)

Em 1996, em parte, por força da constante atualização do próprio sistema processual – do qual a taxa de justiça é indissociável – foi publicado novo código, através do Decreto-Lei n.º 224-A/96, de 8 de março, cuja entrada em vigor ocorreu a 1 de janeiro de 1997[302]. Na génese deste novo código esteve, assumidamente, a intenção de simplificar, não só a "arrumação" das matérias, como tornar mais previsíveis os custos do acesso à justiça, em particular, a taxa de justiça[303]. As custas bifurcavam-se em taxa de justiça e encargos.

Este diploma também foi objeto de sucessivas alterações, entre outras, pelo Decreto-Lei n.º 91/97, de 22 de abril, Lei n.º 59/98, de 25 de agosto, Decretos-Lei n.º 304/99, de 6 de agosto, 320-B/2000, de 15 de dezembro, 323/2001, de 17 de dezembro, 8/2003, de 08 de março, 324/2003, de 27 de dezembro, Leis n.º 45/2004, de 19 de agosto, 60-A/2005, de 30 de dezembro e 53-A/2006, de 29 de dezembro.

O diploma que mais afetou o CCJ de 1196 foi, sem dúvida, o Decreto-Lei n.º 320-B/2000, de 15 de dezembro, que criou o regime de autoliquidação da taxa de justiça inicial e subsequente, sendo que o regime da autoliquidação da taxa de justiça ainda hoje subsiste. Esta alteração foi motivada, uma vez mais, pelas alterações ocorridas ao nível da legislação processual, em que se transferiu a competência da liquidação da taxa de justiça (inicial e subsequente) para os interessados, desonerando as secretarias dessa mesma tarefa, limitando-se apenas a verificar a junção do documento comprovativo do pagamento ou da sua isenção[304]. Como vimos, até então, a liquidação do imposto de justiça e, depois, da taxa de justiça, era da competência das secretarias judiciais, que procediam à

[302] O novo diploma legal revogou completamente o anterior CCJ, à exceção do art. 221.º.

[303] Não nos esqueçamos que as constantes alterações a que o CCJ, de 1962, esteve sujeito, às quais aludimos acima, também não facilitava as tarefas de interpretação e aplicação normativa aos operadores judiciários.

[304] Falamos das alterações introduzidas ao CPC, à data, em vigor, através do Decreto-Lei n.º 183/2000, de 10 de agosto.

liquidação e emissão da respetiva guia de pagamento, sendo o pagamento efetuado nas tesourarias. Com esta alteração ocorreu uma "desadministrativização" desta função, atribuindo-se às secretarias, nesta matéria, uma função meramente fiscalizadora.

Outra profunda alteração ocorreu com o Decreto-Lei n.º 324/2003, de 27 de dezembro. Não nos alongaremos quanto a estas modificações, apenas salientado que se procedeu a uma reavaliação dos escalões de taxa de justiça e a integração nas mesmas de verbas que, em todo o caso, já eram da responsabilidade das partes. Salientamos, ainda, a inclusão da regra de que é à parte vencedora que cabe solicitar o pagamento das custas de parte diretamente à parte responsável.

Uma última nota para dar conta de que o legislador manteve a regra de que o crédito sobre custas – aqui se incluindo a taxa de justiça – prescrevia no prazo de cinco anos, de acordo com o n.º 1, do seu art. 123.º.

2.7. O Regulamento das Custas Processuais de 2008

Foi em 2008 que se levou à prática outra reforma legislativa e que marca o Direito contemporâneo, se assim lhe podemos chamar, das custas processuais (em sentido lato). Se atendermos à Lei n.º 26/2007, de 23 de julho, que autorizou o Governo a legislar sobre esta matéria, e a revogar o CCJ, de 1996, observamos que as linhas orientadoras desta reforma assentavam na adoção de uma tributação mais simplificada, através do pagamento único de uma taxa de justiça, alteração dos critérios de fixação da taxa de justiça, considerando, além do valor da causa, a sua complexidade, racionalização do acesso à justiça, criação de tabelas onde constassem os valores de taxa de justiça e diminuição da dispersão normativa. Surge, assim, o Decreto-Lei n.º 34/2008, de 26 de fevereiro, que aprova um regime jurídico, não só com uma nova identidade – trata-se do Regulamento das Custas Processuais, e não o Código das Custas Judiciais[305] – mas com um novo conteúdo.

Desde logo, o conceito de custas passou a assentar numa divisão tripartida, entre (i) taxa de justiça, (ii) encargos e (iii) custas de parte. A taxa de justiça, como observava Salvador da Costa, "[...] continua a ser a prestação pecuniária que o Estado, em regra, exige aos utentes do

[305] Esta designação perdurou na nossa ordem jurídica durante cerca de setenta anos.

serviço judiciário no quadro da função jurisdicional por eles causada ou da qual beneficiem, ou seja, trata-se do valor que os sujeitos processuais devem prestar como contrapartida mínima relativa à prestação aquele serviço"[306]. Outra novidade traduzida por esta reforma legislativa foi a criação de um tratamento autónomo quanto ao fenómeno designado por *litigância de massa*. Foi, assim, criada uma taxa de justiça *especial* para as pessoas coletivas comerciais que, no ano transato, tenham dado entrado de determinado volume anual de ações, providências cautelares, execuções e outros procedimentos[307]. Por outro lado, também se estabeleceu o direito de retenção como garantia especial de cumprimento da obrigação de pagamento de custas, multas ou outras quantias contadas, que não tenham sido objeto de reclamação ou, tendo sido, tenha esta transitado em julgado.

Este novo diploma legal foi, posteriormente, acompanhado de outros complementares, como é o caso da Portaria n.º 419-A/2009, de 17 de abril, com a última redação conferida pela Portaria n.º 267/2018, de 20 de setembro, que regula o modo de elaboração, contabilização, liquidação, pagamento, processamento e destino das custas processuais, multas e outras penalidades.

2.8. O Regulamento das Custas Processuais atualmente

2.8.1. Sistematização

Presentemente, e enquanto fonte normativa em matéria de taxa de justiça, continua em vigor o Decreto-Lei n.º 34/2008, de 26 de fevereiro, com a última redação conferida pela Lei n.º Lei n.º 9/2022, de 11 de janeiro. Apesar de o legislador procurar condensar todo o regime jurídico em que assenta a tributação do acesso à justiça num único diploma, o atual RCP, à semelhança dos seus antecessores, continua a ter de ser articulado com outros diplomas legais, como é o caso do CPC, do CPP e da Portaria n.º 419-A/2009.

306 Cfr. Costa, Salvador da, "Regulamento das...", *op. cit.*, p. 6.

307 Para o efeito, deve o MJ elaborar anualmente uma lista de sociedades comerciais que durante o ano civil anterior tenham intentado mais de 200 ações, procedimentos ou execuções, que é publicada na 2.ª série do Diário da República sob a forma de aviso e disponibilizada no portal CITIUS, conforme prevê o n.º 5, do art. 13.º, do RCP.

O RCP está dividido em três partes: a primeira contém disposições de aplicação geral, normas de isenção e a definição de custas *lato sensu*; a segunda parte, a mais extensa, contém diversas normas relativas à responsabilidade pelo pagamento da taxa de justiça, dos encargos e das custas de parte e quanto ao cálculo da taxa; por fim, a terceira parte ocupa-se da liquidação e pagamento das custas em sentido lato e dos meios de reação dos sujeitos passivos.

2.8.2. Âmbito de aplicação

Quanto ao seu campo de aplicação, o RCP aplica-se aos processos que correm termos nos tribunais judiciais, nos tribunais administrativos e fiscais e no balcão nacional de injunções, não só em primeira instância, como nas instâncias recursórias, nos termos do seu art. 2.º.

No que respeita à incidência subjetiva, há que conjugar diversas normas. A regra geral é a que se encontra prevista no n.º 1, do art. 6.º, e que estabelece que a taxa de justiça corresponde ao montante devido pelo impulso processual do interessado, daqui se retirando que o responsável pela taxa de justiça é o impulsionador processual (questão diferente tem que ver com a responsabilidade pelos encargos e custas de parte). O decaimento na causa não tem qualquer relevância para efeitos de taxa de justiça devida pelo impulso processual. O sujeito passivo poderá, com efeito, ser o autor, réu, requerente, requerido, recorrente, recorrido, exequente, executado, *et cetera*, qualidade aquela que não se confunde com a posição assumida na relação jurídica processual[308]. Questão diferente, e que analisaremos mais à frente, tem que ver com as situações de pluralidade de sujeitos processuais, isto é, situações de litisconsórcio ou coligação, que estão sujeitas a regras próprias previstas na al. a), do n.º 7, do art. 13.º, do RCP, em conjugação com os n.os 4 e 5, do art. 530.º, do CPC. É também importante averiguar se o sujeito passivo se trata de um *grande litigante*, ou seja, se é uma sociedade comercial que, no ano anterior, intentou 200 ou mais providências cautelares, ações, procedimentos ou execuções, caso em que a taxa de justiça é calculada

[308] O n.º 1, do art. 530.º, do CPC, dispõe que "[a] taxa de justiça é paga apenas pela parte que demande na qualidade de autor ou réu, exequente ou executado, requerente ou requerido, recorrente e recorrido, nos termos do disposto no Regulamento das Custas Processuais".

de forma diferente, conforme resulta dos n.os 3 a 6, do art. 13.º, do RCP. A problemática da litigância em massa e da taxa de justiça agravada será objeto de considerações mais desenvolvidas adiante, justificando-se, por enquanto, uma brevíssima referência.

O RCP também prevê diversas isenções de custas *lato sensu*, subjetivas e objetivas, previstas, respetivamente, nos n.os 1 e 2, do art.4.º, embora seja necessário atender às situações enumeradas nos n.os 3 a 6 e que podem determinar a exclusão daquelas isenções. O n.º 7 limita-se apenas a ressalvar que, excetuados os casos de insuficiência económica nos termos da LADT, a isenção de custas não abrange os reembolsos à parte vencedora a título de custas de parte.

Uma vez que nos desenvolvimentos subsequente, convocaremos diversas normas do RCP, não se justifica, por ora, uma abordagem mais desenvolvida.

CAPÍTULO III
CONCEITO, NATUREZA JURÍDICA, PRESSUPOSTO E FINALIDADES DA TAXA DE JUSTIÇA

1. O direito de acesso ao direito e à tutela jurisdicional efetiva como um direito fundamental

Uma das tarefas ou funções essenciais do Estado é a administração da justiça com vista à concretização plena do direito de acesso ao direito e à tutela jurisdicional efetiva com agasalho constitucional no art. 20.º, da CRP, enquadrado no Título I, da Parte I, relativa aos direitos e deveres fundamentais[309]. Trata-se, na verdade, de um direito que incorpora outros direitos conexos.

Assim, o *direito de acesso ao direito* concretiza-se, por sua vez, no *direito de informação e consulta jurídica*, no *direito ao patrocínio judiciário* e no *direito de assistência de advogado perante qualquer autoridade*. Por sua vez, o *direito de acesso aos tribunais* incorpora o *direito à proteção jurídica por insuficiência de meios económicos*, o *direito à obtenção de uma decisão em prazo razoável* e o *direito a processo equitativo*. Não obstante, cada um deles manifesta-se de forma autónoma. Por exemplo, o direito ao patrocínio judiciário ou o direito de se fazer acompanhar por advogado perante qualquer autoridade é elemento essencial do próprio direito de acesso aos tribunais.

[309] O princípio da tutela jurisdicional efetiva também vem consagrado no n.º 4, do art. 268.º, da CRP, e no art. 2.º, do CPTA, a propósito da atividade administrativa.

Não se pode conceber, pois, que a Constituição proclame que todos têm acesso aos tribunais se, depois, não contempla o direito ao patrocínio judiciário e, em especial, o patrocínio forense, previsto no art. 208.º, da CRP. De igual modo, é inimaginável que se declare o direito de informação e consulta jurídica se, por insuficiência económica, os interessados se encontram impedidos de recorrer aos tribunais pare efetivar a sua pretensão.

O direito de acesso à justiça – vamos dizer assim –, é indissociável da própria construção de um Estado de direito democrático. Na verdade, não se conseguirá conceber um Estado baseado na dignidade da pessoa humana que não coloca ao dispor dos seus cidadãos meios de efetivar os seus direitos, independentemente da razão substantiva que subjaz às suas pretensões, inclusive, contra o próprio Estado. É bem verdade que a Constituição não densifica todos estes meios, mas cabe ao Estado, no uso dos seus poderes de conformação normativa, concretizar esses direitos de modo a que não sejam meras afirmações proclamatórias.

Pois bem, como decorre do elemento literal e enquadramento sistemático, trata-se de um direito elevado a direito fundamental (em sentido formal). Contudo, a doutrina mais autorizada considera-o um direito fundamental de natureza análoga à dos direitos, liberdades e garantias, o que significa que goza de uma especial armadura, quer ao nível material, quer ao nível orgânico ou formal[310]. Desde logo, no plano material, o n.º 1, do art. 18.º, da CRP, confere-lhe aplicabilidade imediata, podendo ser diretamente invocável e vincular tanto entidades públicas, como privadas. Além disso, de acordo com o n.º 2 e 3, do indigitado preceito, as restrições a este direito devem obedecer a um conjunto apertado de pressupostos, de acordo com o princípio da proporcionalidade, na sua vertente de *proibição do excesso*. Já no plano formal, a disciplina desta matéria enquadra-se no âmbito da reserva relativa de competência da AR, em conformidade com o disposto na al. b), do n.º 1, do art. 165.º, da CRP. O direito em análise também assume uma carga principiológica, estando relacionado, por exemplo, com o princípio da responsabi-

[310] Neste sentido, por exemplo, MIRANDA, Jorge, MEDEIROS, Rui, "Constituição Portuguesa Anotada – Livro I – Artigos 1.º a 79.º", Coimbra, Universidade Católica Editora, 2017, p. 304. Igualmente, *inter alia*, Ac. do TC n.º 364/2004, proferido no processo n.º 834/03, em 19 de maio de 2004, disponível em www.tribunalconstitucional.pt [24-01-2021].

lidade civil das entidades públicas e dos titulares dos seus órgãos, funcionários e agentes, em caso de violação de direitos fundamentais, nos termos do art. 22.º, da CRP[311].

Para terminar estas considerações, que se afiguram longas, embora introdutoriamente necessárias, resta afirmar que o acesso à justiça é uma ideologia transversal à maioria das ordens jurídicas e que trespassa as mais diversas épocas históricas, ainda que, naturalmente, com as suas singularidades. O art. 10.º, da Declaração Universal dos Direitos do Homem dispõe que toda a pessoa tem direito, em plena igualdade, a que a sua causa seja equitativa e publicamente julgada por um tribunal independente e imparcial que decida dos seus direitos e obrigações ou das razões de qualquer acusação em matéria penal que contra ela seja deduzida. Por sua vez, o n.º 1, do art. 6.º da CEDH também estabelece o direito a um processo equitativo, instituindo que todos têm direito a que a sua causa seja examinada, equitativa e publicamente, num prazo razoável por um tribunal independente e imparcial. De igual forma, o art. 47.º da Carta dos Direitos Fundamentais da União Europeia também prevê o direito à ação e a um tribunal independente, bem como o instituto da assistência judiciária. Naturalmente, que a previsão normativa do direito de acesso ao direito e aos tribunais não se queda por aqui, encontrando-se em outros instrumentos internacionais, o que é bem ilustrativo da sua magnitude[312].

Enfim, o direito plasmado no art. 20.º, da CRP, encontra-se devidamente escalpelizado pela doutrina mais autorizada, bem como no plano jurisprudencial, pelo que seria absolutamente ousado e desfocado dedicar-lhe aqui uma análise exaustiva.

Vamos, por isso, ocupar-nos de alguns aspetos em particular.

[311] A responsabilidade civil extracontratual do Estado e pessoas coletivas de direito público encontra-se regulada na Lei n.º 67/2007, de 31 de dezembro, com a última redação conferida pela Lei n.º 31/2008, de 17 de julho.

[312] Por exemplo, no Pacto Internacional sobre Direitos Civis e Políticos, o art. 14.º estabelece que todos são iguais perante os tribunais de justiça e que todos têm direito a que a sua causa seja ouvida equitativa e publicamente por um tribunal competente, independente e imparcial. Na Convenção de Aarhus, sobre o acesso à informação, participação do público no processo de tomada de decisão e acesso à justiça em matéria de ambiente, prevê-se expressamente o acesso à justiça em matéria de ambiente.

1.1. O direito de acesso à justiça – um direito gratuito ou retribuído?

Considerando, por um lado, a essencialidade da *obra da justiça* e, por outro, as despesas públicas que teoreticamente lhe estão associadas, importa refletir se a justiça deve ser gratuita ou, pelo contrário, retribuída. Este é um exercício que, em primeira linha, cabe ao próprio Estado que se vê, assim, num limbo – por um lado, razões de ordem social e económica impõem que os seus custos não devam ser elevados ao ponto de impedir o cidadão de aceder à justiça, mas, por outro lado, a própria estabilidade do sistema judicial exige que os litígios frívolos sejam afastados dos tribunais e que os litigantes sejam incentivados a recorrer a meios de resolução alternativa[313]. Não obstante, a ideia de que a justiça deve ser gratuita é, simplesmente, "utópica", embora em países, como França ou Luxemburgo, não se exija qualquer tributo pelo acesso à justiça[314/315]. Em Espanha, como veremos, o cenário atual é da tendencial gratuitidade da justiça por força da declaração de inconstitucionalidade e nulidade de algumas normas.

Ora, é sabido que, com vista a atingir os objetivos previstos na Constituição, e inerentes a um Estado de direito democrático, o Estado deve desenvolver várias atividades. Entre as funções do Estado, encontra-se a função jurisdicional. Sucede que, para desenvolver tais funções e, desse modo, atingir os seus fins, necessita de obter recursos, designadamente, de ordem financeira.

Pelo objeto da nossa investigação, resulta desde logo claro que o nosso espaço jurídico não impõe a gratuitidade da justiça. Neste particular, a *jurisprudentia* nacional e a doutrina têm sido bastante unânimes em reconhecer que o n.º 1, do art. 20.º, da CRP, não consagra uma justiça gratuita, como, aliás, o apartado antecedente já tinha deixado antever, embora, evidentemente, tudo se reconduza à ampla margem de liber-

[313] Cfr. Hodges, Christopher, *et. al.*, "*The Costs and Funding of Civil Litigation: A Comparative Perspective*", Londres, Bloomsbury Publishing, 2010, p. 4.

[314] A expressão é retirada do Ac. do TC n.º 433/1987, proferido no processo n.º 244/86, em 04 de novembro de 1987, disponível em www.tribunalconstitucional.pt [28-02-2021].

[315] Há, porém, uma exceção no ordenamento jurídico francês em matéria civil. O art. 1635 bis P, do *Code général des impôts* estabelece um tributo no valor de €225,00 devido pelos litigantes em sede de recurso, para o tribunal de apelação, quando seja obrigatória a constituição de mandatário. O produto desta receita destina-se ao fundo de compensação da profissão de advogados nos tribunais de apelação, regulado pela *Décret n.º 2011-419 du 18 avril 2011*.

dade que o Estado goza de sujeitar, ou não, a administração da justiça a tributação. Pode, portanto, dizer-se que, muito embora a nossa *norma normarum* não imponha uma justiça gratuita, também não afasta essa possibilidade. Do respigar da jurisprudência constitucional resulta a não imposição de uma justiça gratuita. Em verdade, "[o] direito de acesso aos tribunais não compreende, pois, um *direito a litigar gratuitamente*, pois, como decorre do que atrás se disse, não existe um princípio constitucional de gratuitidade no acesso à justiça [...]"[316]. Desta forma, o legislador pode exigir o pagamento de uma contraprestação pecuniária – a taxa de justiça – sem que, com isso, esteja a restringir o direito de acesso aos tribunais.

A doutrina, por sua vez, e sem fundamentação essencialmente distinta, assinala que "[...] a Constituição não consagra, no artigo 20.º, um direito de acesso ao direito e aos tribunais gratuito ou tendencialmente gratuito, sendo constitucionalmente justificado o estabelecimento da exigência de uma contrapartida pela prestação dos serviços da justiça"[317]. No mesmo sentido, Hélder Martins Leitão defende o carácter oneroso dos serviços de justiça, pois embora o princípio da gratuidade da justiça seja doutrinalmente defensável, é, na prática, irrealizável. Nas palavras do autor, "[...] é justo que o encargo seja suportado porque quem tornou necessário o serviço, por outro, é oportuno que assim suceda, porque a previsão do encargo reage sobre a conduta de quem está na iminência de recorrer ao tribunal, tornando-o mais cauteloso"[318]. Conclui, assim, que a tributação sobre os litígios não é apenas justa, mas também útil, na medida em que evita o acesso desgovernado aos tribunais. Mas, se assim é, como compreender que o Estado proclame que a todos é assegurado o acesso à justiça e que a mesma não pode ser denegada por insuficiência de meios económicos?

Como acabamos de ver, o acesso à justiça, na ordem jurídica vigente, não é gratuito – a Constituição não o impede, é certo, mas também não o impõe. Ora, é justamente porque a Constituição não impõe uma justiça gratuita, que o Estado também está constitucionalmente incumbido

[316] Cfr. Ac. do TC n.º 351/91, proferido no processo n.º 99/90, em 04 de julho de 1991, disponível em www.tribunalconstitucional.pt [28-02-2021]. Itálico mantido conforme original.

[317] Cfr. Miranda, Jorge, Medeiros, Rui, "Constituição Portuguesa...", *op. cit.*, p. 313.

[318] Cfr. Leitão, Hélder Martins, "Das custas...", *op. cit.*, pp. 30-32.

de criar institutos e soluções legais que possibilitem aos cidadãos em situação economicamente desfavorável o acesso à justiça. Na verdade, não faria qualquer sentido que o legislador, gozando de uma ampla margem de liberdade na fixação do montante da taxa de justiça, e proclamasse que a todos era assegurado o direito de acesso à justiça, não assegurasse o seu efetivo acesso a quem, simplesmente, não pode suportá-lo – não porque a taxa de justiça se revele demasiadamente excessiva, isto, sim, que seria uma contravenção à Lei Fundamental, mas porque se encontram numa situação objetiva de insuficiência económica[319]. É que, num espírito necessariamente realista, há que reconhecer que esta onerosidade, ainda que formalmente acomodada pela Lei Fundamental, pode ser um fator de desigualdade no acesso aos tribunais e, tomando por empréstimo as palavras de Ronnie Preuss Duarte, "[...] a remoção dos entraves de ordem econômica ao acesso à justiça é uma das emanações da garantia geral de acesso à justiça"[320/321]. É, portanto, neste sentido que o n.º 1, do art. 20.º, da CRP, deve ser interpretado, não como proclamando uma justiça gratuita, mas uma justiça que, embora retribuída, deva ser acessível ao cidadão médio, e que não pode ser negada em casos de insuficiência económica. Numa outra formulação, dir-se-á que o direito de acesso à justiça deve ser garantido em condições de igualdade.

[319] Esta missão é, entre nós, prosseguida através do sistema de acesso ao direito e aos tribunais. O Tribunal Constitucional observa que "[n]ão se dirá, todavia, que do n.º 1 do artigo 20.º da Constituição decorre o imperativo de uma justiça gratuita. O sentido do preceito, na sua parte final, será antes o de garantir uma igualdade de oportunidades no acesso à justiça, independentemente da situação económica dos interessados. E tal igualdade pode assegurar-se por diferentes vias, que variarão consoante o condicionalismo jurídico-económico definido para o acesso aos tribunais. Entre os meios tradicionalmente dispostos em ordem a atingir esse objetivo conta-se, como é sabido, o instituto de assistência judiciária, mas, ao lado deste, outros institutos podem apontar-se ou vir a ser reconhecidos por lei". Cfr. Ac. do TC n.º 538/2014, proferido no processo n.º 41114, em 09 de julho de 2014, disponível em www.tribunalconstitucional.pt [13-12-2020].

[320] Como explica o TC, "[a] onerosidade dos processos constitui, de per si, um factor de forte incidência discriminatória no acesso aos tribunais, pois que pode reduzir o respectivo direito a uma pura ilusão para todos aqueles que, por falta de capacidade económica, não possam suportar as despesas inerentes ao facto de estar em juízo". Cfr. *idem, ibidem*.

[321] Cfr. Duarte, Ronnie Preuss, "A garantia de acesso à justiça: os direitos processuais fundamentais", Coimbra, Coimbra Editora, 2007, p. 139.

§ A posição do TEDH

A ideia idílica de que a justiça deveria ser gratuita não foi acolhida pela maioria das ordens jurídicas. Do respigar da jurisprudência do TEDH, constata-se isto mesmo. Este tribunal tem tido, em diversas ocasiões, a oportunidade de salientar que o direito de acesso aos tribunais não é absoluto e desde que as restrições impostas pelas leis internas dos Estados prossigam finalidades legítimas e proporcionais, este pode, justificadamente, ser comprimido. Assim, "*[t]he «right to a court» is not absolute. It may be subject to limitations permitted by implication because the right of access by its very nature calls for regulation by the State*"[322]. Uma das restrições que tem vindo a ser aceite por este tribunal são, justamente, as de natureza financeira e desde que, obviamente, não coloquem em causa a própria essência do direito restringido. Em concreto, no que respeita à onerosidade da justiça, o TEDH assinala que "*[...] the Court once again recalls that it has never ruled out the possibility that the interests of the fair administration of justice may justify imposing a financial restriction on the individual's access to a court*"[323]. Tal não implica, porém, que essa limitação não deva ser avaliada em face das circunstâncias concretas do caso, atendendo, designadamente, à capacidade do sujeito passivo em suportar essa onerosidade e a fase processual em que é imposta, no sentido de perceber se tais compressões afetam a essencialidade do acesso ao direito e aos tribunais.

A ideia fundamental a reter, por enquanto, é que a taxa de justiça não deve obstaculizar à generalidade dos cidadãos o acesso à justiça, de tal forma que o sistema de proteção jurídica se torne, não numa alternativa para quem, efetivamente, se encontra em situação económica carenciada, mas no instrumento regra, em virtude da exorbitância dos valores de taxa de justiça[324].

[322] Cfr. Ac. do TEDH, *Kreuz v. Poland*, proferido no processo n.º 28249/95, 19 de junho de 2001, disponível em www.echr.coe.int/eng [14-12-2020].

[323] No mesmo sentido, *vide*, entre outros, Acs. do TEDH, *Tolstoy Miloslavsky v. The United Kingdom*, proferido no processo n.º 18139/91, de 13 de julho de 1995, *Reuther v. Germany*, proferido no processo n.º 74789/01, em 05 de junho de 2003, *Harrison Mckee v. Hungary*, proferido no processo n.º 22840/07, em 03 de junho de 2014, todos disponíveis em www.echr.coe.int/eng [14-12-2021]. Nas duas últimas decisões, o tribunal acabou por concluir pela inexistência de violação do n.º 1, do art. 6.º, da CEDH. Este último será objeto de maior atenção adiante.

[324] Assim, "[a] garantia não deverá considerar-se efectiva, se o sistema da assistência ou apoio, tendo sido legislativamente concebido para prover a casos excepcionais de insufi-

1.2. A taxa de justiça como uma restrição ao direito de acesso ao direito e aos tribunais?

Como acabamos de ver, o n.º 1, do art. 20.º, da CRP, postula que a todos é assegurado o acesso ao direito e aos tribunais, não podendo a justiça ser denegada por insuficiência de meios económicos. Quando se discute a taxa de justiça, inclusive, em espaços jurídicos externos, uma das principais questões que se suscita é a sua conformidade com o direito de acesso ao direito e aos tribunais[325]. Por outras palavras, se a fixação do pagamento de uma taxa de justiça (independentemente da sua natureza jurídico-tributária, que analisaremos adiante), como contrapartida pelo acesso à justiça, pode configurar uma restrição aos direitos, liberdades e garantias, e, consequentemente, sujeita à disciplina do n.º 2, do art. 18.º, da CRP (*princípio do carácter restritivo das restrições*). Ora, para se situarem num quadro de solvabilidade constitucional, as restrições devem pautar-se pelo princípio da proporcionalidade na sua vertente de *proibição de excesso*, que, por sua vez, se segmenta nos *princípios da adequação*, da *necessidade* e da *proporcionalidade stricto sensu*. Quer isto significar que, para responder aquele quesito, teríamos de percorrer todo um trilho para aferir da adequação da solução legislativa em causa na prossecução da finalidade almejada, da sua necessidade, melhor, eficiência, em face de

ciência económica, tiver que ser aplicado em regra, por consequência do carácter desproporcionado das custas. É então de prever, não só que o cidadão médio tenha que recorrer à assistência para a generalidade dos processos, mas que então o sistema de assistência não tenha capacidade de resposta efectiva, por não ter sido concebido como forma generalizada de acesso. A Constituição não garante melhor acesso ao cidadão médio do que ao pobre, mas garante a todos acesso efectivo. E essa efectividade num sistema de assistência como remédio excepcional não é garantida por custas que o cidadão em regra interessado em processo de certo montante não possa suportar". Cfr. Ac. do TC n.º 339/90, proferido no processo n.º 123/90, em 17 de dezembro de 1990, disponível em www.tribunalconstitucional.pt [08-03-2021].

[325] María del Socorro Rueda Fonseca dá nota de que a discussão da taxa de justiça gira em torno de quatro eixos: (i) a necessidade da taxa de justiça como meio de financiamento; (ii) o desincentivo ao uso do serviço *justiça*; (iii) a equidade e redistribuição social dos custos; (iv) a sua conformidade constitucional, atento o seu impacto na igualdade de acesso e na tutela jurisdicional efetiva. Cfr. Rueda Fonseca, María del Socorro, "*El arancel o tasa judicial*" *in* Lozano Rodrígues, Eleonora (coord.), *Teoría y puesta en prática del análisis económico del derecho colombiano*, Bogotá, *Universidad de los Andes*, 2016, p. 214.

outros meios hipoteticamente capazes e menos agressivos e, por fim, da sua proporcionalidade em sentido estrito.

Contudo, a questão parece-nos dever ser colocada sob outro ângulo. É que, se a nossa ordem jurídica, à semelhança de outras, não concebe uma justiça gratuita, como pode a sua tributação, como contrapartida do serviço, considerar-se uma restrição? Como vimos, é a própria Lei Fundamental que acomoda a possibilidade de se onerar o acesso à justiça. O Tribunal Constitucional observa que "[o] legislador pode, assim, exigir o pagamento de *custas judiciais*, sem que, com isso, esteja a restringir o direito de acesso aos tribunais. E, na fixação do montante das custas, goza ele de grande liberdade, pois é a si que cabe optar por uma justiça mais cara ou mais barata. Essa liberdade constitutiva do legislador tem, no entanto, um limite – que é o de a justiça ser *realmente* acessível à generalidade dos cidadãos sem terem que recorrer ao sistema de apoio judiciário"[326]. Esta também é a posição assumida pelo Tribunal Constitucional espanhol que sustenta que a taxa de justiça prossegue um interesse legítimo, consubstanciado no financiamento da administração da justiça através dos que beneficiam da atividade jurisdicional. Deste modo, o art. 24.º, da Constituição espanhola apenas se apresentará como um limite para o legislador se as taxas de justiça foram "*[...] tan elevadas que impiden en la práctica el acceso a la jurisdicción o lo obstaculizan en un caso concreto en términos irrazonables [...]*"[327].

Deste modo, a imposição de uma prestação pecuniária como contrapartida pelo serviço prestado não é incompatível, nem configura uma restrição ao direito fundamental de acesso ao direito e à tutela jurisdicional efetiva. Diferente, é, pois, apesar da teórica conformidade constitucional da fixação de uma contrapartida pecuniária, o controlo material sobre essa prestação.

[326] Cfr. Ac. do TC n.º 352/91, proferido no processo n.º 99/90, em 04 de julho de 1991, disponível em www.tribunalconstitucional.pt [08-03-2021]. Itálico mantido conforme original. No mesmo sentido, *vide*, ainda, Ac. do TC n.º 307/90, proferido no processo n.º 171/89, em 28 de novembro de 1990, disponível em www.tribunalconstitucional.pt [08-03-2021]. Suscita-nos, porém, as maiores reservas a compreensão de que, na fixação do montante das custas judiciais, é dizer, da taxa de justiça, o legislador goza de uma ampla margem liberdade. É matéria que abordaremos com mais pormenor adiante.

[327] Cfr. *Sentencia 20/2012, de 16 de febrero*, e, no mesmo sentido, *Sentencia 79/2012, de 17 de abril*, ambas disponíveis em www.tribunalconstitucional.es [03-09-2021]. Convém realçar que a jurisprudência foi produzida durante a vigência da *Ley 53/2002, de 30 de deciembre.*

Não podemos, ainda, dar por encerrada esta narrativa sem antes mencionar a posição sustentada pela PGR sobre a Proposta de Lei 149/XIII/4.ª, acerca da aplicação do processo de execução fiscal à cobrança coerciva das custas, multas, coimas e outras quantias cobradas em processo judicial. No seu parecer, é suscitada a questão de saber se as custas processuais[328] constituem, ou não, um entrave ao direito de acesso aos tribunais. A PGR entendia que, não tendo o Estado capacidade financeira de suportar totalmente os custos que um processo envolve, então, apenas devem ser suportados – e aqui terá de se presumir necessariamente a inclusão da taxa de justiça – por quem indevida ou injustificadamente recorre aos tribunais[329].

1.3. O sistema de acesso ao direito e aos tribunais (brevíssima referência)

Como acabamos de ver, uma das dimensões do direito ao acesso ao direito e tutela jurisdicional efetiva é a imposição ao Estado da criação de meios que permitam assegurar o acesso à justiça a quem se encontre numa situação de insuficiência de meios económicos[330].

Neste contexto, o art. 1.º, da Lei n.º 34/2004, de 29 de julho, com a última redação conferida pela Lei n.º 2/2020, de 31 de março (Lei de Acesso ao Direito e aos Tribunais), prescreve que "[o] sistema de acesso ao direito e aos tribunais destina-se a assegurar que a ninguém seja dificultado ou impedido, em razão da sua condição social ou cultural, ou por insuficiência de meios económicos, o conhecimento, o exercício ou a defesa dos seus direitos"[331]. O regime de proteção jurí-

[328] Salvo melhor opinião, parece-nos que não resulta claro se a PGR usou intencionalmente o termo "custas judiciais", querendo referir-se ao seu sentido mais lato, ou, pelo contrário, se a intenção era apenas referir-se à taxa de justiça.

[329] Cfr. Parecer da PGR sobre a Proposta de Lei 149/XII,/4.ª pp. 14-17, em 13 de novembro de 2018, disponível em www.parlamento.pt [02-10-2021]. O documento a que tivemos acesso não se encontra datado, constando apenas a data do ofício de envio.

[330] Cfr. n.º 1, *in fine*, do art. 20.º, da CRP.

[331] Em Espanha, foi a *Ley 1/1996, de 10 de enero* que criou o sistema de *asistencia jurídica* gratuita. Podem beneficiar deste instituto as pessoas singulares que evidenciem insuficiência de recursos (económicos) para litigar, assim como, independentemente da sua situação económica, trabalhadores e beneficiários do sistema de Segurança Social, em questões de direito laboral e processos de falência, as vítimas de violência de gênero, terrorismo e tráfico de seres humanos, menores e portadores de deficiência mental, quando sejam vítimas de abusos

dica surge, assim, em cumprimento daquele comando constitucional e abrange não só a necessidade de informação jurídica – ou seja, o conhecimento –, como a consulta jurídica e o apoio judiciário – e, portanto, o exercício ou a defesa dos seus direitos. Por outro lado, a sua existência também vem atestar que o acesso à justiça não deve ser inteiramente gratuito, embora deva estar ao alcance daqueles que, por insuficiência económica, não conseguem ter esse acesso. O n.º 1, do art. 8.º, da LADT consigna que se encontra em situação de insuficiência económica aquele que não tem condições objetivas para suportar pontualmente os custos de um processo. A situação de insuficiência económica é apurada através de um conjunto de fórmulas matemáticas, previstas no art. 8.º-A e Anexo, da LADT.

Pois bem, a proteção jurídica desenvolve-se nas seguintes vertentes:

(i) Consulta jurídica;

(ii) Apoio judiciário;

  a. Dispensa de taxa de justiça e demais encargos com o processo;
  b. Nomeação e pagamento da compensação de patrono;
  c. Pagamento da compensação de defensor oficioso;
  d. Pagamento faseado de taxa de justiça e demais encargos com o processo;
  e. Nomeação e pagamento faseado da compensação de patrono;
  f. Pagamento faseado da compensação de defensor oficioso;
  g. Atribuição de agente de execução.

As diversas modalidades de apoio judiciário podem, inclusive, cumular-se entre si, como é o caso, por exemplo, da dispensa de taxa de justiça e demais encargos com o processo, a nomeação e pagamento da compensação de patrono e a atribuição de agente de execução. Têm direito a proteção jurídica nas modalidades de consulta jurídica e apoio judiciário as pessoas singulares, aqui se incluindo os cidadãos nacionais e da União Europeia, bem como os estrangeiros e os apátridas com título de

ou maus-tratos, pessoas que sofram de incapacidade, em virtude de acidente, que as impeça totalmente de exercer as suas funções, em ações destinadas à reclamação de indemnização por danos, entre outros. Sobre esta matéria, *vide*, entre outros, Gil Rodrígues, Isabel, "*Las tasas...*" *op. cit.*, p. 137 e ss..

residência válido num Estado membro da União Europeia, desde que se faça prova da insuficiência económica[332].

A questão quanto às pessoas coletivas reveste-se de maior delicadeza. O n.º 3, do art. 7.º, estabelece que as pessoas coletivas com fins lucrativos e os estabelecimentos individuais de responsabilidade limitada não têm direito a proteção jurídica. Por sua vez, segundo o n.º 4, as pessoas coletivas sem fins lucrativos têm apenas direito à proteção jurídica na modalidade de apoio judiciário. Como se vê, estamos perante uma distinção não só em relação às pessoas singulares, como entre pessoas coletivas com fins lucrativos e sem fins lucrativos. A questão não tardou a ser submetida à apreciação do Tribunal Constitucional que, efetivamente, viria a declarar, com força obrigatória geral, a inconstitucionalidade da norma do n.º 3, do art. 7.º, da LADT, na parte em que recusava proteção jurídica a pessoas coletivas com fins lucrativos, sem consideração pela concreta situação económica das mesmas, por violação do n.º 1, do art. 20.º, da nossa *norma normarum*[333].

Quanto ao seu âmbito de aplicação, o apoio judiciário aplica-se em todos os tribunais, qualquer que seja a forma do processo, nos julgados de paz e noutras estruturas de resolução alternativa de litígios, bem como aos processos de contraordenação e processos que corram termos nas conservatórias[334]. Além disso, o apoio judiciário é concedido independentemente da posição processual que o requerente ocupe na causa e do facto de ter sido já concedido aos outros sujeitos processuais da causa[335]. O apoio judiciário deve ser requerido antes da primeira intervenção processual – sob pena de apenas produzir efeitos *ex nunc* –, salvo se a situação de insuficiência económica for superveniente[336]. A concessão do pedido de proteção jurídica – ou seja, tanto para a modalidade de consulta jurídica, como para apoio judiciário – é um procedimento

[332] Cfr. n.º 1, do art. 17.º, da LADT. Quanto aos estrangeiros sem título de residência válido num Estado membro da União Europeia é reconhecido o direito a proteção jurídica em condições de reciprocidade, de acordo com o n.º 2, do mesmo preceito.

[333] Cfr. Acs. do TC n.º 591/2016, proferido no processo n.º 278/16, em 09 de novembro de 2016, e n.º 242/2018, proferido no processo n.º 598/17, em 08 de maio de 2018, ambos disponíveis em www.tribunalconstitucional.pt [24-01-2021].

[334] Cfr. art. 17.º, da LADT.

[335] Cfr. n.º 1, do art. 18.º, da LADT.

[336] Cfr. n.º 2, do art. 18.º, da LADT.

administrativo e autónomo em relação à eventual causa a que respeite, competindo a decisão ao dirigente máximo dos serviços de segurança social da área de residência ou sede do requerente[337]. Na verdade, a única intervenção judicial ocorrerá em fase de impugnação judicial da decisão de indeferimento. Neste caso, a impugnação judicial, embora dirigida ao tribunal competente, deve ser entregue no serviço de segurança social que apreciou o pedido, no prazo de 15 dias após o conhecimento da decisão. Isto permitirá aos serviços reapreciar a decisão de proteção jurídica, podendo, no prazo de 10 dias, revogar ou manter a decisão[338]. Verificando-se esta última hipótese, deve ser enviada cópia autenticada do processo administrativo para o tribunal competente[339].

Uma última nota para dar conta de que o apoio judiciário, em especial, na modalidade de dispensa de taxa de justiça e demais encargos com o processo não configura uma isenção de custas, mas simplesmente de uma dispensa que, eventualmente, poderá ser cancelada e, caso os beneficiários venham a adquirir meios económicos suficientes, o MP ou qualquer outro interessado poderá intentar a respetiva ação executiva tendente à cobrança coerciva das quantias de que, inicialmente, estava dispensado[340].

1.4. Teorização da administração da justiça como um benefício coletivo ou individual

1.4.1. O problema do financiamento

A gratuitidade ou não da justiça, e, por outro, o seu modelo de financiamento, correspondem a decisões do legislador que, em rigor, trans-

[337] Cfr. n.º 1, do art. 24.º, e n.º 1, do art. 25.º, da LADT. Neste último, o legislador qualifica mesmo o procedimento como "procedimento administrativo".

[338] Um pouco à semelhança do que sucede na fase pré-instrutória ou preliminar do processo de impugnação judicial, no processo judicial tributário, em que, após a fase da contestação, o ato em crise pode ser revogado pelo dirigente máximo do serviço dirigente ou pelo órgão periférico regional ou pelo, conforme o valor do processo exceda, ou não, o valor da alçada do tribunal, nos termos do n.º 1 e 2, do art. 112.º, do CPPT. Para maiores desenvolvimentos, *vide* ROCHA, Joaquim Freitas da, "Lições de Procedimento e Processo Tributário", 8.ª Edição, Coimbra, Almedina, 2021, p. 322 e ss..

[339] Cfr. art.os 26.º a 28.º, da LADT.

[340] Cfr. art.os 10.º e 13.º, da LADT. Neste sentido, Ac. do TRE, proferido no processo n.º 2351/18.9T9STB.E1, em 09 de fevereiro de 2021, disponível em www.dgsi.pt [05-05-2022].

cendem o Direito tributário[341]. A nossa investigação, naturalmente, não visa questionar a bondade dessa decisão. Porém, uma análise acrítica e descritiva, sem convocarmos à reflexão algumas questões, também seria inócua e inadequada. Julgando que o estudo do nosso modelo de financiamento poderá contribuir para um melhor entendimento da taxa de justiça, justifica-se que lhe dediquemos alguma atenção[342].

A administração da justiça é algo que não se dirige apenas aos interesses dos sujeitos processuais, transcendo-os, dirigindo-se ao interesse público que está por detrás da reposição da legalidade, da reintegração do direito, da paz social, enfim, da boa administração da justiça[343]. Nesta perspetiva, poderia, então, defender-se que o serviço público *justiça* seria indivisível e do qual a coletividade sempre obteria um benefício, o que constituiria um argumento a favor do financiamento da justiça, total ou parcialmente, através de impostos[344]. Importando esta ideia para o espaço tributário, haverá que perguntar se a administração da justiça

[341] Jónatas E. M. Machado e Paulo Nogueira da Costa afirmam que "[a] questão de saber se um serviço deve ser pago por todos os contribuintes através do imposto, ou apenas pelos seus utilizadores directos, mediante taxas, é uma questão político-administrativa que transcende o direito fiscal". Cfr. Machado, Jónatas E. M., Costa, Paulo Nogueira, "Manual de...", *op. cit.*, p. 21.

[342] Na *Sentencia 20/2012, de 16 de febrero*, por nos já mencionada, afirma-se que "*[a]unque resulta evidente que la justicia, en tanto que garantía del Estado de Derecho, implica beneficios colectivos que trascienden el interés del justiciable considerado individualmente, lo cierto es que la financiación pura mediante impuestos conlleva siempre que los ciudadanos que nunca acuden ante los Tribunales estarían coadyuvando a financiar las actuaciones realizadas por los Juzgados y las Salas de justicia en beneficio de quienes demandan justicia una, varias o muchas veces. Optar por un modelo de financiación de la justicia civil mediante impuestos o por otro en el que sean los justiciables quienes deben subvenir a los gastos generados por su demanda de justicia mediante tasas o aranceles, o bien por cualquiera de los posibles modelos mixtos en donde el funcionamiento de los Tribunales del orden civil es financiado parcialmente con cargo a los impuestos y con cargo a tasas abonadas por quienes resultan beneficiados por la actuación judicial, en distintas proporciones, es una decisión que en una democracia, como la que establece la Constitución española, corresponde al legislador*". Cfr. *Sentencia 20/2012, de 16 de febrero*, disponível em www.tribunalconstitucional.es [26-12-2020].

[343] Como já se reconhecia no Preâmbulo do Decreto-Lei n.º 25 882, "[...] a existência dos tribunais é uma condição de paz pública". Daí que haja quem entenda não ser possível individualizar o benefício ou interesse colhido pelos sujeitos processuais. Neste sentido, *vide*, por exemplo Aparicio Pérez, Antonio, "*El impuesto sobre la administración de justicia – Estudio histórico y actual. Análisis crítico*", Pamplona, Espanhã, Editorial Aranzadi, 2017, p. 80.

[344] Assim, "*[...] there are arguments that the state has an interest in maintenance of the rule of law, in clarifying and applying the law, in providing affordable access to justice and in promoting dispute resolution through its approved process. On that reasoning, the cost of the courts should, at least in part, be*

não deve ser suportada através dos impostos, tornando-se aquela numa *contraprestação genérica* para a coletividade. Assim, como observa o autor espanhol Alfredo Ramos, a problemática do financiamento da justiça – estando, portanto, plenamente assente que esta não é gratuita –, apenas pode ter duas soluções tributárias, ou seja, (i) todos os cidadãos suportam os seus custos através de impostos ou (ii) tais custos são, totalmente ou parcialmente, imputados aos cidadãos que recorrem à justiça[345]. Por outro lado, aceitando-se esta última hipótese, a doutrina inglesa lembra dois métodos de tributação – o pagamento adiantado ou antecipado ("*pay upfront*") ou um pagamento faseado consoante a sequência processual ("*pay as you go*")[346]. A questão reconduz-se, ao fim e ao cabo, em sopesar se a administração deverá ser totalmente financiada através dos impostos e, nesse caso, o seu custo ou benefício imputável à comunidade.

Se bem vimos, a questão foi já suscitada por Pedro Soares Martinez que viria, assim, a concluir que "[o]s tribunais, por exemplo, realizam interesses gerais através da satisfação de interesses particulares. Todos os cidadãos beneficiam da existência de tribunais, mesmo que a eles não recorram. Mas esses benefícios de carácter geral colhem-se através das utilidades particulares prestadas. Os tribunais realizam interesses de carácter geral na medida em que definem direitos individuais, prestando, assim, utilidades particulares"[347]. Para Luigi Einaudi, por sua vez, o serviço justiça configuraria *aquele* serviço para o qual o imposto foi criado. Esta compreensão deixa antever a posição do autor italiano: os custos da justiça devem ser suportados pela coletividade, pois o Estado, ao administrar justiça, não está a beneficiar os cidadãos individualmente considerados, mas como fazendo parte de *um todo*. Esta conceção, porém, assenta na ideia de que o Estado se deve aproximar do "Estado perfeito"

shared by society through general taxation". Cfr. Hodges, Christopher, *et. al.*, "*The Costs...*", *op. cit.*, p. 75.

345 Cfr. Ramos, Alfredo, "*Las Tasas Judiciales desde una Perspectiva Tributaria*", Valencia, Tirant lo Blanch, 2011, p. 18.

346 Cfr. Hodges, Christopher, *et. al.*, "*The Costs...*", *op. cit.*, p. 14 e 77. Os autores entendem que o método "*pay upfront*" se revela mais adequado, por, na prática, ser mais fácil, embora reconheçam que, dependendo de diversos fatores, entre os quais, o montante inicial a pagar, pode ser um fator desencorajador. Assim, será de evitar a proliferação de tributos durante a marcha processual.

347 Cfr. Martinez, Pedro Soares, "Manual de...", *op. cit.*, p. 36.

(*"Stato perfetto"*). Neste Estado ideal a litigância seria um indicador de ofensa à lei e de que o Estado não está a cumprir uma das suas principais funções. Neste pressuposto, cobrar ao litigante uma taxa de justiça seria impensável, daí que a justiça, no seu entender, devesse ser suportada através dos impostos. O autor defende, ainda, que nem o vencedor, nem o vencido, devem suportar as custas com o processo (aqui, as custas parecem-nos dever ser entendidas em termos latos, incluindo até eventuais honorários com o patrocínio forense). É, pois, o Estado que deve suportar este encargo, mesmo quanto ao vencido, pois a demanda contra ele deve-se à *imperfeição do ordenamento jurídico*. Deste modo, o único pagamento concebível seria a multa, entendida como punição em contexto de litigância de má fé[348].

Outra forma de analisar esta questão tem que ver com a assimilação dos custos da administração da justiça por parte dos litigantes. Sendo a administração da justiça um serviço essencial, escasso e especializado, que não pode conviver com uma procura desmesurada e irrefletida, a sua nutrição financeira através de impostos – ou, numa outra perspetiva, a sua gratuitidade – facilitaria uma imponderada utilização[349]. A ideia de que o financiamento da justiça através dos impostos conduz a que os seus utilizadores não interiorizem a responsabilidade pelo uso deste serviço é defendida por César Martínez Sánchez, que, no seu estudo sobre o princípio da equivalência, adverte que "*[...] la aplicación del principio de capacidade económica podría provocar una ilusión fiscal consistente en la aparencia de gratuitidad de los servicios públicos, propia de un método que separa el ámbito de los ingressos de los gastos. Por el contrario, el uso del principio de equivalencia, en tanto suponga que el contribuyente ha de carga con el coste que genera o que ha de revertir el beneficio que recibe,*

[348] Segundo o autor, "*[...] lo stato, rendendo giustizia, non reca vantaggio ai singoli, individualmente considerati, ma ai singoli come parte del tutto*". Por conseguinte, "*[c]ome le spese della difesa nazionale e della sicurezza pubblica, la spesa della giustizia è tipica di quelle che debbono essere ripartite coll'imposta su tutti, perchè non si conosce chi ne sia avvantaggiato in modo particolare e in quale misura*". Cfr. Einaudi, Luigi, "*Imposta o tassa giudiziaria?*", *in Rivista di Diritto Finanziario e Scienza delle Finanze", Vol. I – Parte I*, 1937, p.359.

[349] O pagamento, e, em particular, o pagamento prévio de um montante pecuniário – a taxa de justiça – poderá influenciar o comportamento da pessoa que está na iminência de recorrer ao tribunal, tornando-o mais *cauteloso*. Em momento próprio, abordaremos a questão das finalidades extrareditícias ou ordenadoras da taxa de justiça, pelo que, por enquanto, não se justifica uma abordagem mais desenvolvida.

generaría en los ciudadanos una «consciencia de coste»"[350]. No entanto, neste particular, também não escasseiam críticas a um modelo de financiamento ancorado parcialmente na cobrança de taxas. Isto porque a administração da justiça não deve ser encarada como um serviço público, nem como um direito intrínseco do próprio Estado Social, mas como a emanação de um poder do Estado. Quem defende esta tese suporta-se na jurisprudência firmada na *Sentencia 20/2012, de 16 de febrero*, em que o *Tribunal Constitucional de España* sustenta que "*[...] deba reconocerse que el acceso a la jurisdicción no es equivalente a la prestación de un servicio público por la Administración, ya que se trata de la puesta en marcha de un proceso ante un Poder del Estado en ejercicio del derecho fundamental a la tutela judicial efectiva*"[351]. Assim, por exemplo, Alicia González Alonso afirma que "*[a]unque es una obviedad que la prestación de tutela judicial requiere financiación, no lo es en absoluto que ésta sea considerada un servicio público más de los prestados por el Estado. La razón más evidente es que no hay que identificar tal derecho como un contenido más –o típico– del Estado Social. En el Estado liberal, no había derechos sociales, pero si jueces que promovían la actividad jurisdiccional. Pero es que, además, los órganos judiciales, cuando realizan la función jurisdiccional, actúan como un Poder del Estado que está sujeto a límites y frente al que los ciudadanos tienen derechos no sólo legales, sino también fundamentales*"[352]. Para a autora, não se pode falar em prestação de um serviço público, pois os tribunais, quando administram a justiça, atuam sob a vestes do *ius imperium*. Por sua vez, apesar da obra não ser recente, é curioso assinalar que a ideia que o pagamento do serviço da justiça através dos impostos poderia gerar alguma contestação social, uma vez tal encargo seria suportado mesmo porque quem não o provocou ou dele retirou um benefício individual, o que implicaria que, quem não recorresse aos tribunais estaria numa posição de desigualdade face aos que recorrem, é ilustrada por Francesco Carnelutti[353].

[350] Cfr. Martínez Sánchez, César, "*Principio de...*", *op. cit.*, p. 62.

[351] Cfr. *Sentencia 20/2012, de 16 de febrero*, por nós já mencionada.

[352] Cfr. González Alonso, Alicia, "*Las tasas judiciales (o sobre la aflicción) desde la perspectiva constitucional*", *in Revista Jurídica de la Universidad Autónoma de Madrid*, n.º 27, 2013, p. 161.

[353] O autor italiano sustenta "*[c]he, sebbene la giustizia si renda per tutti i cittadini anziché per i soli litiganti, tutti i cittadini ne debbano pagare le spese, certo non sarebbe giusto, quando sono i litiganti che vi danno causa. Ma altrettanto ingiusto sarebbe che i litiganti paghino più di quanto il servizio costa, per guisa che le tasse giudiziarie contengano un margine, che significherebbe un inasprimento del carico*

Entre nós, o acesso à justiça é, parcialmente, suportado pela coletividade. Na verdade, o sistema de justiça não é totalmente financiado pela receita resultante da cobrança da taxa de justiça. Se observarmos o "Relatório Justiça 2015-2020", elaborado pelo MJ, constata-se que cerca de metade do financiamento provém de receitas próprias. Assim, "[o] financiamento da justiça é assegurado, em média, por 57% de receitas próprias e 43% de receitas do Orçamento do Estado"[354]. Os dados revelam, assim, que, entre nós, apenas se faz repercutir parcialmente sobre os litigantes as despesas do sistema judicial sendo as restantes suportados através dos impostos.

1.4.2. A administração da justiça como uma função exercida em regime de monopólio?

Se é certo que se pode advogar que outros sectores públicos são financiados através de impostos, não se pode olvidar que em determinados serviços, como a educação, as instituições prestadoras de serviços podem funcionar em regime de concorrência. Esta *oferta* permite ao cidadão escolher o concreto prestador do serviço, e, consequentemente, facilita a filtragem no acesso e uma melhor distribuição dos serviços pelos respetivos utilizadores, tudo se passando num mercado concorrente. Aliás, mesmo no setor da saúde, cujo atual modelo permite a participação do setor privado, também há lugar ao pagamento de taxas moderadoras. Tal não sucede exatamente no caso do exercício da justiça, embora também não se possa aludir a uma *monopolização* da função jurisdicional. A administração da justiça consiste na resolução de um conflito de interesses ou de pretensões, quer tenham na sua base uma relação jurídica privada ou pública. O legislador constituinte proclama, assim, que "[o]s tribunais são os órgãos de soberania com competência para administrar a justiça em nome do povo"[355]. Uma análise menos atenta pode-

fiscale generico derivato dal fatto del litigare". Cfr. Carnelutti, Francesco, "*Finanza e Processo*", *in Rivista di Diritto Finanziario e Scienza delle Finanze, Vol. I – Parte I*, 1937, pp. 244-245. Como dissemos, apesar de a obra não ser recente, não deixa de oferecer contributos e ideias interessantes sobre a temática.

[354] Cfr. Ministério da Justiça, "Relatório Justiça 2015-2020", Lisboa, 2021, p. 13, disponível em https://justica.gov.pt/Portals/0/Ficheiros/Organismos/JUSTICA/RelatorioJustica-2015-2020-final.pdf [19-11-2021].

[355] Cfr. n.º 1, do art. 202.º, da CRP.

ria conduzir ao entendimento de que apenas os tribunais estaduais podem administrar a justiça. Não é bem assim. O n.º 4, do art. 202.º, da CRP, estabelece que "[a] lei poderá institucionalizar instrumentos e formas de composição não jurisdicional de conflitos". O n.º 2, do art. 209.º, da CRP, também institui que "podem existir tribunais marítimos, tribunais arbitrais e julgados de paz". É, portanto, próprio legislador constituinte a permitir a criação de esquemas de resolução de litígios alternativos, como é o caso, *inter alia*, da arbitragem. Neste particular, tem-se questionando se, ao reconhecer-se a utilidade pública dos tribunais arbitrais, inclusive, conferindo à decisão a força de caso julgado e a força executiva, não estaremos perante uma *liberalização* da função jurisdicional, ou por outras palavras, se "[...] o Estado quebrou o monopólio do exercício da função jurisdicional [...]"[356]. A doutrina tem vindo a entender que, efetivamente, "[...] muito embora a administração da justiça constitua, evidentemente, função e dever do Estado, este não exerce essa função em regime de *monopólio*. Ou seja, não existe hoje um princípio de *monopólio estadual da função jurisdicional* [...]"[357]. No entanto, há quem também questione os problemas que emergem destes mecanismos alternativos de resolução de litigiosidade, sendo exemplo disso a possível criação de uma justiça à qual apenas um grupo restrito – os economicamente mais favorecidos – podem aceder[358]. Sucede que – e este parece-nos um aspeto digno de saliência –, nem todo os litígios podem, pela sua matéria, ser sujeitos a arbitragem, além de ser necessário um encontro de vontades no sentido de os disputantes se submeterem

[356] Cfr. Acs. do STJ, proferidos no processo n.º 99A1015, em 18 de janeiro de 2000 e no processo n.º 923/16.5YRLSB.S1, em 12 de novembro de 2020, ambos disponíveis em www.dgsi.pt [31-05-2021].

[357] Cfr. MONTEIRO, António Pedro Pinto, *et. al.*, "Manual de Arbitragem", Coimbra, Almedina, 2020, p. 64. Itálico mantido conforme original. Neste sentido, J. J. Gomes Canotilho assinala que "[a] intervenção do Estado para defender os direitos dos particulares perante outros particulares torna claro que o particular só pode, em geral, ver dirimidos os seus litígios perante outros indivíduos através de órgãos jurisdicionais do Estado. Dissemos "em geral" porque hoje se assiste ao desenvolvimento de outras formas de acesso ao direito fora dos esquemas organizatórias estatais (tribunais arbitrais, centros de arbitragem). Cfr. CANOTILHO, J. J. Gomes, "Direito Constitucional e Teoria da Constituição", 7.ª Edição – Reimp., Coimbra, Almedina, 2003, p. 496.

[358] Para maiores desenvolvimentos, *vide* ROCHA, Joaquim Freitas da, "Lições de...", *op. cit.*, p. 460 e ss..

a este modelo[359]. Além disso, o atual modelo do sistema processual não contempla qualquer obrigatoriedade de recurso aos meios de resolução alternativa de litígios, salvo a existência, por exemplo, de um compromisso arbitral, a que alude o art. 280.º, do CPC.

Ora, sem pretensão de desenvolver esta matéria, que muito se afasta do cosmos tributário, entendemos, face ao atual estado do ordenamento jurídico, ser de adotar aqui a ideia de que a justiça (*rectius,* a função jurisdicional) é exercido em regime *tendencialmente* monopolístico[360].

1.4.3. A nossa perspetiva

No confronto entre um modelo de financiamento suportado inteiramente nos impostos e outro que o faz repercutir sobre os litigantes, mesmo que parcialmente, a nossa perspetiva está com esta última hipótese. Sustentar que a administração da justiça também beneficia a coletividade não conflitua com um modelo de financiamento ancorado, parcialmente, na cobrança de um tributo comutativo pelo acesso à justiça. O benefício que a sociedade retira de cada um dos litígios individualmente considerados não é graduado da mesma forma: por exemplo, a aplicação de uma pena prossegue finalidades de prevenção especial e geral, pelo que os benefícios colhidos pela sociedade num processo penal serão, em teoria, diferentes (superiores, eventualmente) em relação aos benefícios que uma ação declarativa de condenação na realização de uma prestação pecuniária comporta. Por outro lado, defender que o interesse primordial no litígio é dos respetivos litigantes também não obsta a que a sociedade suporte, parcialmente, a administração da justiça.

[359] Assim, por exemplo, na arbitragem tributária, apenas podem ser apreciadas questões relacionadas com: (i) declaração de ilegalidade de atos de liquidação de tributos, de autoliquidação, de retenção na fonte e de pagamento por conta; (ii) declaração de ilegalidade de atos de fixação da matéria tributável quando não dê origem à liquidação de qualquer tributo, de atos de determinação da matéria coletável e de atos de fixação de valores patrimoniais, nos termos das als. a) e b), do n.º 1, do art. 2.º.

[360] Como observa Paulo Pimenta, "[...] o Estado detém o monopólio do exercício da função jurisdicional (o poder de resolver determinado conflito e de conceder uma providência adequada à reintegração do direito violado) e exerce tal função através dos tribunais [...]". Cfr. Pimenta, Paulo, "Processo Civil Declarativo", 3.ª Edição, Coimbra, Almedina, 2020, p. 12.

Uma vez que a nossa Lei Fundamental não postula uma justiça gratuita, financiar a administração da justiça com a receita de impostos ou não é uma opção político-legislativa. Não existe uma *fórmula mágica*, tudo se resumindo à difícil tarefa do legislador encontrar um ponto de equilíbrio sistémico.

Querendo, no entanto, aprofundar um pouco mais a nossa perspetiva, entendemos que, ainda que a administração da justiça possa gerar um benefício coletivo, este é suscetível de ser extraído em diversas utilidades divisíveis e são justamente estas que justificam que, em parte, o financiamento do aparelho judicial recaía sobre quem o aciona, através da cobrança de um tributo comutativo (e independentemente de estarmos perante uma compensação direcionada para o custo ou para o benefício). Trata-se, portanto, de um serviço *uti singuli*. Por outras palavras, embora entendemos não ser de recusar a tese de que a administração da justiça seja um benefício coletivo, a verdade é que a mesma, sob um ponto de vista de justiça social, permite identificar um destinatário causador ou beneficiário, não se estando perante um serviço completamente genérico ou prestado a sujeitos indeterminados[361]. Além disso, a própria sociedade acaba por *beneficiar* de um modelo de financiamento suportado na cobrança de tributos comutativos. Veja-se: ao suportar-se totalmente a administração da justiça através dos impostos, porque, neste caso, deslocando-se o seu pressuposto para o domínio dos impostos, os contribuintes estariam a contribuir na medida da sua capacidade contributiva, e não por causa da prestação individualizada de um serviço público, não interiorizariam da mesma forma a responsabilidade pelo uso da administração da justiça. Por outras palavras, poderia conduzir a um aumento do *risco moral*[362] do utilizador da justiça e, consequentemente,

[361] Neste particular, importa atender ao art. 79.º, do CTN, que nos diz que os serviços públicos pelos quais são cobradas taxas, nos termos do art. 77.º, devem ser específicos e divisíveis, ou seja, "[...] específicos, quando possam ser destacados em unidades autônomas de intervenção, de utilidade, ou de necessidades públicas [...]" e "[...] divisíveis, quando suscetíveis de utilização, separadamente, por parte de cada um dos seus usuários [...]".

[362] O *risco moral* poderá ser explicado como o risco que decorre de determinado serviço público ser ilimitado e gratuito, conduzindo a que os seus utilizadores não interiorizem comportamentos de risco e façam um uso excessivo do mesmo. Para maiores desenvolvimentos, ANTUNES, Aquilino Paulo, "As Taxas Moderadoras e a Lei de Bases de Saúde" *in Revista Jurídica Luso-Brasileira*, Ano 6, n.º 1, 2020, p. 331-333. O texto, apesar de direcionado para as taxas moderadas na saúde, apresenta importantes contributos para um melhor

a um recurso desenfreado e desmesurado aos tribunais, permitindo-se o congestionamento dos tribunais com as designadas *bagatelas jurídicas*[363] e propiciar a lide imprudente. Este estado hipotético das coisas não levaria a um bem-estar social (por exemplo, aumento da pendência de processos, propensão generalizada à litigiosidade, ineficiência do sistema judicial, entre outros), embora pudesse conduzir a um bem-estar individual, na perspetiva do litigante[364]. Parece-nos que será um pouco neste sentido que Sérgio Vasques adverte que "[n]ão podemos deixar de confrontar, portanto, a incidência social das taxas e das contribuições com a incidência social dos impostos que lhes serve, de alternativa, sucedendo frequentes vezes que a «gratuitidade» das prestação públicas e o *general fundo financing* ocultem uma fiscalidade do tipo parasitário, por meio do qual a classe média, com maior peso eleitoral, obriga as franjas mais desfavorecidas da sociedade a suportar-lhe as preferências.[365]

Importa, ainda, relembrar que os dados históricos apontam no sentido de que a administração da justiça terá sido ao longo dos anos suportada por quem a ela recorria, ainda que com algumas particularidades, atendendo ao contexto social, económico e jurídico da época, e mesmo quando designada por *imposto de justiça*. Curiosamente, do já referido Decreto-Lei n.º 25 882 constava, do seu preâmbulo, "[...] é justo que o Estado recorra às receitas gerais para custear os serviços de justiça; mas esta conclusão só até certo ponto é verdadeira, porque a equidade exige que os litigantes contribuam para a manutenção dos tribunais em virtude da vantagem especial que obtêm destes, pois por sua intervenção põem têrmo ao pleito que os divide, ocupa e perturba". Mais tarde,

entendimento das taxas moderadoras e da forma como estas podem ser usadas para a modelação comportamental.

363 Neste sentido, *vide*, entre outros, Costa, Salvador da, "O Código...", 2001, *op. cit.*, p. 40, Geraldes, António Santos Abrantes, "Temas Judiciários...", *op. cit.*, pp. 173-175, Leitão, Hélder Martins, "Das custas...", *op. cit.*, pp. 30-32, e Gil Rodríguez, Isabel, "*Las tasas judiciales*", *Valencia, Tirant Lo Branch*, 2019, p. 59 e ss..

364 Para um estudo sobre como a taxa de justiça deve maximizar o bem-estar social do litígio, *vide* Esteller-Moré, Alejandro, "*La configuración de una tasa judicial: análisis teórico*" *in Investigaciones Económicas, Vol. XXVI, n.º 3*, 2002.

Importa, porém, esclarecer, como veremos adiante, que a função dissuasora da taxa de justiça em Espanha é, assumidamente, uma das suas – senão mesmo a principal – finalidades, pelo que a compreensão desta posição dogmática carece do devido enquadramento jurídico.

365 Cfr. Vasques, Sérgio, "O Princípio...", *op. cit.*. p. 393.

o Decreto-Lei n.º 324/2003, de 27 de dezembro, também assumia que "[...]as custas judiciais – englobando a taxa de justiça e os encargos – são a única fonte de financiamento do sistema judicial que se encontra directamente relacionada com os seus utilizadores, bem como com os serviços prestados aos mesmos pelos tribunais. Neste sentido, embora não se pretenda fazer repercutir sobre os utilizadores do sistema judicial o custo real do seu funcionamento, deve ser mantida a regra de que parte do mesmo seja suportado por quem dele, efectivamente, beneficia".

Sublinha-se, porém, que a tributação do acesso à justiça não pode ser concebida como a *alternativa perfeita* à gratuitidade da justiça, uma vez que os extremos, isto é, a ausência de tributação ou sua tributação excessiva, podem conduzir a consequências nefastas na medula espinhal do aparelho judicial. Por outro lado, o serviço *justiça* não é utilizado permanentemente, nem por todos, mas apenas ocasionalmente e por determinadas pessoas, singulares ou coletivas, algumas das quais recorrentemente, como é o caso dos *grandes litigantes*, situação que veremos adiante.

2. À procura de uma noção de taxa de justiça

2.1. Introdução (um périplo pela doutrina e jurispridudência)

Centremo-nos, agora, na taxa de justiça.

A fórmula utilizada pelo órgão legiferante para definir taxa de justiça pode ser encontrada tanto no RCP, como no CPC. No preâmbulo do Decreto-Lei n.º 34/2008, de 26 de fevereiro, pode ler-se que a taxa de justiça é "[...] o valor que cada interveniente deve prestar por cada processo como contrapartida da prestação de um serviço"[366]. Por sua vez, o n.º 1, do art. 3.º, do RCP, consigna que "[a]s custas processuais abrangem a taxa de justiça, os encargos e as custas de partes", traduzindo uma divisão tripartida, como referimos há pouco. Concretizando, um pouco

[366] No Brasil, o Código Tributário do Rio de Janeiro, aprovado pelo Decreto-Lei n.º 05 de 15 de março 1975, com a última redação conferida pela Lei n.º 9.507/2021, estabelece que "[a] Taxa Judiciária incide sobre os serviços de atuação dos magistrados, e dos membros do Ministério Público, em qualquer procedimento judicial, e será devida, conforme o caso, por aqueles que recorrerem à Justiça Estadual, perante qualquer Juízo ou Tribunal, pelo interessado na prática do ato".

mais, o n.º 1, do art. 6.º, do mesmo diploma, estabelece que "[a] taxa de justiça corresponde ao montante devido pelo impulso processual do interessado e é fixada em função do valor e complexidade da causa [...]". Já o n.º 2, do art. 529.º, do CPC, explica que "[a] taxa de justiça corresponde ao montante devido pelo impulso processual de cada interveniente e é fixado em função do valor e complexidade da causa, nos termos do Regulamento das Custas Processuais". O CPP, pelo contrário, não apresenta qualquer definição de taxa de justiça, embora saibamos, de antemão, que as disposições daqueles dois diplomas lhe são aplicáveis subsidiariamente, nos termos do seu art. 524.º. Com efeito, tanto a redação do n.º 2, do art. 529.º, do CPC, como do n.º 1, do art. 6.º, do RCP, são coincidentes.

A definição proposta pelo direito positivo é, porém, limitada, uma vez que, ao fim e ao cabo, acaba por colocar a tónica no facto tributário.

Ora, apesar da falta de tratamento da taxa de justiça pela dogmática tributarista e processualista, existem alguns contributos que não podemos deixar escapar. Para Salvador da Costa, a taxa de justiça, mesmo quando apelidada de *imposto de justiça*, era a contrapartida pela prestação dos serviços da justiça. No apartado pregresso, a propósito das reformas legislativas em matéria de custas processuais, vimos que "[a] designação de «taxa de justiça» é a correta porque o imposto consiste na «prestação coativa e unilateral exigida pelo Estado com vista à realização de fins públicos», e a taxa corresponde ao preço, autoritariamente estabelecido pela utilização de bens que dela é contrapartida"[367]. Assim, a taxa de justiça é "[...] a prestação pecuniária que o Estado, em regra, exige aos utentes do serviço judiciário no quadro da função jurisdicional por eles causada ou da qual beneficiem, ou seja, trata-se do valor que os sujeitos processuais devem prestar como contrapartida mínima relativa à prestação aquele serviço"[368/369]. Na sua análise do princípio da equivalência

[367] Cfr. Costa, Salvador da "Regulamento das...", 2008, *op. cit.*, p. 15.

[368] Cfr. *idem, ibidem*, p. 6.

[369] Salvador da Costa sustentava que a taxa de justiça era "[...] a contrapartida tendencial do concreto funcionamento do sistema judiciário". Esta afirmação já não a encontramos na sua mais recente obra, contudo, parece-nos, com modéstia, e sem prejuízo de superior opinião, que a ideia se mantem na sua generalidade e que o autor não terá alterado a sua posição. Cfr. Costa, Salvador da, "As Custas Processuais – Análise e Comentário", 7.ª Edição, Coimbra, Almedina, 2018, p. 135.

como um critério de igualdade tributária, Sérgio Vasques, a propósito da extratributação e da sua relação com aquele princípio, também acaba por nos fornecer uma delimitação conceptual de taxa de justiça Assim, "[a] taxa de justiça constitui um tributo público com raízes históricos fundas, destinado a remunerar a administração da justiça por parte dos tribunais, e que, juntamente com os encargos, destinados a remunerar as prestações instrumentais de entidades públicas e particulares, compõe as custas judiciais [...][370]".

José António Coelho Carreira, ainda que sem registar expressamente uma definição de taxa de justiça, coloca a tónica no impulso processual, anotando que "[c]om a expressão «*devida pelo impulso processual*», mais não pretende o legislador significar que quando uma parte inicia a sua actividade processual, deverá efectuar o pagamento da taxa de justiça devida ou, dito de outra forma, quando o interessado "solicita " ou incita, com a sua intervenção processual, que lhe seja prestado o serviço, cujo pagamento da taxa de justiça constitui a contrapartida"[371]. De acordo com os ensinamentos de António Santos Abrantes Geraldes, a taxa de justiça "[...] tem como objectivo compensar o Estado pelos serviços que envolve a tramitação de uma qualquer ação judicial, deste modo imputando aos responsáveis ou aos beneficiários pelo menos uma parte da despesa realizada"[372]. O autor também assinala que "[e]m bom rigor, apenas a taxa de justiça justifica a configuração da obrigação de pagamento de custas como relação jurídica para-fiscal[373], uma vez que os componentes dos encargos integram meros reembolsos de despesas suportadas pelo Cofre Geral dos Tribunais, por entidades terceiras ou

[370] Cfr. Vasques, Sérgio, "O Princípio...", *op. cit.*, pp. 598-599.

[371] Cfr. Carreira, José António Coelho, "Regulamento das Custas Processuais – Anotado", 2.ª Edição, Coimbra, Almedina, 2018, p. 129. Itálico mantido conforme original.

[372] Cfr. Geraldes, António Santos Abrantes, "Temas Judiciários...", *op. cit.*, p. 290.

[373] Com a devida vénia, esta referência não nos parece rigorosa, por dois motivos: em primeiro lugar, porque se o autor entende que a taxa de justiça é, na sua essência, uma taxa – como, de resto, aparenta ser esse o seu entendimento – então, não se pode falar em *parafiscalidade*, por tal termo (fiscalidade) estar reservada ao domínio dos impostos, como já tivemos oportunidade de afirmar; em segundo lugar, porque não se compreende como estamos perante uma relação parafiscal, e não uma verdadeira relação jurídica tributária. Não obstante, dela não discordamos inteiramente, pois, efetivamente, só o pagamento da taxa de justiça é que configura uma obrigação apreciável sob o quadro da relação jurídica tributária (sem prejuízo de algumas reflexões que faremos adiante acerca de outras quantias pecuniárias).

pela parte vencedora, ou destinados a pagamentos directos a intervenientes acidentes ou a outras entidades beneficiárias de uma parte da procuradoria"[374]. Sob o mesmo ângulo, Hélder Martins Leitão salienta que "[e]xistindo a prestação de um serviço por parte de uma entidade, natural é que quem dele beneficia contribua para o seu pagamento, melhor dizendo, para, pelo menos, a diminuição de encargos que aquele ocasiona. Na realidade, sendo a justiça a prestação de um serviço, dado o carácter fundamental que a mesma constituiu nas relações entre os cidadãos e entre estes e o Estado, não será, inteiramente, pacífico que a sua administração se encontre correlacionada com o respectivo pagamento. As posições extremistas abrogam-no, enquanto que outras deixam-no apenas, obrigatoriamente, para as classes mais protegidas. Aquelas, abrigam-se, na axiomática verdade que só há justiça, quando a mesma se liberta, inteiramente, do vil metal, enquanto que estas, concedem uma solução de compromisso capaz de conciliar o pagamento com a boa administração daquela. Como quer que seja, permanece na base uma relação de carácter obrigacional, isso é um facto, no qual o Estado ocupa a posição de sujeito activo e o utente do serviço de justiça, a de sujeito passivo"[375]. Casalta Nabais, ainda que não aborde diretamente a matéria, observa, ao referir-se às taxas, enquanto contraprestação de uma atividade específica, que se trata de "[...] actividade que se vem a concretizar seja na prestação de um serviço público, como as taxas devidas [...] pelos serviços de justiça (taxa de justiça) [...]"[376]. A propósito das taxas devidas pela prestação de um serviço, J. L. Saldanha Sanches também refere que "[h]á um serviço público no caso das actividades notariais e registrais, nos casos da educação e da justiça, ou não mera passagem de uma certidão"[377]. Pedro Soares Martinez também entendia que o imposto de justiça correspondia a uma taxa[378], e, no mesmo sentido, António Braz Teixeira observa existirem "[...] taxas designadas na lei como impostos, como, por ex., o chamado *imposto de justiça*"[379].

[374] Cfr. Geraldes, Abrantes, "Temas Judiciários...", *op. cit.*, p. 172.

[375] Cfr. Leitão, Hélder Martins, "Das custas...", *op. cit.*, p. 29.

[376] Cfr. Nabais, Casalta, "Direito Fiscal", *op. cit.*, p. 36.

[377] Cfr. Sanches, J. L. Saldanha, "Manual de...", *op. cit.*, p. 31.

[378] Cfr. Martinez, Pedro Soares, "Direito Fiscal", *op. cit.*, p. 35.

[379] Cfr. Teixeira, António Braz, "Princípios de...", *op. cit.*, p. 45. Itálico mantido conforme original. No sentido de também considerar a taxa de justiça uma taxa, veja-se Machado, Jónatas E. M, Costa, Paulo Nogueira da, "Manual de...", *op. cit.*, p. 20.

Por fim, mas não menos importante, é curioso assinalar que Alberto Xavier distingue, a propósito das taxas devidas pela prestação de serviços públicos, as taxas judiciais das taxas administrativas, consoante a natureza da atividade desenvolvida pelo ente público. Assim, as taxas judiciais reconduziam-se ao conceito tradicional de custas, abrangendo o imposto de justiça, o imposto do selo e os encargos, embora cuidadosamente assinalasse que estes não tinham carácter tributário, por se tratarem de reembolsos de despesas efetuadas pelos serviços, de papel, correio, etc.. Por seu turno, as taxas administrativas reconduziam-se às devidas pela prática de atos de registos, de atos relativos à propriedade industrial, pela prática de atos da administração fiscal, propinas, selos, entre outros. Quando estas se destinassem à retribuição dos funcionários, então, seriam designados de emolumentos[380]. Na doutrina espanhola, Isabel Gil Rodríguez explica que as "*[...] tasas judiciales forman parte, a su vez, de um amplio grupo de las tasas estatales por la prestación de servicios públicos [...]*"[381]. Com efeito, "*[...] mediante la tasa judicial se pretende que el usuario del servicio retribuya parte del coste del servicio recibido en atención a la intensidad de uso que realiza en cada caso, conforme a postulados de igualdad y proporcionalidad*".

No plano jurisprudencial, a matéria também tem sido objeto de apreciação pelo Tribunal Constitucional. O tribunal tem admitido que a taxa de justiça é a contrapartida da prestação de um serviço público vinculado à garantia fundamental do acesso aos tribunais e assume a natureza de taxa, e não de imposto[382]. Vejamos. Em aresto produzido na vigência do CCJ, de 1996, o Tribunal Constitucional observou que "[d]e facto, como por várias vezes foi já sublinhado por este órgão de fiscalização concentrada da constitucionalidade normativa, a denominada «taxa de justiça» não é algo que deve ser perspectivado como imposto e, por isso, não está sujeita à reserva relativa de competência legislativa da Assembleia da República [...]"[383]. Já na vigência do RCP, mas debruçando-se sobre

[380] Cfr. XAVIER, Alberto, "Manual de...", *op. cit.*, pp. 49-50.

[381] Cfr. GIL RODRÍGUEZ, Isabel, "*Las tasas...*", *op. cit.*, p. 113.

[382] Assim, *vide*, por exemplo, Acs. do TC n.º 349/2002, proferido no processo n.º 632/01, em 15 de julho de 2002, e 227/2007, proferido no processo n.º 946/05, em 28 de março de 2007, ambos disponíveis em www.tribunalconstitucional.pt [17-11-2020].

[383] Cfr. Ac. do TC n.º 8/2000, proferido no processo n.º 170/99, em 11 de janeiro de 2000, disponível em www.tribunalconstitucional.pt [17-11-2020].

ainda sobre o CCJ, o tribunal anota, após distinguir taxa e imposto, que "[...] a taxa de justiça consubstancia a contrapartida pecuniária da utilização do serviço de administração de justiça [...] Mas o vínculo de sinalagmaticidade, que une entre si a utilização individualizada dos serviços dos tribunais e as quantias cobradas, a título de taxa, por essa utilização, nada mais traduz do que uma relação de reciprocidade e de interdependência causal, assinalando, designadamente, que a obrigação em que se constitui o utente encontra a sua génese e razão de ser na prestação que o Estado lhe disponibilizou"[384]. Com efeito, "[...] as taxas de justiça são a 'contrapartida' da prestação de um serviço público vinculado à garantia fundamental do acesso aos tribunais. A inexistência de um princípio geral de gratuitidade da justiça vai precisamente ligada aos limites objectivos da dimensão prestacional da garantia consagrada no artigo 20.º, n.º 1, da Constituição, e à ideia de equivalência de encargos que proscreve a transferência da responsabilidade individual dos sujeitos processuais para a comunidade"[385].

Por último, mas não menos importante, de acordo com o Conselho Consultivo da PGR, "[a] taxa de justiça corresponde a uma prestação pecuniária que, em regra, o Estado exige aos utentes do serviço judiciário no quadro da função jurisdicional por eles causada ou de que beneficiem, como contrapartida do serviço judicial desenvolvido, sendo fixada, de acordo com o disposto no artigo 447.º, n.º 2, do CPC[386], em função do valor e complexidade da causa, nos termos constantes do Regulamento das Custas Processuais, e paga, em regra, integralmente e de uma só vez, no início do processo, por cada parte ou sujeito processual".

2.2. Elemento subjetivo

No tocante à incidência subjetiva podemos afirmar que se dirige a um específico sujeito passivo que é, efetivamente, o causador ou o beneficiário da prestação pública, e que tanto pode ser uma pessoa singular ou coletiva, um ente particular ou público, e independentemente da

[384] Cfr. Ac. do TC n.º 301/2009, proferido no processo n.º 75/09, em 22 de junho de 2009, disponível em www.tribunalconstitucional.pt [17-11-2020].

[385] Cfr. Ac. do TC n.º 248/94, proferido no processo n.º 240/89, em 22 de março de 1994, disponível em www.tribunalconstitucional.pt [17-11-2020].

[386] Corresponde, sem alterações, à redação do atual n.º 2, do art. 529.º, CPC.

posição processual que este ocupe na lide (autor/réu, requerente/requerido, recorrente/recorrido, etc.), sem prejuízo das isenções legalmente tipificadas e do benefício do apoio judiciário na modalidade de dispensa de taxa de justiça e demais encargos com o processo[387/388].

No pólo ativo da relação jurídica encontrar-se-á sempre um ente público, embora, como veremos adiante, a definição do sujeito ativo da relação jurídica tributária de taxa de justiça não se afigure empreitada fácil.

2.3. Elemento objetivo (em especial, a coatividade)

Objetivamente, a taxa de justiça apresenta-se como uma *prestação pecuniária*, pois reconduz-se à entrega em dinheiro, e não na prestação de um facto ou na entrega de uma coisa.

É tendencialmente *definitiva* porque a importância pecuniária paga pelo sujeito passivo, em princípio, não confere direito a reembolso, restituição ou indemnização, mesmo tendo presente o instituto das custas de parte, pois, como veremos, é a parte vencida – e não o ente público credor – que, na proporção do decaimento, deve compensar a parte vencedora pela taxa de justiça paga. Contudo, existem algumas situações em que o legislador prevê o direito ao reembolso da taxa de justiça. Falamos, pois, das hipóteses de erro na inserção do valor a pagamento constante do DUC ou de este, embora emitido, não tenha sido utilizado, ou seja, apresentado a juízo[389]. Neste último caso, o interessado tem seis meses, a contar da data da emissão do DUC, para requerer a devolução da quantia, sob pena de reverter para o IGFEJ. Tratando-se do pagamento de taxa de justiça, poderá levantar-se a questão de saber a que

[387] Vale a pena salientar que, nos termos do n.º 1, do art. 189.º, do CPTA, o Estado e as demais entidades públicas estão sujeitos ao pagamento de custas e, portanto, da taxa de justiça, sem prejuízo da dispensa do prévio pagamento quando demandem ou sejam demandados nos tribunais administrativos ou tributários, salvo tratando-se de matéria administrativa contratual e pré-contratual e relativas às relações laborais com os funcionários, agentes e trabalhadores do Estado, prevista na al. a), do n.º 1, do art. 15.º, do RCP.

[388] É no art. 4.º, do RCP, que encontramos o rol de isenções (subjetivas e objetivas) de custas, logo, incluindo a taxa de justiça. Quanto à proteção jurídica na referida modalidade, vem a mesma prevista na al. a), do n.º 1, do art. 16.º, da LADT.

[389] Cfr. art.ºs 23.º e 23.º-A, da Portaria n.º 419-A/2009, em conjugação com o n.º 8, do art. 14.º, do RCP.

título é que esse montante passa a integrar o erário público, uma vez que não encontra o seu pressuposto ou fundamento na prestação individualizada de um serviço público, questionando-se ainda a sua finalidade.

É *coativa*, ou duplamente coativa, pois nasce e se conforma com base na lei, estando subtraída ao princípio da autonomia da vontade, e o seu incumprimento, dentro dos prazos e condições legalmente previstos, abre via à instauração de um processo de execução fiscal para a sua cobrança coerciva. Aliás, neste contexto, vale relembrar que, em apartado anterior, dissemos que tanto os impostos, como as taxas, são prestações coativas, ainda que, nestas últimas, possam provir de uma *solicitação* do sujeito passivo. Ora, no caso das taxas de justiça, e independentemente da sua natureza jurídica – que abordaremos de seguida –, é evidente que a obrigação de pagamento tem origem, em princípio, num ato voluntário, espontâneo, controlável pela vontade humana – isto é, o de aceder à justiça –, contudo, o acesso à justiça, para a resolução de um dissenso, não só é obrigatório, considerando a regra-chave ínsita no art. 1.º, do CPC, que proíbe o recurso à autodefesa, como depende necessariamente de um pedido, de uma solicitação nesse sentido, em conformidade com o n.º 1, do art. 3.º, do CPC, que enfatiza que o tribunal não pode resolver o conflito de interesses que a ação pressupõe sem que a resolução lhe seja pedida por uma das partes e a outra seja devidamente chamada para deduzir oposição. Convocando as palavras de José de Campos Amorim e Patrícia Anjos Azevedo, "[r]egra geral, a taxa é devida sempre que o contribuinte queira adquirir um determinado serviço, o qual não implica um qualquer acordo de vontades entre a Administração e o contribuinte, uma vez que resulta da concretização de um pressuposto legal. Por exemplo, o utente de um serviço público, porque quer beneficiar de determinado serviço de saúde, submete-se o pagamento da taxa moderada respetiva"[390]. Assim, o Estado *impõe* a utilização deste serviço público sempre que se pretenda o reconhecimento, a realização ou a salvaguarda de um direito, mas cabe ao sujeito passivo espoletá-la. Como explica Paulo Pimenta, "[...] a função jurisdicional aqui referida não é exercida *ex officio* pelo tribunal, mas na sequência de um requerimento apresentado pelo titular do respetivo direito, o qual goza do chamado

[390] Cfr. Amorim, José da Campos, Azevedo, Patrícia Anjos, "Lições de...", *op. cit.*, p. 31.

direito de ação [...]"[391/392]. Com efeito, a circunstância de o serviço público ter sido solicitado pelo sujeito passivo, não lhe retira a coatividade, pois continua a não resultar de um negócio jurídico, mas em factos – em factos tributários – que, uma vez estatuídos na lei e verificados na prática, originam a obrigação de pagamento. Assim, não se pode confundir uma possível solicitação de um serviço público com aquilo que é a fonte obrigacional da taxa de justiça, que continua a ser legal, e não contratual. A *solicitação* terá apenas a virtualidade de provocar ou desencadear a prestação pública.

Por fim, mas não menos importante, a taxa de justiça é uma prestação *sinalagmática*, pois está associada a uma conexão com a contraprestação específica, individualizada e causada/aproveitada pelo respetivo sujeito passivo, devendo existir uma correspondência mínima entre a taxa e a contraprestação, embora o Tribunal Constitucional entenda dever existir apenas uma equivalência jurídica, e não uma equivalência económica entre as prestações. Seja como for, nunca pode a taxa de justiça assumir finalidades sancionatórias (o que não deve ser confundido com finalidades ou medidas extra-redíticias, como veremos adiante, ou com figuras análogas, como as multas processuais).

2.3.1. A coatividade de acordo com o Tribunal Constitucional espanhol

O *Tribunal Constitucional de España* tem abordado a questão da coatividade sob um prisma interessante, no confronto com o preço público, defendendo que uma prestação pecuniária deve ser considerada coativa quando os serviços em causa, ou seja, os serviços geradores da obrigação de pagamento da taxa, são *obrigatórios*, *essenciais* e, ou, *monopolísticos*. Na *Sentencia 185/1995, de 14 de diciembre*, a propósito das taxas e preços públicos, o tribunal preconizou três critérios para se aferir da coatividade da prestação:

(i) A obrigatoriedade do serviço ou atividade públicos;
(ii) A sua essencialidade, por satisfazer necessidades básicas da vida pessoal ou social dos particulares;

[391] Cfr. Pimenta, Paulo, "Processo Civil...", *op. cit.*, p. 12. Itálico mantido conforme original.

[392] Nisto se traduz o brocado romano *nemo iudex sinee actore, ne procedat iudex ex ofício, ne eat iudex ultra vel extra petita partium.*

(iii) O seu exercício, por entes públicos, em posição de monopólio (de facto ou de direito)[393].

De resto, o art. 2.2.a), da *LeyGT* e o art. 6, da LTPP, também refletem, na definição normativa de taxa, estes pressupostos[394].

Importando este ensaio para o nosso objeto de estudo, resulta que o utilizador da justiça recorre a esta, não porque *quer*, mas porque, pretendendo submeter o seu litígio à apreciação de um órgão de soberania, *tem* de recorrer à justiça, por força da proibição de autodefesa. Ou seja, a sua liberdade, a sua escolha – entre recorrer, ou não, à justiça –, acaba por ser artificial (ou uma *liberdade puramente teórica*, como refere o Tribunal Constitucional espanhol), na medida em que, se a ela não correr, também não verá o seu dissenso apreciado, com todas as consequências legais e independentemente do seu desfecho, e, portanto, também não beneficiará (nem provocará qualquer custo) do serviço que gera a obrigação de pagamento da taxa de justiça.

O mesmo se pode dizer, por exemplo, no caso de serviços exercidos em regime de monopólio. Neste contexto, escreve o Tribunal Constitucional espanhol, "*[...] aunque los servicios o las actividades no sean obligatorias, ni imprescindibles, lo cierto es que si sólo son los Entes públicos quienes los prestan, los particulares se ven obligados a optar entre no recibirlos o constituir necesariamente la obligación de pago de la prestación. La libertad de contratar o no contratar, la posibilidad de abstenerse de utilizar el bien, el servicio o la actividad no es a estos efectos una libertad real y efectiva*". Alejando Menéndez Cordero observa que uma das características das taxas que se destinam a compensar a prestação de um serviço ou atividades públicas é que estes não sejam de *solicitud o rececpción voluntaria*, explicando que tal não será o caso quando, por exemplo, os mesmos sejam impostos por lei (em sentido material)[395].

[393] Cfr. *Sentencia 185/1995, de 14 de diciembre*, disponível em www.tribunalconstitucional.es [26-12-2020]. Para maiores desenvolvimentos sobre este aresto, Echevarría Plaza, Juan, "*La justicia...*", *op. cit.*, pp. 115-117.

[394] Cfr. Falcón y Tella, Ramón, "*Derecho Financiero...*", *op. cit.*, pp. 60-61.

[395] Cfr. Menéndez Cordero, Alejandro, "*Derecho financiero...*", *op. cit.*, p. 168.

2.3.2. A nossa posição

De regresso à nossa ordem jurídica, parece-nos estarmos não só perante um serviço *essencial* (o que resulta da própria ideia de Estado de direito democrático e da consagração do direito de acesso ao direito e da tutela jurisdicional efetiva) e *obrigatório* (atendendo ao princípio da proibição de autodefesa), como *tendencialmente monopolístico*, na medida em que a justiça não é exercida num mercado de concorrência, muito embora os litigantes possam aceder a modelos de resolução alternativa de litígios, entre os quais se destaca a arbitragem[396].

Com efeito, e sem necessidade de mais considerações – até porque o carácter coativo da taxa foi já abordado acima –, parece-nos claro, diríamos, cristalino, o carácter coativo da taxa de justiça.

2.4. Elemento teleológico

O derradeiro elemento é o elemento racional ou teleológico, ou seja, a finalidade da taxa justiça. Como vimos, a taxa de justiça visa, em primeira instância, compensar uma atividade pública, mais concretamente, compensar o Estado pelos serviços envolvidos na tramitação processual. O fim primacial não é, pois, o financiamento de despesas públicas gerais ou a realização de fins públicos – pelo menos, em termos genéricos –, mas a compensação de uma prestação pública individualizada, embora, sem nunca perder de vista que a finalidade de angariação de receita encontra-se presente, conquanto direcionada para uma vertente compensatória. Por outro lado, como veremos, a taxa de justiça pode, abstratamente, prosseguir finalidades extratributárias ou de ordenação, como a prevenção, dissuasão, racionalização do acesso à justiça e, ou, reorientação do comportamento dos que se encontram na iminência de recorrer aos tribunais, seja no sentido de procurarem outros meios de resolução dos dissensos, como no de ponderarem sobre a bondade da sua pretensão[397].

[396] No ordenamento jurídico espanhol, a LTPP postula, no seu art. 5, o serviço público da justiça como um serviço essencial.

[397] Esta questão, porém, parece ser um pouco mais clara na ordem jurídica espanhola. O preâmbulo da *Ley 10/2012, de 20 de noviembre*, que regula, entre outras, as taxas de justiça, refere que esta prossegue duas finalidades – a racionalização do acesso à justiça e o financiamento do sistema judicial. O Tribunal Constitucional espanhol entende ser perfeitamente legítima, não estando ferida de inconstitucionalidade, a prossecução destas finalidades,

Feitas estas considerações, o perfil da taxa de justiça pode ser resumido apelando ao seguinte esquema:

Esquema 2 – Perfil da taxa de justiça

§ Considerações sequencias

Procurando ensaiar uma noção jurídica de taxa de justiça, vimos que, similarmente ao que sucede com a delimitação conceitual dos tributos, é possível definir a taxa de justiça atendendo aos elementos objetivos, subjetivos e teleológicos. Bebendo dos subsídios doutrinários, jurisprudenciais e do próprio direito positivo, estamos em condições de afirmar que a taxa de justiça tem vindo a ser desenhada como uma prestação pecuniária, tendencialmente definitiva, coativa e exigida por um ente público, com vista à compensação (ou retribuição) de um serviço indi-

sancionado que "*[e]ste Tribunal, por tanto, acepta que uno de los fines limitativos del derecho de acceso tanto a la jurisdicción como al recurso, sea el de la prevención o disuasión de comportamientos abusivos en su ejercicio*". Assim, desde que a limitação a este direito fundamental prossiga uma finalidade constitucionalmente legítima, aquela pode conviver com esta, especialmente se tal direito for exercido abusivamente. Sobre este tema, *vide*, entre outros, Gil Rodríguez, Isabel, "*Las tasas...*", *op. cit.*, p. 67 e ss.. Mais adiante, retomaremos com algum pormenor a *Ley 10/2012*.

vidualizado de administração da justiça, provocado tanto por um ente privado ou público, e sem finalidades sancionatórias.

Com esta nota, impõe-se, então, ponderar sobre a natureza jurídica da taxa de justiça, olhando para o seu pressuposto e finalidade. Seguidamente, abordaremos a questão de saber se a taxa de justiça, atenta a sua estrutura, poderá prosseguir finalidades extratributárias ou de ordenação. Parece-nos também proveitoso dedicar algum tempo ao regime das custas processuais (em sentido lato) no processo penal, contraordenacional e tributário.

3. A problemática da natureza jurídico-tributária da taxa de justiça

3.1. Uma genuína taxa ou um imposto? Considerações doutrinais nacionais e externas

Chegados a este momento, e tendo em mente que a taxa de justiça se integra na categoria dos tributos, resta saber se deverá reconduzir-se a um imposto ou taxa[398/399]. O que dissemos acima, acerca da noção de taxa de justiça, deixa, porém, antever a nossa posição. Na narrativa anterior, vimos que a taxa de justiça configura uma *prestação pecuniária*, pois reconduz-se à entrega de dinheiro, é uma prestação que, além de *exigida por um ente público*, é *coativa*, ou melhor, duplamente coativa, pois nasce e se conforma com base na lei e o seu incumprimento dentro dos prazos e condições legalmente previstos abre a via à instauração de um processo de execução fiscal e que não possui finalidades sancionatórias. Por sua vez, também demos conta de que a taxa de justiça foi, durante vários anos, apelidada de *imposto de justiça*, embora, atualmente, os discursos normativos-legais e doutrinais designem-na de *taxa de justiça*. Ora, tendo em atenção que o *nomem iuris* não é critério determinante

[398] No sentido de que a taxa de justiça é um tributo, por exemplo, Azevedo, Tiago Lopes de, "Lições de Direito das Contraordenações", Coimbra, Almedina, 2020, pp. 297.

[399] Nos desenvolvimentos subsequentes não se equacionará a hipótese de se tratar de uma contribuição por tal, em nosso ver, estar desde logo afastado. Assim, considerando que no delineamento conceitual da taxa de justiça dissemos que a mesma se dirige a um sujeito passivo, singularmente considerado, que é, efetivamente, o causador ou o beneficiário da prestação pública, torna-se evidente que não estamos perante prestações presumivelmente provocadas ou aproveitadas e, nessa medida, desnecessária a sua abordagem neste apartado.

para a definição da natureza jurídica de determinada prestação, podendo, inclusive, a terminologia adotada nem sequer ser correta, impõe-se refletir sobre a sua natureza jurídica.

A modificação do termo "imposto de justiça" para "taxa de justiça" foi levada à prática pelo Decreto-Lei n.º 387-D/87, de 29 de dezembro. Sobrevoando o seu texto preambular, consta que a taxa de justiça "[...] se reputa mais adequada do que a de imposto de justiça"[400]. Quanto aos subsídios doutrinais, também algumas vozes ecoavam no sentido de que esta era a designação mais correta. Para Salvador da Costa "[a] designação de «taxa de justiça» é a correta porque o imposto consiste na "prestação coativa e unilateral exigida pelo Estado com vista à realização de fins públicos, e a taxa corresponde ao «preço», autoritariamente estabelecido pela utilização de bens que dela é contrapartida"[401] e, nesta linha, António Santos Abranges Geraldes assinala que "[a] actual designação da componente essencial das custas judiciais (a taxa de justiça) veio substituir a expressão «imposto de justiça», correspondendo, assim, a uma forma tecnicamente mais correcta de identificar a contrapartida devido ao Estado pelos particulares que recorrem aos serviços judiciais para resolução de conflitos de natureza privada"[402].

A taxa de justiça também é reconhecida na jurisprudência do Tribunal Constitucional como uma verdadeira taxa, sustentando-se que "[o] que se chamava de imposto de justiça «não tem a natureza de um imposto, mas sim, verdadeiramente de uma taxa». O que está em causa é a «a prestação, ao menos em parte, de contrapartida pela utilização do 'serviço de justiça'» e não a arrecadação de receitas para o Estado como modo de lhe proporcionar os meios financeiros necessários à prosse-

[400] Não obstante, é de assinalar que o legislador, no preâmbulo, acabou por utilizar quase que indistintamente ambos os termos. Por exemplo, é dito que "[...] este decreto-lei procede tão-só a uma modestíssima actualização do imposto de justiça", porém, mais adiante, refere-se que "[...] bastar-lhe-á submeter a causa ao à forma de processo simplificado [...] para que, no mesmo passo, a causa seja resolvida expeditamente e com uma taxa de justiça igual a metade da normal [...]". De todo o modo, esta confusão, ainda que evidenciando alguma falta de rigor técnico-jurídico, não tem a virtualidade de alterar ou determinar a qualificação jurídica do tributo em causa.

[401] Cfr. COSTA, Salvador da "Regulamento das Custas Processuais", 2.ª Edição, Coimbra, Almedina, 2008, p. 15.

[402] Cfr. GERALDES, António Santos Abrantes, "Temas Judiciários...", *op. cit.*, p. 170.

cução dos seus encargos gerais, como é o caso dos impostos"[403]. Assim, "[...] hoje possível dar como assente que a "taxa" de justiça se assume, no âmbito tributário, como uma *taxa*, e não como um *imposto*, o que significa que o facto que lhe dá causa não é uma dada manifestação da *capacidade contributiva*, antes a prestação, pela administração da justiça, de um determinado *serviço público*"[404].

A discussão sobre a natureza jurídico-tributária da taxa de justiça não é exclusiva da nossa ordem, ocorrendo, por exemplo, em Espanha, no Brasil e na Colômbia. Com particular enfoque para a doutrina espanhola, importa fazer notar que a maioria propende no sentido de considerar a *tasa judicial* uma taxa, no entanto, há quem sustente tratar-se de um imposto. Para Antonio Aparicio Pérez, não há dúvidas de que se trata de um imposto, desde logo, porque a criação da taxa de justiça, através da *Ley 10/2012* não foi precedida de memória económico-financeiro, o que era exigido pelo art. 20, da LTPP, sob pena de nulidade da norma criadora. Por outro lado, o autor também entende não ser possível determinar o alcance do benefício colhido pelo utilizador da justiça, ao que acresce que a taxa, para ser considerada como tal, deve ser de obrigatória, o que nem sempre se verifica[405]. Com efeito, "*[...] estamos ante un propio y verdadero impuesto, en base a dos argumentos sustantivos y a uno más de contenido formal. En primer lugar, porque no puede determinarse el beneficio o utilidad para cada individuo. La tasa responde a servicios públicos divisibles e individualizables y en este caso no es posible determinar el alcance de ese beneficio particular. En segundo lugar, porque la tasa como presupuesto de hecho tiene que ser de solicitud obligatoria, lo que no siempre se dará cuando se acude al auxilio judicial*"[406]. Em sentido diverso, porém, Isabel Gíl Rodriguez entende que "*[...] estamos ante un tributo con la naturaleza jurídica de tasa, de carácter estatal, que reúne los presupuestos legales establecidos en al art. 2 LGT y en el art. 6 LTPP, por cuanto estamos ante la prestación efectiva de un servicio público (el ejercicio de la potestad jurisdiccional en el orden jurisdiccional civil,*

[403] Cfr. Ac. do TC n.º 248/94, por nos já mencionado.

[404] Cfr. Ac. do TC n.º 844/2014, proferido no processo n.º 275/13, em 03 de dezembro de 2014, disponível em www.tribunalconstitucional.pt [02-01-2021]. Itálico mantido conforme original.

[405] A *asistencia jurídica gratuita* é objeto de tratamento pela *Ley 1/1996, de 10 de enero*, conjugado com o *Real Decreto 996/2003, de 25 de julio.*

[406] Cfr. Aparicio Pérez, Antonio, "*El impuesto...*", *op. cit.*, p. 80.

contencioso-administrativo y social), que es competencia del Estado [...], de carácter obligatorio (por la esencialidad del servicio público que se presta), susceptible de singularización en un destinatario concreto (el que promueve el ejercicio de la potestad jurisdiccional mediante la presentación de demandas y/o recursos, en los anteriores órdenes jurisdiccionales)[407]". Para Alfredo Ramos, é óbvio que o legislador pretendeu enquadrar este tributo como uma taxa, apontando, desde logo, o *nomen iuris* (embora, como dissemos em sede própria, tem-se entendido, entre nós, que o tributo não se define pela nomenclatura atribuída pelo criador normativo). Porém, para este autor, o indício mais evidente é o que decorre de uma alteração na LTPP, levada a cabo pela *Ley 53/2002, de 30 de deciembre*, e que inseriu, no elenco do art. 13, que enuncia os serviços e atividades em regime de direito público que podem determinar a exigência de taxas,"*el ejercicio de la potestad jurisdiccional en los órdenes civil, contencioso-administrativo y social*"[408].

A doutrina brasileira também tem considerado a taxa judiciária uma verdadeira taxa[409].

Ficamo-nos com um interessante apontamento. Na Colômbia, a taxa de justiça – denominada *arancel judicial* – parece ser maioritariamente concebida como uma contribuição parafiscal. Assim, "*[e]l arancel se refiere a una tarifa oficial que se paga por unos derechos generados por procedimientos a la administración de justicia, en específico para el proceso judicial, los incidentes y los recursos. Se le ha denominado arancel en Colombia la contribución parafiscal que se paga por acceder a la justicia, para financiar la infraestructura y modernizar los estamentos pertenecientes a los órdenes judiciales*"[410]. Este posicionamento compreende-se face ao direito positivo. É que *Ley 1653 de 2013*, que dispunha sobre a *arancel judicial*, começa por estabelecer, no seu art. 2.º, que "*[e]l arancel judicial es una contribución parafiscal destinada a sufragar gastos de inversión de la Administración de Justicia*". Curiosamente, um pouco à semelhança do que ocorreu em Espanha, também este diploma viria a ser declarado inexequível pela Corte Constitucional.

[407] Cfr. GIL RODRÍGUEZ, Isabel, "*Las tasas...*", *op. cit.*, pp. 57-58.

[408] Cfr. RAMOS, Alfredo, "*Las tasas...*", *op. cit.*, pp. 34-35.

[409] No sentido de que a taxa judiciária é uma taxa, por exemplo, MARCUS, Abraham, "Curso de...", *op. cit.*, p. 411.

[410] Cfr. RUEDA FONSECA, María del Socorro, "*El arancel...*", *op. cit.*, p. 199.

3.2. O pressuposto – a taxa de justiça como contrapartida de um serviço público

O n.º 1, do art. 6.º, do RCP, e o n.º 2, do art. 529.º, do CPC, dispõem que a taxa de justiça corresponde ao montante devido pelo impulso processual do interessado. Com efeito, o pressuposto da taxa de justiça é *o acordar* do aparelho judicial, melhor, a prestação pública em que se traduz, promovido por um sujeito processual – que é o efetivo causador ou beneficiário –, e que envolverá todo um rito processual ordenado, específico e adequado a cada caso concreto, isto é, a cada pretensão material[411].

Por outras palavras, se o (entretanto) sujeito processual não recorresse aos serviços da justiça, também não existira fundamento para a sua tributação. O sujeito passivo paga uma taxa porque, em contrapartida, recebe ou receberá um serviço, e só a paga porque esse serviço é, ou ser-lhe-á, prestado[412]. Se assim não fosse, os cidadãos que não recorrem aos serviços da justiça, estariam numa posição de desigualdade comparativamente aos que, efetivamente, provocam e usam o serviço, como, de resto, já tínhamos assinalado quando abordamos a problemática do seu financiamento.

As duas prestações – o pagamento da taxa de justiça e a administração da justiça – surgem indissociáveis uma da outra. Aquela prestação pressupõe, assim, uma atividade ou serviço desenvolvido por um ente público, especialmente dirigido a quem é exigida a prestação. O pressuposto desta relação não se materializa numa concreta manifestação de capacidade contributiva, mas na prestação de uma atividade pública específica e divisível[413].

Uma última palavra para dar nota de um aspeto temporal.

[411] A respeito das espécies de taxas no direito tributário brasileiro, Marcus Abranham destaca que "[...] na utilização efetiva do serviço a ensejar a cobrança do tributo, temos como exemplo a Taxa Judiciária, cujo fato gerador ocorre no momento em que o contribuinte ingressa com o processo na justiça". Cfr. Abranham, Marcus, "Curso de...", *op. cit.*, p. 386.

[412] A regra geral é o pagamento prévio da taxa de justiça, conforme se extrai do n.º 1, do art. 6.º, do RCP.

[413] Como enfatiza Isabel Gil Rodriguez, sem embargo do que dissemos há pouco, "*[e]l hecho imponible de esta tasa ni recoge, ni tiene por qué recoger una manifestación de capacidad económica*". Cfr. Gil Rodríguez, Isabel, "*Las tasas...*", *op. cit.*, p. 115.

Por regra, a taxa de justiça deve ser paga aquando do impulso processual, por exemplo, aquando da apresentação da petição inicial, do oferecimento da contestação, *et cetera*.

Neste contexto, haverá que perguntar se não existe um desajuste temporal entre o cumprimento das prestações, na medida em que a prestação do serviço justiça, aquando do pagamento inicial, não se encontra concretizado.

Ora, é certo que o serviço *justiça* não é concluído, prestado, de imediato – ou seja, concomitantemente com o pagamento da taxa –, contudo, não nos olvidemos que um processo é um conjunto de atos ordenados em função de um determinado objetivo. Se preferimos outra terminologia, a prestação a cargo do ente público não é *instantânea*, mas *duradoura* (embora com respeito pelo direito de obtenção de uma decisão em prazo razoável, que abordaremos adiante).

Além disso, como também já vimos a propósito do princípio da equivalência, e que a ele regressaremos mais adiante, a ausência de sincronismo entre as prestações não desvirtua a natureza jurídica de taxa. Assim, no caso da taxa de justiça, é uma particularidade que, sendo uma decorrência da própria função jurisdicional, não influencia a natureza jurídica da prestação em causa.

3.3. A finalidade – a compensação de uma despesa pública determinada

Essencial para a delimitação da natureza tributária de determinada prestação não é apenas o pressuposto. É também preciso olhar para a sua finalidade. A finalidade da taxa de justiça é a compensação do Estado pela prestação de um serviço público individualizado ou, nas palavras de Sérgio Vasques, a sua função "[...] é a de fazer repercutir sobre os utilizadores do sistema judicial os custos do seu funcionamento, uma função confirmada pelas regras de consignação fixadas no Código das Custas Judicias [...]"[414]. Por outras palavras, podemos dizer que a sua finalidade será sempre redíticia, no entanto, destina-se a fazer face a uma despesa pública *determinada*.

[414] Cfr, Vasques, Sérgio, "O Princípio...", *op. cit.*, p. 599.

§ Finalidades extratributárias? (remissão)

Como registamos mais atrás, quando falamos nos tributos pigouvianos, desde há muito que se tem defendido a instrumentalização de tributos para a prossecução de finalidades de ordenação, como por exemplo, a modificação dos comportamentos dos indivíduos. Tratando-se de taxas com esta finalidade, podemos falar em *taxas moderadoras* ou "*user fees*"[415]. A jurisprudência constitucional nacional tem reiterado, vimo-lo já, que através da imposição de uma taxa podem prosseguir-se finalidades sociais ou económicas, como a modelação dos comportamentos individuais ou limitação da procura de um bem, conducentes a um montante diverso do correspondente ao benefício ou custo do serviço[416/417]. O legislador goza de alguma liberdade para, abstratamente, através da taxa de justiça, modelar o comportamento dos sujeitos passivos, prosseguir políticas de natureza económica e social ou *dignificar* o acesso à justiça. Nesta hipótese, o princípio da equivalência – que veremos com atenção mais à frente – cederá espaço para que outros princípios ou interesses se possam realizar, não se prescindido, porém, de uma ponderação de valores.

Contudo, suscita-nos algumas reservas que tal finalidade assuma autonomização em face da finalidade compensatória, isto é, se será rigoroso falarmos em finalidades extratributárias ou, pelo contrário, se o eventual desincentivo é apenas um efeito inerente à arrecadação de receita. Tomando por empréstimo as palavras de Sérgio Vasques, "[c]om

[415] Aquilino Paulo Antunes, ainda que a propósito das taxas moderadoras na saúde, explica que "[a]o atribuir um preço ao serviço, a taxa moderadora minimiza o *risco moral*, pois desencoraja não apenas o uso desnecessário ou, dito pela positiva, incentiva a apenas recorrer aos serviços de saúde quem deles necessite efectivamente, como também poderá contribuir para reduzir os comportamentos de risco". Cfr. Antunes, Aquilino Paulo, "As Taxas...", *op. cit.*, p. 332.

[416] Neste contexto, vale salientar que Aníbal Almeida anota que o nexo entre o ente público que presta o serviço e o respetivo utente não pode ser pensado a partir da ideia do *quid pro quod*, como se se estivemos perante pequenos negócios quotidianos. Cfr. Almeida, Aníbal, "Estudos de...", *op. cit.*, p. 65. Parece-nos que esta ideia de conexão entre o ente público e o utilizador do serviço, e que não pode ser apreciada estritamente sobre a fórmula *quid pro quod*, também poderá explicar porque se tem entendido que não se exige uma rigorosa equivalência prestacional.

[417] Neste sentido, *vide*, entre outros, o Ac. do TC n.º 200/2001, proferido no processo n.º 168/99, em 09 de maio de 2001, disponível em www.tribunalconstitucional.pt [09-12-2020].

certeza que a cobrança de taxas demove em maior ou menos medida o contribuinte do recurso aos serviços públicos, moderando uma procura que de outro modo seria mais intensa [...]"[418]. A consciência dos custos ("*conciencia de coste*") é, aliás, apontada, na doutrina espanhola, como uma das vantagens do princípio da equivalência, na medida em que "*[e]sta conciencia tendría como consecuencia inmediata una moderación en la demanda de los bienes y servicios públicos y, por tanto, se convertiría en un instrumento útil para prevenir el despilfarro en el gasto público*"[419].

O problema poderá, então, ser colocado da seguinte forma: embora, de uma modo generalizado, o prévio pagamento de uma prestação pecuniária, de modo a poder usufruir-se de determinado serviço ou bem, seja apto a influenciar, ainda que indiretamente, a conduta daqueles que estão na iminência da solicitação do serviço ou do bem, será que no caso da taxa de justiça e, em particular, na taxa de justiça agravada, esse efeito autonomizar-se-á de modo a deslocarmos a questão para o domínio da finalidade?

O legislador não é propriamente claro nesta matéria[420].

418 Cfr. Vasques, Sérgio, "O Princípio...", *op. cit.*, p. 584.

419 Cfr. Martínez Sánchez, César, "*Principio de...*", *op. cit.*, p. 62.

420 Concordarmos, por isso, com João Ricardo Catarino e Diogo Ferraz quando defendem a necessidade de justificação expressa do legislador da finalidade extratributária. Conquanto o seu estudo se direcione para a figura do imposto, é possível extrair alguns contributos importantes. Para os autores, a finalidade extratributária não é relevada pela consignação da receita ou pela simples declaração do legislador (que, a propósito de uma crise na legitimidade de representação pública, referem ser, por vezes, *insincera*, em que há um desfasamento entre a vontade declarada do legislador e a vontade real, com o fito de anestesiar a coletividade). Assim, a extratributação deverá ser analisada olhando para a estrutura impositiva do tributo, conjugada com a declaração do legislador. Os autores propõem que, quando o legislador declare que determinado tributo é extratributário, deve o mesmo obter o respetivo tratamento, pois que, ao tratarmos um tributo extratributário como tributário, estamos a salvar a sua legitimidade, nunca se chegando a combater a tal *insinceridade* do legislador. Assim, "[a] conjugação da declaração com a estrutura impositiva revelará (ou não) a presença e a realidade da finalidade extrafiscal. E havendo uma dissonância entre a finalidade extrafiscal declarada e a estrutura impositiva adotada pelo tributo pretensamente extrafiscal, o tributo extrafiscal deverá considerar-se ilegítimo. A justificação extrafiscal declarada pelo legislador converte-se, assim, em critério de identificação e de controle de legitimidade dos tributos extrafiscais". Cfr. Catarino, João Ricardo, Ferraz, Diogo, "Impostos extrafiscais ainda são imposto? Um excurso sobre a admissibilidade teórica da figura e seus limites", *in Revista Jurídica Portucalense*, N.º Especial, Porto, 2022, pp. 59-66, em especial, pp. 60-63.

Com a revisão ao CCJ, de 1996, levada à prática pelo Decreto-Lei n.º 324/2003, de 27 de dezembro, o Estado começou a traçar um plano de remodelação norteado, *inter alia*, pela introdução de um fator de moralização e racionalização no recurso aos tribunais. Na altura, o legislador ordinário entendeu que a sujeição do Estado e das demais entidades públicas ao pagamento de custas judiciais no âmbito da jurisdição comum, não só garantia uma igualdade entre o Estado e cidadãos, como contribuía, defende, para aquele desiderato. Foi, porém, a única solução adotada neste contexto. Por sua vez, no Decreto-Lei n.º 34/2008, de 26 de fevereiro, que aprovou o regime jurídico do RCP, o Estado renova a intenção de moralização e racionalização do recurso aos tribunais, mas fá-lo referindo-se cristalinamente ao fenómeno da *litigância em massa*. Se observarmos a Lei n.º 26/2007, de 23 de julho, que autorizou o Governo a legislar sobre esta matéria, verifica-se que a AR pretendeu que a fixação de taxas de justiça mais elevadas tivesse em consideração esse fenómeno[421]. A própria Proposta de Lei n.º 125/X/3.ª, que esteve na origem da aprovação do RCP, também estabelecia que uma das prioridades era a moralização e racionalização do recurso aos tribunais através do tratamento diferenciado dos litigantes em massa[422]. Por seu turno, no Memorando de Entendimento sobre as Condicionalidades de Política Económica, de 2011, subscrito pelo Estado português no âmbito da concessão de assistência financeira da União Europeia a Portugal, coloca-se, uma vez mais, a tónica da racionalização do acesso à justiça num determinado grupo de litigantes. Neste contexto, comprometeu-se a "[...] introduzir uma estrutura de custas judiciais extraordinárias para litígios prolongados desencadeados pelas partes litigantes sem justificação manifesta", bem como "[p]adronizar as custas judiciais e introduzir custas judiciais especiais para determinadas categorias de processos e

[421] Segundo a al. d), do n.º 1, do art. 2.º, do diploma autorizante, o sentido e extensão da autorização legislativa inclui "[p]rever critérios de fixação da taxa de justiça que tenham em consideração os efeitos da «litigância em massa», estabelecendo valores mais elevados para as sociedades que apresentem um volume anual de entradas em tribunal, no ano anterior, superior a 200 acções, procedimentos ou execuções".

[422] Cfr. Proposta de Lei n.º 125/X/3.ª, disponível em www.parlamento.pt [20-01-2020].

procedimentos com o objectivo de aumentar as receitas e desincentivar a litigância de má-fé"[423].

No que respeita à taxa de justiça, não poderá deixar de causar alguma estranheza que um eventual efeito dissuasor pudesse ser o seu fim preponderante[424]. O art. 20.º, da CRP, proíbe a obstrução do acesso à justiça através da fixação de custos insuportáveis. Os cidadãos não podem ser afastados, afugentados, da justiça, não só porque tal seria a antítese de um Estado de direito democrático, mas porque também pode contribuir, em última instância, para o recurso à tutela privada dos interesses e direitos, acompanhada de *métodos de resolução* duvidosos, criativos e obscuros[425]. A situação aqui em causa deve, ainda, ser analisada com o espírito realista de que é praticamente impossível ao criador normativo controlar antecipadamente o acesso abusivo à justiça, o que significa que, ainda que a taxa de justiça prosseguisse acessoriamente finalidades extratributárias, tal desígnio poderia acabar por se esvair, ou pior, perverter-se, na medida em que todos os seus utilizadores, abusivos ou não, pagam a respetiva taxa de justiça em igualdade de circunstâncias. Mais a mais, pode suceder que o sujeito processual, por exemplo, o réu, esteja simplesmente a exercer o seu direito de contestar, apresentar a sua versão dos factos e oferecer os seus meios de prova, sem que tal configure um uso impróprio do aparelho judicial. Nesta situação, aceitar que a taxa de justiça prossegue objetivos de orientação comportamental, poderia conduzir a situações em que aqueles que fazem um uso adequado da justiça paguem os mesmos valores que se encontram fixados para reagir contra o seu uso impróprio, uso, esse, que lhes era absolutamente estranho. Sob um ponto de vista histórico-evolutivo, observamos que o principal objetivo das figuras antecedentes da taxa de

423 Cfr. Memorando de Entendimento sobre as Condicionalidades de Política Económica, de 17 de maio de 2011, disponível em https://www.bportugal.pt/sites/default/files/anexosmou_pt.pdf [20-01-2021].

424 Vale a pena salientar que, na sua declaração de voto, no Ac. do TC n.º 115/2002, a Conselheira Maria dos Prazeres Beleza sustentou que a taxa de justiça desempenha uma finalidade de disciplinar a procura no recurso aos tribunais. Cfr. Ac. do TC n.º 115/2002, proferido no processo n.º 567/00, em 12 de março de 2002, disponível em www.tribunalconstitucional.pt [20-01-2021].

425 Questão diferente, bem diferente, é a de insuficiência de meios económicos dos utilizadores da justiça, em que, naturalmente, cabe ao Estado promover medidas que visem anular ou mitigar essa situação, conforme já tivemos oportunidade de analisar.

justiça se norteou pela compensação da prestação do serviço público *justiça*, não se afigurando que, por detrás da sua criação, estivesse a intenção declarada e expressa do legislador em racionalizar o seu acesso. A preocupação assumida com a racionalização do acesso à justiça afigura-se como algo recente e que tem surgido como resposta a específicas formas de litígios e de litigância e à intensa atividade judicial que determinados sujeitos processuais desencadeiam, sendo o exemplo paradigmático a *litigância em massa* e que, reitera-se, será objeto de outras considerações mais específicas adiante. Por fim, importa não olvidar que existem outros expedientes que visam desincentivar a prática de condutas desconformes os ritos processuais e, em última instância, reveladoras de verdadeira má fé. São exemplo disso, como estudaremos à frente, a taxa sancionatória excecional e as multas processuais, onde se inclui, especialmente, a multa por litigância de má fé[426]. Tratam-se de prestações pecuniárias que, a serem aplicadas, sê-lo-ão apenas após o impulso processual, o que, em nosso ver, se compreende, pois só em momento posterior é que o julgador poderá apreciar a conduta processual dos sujeitos e, eventualmente, o uso abusivo, imprudente ou doloso da máquina judicial. Por fim, mas não sem antes terminar, se considerarmos a

[426] A reforma do regime das custas processuais levada à prática pelo Decreto-Lei n.º 34/2008, de 31 de março, demonstra que o legislador tem colocado a tónica nas multas processuais, em particular, no contexto da litigância de má fé, como forma de repelir o acesso indevido e reprovável do sistema de justiça. Contudo, a forma como este instituto tem vindo a ser tratado pelo legislador não reúne consenso, além de que, na prática, nem sempre é aplicado pelo julgador. Neste contexto, veja-se o Parecer da Associação Sindical dos Juízes Portugueses, de dezembro de 2011, a propósito da Proposta de Lei n.º 29/XII/1, onde se refere que "[n]ão cremos que o aumento do valor da multa por litigância de má fé, seja, só por si, suficiente e adequado para «*dissuadir comportamentos abusivos ou manifestamente dilatórios*» e que permita «*efetivamente combater o uso reprovável dos meios processuais*» [...]". Itálico mantido conforme original. Disponível em www.parlamento.pt [24-01-2021].
Sobre a aplicabilidade restritiva da litigância de má fé, veja-se, a título meramente exemplificativo, o Ac. do TRP, proferido no processo n.º 11964/17.5T8PRT.P1, em 10 de dezembro de 2019, que assinala que "[q]uanto à sua aplicabilidade, é quase unânime entre a jurisprudência e a doutrina mais autorizada, a exigência de um comportamento doloso e consciente no sentido de pôr em causa a boa administração da justiça, vindo aquela a ser restritiva na admissão da litigância de má fé". O tribunal também afirma que "[a] condenação de uma parte como litigante de má fé traduz um juízo de censura sobre a sua atitude processual, visando o respeito pelos Tribunais, a moralização da atividade judiciária e o prestígio da justiça". Disponível em www.dgsi.pt [24-01-2021].

tese proposta por João Ricardo Catarino e Diogo Ferraz, quanto à necessidade de justificação expressa do legislador, constata-se a ausência dessa declaração, o que se torna mais evidente quando olhamos, por exemplo, para Espanha, em que encontramos expressa referência à "*función extrafiscal*" da taxa de justiça no preâmbulo da *Ley 10/2012*, onde se pode ler que "*[c]on esta asunción por los ciudadanos que recurren a los tribunales de parte del coste que ello implica se pretende racionalizar el ejercicio de la potestad jurisdiccional, al mismo tiempo que la tasa aportará unos mayores recursos que permitirán una mejora en la financiación del sistema judicial*"[427].

3.4. A nossa perspetiva

Quanto a nós, a chave para a análise da natureza tributária da taxa de justiça reside no seu pressuposto e finalidade. O que serve de pressuposto à taxa de justiça é a prestação individualizada de um serviço ou atividade públicas, ou seja, o serviço *justiça*. A finalidade, por sua vez, reside na compensação dessa mesma prestação, podendo dirigir-se a uma compensação dos custos ou do benefício – algo que veremos adiante com mais atenção. A sua função é, com efeito, retributiva ou compensatória, assente num princípio de responsabilidade ou causa e efeito, embora sem nunca perder a sua finalidade recolectora transversal a todos os tributos. Não negamos que, em abstrato, a taxa de justiça possa prosseguir finalidades extrareditícias ou de ordenação, desde que, ainda que a título secundário, esteja presente a finalidade compensatória. Contudo, *in concreto*, a configuração da taxa de justiça, bem como o seu percurso histórico-evolutivo, suscita-nos algumas reservas quanto à autonomização de uma eventual finalidade extrareditícia ou de ordenação, por diversas ordens de razão que destacamos: em primeiro lugar, porque nos parece que a *finalidade compensatória* se sobrepõe a uma eventual orientação comportamental; em segundo lugar, porque não resulta expressa e objetivamente que seja intenção do legislador democrático, através da taxa de justiça, filtrar o acesso à justiça; em terceiro lugar, porque existem outros mecanismos legais que visam desincentivar a prática de condutas desconformes os ritos processuais.

[427] "*La idea de hacer más racional el uso del sistema judicial es del derecho procesal español*". Cfr. Rueda Fonseca, María del Socorro, "*El arancel...*", *op. cit.*, p. 215.

Por fim, poderá adiantar-se um terceiro critério que, embora não seja determinante, será seguramente auxiliador – falamos, pois, da consignação da receita do tributo. A receita obtida com a cobrança da taxa de justiça reverte, maioritariamente, a favor do IGFEJ, o que significa que a receita não é *desviada* para o financiamento das despesas públicas gerais – finalidade que se encontra presente nos impostos[428]. Pelo contrário, em Espanha, a receita obtida através da cobrança da *tasa judicial* reverte a favor do orçamento geral, não revertendo diretamente para a Administração da Justiça. Esta circunstância, só por si, pode, de facto, legitimar a discussão em torno da sua natureza jurídica, uma vez que, sendo assim, o produto da sua cobrança mesclar-se-á totalmente com o dos demais tributos, mormente, dos impostos. Com efeito, desconhece-se como essa receita será canalizada, designadamente, se para a compensação do serviço *justiça*, ou se, genericamente, para as demais despesas do Estado, como sucede com os impostos. Mas mais. Se esta receita integra o orçamento geral, isso significa que os demais *cidadãos tributários* também contribuem para o financiamento da justiça, ainda que não a utilizem. Tal parece não suceder entre nós.

Na defluência do exposto, considerando a sua estrutura interna, e a consignação da receita, a nossa perspetiva também vai no sentido de considerar a taxa de justiça uma genuína taxa, subordinada ao respetivo enquadramento constitucional.

4. A (incorreta) distinção entre a taxa de justiça paga pelo sujeito processual ativo e pelo sujeito processual passivo

Antes de avançarmos, importa agora analisar uma tendência que constatamos em algumas construções dogmáticas – e, por vezes, na própria jurisprudência – e, com a qual, não comungamos.

Pois bem, o pressuposto da taxa de justiça, vimo-lo já, é a prestação individualizada de um serviço público e o facto tributário, como veremos adiante, é, pela nossa parte, o impulso processual, o qual pode ser desencadeado através da apresentação em juízo de uma petição inicial, de uma contestação, entre outros. Contudo – e este é o aspeto que pre-

[428] Cfr. al. a), do n.º 1, do art. 36.º, da Portaria n.º 419-A/2009. Mais à frente, quando analisarmos o sujeito ativo da relação jurídica de taxa de justiça, retomaremos o IGFEJ.

tendemos destacar – o pagamento da taxa de justiça é independente da posição processual que o sujeito passivo ocupe na causa, ou seja, se é autor, requerente, recorrente, réu, requerido, recorrido, *et cetera*. O que é relevante é que – mesmo que, posteriormente, se venha a apurar, por exemplo, não deter personalidade judiciária ou seja declarada a sua ilegitimidade processual – tenha ativado o aparelho judicial. Por este motivo, e sempre com o devido respeito, afigura-se-nos pouco rigorosa a afirmação de que "[...] há taxas que são independentes de solicitação, como é o caso das taxas judiciais exigidas aos réus, que não solicitaram os serviços prestados pelos tribunais, cujas ações foram intentadas pelos autores, mas que devem pagar essas taxas"[429]. A citação do réu para a ação prende-se com o princípio do contraditório, proporcionando-lhe a *hipótese* – pois não é um ónus – de se defender da pretensão contra si formulada. Uma vez citado para a ação, o réu pode, ou não, contestar. Se assumir uma posição totalmente inerte, não intervindo de qualquer forma no processo (colocando-se num estado de revelia absoluta), não está sujeito ao pagamento da taxa justiça (questão diferente é a condenação em custas). Com efeito, o réu apenas pagará a taxa de justiça se, por exemplo, apresentar a sua contestação ou deduzir um incidente de intervenção principal provocada, ou seja, quando, e se *quiser*, impulsionar a atividade jurisdicional. Tal é o que decorre do n.º 1, do art. 570.º, *ex vi* do disposto no n.º 7, do art. 552.º, do CPC, que determina que, com a apresentação da contestação, o réu deve comprovar o prévio pagamento da taxa de justiça devida ou a concessão do benefício de apoio judiciário, na modalidade de dispensa desse pagamento. Como bem observa António Santos Abrantes Geraldes, "[d]e facto, tendo em conta o princípio da igualdade consagrado no nosso sistema jurídico-processual, não é a parte que solicita a intervenção jurisdicional a única a suportar o ónus de pagamento gradual da taxa de justiça, mas também aquela que, uma vez demandada, pretende defender-se da pretensão contra si deduzida, ainda que lhe pareça injusta [...][430].

Em súmula, inexistem, em nosso ver, motivos que devam conduzir a uma distinção entre a taxa de justiça paga pelo autor daquela que é paga pelo réu, uma vez que há uma identidade de pressuposto, finali-

[429] Cfr. AMORIM, José da Campos, Azevedo, Patrícia Anjos, "Lições de...", *op. cit.*, p. 31.
[430] Cfr. GERALDES, António Santos Abrantes, "Temas Judiciários...", *op. cit.*, p. 203.

dade e de facto tributário. A questão poderá, eventualmente, assumir outros contornos no processo penal, uma vez que a presença processual do arguido, no respetivo processo, não depende propriamente do seu impulso, atento, aliás, o princípio da oficialidade. O arguido apenas tornar-se-á sujeito passivo de taxa de justiça, salvo casos de isenção ou de benefício de apoio judiciário, se vier a ser condenado ou vencido em sede recursória, nos termos do n.º 1, do art. 513.º, do CPP.

5. A taxa de justiça no processo penal e contraordenacional (breve alusão)

No direito processual penal, o pagamento da taxa de justiça funciona em moldes um pouco distintos[431]. Pode começar por dizer-se que só existem duas situações – de impulso processual – em que há lugar ao prévio pagamento da taxa de justiça:

(i) A constituição de assistente;
(ii) O requerimento de abertura de instrução, quando apresentado pelo assistente, podendo ser corrigida, a final, tendo em consideração o desfecho do processo e a concreta atividade processual desenvolvida pelo assistente[432].

Nos demais casos, a taxa de justiça é fixada a final, e em dependência da condenação ou do decaimento. Ou seja, do ponto de vista do arguido, apenas há lugar ao pagamento da taxa quando ocorra condenação em 1.ª instância e decaimento total em qualquer recurso, nos termos do n.º 1, do art. 513.º, do CPP[433].

Quanto ao assistente, rege o art. 515.º, do CPP, que dispõe haver lugar ao pagamento de taxa de justiça, a final:

[431] Sobre a responsabilidade pelo pagamento das custas em matéria penal, veja-se, *inter alia*, COSTA, Salvador da, "As Custas Processuais – Análise e Comentário", 8.ª Edição (Reimp.), Coimbra, Almedina, 2022, pp. 55-69, CARREIRA, José António Coelho, "Regulamento das...", *op. cit.*, pp. 181-208, e LOBO, Fernando Gama, "Código de Processo Penal – Anotado", 4.ª Edição, Coimbra, Almedina, 2022, pp. 1100-1109.

[432] Cfr. n.os 1 e 2, do art. 8.º, do RCP, e n.º 1, do art. 519.º, do CPP.

[433] É de equacionar, porém, se esta opção legislativa não coloca o arguido numa posição processual mais vantajosa em relação ao assistente, facilitando-lhe consideravelmente a abertura de instrução, por vezes, com intenções puramente dilatórias. Seja como for, é uma discussão, naturalmente, que não deve ser feita nesta sede.

(i) Se o réu for absolvido ou não for pronunciado por todos ou por alguns crimes constantes da acusação que haja deduzido[434];
(ii) Se decair, total ou parcialmente, em recurso ou reclamação que haja interposto;
(iii) Se fizer terminar o processo por desistência ou abstenção injustificada de acusar[435];
(iv) Se for rejeitada, total ou parcialmente, acusação[436] que houver deduzido.

Como se vê, trata-se de uma forma de tributação distinta, o que se compreende face à natureza e aos fins do processo penal, designadamente, o restabelecimento da paz jurídica, e as finalidades de prevenção (geral e individual) que, através das penas, se pretende alcançar, tanto que é ao MP que cabe promover o processo penal, em conformidade com o disposto no art. 48.º, do CPP, sem prejuízo das restrições constantes dos art.os 49.º a 52.º, do CPP.

Aliás, o pagamento da taxa de justiça pela abertura de instrução quando promovida pelo assistente, quando comparada com a isenção de pagamento prévio de que beneficia o arguido, foi já objeto de apreciação pelo Tribunal Constitucional, tendo-se concluído, no já mencionado Ac. n.º 214/2000[437], que "[...] a circunstância de não ser exigido o pagamento da taxa de justiça ao arguido que, tendo requerido a abertura de instrução, venha a ser pronunciado pelo crime não representa uma desigualdade arbitraria ou injustificada, quando comparada com a situação do assistente, aqui em apreciação. Com efeito, o pedido de abertura de instrução formulado pelo próprio arguido configura um dos modos de exercício dos seus direitos de defesa. Seria manifestamente atentatório dos direitos de defesa em processo penal a exigência de pagamento de

[434] Para Salvador da Costa, a lei, neste segmento, pretendeu abranger não só a acusação particular, como o requerimento de abertura de instrução, havendo, ainda, lugar ao pagamento de taxa de justiça nos casos em que o assistente apenas tenha aderido à acusação pública do MP. Neste sentido, Costa, Salvador da, "As Custas...", *op. cit.*, p. 59.

[435] A acusação é, naturalmente, a acusação particular. Neste sentido, *vide*, entre outros, Lobo, Fernando Gama, "Código de...", *op. cit.*, pp. 1103-1104.

[436] Trata-se de qualquer tipo de acusação. Cfr. Costa, Salvador da, "As Custas...", *op. cit.*, p. 60.

[437] Cfr. Ac. do TC n.º 214/2000, proferido no processo n.º 467/99, em 05 de abril de 2000, disponível em www.tribunalconstitucional.pt [13-12-2020].

taxa de justiça nos casos em que a instrução conduzisse a uma decisão de pronúncia do arguido pelos factos que constavam da acusação. O receio de uma condenação na taxa de justiça correspondente à instrução poderia constituir uma inibição quanto ao exercício de tal direito".

Por fim, quanto aos processos contraordenacionais, rege o disposto nos art.os 92.º a 95.º, do Ilícito de Mera Ordenação Social, aprovado pelo Decreto-Lei n.º 433/82, de 27 de outubro, com a última redação conferida pela Lei n.º 109/2001, de 24 de dezembro. Um pouco à semelhança do que sucede no âmbito penal, só haverá lugar ao pagamento de taxa de justiça sempre que o arguido seja vencido[438].

6. A taxa de justiça no processo tributário (breve alusão)

No âmbito do processo judicial tributário depara-nos com algumas regras específicas no que respeita às custas processuais *lato sensu* e, em particular, quanto à taxa de justiça.

Em primeiro lugar, é necessário verificar se é aplicável a Tabela I, II ou III, do RCP, consoante a natureza e espécie processuais, sendo que a primeira assume natureza supletiva ou residual em relação às demais, que se mostram especiais[439].

Assim, a Tabela II é aplicável aos seguintes processos (em sentido lato):

i) Impugnação de procedimentos cautelares adotados pela AT, recurso pelo contribuinte (*rectius*, sujeito passivo) em processo especial de derrogação do dever de sigilo bancário e recurso da decisão da avaliação da matéria coletável por métodos indiretos;
ii) Processo de execução fiscal por custas, multas ou coimas (variável consoante o valor da causa seja igual ou superior a €30.000,01)
iii) Oposição à execução por embargos, embargos de terceiro, oposição à penhora e respetivas contestações (variável consoante o valor da causa seja igual ou superior a €30.000,01).

[438] Cfr. n.º 3, do art. 93.º, do Ilícito de Mera Ordenação Social. Para maiores desenvolvimentos sobre esta matéria, *vide* AZEVEDO, Tiago Lopes de, "Lições de...", *op. cit.*, pp. 296-298.

[439] Isto mesmo resulta do n.º 1, do art. 6.º, em conjugação com os art.os 7.º e 8.º, todos do RCP.

A Tabela III será aplicável, como vimos, no processo penal e contraordenacional tributário. Nos restantes casos, aplica-se a Tabela I.

Além destas regras, existem outras que importa sinalizar.

Os sujeitos passivos estão isentos de custas – e, portanto, abrangendo necessariamente o pagamento da taxa de justiça – nos casos em que a ATA revogue ou anule atos administrativos em matéria tributária ou reveja os atos tributários, ou outros, que sejam objeto de processos tributários pendentes nos tribunais administrativos e fiscais, ao abrigo do disposto no artigo 68.º-A, LGT, conforme se extrai da al. bb), do n.º 1, do art. 4.º, do RCP[440].

Por sua vez, de acordo com a al. j), do art. 14.º-A, do RCP, não há lugar ao pagamento da segunda prestação da taxa de justiça, pelo impugnante, nos processos tributários em caso de desistência no prazo legal após a revogação parcial do ato tributário impugnado. Esta norma tem que ser conjugada com o n.º 3, do art. 112.º, do CPPT, que dispõe que "[n]o caso de o acto impugnado ser revogado parcialmente, o órgão que procede à revogação deve, nos três dias subsequentes, proceder à notificação do impugnante para, no prazo de 10 dias, se pronunciar, prosseguindo o processo se o impugnante nada disser ou declarar que mantém a impugnação". Para beneficiar desta dispensa de pagamento da segunda prestação, o impugnante/sujeito passivo da taxa de justiça deve desistir expressamente da impugnação, sob pena de, nada dizendo, os autos prosseguirem. Já o Estado, incluindo os seus serviços e organismos ainda que personalizados, as Regiões Autónomas e as autarquias locais, quando demandem ou sejam demandados nos tribunais administrativos ou tributários, salvo em matéria administrativa contratual e pré-contratual e relativas às relações laborais com os funcionários, agentes e trabalhadores do Estado, ficam dispensados do prévio pagamento da taxa de justiça, nos termos da al. a), do n.º 1, do art. 15.º, do RCP.

[440] Esta alínea foi aditada recentemente através da Lei n.º 7/2021, de 26 de fevereiro.

7. O IVA na taxa de justiça

7.1. Enquadramento

O n.º 2, do art. 1.º, da Diretiva 2006/112/CE do Conselho, de 28 de novembro de 2006, relativa ao sistema comum do IVA, determina que "[o] princípio do sistema comum do IVA consiste em aplicar aos bens e serviços um imposto geral sobre o consumo exactamente proporcional ao preço dos bens e serviços [...]". Para que uma operação se encontre sujeita a IVA é necessário que se verifique, cumulativamente, a incidência objetiva, subjetiva, territorial e temporal. Contudo, também é necessário que se trate de uma atividade económica. O 2.º §, do art. 9.º, da DIVA, diz-nos que atividade económica é qualquer atividade de produção, de comercialização ou de prestação de serviços, incluindo as atividades extrativas, agrícolas e as das profissões liberais ou equiparadas. Em especial, é considerada atividade económica a exploração de um bem corpóreo ou incorpóreo com o fim de auferir receitas com carácter de permanência. Como refere Sérgio Vasques, "[o] exercício de uma actividade económica constitui, portanto, o pressuposto em que assenta toda a incidência subjectiva e objectiva do IVA" [441]. Com efeito, apenas são abrangidas por este imposto as atividades que tenham carácter económico. Sendo uma atividade económica, a operação será tributada se respeitar a:

(i) Operações de transmissão de bens;
(ii) Operações de prestação de serviços;
(iii) Operações de importação de bens;
(iv) Operações intracomunitárias, tal como definidas e reguladas no Regime do IVA nas Transações Intracomunitárias[442].

Em especial, no que respeita à incidência subjetiva, entende-se por sujeito passivo, nos termos do n.º 1, do art. 4.º, da DIVA, e al. a), n.º 1, do art.º, 2.º, do CIVA, qualquer pessoa singular ou coletiva que, de um modo independente e com carácter de habitualidade, exerce atividades

[441] Cfr. VASQUES, Sérgio, "O Imposto sobre o Valor Acrescentado", Coimbra, Almedina, 2019, p. 129.

[442] Aprovado pelo Decreto-Lei n.º 290/92, de 28 de dezembro, com a última redação conferida pela Lei n.º 49/2020, de 24 de agosto.

de produção, comércio ou prestação de serviços. Do cotejo dos n.ᵒˢ 1 e 2, do art. 13.º, da DIVA, e n.º 2, do art. 2.º, do CIVA, resulta que os Estados e demais pessoas coletivas públicas não se consideram sujeitos passivos relativamente às atividades ou operações que exerçam na qualidade de autoridades públicas, mesmo quando, no âmbito dessas atividades ou operações, cobrem direitos, taxas, quotizações ou remunerações, salvo se estiverem em causa as atividades previstas no Anexo I à DIVA, e no n.º 3, do art. 2.º, do CIVA, ou quando possam originar distorções de concorrência.

7.2. A prestação do serviço *justiça* como uma atividade económica?

Importa questionar se a prestação do serviço público justiça – pressuposto da taxa de justiça – se enquadra na noção de *atividade económica* para efeitos de IVA e, nessa medida, se integra o universo das operações tributáveis. O Estado, através dos tribunais, prossegue um interesse público – o de administrar a justiça, ou seja, dirimir os conflitos de pretensões, públicas ou privadas, e fá-lo investido do *ius imperium*. Esta tarefa estadual, ainda que implique o pagamento de uma contraprestação, não pode, quanto a nós, considerar-se como económica para efeitos de IVA, atendendo ao consignado nos n.ᵒˢ 1 e 2, do art. 13.º, da DIVA, e n.º 2, do art. 2.º, do CIVA. Para o TJUE – embora ainda não tenha tido oportunidade, tanto quanto julgamos saber, de pronunciar-se sobre esta matéria –, a cobrança de uma taxa não é, só por si, suscetível de conferir carácter económico a uma determinada atividade[443]. Além disso, parece-nos igualmente importante ter presente que o IVA é um imposto sobre o consumo e, portanto, que visa onerar a capacidade contributiva manifestada através da aquisição de bens ou serviços. O pressuposto da taxa de justiça não é a manifestação de uma força contributiva, pelo que, de um ponto de vista lógico-jurídico, seria incoerente que a ordem jurídica tributasse o seu acesso como se de um ato de consumo, revelador de uma maior ou menos capacidade contributiva, se tratasse. *Mutatis mutandis*, o pressuposto da taxa de justiça agravada também não aparenta tratar-se de uma qualquer manifestação de capacidade contributiva.

[443] Veja-se, por exemplo, Ac. do TJUE, Comissão c. Finlândia, proferido no processo n.º C-246/08, em 29 de outubro de 2009, disponível em https://eur-lex.europa.eu [25-07-2021].

7.3. Outras situações (os encargos, as custas de parte e os honorários)

No caso dos encargos, por exemplo, tratando-se de despesas motivadas pela realização de determinadas diligências por terceiros (isto é, que não os principais atores processuais) pode suceder que tais serviços configurem operações tributáveis em sede de IVA. Com efeito, se estivermos perante prestações de serviços, onerosas, localizadas em território nacional e prestadas por sujeitos passivos do imposto agindo como tal, poderemos estar perante operações tributáveis. Assim sucederá, por exemplo, com uma perícia realizada por um engenheiro civil que, de modo independente e com carácter de habitualidade, presta tais serviços.

Quanto às custas de parte, quer no que respeita ao cômputo das taxas de justiça pagas pelo vencedor e pelo vencido, quer quanto aos encargos, o pagamento destas quantias ao vencedor não se enquadra no campo de incidência do IVA, desde logo, no n.º 1, do art. 1.º, do CIVA. O que se bem compreende se tivermos em consideração a própria natureza do IVA, enquanto imposto que visa tributar o consumo, e, por outro, a dinâmica da sua tributação. Na verdade, o pagamento das custas de parte não está associado a qualquer transação económica, inexistindo uma contraprestação associada a uma transmissão de bens ou prestação de serviços, assumindo tais quantias uma natureza meramente compensatória[444].

Por fim, apesar de não se inscreverem na estrita categoria de "custas processuais", a circunstância de representarem um dispêndio ocasionado pelo recurso à via judicial impõe que se lhe dediquem algumas considerações. Falamos, pois, dos honorários dos advogados. O exercício do mandato forense constitui incontestavelmente uma prestação de serviços, nos termos do n.º 1, do art. 4.º, do CIVA, pelo que, verificando-se os demais requisitos acima referidos, as operações ativas destes agentes económicos estarão sujeitas a IVA (podendo, eventualmente, verificar-se um regime de isenção) [445]. Quanto à taxa de imposto, é aplicável, à

[444] Sobre esta matéria, *vide* Informação Vinculativa da ATA, emitida no âmbito do processo n.º 13169, disponível em. http://www.taxfile.pt/file_bank/news2118_24_1.pdf [21-07-2021].

[445] As sociedades de advogados e as sociedades de solicitadores, atenta a sua natureza jurídica (sociedade civil sob a forma comercial) estão obrigatoriamente sujeitas a contabilidade organizada para efeitos de IRC, nos termos conjugados do n.º 3, do art. 17.º, e n.º 1, do

maioria das situações, a de 23%, a incidir sobre o valor dos honorários, nos termos conjugados do n.º 1, do art. 16.º, e da al. c), do n.º 1, do art. 18.º, ambos do CIVA. Contudo, de acordo com a verba 2.11, da Lista I, do CIVA, estão sujeitos a taxa reduzida, ou seja, 6%, as "[p]restações de serviços, efectuadas no exercício das profissões de jurisconsulto, advogado, e solicitador a desempregados e trabalhadores no âmbito de processos judiciais de natureza laboral e a pessoas que beneficiem de assistência judiciária". O imposto é devido e torna-se exigível no momento da prestação do serviço, nos termos da al. a), do n.º 1, do art. 7.º, do CIVA. Por fim, salienta-se que a al. b), do n.º 1, do art. 29.º, do CIVA, bem como a al. a), do n.º 1, do art. 115.º, do CIRS, obriga o profissional forense a emitir fatura por cada prestação de serviços, e ainda que a operação se encontra isenta de imposto ao abrigo do art. 53.º, do CIVA, devendo fazê-lo, o mais tarde, no 5.º dia útil seguinte ao do momento em que o imposto é devido, como determina a al. a), do n.º 1, do art. 36.º, do CIVA[446].

art. 123.º, ambos do CIRC, motivo pelo qual o regime de isenção previsto n.º 1, do art. 53.º, do CIVA não lhes é aplicável.

[446] Neste contexto, importa não confundir a fatura, enquanto documento fiscalmente relevante, com a nota de honorários e despesas e com a conta de honorários e tarifas, enquanto obrigação deontológica decorrente do n.º 1, do art. 101.º, do EOA e n.º 1, do art. 145.º, do Estatuto da Ordem dos Solicitadores e dos Agentes de Execução, aprovado pela Lei n.º 154/2015, de 14 de setembro. De salientar, porém, que, até à alteração introduzida pelo Decreto-Lei n.º 197/2012, de 24 de agosto, a al. b), do n.º 1, do art. 29.º, do CIVA, dispunha que os sujeitos passivos eram obrigados a "[e]mitir uma factura ou documento equivalente por cada transmissão de bens ou prestação de serviços [...]". Ora, como se acabou de ver, apenas a fatura é, presentemente, documento fiscalmente relevante.

CAPÍTULO IV
DISTINÇÃO DE FIGURAS AFINS

1. Generalidades (justificação e sistematização)

A personagem central do nosso trabalho é a taxa de justiça. Esta, porém, integra uma constelação de vários gastos que um processo judicial engloba – as designadas *custas*. Por outro lado, paralelemente a estes dispêndios, existem outros, cuja análise, embora não possa ser realizada sob o Direito tributário – por não se tratarem de tributos – é importante para estabelecer uma distinção com a taxa de justiça. Afigura-se-nos, assim, importante dedicar alguns parágrafos a estes figurinos legais, permitindo, destarte, atomizar a taxa de justiça que, além de ser uma criatura legal do ecossistema processual, é também pertence ao Direito tributário.

Começaremos, assim, por analisar o conceito de custas, em sentido lato e em sentido estrito, para, depois, analisarmos os encargos e as custas de parte. Seguidamente, num plano externo às custas, consideraremos as multas processuais e a taxa sancionatória excecional, não podendo ainda deixar escapar a oportunidade de estabelecer um paralelo com outra figura própria do procedimento tributário – o agravamento da coleta.

2. As custas

Principiando pelo conceito de custas, podemos dizer que se trata de um conceito tridimensional. Teremos, assim, as *custas em sentido amplo* e *custas em sentido estrito*[447]. No primeiro caso, as custas abrangem a taxa de justiça, encargos e custas de parte. Já as custas em sentido estrito referem-se apenas aos encargos e custas de parte. Assim, muito embora a taxa de justiça integre o conceito de custas, *lato sensu*, não se confunde com estas, porquanto as custas processuais são a categoria genérica que integra cada uma das espécies de *custos* que o acesso à justiça envolve[448]. Esta é uma nota de importância significativa, uma vez que é muito comum encontramos na jurisprudência e em construções doutrinais a utilização imprecisa do termo *custas* para se referir à taxa justiça. Não obstante desenvolvermos melhor esta matéria adiante, para uma melhor compreensão das *custas processuais*, propomos o seguinte esquema:

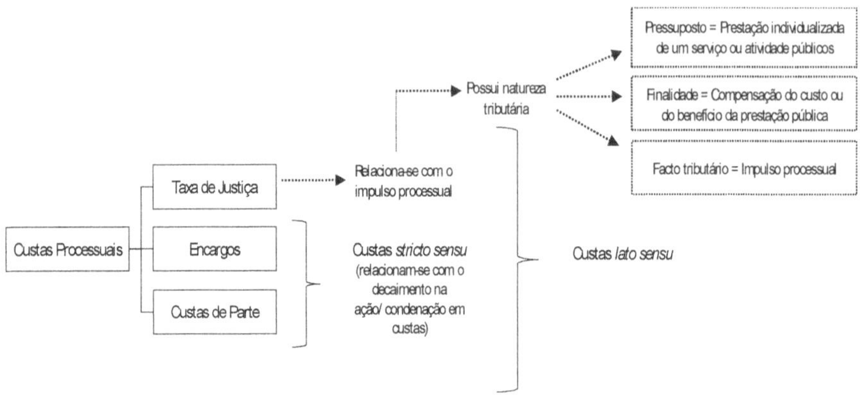

Esquema 3 – Organização das Custas Processuais

[447] É curioso assinalar que Fernando Luso Soares distingue, ainda, entre custas judicias e gastos judicias. Para o autor, estes são "[...] os gastos relativos ao funcionamento da justiça, o qual exige a intervenção de vários actuantes (o juiz e os funcionários) e a concorrência de meios materiais (móveis e imóveis). Estes gastos genéricos não são na verdade assimiláveis às custas, pelo menos, diretamente, apesar de estarem, sem dúvida, afectos ao processo. Eles constituem despesas suportadas pelo Estado, que as cobre a sufraga através de verbas de orçamentos de erário público [...]". Cfr. Soares, Fernando Luso, "A responsabilidade Processual Civil", Coimbra, Almedina, 1987, pp. 29-30.

[448] É, no entanto, possível arrolar alguns arestos, incluindo do próprio Tribunal Constitucional, em que os tribunais não conseguem ultrapassar esta tendência de confundir a taxa de justiça com as custas processuais. Assim, por exemplo, Ac. do TC n.º 301/2009, proferido no processo n.º 75/09, em 22 de junho de 2009, disponível em www.tribunalconstitucional.pt [07-11-2021] e Ac. do TRP, proferido no processo n.º 1962/09.8TVPRT.P2, em 04 de maio de 2017, disponível em www.dgsi.pt [07-11-2021].

Como assinala Salvador da Costa, "[e]ste conceito significa, grosso modo, as despesas com os processos em geral, ou seja, o dispêndio necessário à obtenção em juízo da declaração de um direito ou da verificação de determinada situação fáctico-juridica"[449]. Dito de outro modo, "[a]s custas processuais são, em síntese, o conjunto da despesa exigível por lei, resultante da mobilização do sistema judiciário, para resolução de determinado conflito, e inerente à condução do respetivo processo"[450]. Assim, quando se fala em condenação em custas, por exemplo, no caso do n.º 1, do art. 527.º, do CPC, o legislador está a referir-se aos encargos (caso os haja, pois podem não ter sido realizadas diligências que lhes deem causa) e às custas de parte, e, portanto, ao conceito de custas em sentido estrito. Nesta ordem de ideias, pode até dizer-se que o conceito de custas *stricto sensu* se relaciona com o decaimento na causa, enquanto a taxa de justiça resulta do impulso processual. Deste modo, "[o] critério do vencimento e do decaimento não releva para efeito de pagamento de taxa de justiça, porque a lei liga a responsabilidade pelo seu pagamento ao agente do impulso processual, do lado ativo ou do lado passivo, como se de mera contrapartida do pedido de prestação de um serviço se tratasse"[451].

Ora, como dissemos, as custas processuais *stricto sensu* incluem os encargos e as custas de parte, como, de resto, refere o n.º 1, do art. 3.º, do RCP, e o n.º 1, do art. 529.º, do CPC. Em termos histórico-evolutivos, como se viu, sempre existiu esta repartição, umas vezes tripartida, outras, bipartida. Aliás, mesmo no sistema de processar das Ordenações do Reino, havia a preocupação de distinguir entre as custas processuais e as custas pessoais.

Questão diferente, porém, parece ser a das custas procedimentais em processo de contraordenação. O n.º 3, do art. 92.º, do Ilícito de Mera Ordenação Social, estabelece que as custas abrangem a taxa de justiça, os honorários dos defensores oficiosos, os emolumentos a

[449] Cfr. Costa, Salvador, "As Custas...", 2018, *op. cit.*, p. 72.

[450] Cfr. Centro de Estudos Judiciários – Direção Geral da Administração da Justiça (Divisão de Formação), "Guia Prático...", *op. cit.*, p. 29.

[451] Cfr. Costa, Salvador da, "As Custas no Contencioso Tributário" *in* Centro de Estudos Judiciários, *Temas de Direito Tributário 2017 – Procedimento Tributário e Custas Processuais*, Lisboa, 2017, p. 42, disponível em https://cej.justica.gov.pt/LinkClick.aspx?fileticket=zhZIZ0wEo58%3d&portalid=30 [31-03-2022].

pagar aos peritos e os demais encargos resultantes do processo. Neste contexto, Tiago Lopes de Azevedo atribui às custas procedimentais natureza tributária afirmando que "[a]s custas procedimentais têm uma natureza tributária, sendo devidas pela utilização de um bem de natureza pública"[452]. Não discordando inteiramente da afirmação, e com o respeito que é devido ao autor, que é muito, temos algumas dúvidas em aceitar que *todas* estas custas possam assumir natureza tributária, como é o caso, dos emolumentos a pagar aos peritos e demais encargos resultantes do processo. Os encargos não se destinam propriamente a compensar o Estado pela prestação de um serviço ou atividade públicas, traduzindo-se antes no pagamento de uma despesa ou reembolso para com terceiros que são chamados ao processo de forma acidental, como é o caso dos peritos e das testemunhas.

2.1. Os encargos

Os encargos, diz-nos o n.º 3, do art. 529.º, do CPC, são todas as despesas resultantes da condução do processo, requeridas pelos sujeitos passivos ou ordenadas pelo juiz da causa. Correspondem, portanto, às despesas ocasionadas pela realização de determinadas diligências, por terceiros, requeridas ou oficiosamente ordenadas, e, naturalmente, que tenham relevância para o prosseguimento da lide e para a boa decisão da causa. São exemplo disso, os pagamentos devidos ou pagos a quaisquer entidades pela produção ou entrega de documentos, prestação de serviços ou atos análogos, as compensações devidas as testemunhas, as despesas de transporte e ajudas de custo para diligências afetas ao processo em causa, enfim, todas as despesas elencadas no art. 16.º, do RCP. Em matéria de encargos, a regra é a de que o litigante que a eles tenha dado origem, ou tirado proveito (mesmo que as diligências em causa tenham sido ordenadas oficiosamente pelo tribunal) é responsável pelo seu pagamento. Contudo, os encargos que, a final, não se encontram pagos são imputados na conta de custas, sendo devidos na proporção do decaimento, como decorre do n.º 2, do art. 24.º, do RCP[453]. Caso contrário,

[452] Cfr. AZEVEDO, Tiago Lopes de, "Lições de...", *op. cit.*, p. 267.

[453] A conta de custas é elaborada pela secretaria do tribunal que funcionou em 1.ª instância, nos termos do n.º 1, do art. 29.º, do RCP, e a sua elaboração deve, ainda, respeitar o regime previsto na Portaria n.º 419-A/2009.

isto é, se já tiverem sido pagos, serão imputados em sede de custas de parte, conforme determina a al. b), do n.º 3, do art. 26.º, do RCP.

Os encargos devem ser pagos pela parte requerente ou interessada, imediatamente ou no prazo de 10 dias a contar da notificação do despacho que ordene a diligência, determine a expedição ou cumprimento de carta rogatória ou marque a data da audiência de julgamento, nos termos do n.º 1, do art. 20.º, do RCP. A parte vencida é, a final, condenada no pagamento dos encargos, na proporção do vencimento, tal como decorre do n.º 2, do art. 24.º, do mesmo diploma, conjugado com o n.º 6, do art. 607.º, do CPC. Por sua vez, se os encargos tiverem sido suportados pela parte vencedora, integrarão a nota discriminativa e justificativa de custas da parte, na proporção do vencimento, tal como decorre da al. c), do n.º 3, do art. 26.º, do RCP, e que se traduz numa expressão do princípio da tendencial justiça gratuita para o vencedor, que analisaremos adiante.

Como se vê, os encargos traduzem-se numa despesa para com terceiros (que não se encontram em confronto na lide, portanto) podendo a ela ser chamados de forma acidental e com finalidades bastante precisas, seja o chamamento a juízo de uma testemunha, a requisição de um exame pericial, entre outras, não assumindo, assim, em nosso ver, relevância no domínio tributário. A favor desta tese, milita ainda a circunstância de os titulares destes créditos poderem reclamá-los diretamente ao litigante que deva satisfazê-los, sem esperar que o processo termine e independentemente de posterior condenação em custas, conforme resulta do n.º 4, do art.º 20.º do RCP.

Um tratamento diferente, porém, poderão assumir os encargos que se traduzem no reembolso de despesas adiantadas pelo IGFEJ, previstas na al. a), do n.º 1, do art. 16.º, do RCP, em particular, o pagamento da compensação do patrono ou defensor oficioso. É o que veremos de seguida.

§ Em especial, o pagamento da compensação do patrono ou defensor oficioso

Impõe-se, *prima facie*, uma breve contextualização. O n.º 1, do art. 2.º, da LADT, determina que "[o] acesso ao direito e aos tribunais constitui uma responsabilidade do Estado, a promover, designadamente, através de dispositivos de cooperação com as instituições representativas das profissões forenses". Por sua vez, nos termos do n.º 2, do art. 3.º, "[o] Estado garante uma adequada compensação aos profissionais forenses que participem no sistema de acesso ao direito e aos tribunais". Importa, ainda, sublinhar que o n.º 3 estabelece a proibição de os profissionais forenses inscritos no sistema de acesso ao direito auferir, com base neles, remuneração diversa da que tiverem direito nos termos da lei. A compensação a estes profissionais encontra-se prevista na tabela anexa à Portaria n.º 1386/2004, de 10 de novembro.

Ora, a subalínea ii), da al. a), do n.º 1, do art. 16.º, do RCP, determina que os custos com a concessão de apoio judiciário, incluindo o pagamento de honorários, constituem um encargo que entram em regra de custas a final, o que significa que são suportados pelo vencido na proporção do decaimento, e que, por sua vez, está em consonância com o disposto no n.º 1, do art. 36.º, da LADT, que estabelece que sempre que haja um processo judicial, os encargos decorrentes da concessão de proteção jurídica, em qualquer das suas modalidades, são levados a regra de custas a final. Duas das modalidades de apoio judiciário são a nomeação e, ou, pagamento da compensação de patrono ou defensor oficioso e a nomeação e, ou, pagamento faseado[454] da compensação de patrono ou defensor oficioso[455]. Ora, o valor dos encargos decorrentes da concessão de apoio judiciário nas modalidades previstas nas als. b), c), e) e f), do n.º 1, do art. 16.º, da LADT, é de €150,00 por processo, conforme se extrai do n.º 1, do art. 8.º, da Portaria n.º 10/2008. Já em matéria penal, rege o disposto nos n.os 5 e 7, do art. 39.º, da LADT, que dispõe que, tendo sido nomeado defensor oficioso ao arguido, e não solicitar, ou solici-

[454] Não se trata de uma dispensa de pagamento. O que sucede é que o beneficiário/patrocinado não pagará os honorários diretamente ao patrono ou defensor oficioso, entrando este encargo em regra de custas a final, sendo, na prática, suportado pelo vencido e mesmo que não tenha sido o respetivo beneficiário (salvo se também ele beneficiar de proteção jurídica).

[455] Cabe salientar que a distinção terminológica entre "patrono" e "defensor oficioso" reside na natureza do processo em causa. Assim, no caso de processo penal ou contraordenacional, o profissional forense nomeado designa-se "defensor oficioso". Nos demais casos, utiliza-se a terminologia "patrono". Presentemente, os advogados estagiários não podem inscrever-se no sistema de acesso ao direito e aos tribunais, apenas podendo mediante acompanhamento por parte do seu patrono, em todas as diligências e processos a este atribuídos, nos termos do n.º 1, do art. 12.º, da Portaria n.º 10/2008.

tando, não lhe ter sido concedido apoio judiciário, fica responsável pelo pagamento do triplo daquela quantia, ou seja, €450,00. Isto significa que, se o beneficiário do apoio judiciário obtiver ganho de causa total, nem sequer será o responsável por esse pagamento, que, assim, incumbirá ao vencido.

Pois bem, perante este cenário, poderá suscitar-se questão da natureza jurídica deste pagamento, mais concretamente, se será defensável a sua representação como uma taxa. Comecemos por olhar para o seu o pressuposto e finalidade. No que respeita ao pressuposto, parece-nos que radica na prestação de uma atividade ou serviço públicos – prestação individualizada de serviços forenses no âmbito do acesso ao direito e aos tribunais. Poderá contra-argumentar-se que, entrando este pagamento em regra de custas a final, em função do decaimento, poderá ser paga pelo litigante vencido que, em rigor, não usufruiu desse serviço (ou seja, que não beneficiou de proteção jurídica). Porém, como vimos, o pressuposto de uma taxa assenta numa prestação pública de que o sujeito passivo é o efetivo *causador* ou *beneficiário*. Será, assim, cabível advogar que, embora o vencido possa não ter sido o beneficiário desse concreto serviço, foi o *causador* dessa prestação, atento o decaimento na causa, e independentemente da concreta posição processual que ocupe. Neste contexto, o facto tributário não é, por óbvio, o impulso processual. Parece-nos que, juridicamente, poderá ser defensável que o facto gerador da obrigação seja o decaimento na causa, visto que é este facto ou ocorrência que determina a obrigação de pagamento deste encargo ou reembolso. Quanto à sua finalidade, parece residir na compensação do Estado pelo pagamento dos honorários (*rectius*, compensação) dos profissionais forenses inscritos no sistema de acesso ao direito e aos tribunais e, por isso, destinada à compensação de uma despesa pública concreta. Olhando para a consignação da receita resultante do pagamento destes encargos, constata-se que também reverte a favor do IGFEJ, o que resulta da conjugação da al. m), do n.º 1, do art. 36.º, da Portaria n.º 419-A/2009, com a subalínea ii), da al. a), do n.º 1, do art. 6.º, do RCP.

Cientes de que nos encontramos em terreno árido, com estes desenvolvimentos pretendemos, antes de mais, incitar a uma reflexão sobre o tema. Sabemos que as representações acima expostas poderão gerar algumas dúvidas ou ceticismo, no entanto, é justamente essa reflexão que pretendemos *provocar* com as referidas ideias. A nossa pretensão não é – longe disso – fornecer uma resposta. As ideias aqui expostas estão suportadas em argumentos jurídicos minimamente suficientes para espoletar uma discussão em torno do assunto. Cumpre, ainda, dar nota de que não se trata de um assunto estéril e, portanto, sem qualquer interesse para a ciência jurídica. A definição da natureza jurídica desta obrigação suscita questões delicadas. Poderá, assim, perguntar-se: que critérios foram utilizados pelo legislador para a fixação dos montantes acima referidos? Se admitimos que poderá ser uma taxa, então será uma adequação ao custo, ao benefício ou ambos? Deverão os mesmos estarem sujeitos a um controlo material? Não obstante, procurando contribuir para tal exercício de reflexão, não podemos deixar de dizer que, em nosso ver – e ainda que de forma perfunctória –, parece ser possível deslindar-se uma ligação, um nexo sinalagmático, entre o pagamento deste *encargo* ou *reembolso* ao IGFEJ e a prestação de um serviço público de que o sujeito passivo foi o efetivo beneficiário ou causador. Pela nossa parte, não obstante a publicação desta obra, continuaremos este exercício de reflexão.

2.2. As custas de parte

O n.º 1, do art. 26.º, do RCP, estabelece que as custas de parte se integram no âmbito da condenação judicial por custas[456]. Por sua vez, o n.º 1, do art. 533.º, do CPC, dispõe que as custas da parte vencedora são suportadas pela parte vencida, na proporção do seu decaimento e nos termos previstos no RCP. Sinteticamente, as custas de parte traduzem-se na compensação devida pelo vencido, na proporção do decaimento, ao vencedor, e que compreende o que esta haja despendido no processo. Contudo, ainda que a nossa ordem jurídica aplique, nesta matéria, o princípio *victus victori*, as custas de parte, como veremos adiante, não abrangem a totalidade das custas despendidas pelo vencedor, não se traduzindo numa compensação total. O direito às custas de parte nasce no

[456] Para José António Coelho Carreira, com tal formulação, pretende o legislador salvaguardar os casos em que o tribunal omita, ou possa omitir, na decisão final, a expressa condenação da parte vencida, na proporção do decaimento, a pagar as custas de parte ao vencido, daí a sua integração na condenação judicial por custas. Cfr. Carreira, José António Coelho, "Regulamento das...", *op. cit.*, p. 343.

momento em que o julgador condene uma das partes em custas, porém, é liquidada e cobrada pela parte vencedora diretamente junto da parte vencida[457]. É também importante lembrar que apenas pode existir um vencido e um vencedor, pelo que, ainda que o vencido não tenha decaído na totalidade do pedido, nem por isso ele pode considerar-se como vencedor quanto ao restante[458]. É um direito de crédito que tem subjacente uma específica qualidade processual – a de parte. Com efeito, existem determinados intervenientes processuais que, embora o sejam, não são parte e, portanto, não podem apresentar a nota justificativa e discriminativa de custas de parte. Um exemplo será o dos intervenientes acessórios[459]. Imagine-se, assim, que *A* intentou ação declarativa de condenação contra *B*, alegando que bens da sua pertença, depositados e guardados nas instalações deste, foram furtados, requerendo, assim, a efetivação de responsabilidade contratual. O réu, por sua vez, alega que celebrou com *C* um contrato de prestação de serviços de segurança e vigilância relativamente às suas instalações e, portanto, requer a sua intervenção acessória provocada, para, caso venha a decair na ação, efetivar o direito de regresso contra este. Este interveniente, por sua vez, alega ter celebrado um contrato de seguro com *D* e, por isso, vem requerer a sua intervenção acessória provocada. Ora, no caso de o réu *B* ficar vencido, não assiste a *C* e *D* o direito a apesentarem nota discriminativa e justificativa de custas de parte, quer contra o autor, quer contra o réu, nem tão pouco entre eles[460].

Do que dissemos, e sem prejuízo da especial clarificação que faremos adiante, resulta que o ente público, credor da taxa de justiça e prestador do serviço *justiça*, é alheio a esta relação de crédito que se estabelece unicamente entre os litigantes e por força do decaimento na causa. Contudo, merecem saliência duas regras. A primeira é a prerrogativa

[457] Neste sentido, *vide*, entre outros, Ac. do TRG, proferido no processo n.º 2524/13.0TBVCT.G2-A, em 28 de março de 2018, e do TRC, proferido no processo n.º 224/09.5TBCBR-B.Cl, em 08 de março de 2016, ambos disponíveis em www.dgsi.pt [07-12-2020].

[458] Assim, por exemplo, se o autor *A* intentou uma ação contra o réu *B* a exigir o pagamento da quantia de €10.000,00, mas este apenas foi condenado ao pagamento de €9.000,00, não pode o réu considerar-se vencedor em 10%.

[459] A intervenção acessória é regulada entre os art.os 321.º a 332.º, do CPC.

[460] Neste sentido, *vide* Ac. do TRP, proferido no processo n.º 3039/15.8T8PNF-B.P1, em 14 de janeiro de 2020, disponível em www.dgsi.pt [29-05-2021]. O exemplo acima referido foi retirado da matéria de facto constante desta decisão.

prevista no n.º 2, do art. 29.º, da Portaria n.º 419-A/2009, nos termos da qual o litigante vencedor pode requerer que as custas de parte a que tenha direito sejam liquidadas através do remanescente a devolver ao vencido, bastando para o efeito que expressamente o solicite na nota justificativa e, naturalmente, acrescentaríamos, que também a tenha remetido para o tribunal. Note-se que, aqui, não há qualquer empobrecimento do erário público, uma vez que aquele remanescente sempre deveria ser devolvido, por ter sido indevidamente pago pelo vencido. A segunda reporta-se ao n.º 6, do art. 26.º, do RCP, que dispõe que se o vencido for o MP ou gozar do benefício de apoio judiciário na modalidade de dispensa de taxa de justiça e demais encargos com o processo, o reembolso das taxas de justiça pagas pelo vencedor é suportado pelo IGFEJ. Trata-se, de facto, de uma situação em que o IGFEJ está vinculado à devolução ao vencedor do que este tenha pago a título de taxa de justiça. Deve, porém, ficar bem claro que neste caso não estamos perante a prototípica relação de custas de partes, para a qual já alertamos estabelecer-se unicamente entre os litigantes, mas de uma manifestação do princípio da (tendencial) justiça gratuita para o vencedor. Veja-se que, nesta hipótese, há apenas lugar à devolução da taxa de justiça, mas não dos encargos, nem sequer da parcela a que se refere a al. c), do n.º 3, do art. 26.º, do RCP[461].

2.2.1. A nota discriminativa e justificativa

O vencedor deve, até 10 dias após o trânsito em julgado ou após a notificação de que foi obtida a totalidade do pagamento ou do produto da penhora, consoante os casos então, enviar para o tribunal e para o vencido a respetiva *nota discriminativa e justificativa*, nos termos conjugados do n.º 1, do art. 25.º, do RCP, e do n.º 1, do art. 31.º, da Portaria n.º 419-A/2009[462]. A jurisprudência tem entendido que a mera notifi-

[461] Assim, por exemplo, Ac. do TRL, proferido no processo n.º 17985/12.7YYLSB-C.L1-7, em 07 de abril de 2021, disponível em www.dgsi.pt [05-05-2022].

[462] A este propósito, tem-se discutido se o vencedor pode remeter ao vencido a nota discriminativa e justificativa antes do trânsito em julgado. A jurisprudência não tem sido unânime, com uma corrente a admitir que nada impede o credor das custas de parte de enviar a nota antes da decisão se tornar definitiva e outra a entender que o direito apenas pode ser exercido a partir do trânsito em julgado, por motivos de segurança jurídica. Quanto à primeira corrente, *vide*, por exemplo, Ac. do TRP, proferido no processo n.º 375/11.6TYVNG-D.P1),

cação à parte vencida da apresentação em tribunal da nota discriminativa e justificativa, não vale como envio à própria parte, mesmo que a parte vencida haja constituído mandatário e este seja notificado da mesma[463]. Torna-se, assim, necessário o envio da nota discriminativa e justificativa à própria parte vencida[464]. A elaboração da nota discriminativa e justificativa de custas de parte obedece, ainda, a diversos requisitos conteudísticos, elencados no n.º 2, do art. 25.º, do RCP. As importâncias que, em concreto, a parte vencedora tem a haver da parte vencida são, nos termos do n.º 3, do art. 26.º, do RCP:

(i) Os valores de taxa de justiça pagos pela parte vencedora, na proporção do vencimento;

(ii) Os valores pagos pela parte vencedora a título de encargos, incluindo as despesas do agente de execução;

em 05 de novembro de 2011, disponível em www.dgsi.pt [07-12-2020]. No sentido da admissão apenas após o trânsito em julgado, por exemplo, Ac. do TRL, de proferido no processo n.º 32063/15.9T8LSB-A.L1, em 24 de outubro de 2019, disponível em www.dgsi.pt [07-12-2020].

463 Cfr., entre outros, Ac. do TRE, proferido no processo n.º 716/17.2T8SLV-A.E1, em 12 de abril de 2018, e do TRC, proferido no processo n.º 1310/16.0T8PBL-A.C1, em 05 de maio de 2020, ambos disponíveis em www.dgsi.pt [07-12-2020].

464 Outra das questões que se suscita, especialmente, a nível deontológico, é se a nota discriminativa e justificativa pode ser envida pelo mandatário do vencedor diretamente ao vencido. A razão de ser desta discussão reside no disposto na al. e), do n.º 1, do art. 112.º, da Lei n.º 145/2015, de 09 de setembro, que aprova o Estatuto da Ordem dos Advogados, com a última redação conferida pela Lei n.º 23/2020, de 06 de julho, e que proíbe o advogado de contactar a parte contrária que esteja representada por advogado, salvo se previamente autorizado por este, ou se tal for indispensável, por imposição legal ou contratual. Em parecer do Conselho Regional de Coimbra, de 22 de setembro de 2017, proferido no processo n.º 18/PP/2017-C, entendeu-se que "[...] a notificação e remessa da Nota Discriminativa e Justificativa a que alude o citado n.º 1 do art. 25.º do RCP e à qual pode ser conferida força executiva, é indubitavelmente uma interpelação para pagamento e, como tal, não se enquadra como um contacto com a parte contrária, subsumível à referida alínea e) do n.º 1 do art. 122.º do EOA. O que estatutariamente se veda através daquele normativo é o contactar, no sentido de se por em contacto, de se entender directamente, não constituindo uma proibição absoluta no sentido de ser vedada a possibilidade de interpelar a parte contrária para o cumprimento de uma obrigação, designadamente de pagamento". Disponível em www.oa.pt [07-12-2020]. No mesmo sentido, veja-se, designadamente, o parecer do Conselho Regional do Porto, de 04 de dezembro, de 2013, proferido no processo n.º 38/PP/2013, disponível em www.oa.pt [07-12-2020]. Na doutrina, por exemplo, Magalhães, Fernando Sousa, "Estatuto da Ordem dos Advogados – Anotado e Comentado, 14.ª Edição, Coimbra, Almedina, 2019, p. 183.

(iii) 50% do somatório das taxas de justiça pagas pela parte vencida e pela parte vencedora, para compensação da parte vencedora face às despesas com honorários do mandatário judicial;
(iv) Os valores pagos a título de honorários de agente de execução.

Após a notificação da nota discriminativa e justificativa, o seu devedor, portanto, a parte vencida, dispõe de um prazo de 10 dias para pagar ou reclamar da nota, nos termos do n.º 1, do art. 26.º-A, do RCP. A reclamação está prevista no art. 26.º-A, do RCP, conjugado com o art. 33.º, da Portaria n.º 419-A/2009, sendo-lhe, assim, aplicáveis, com as devidas adaptações, as regras relativas à reclamação da conta de custas. Na falta de pagamento das custas de parte, após o termo do prazo legal, o credor pode intentar ação executiva, sendo título executivo a sentença (que condenou em custas), acompanhada da nota discriminativa e justificativa.

Chegados aqui, poder-se-á questionar quais as consequências da falta de envio – seja pela ausência total de envio, seja pelo envio extemporâneo – da nota discriminativa e justificativa. A jurisprudência, apesar de um tanto claudicante, parece propender, em nosso ver, no sentido de que o decurso do prazo previsto no n.º 1, do art. 25.º, do RCP, não faz precludir o direito de crédito, mas apenas preclude o ato processual de apresentação no próprio processo, não impedindo o credor de reclamar o seu crédito nos termos gerais, nomeadamente, através de ação executiva[465]. Outra corrente jurisprudencial, porém, defende que estamos perante um prazo de caducidade, de tal modo que, não sendo o ato praticado tempestivamente, ocorre a caducidade do direito, devendo ser invocada por quem a aproveita[466]. No parâmetro doutrinal, a posição defendida por Salvador da Costa é a de que o prazo de 10 dias é um prazo perentório, cuja contagem se faz nos termos dos n.os 1 a 3, do art. 138.º, do CPC, e de caducidade, de modo que, decorrido o mesmo, extingue-se o direito de crédito[467].

[465] Neste sentido, veja-se, a título de exemplo, Ac. do TRC, proferido no processo n.º 720/06.6TBFIG-A.C1, em 12 de junho de 2018, e Ac. do TRP, proferido no processo n.º 462/06.2TBLSD-C.P1, em 14 de junho de 2017, ambos disponíveis em www.dgsi.pt [03-12-2020].

[466] Nesta linha, *vide*, designadamente, o Ac. do TRP, proferido no processo n.º 269/10.2TAMTS-B.P1, em 19 de fevereiro de 2014, disponível em www.dgsi.pt [03-12-2020].

[467] Cfr. Costa, Salvador da, "As Custas...", *op. cit.*, p. 166.

Quanto a nós, e com o devido respeito, propendemos para o entendimento de que a omissão pela parte vencedora da remessa da nota discriminativa e justificativa não implica a extinção por caducidade do direito de crédito. Vejamos: Em primeiro lugar, a lei não reconhece qualquer efeito preclusivo ou atribui uma cominação à falta de envio da nota discriminativa e justificativa de custas de parte, limitando-se a indicar que, no prazo de 10 dias, as partes que tenham direito a custas de parte remetem a respetiva nota. É, assim, legítimo equacionar se tal prazo não será meramente ordenador ou indicativo. Em segundo lugar, um entendimento contrário parece colidir com o prazo de prescrição previsto no n.º 1, do art. 37.º, do RCP, que determina que o crédito por custas e o direito à devolução de quantias depositadas à ordem de quaisquer processos prescreve no prazo de cinco anos, a contar da data em que o titular foi notificado do direito a requerer a respetiva devolução, salvo se houver disposição em contrário em lei especial. Considerando que neste normativo o legislador utiliza o termo *custas* e, portanto, no seu sentido lato, e convocando as regras da hermenêutica jurídica previstas no art. 9.º, do CC, haverá que presumir que o legislador consagrou as soluções mais acertadas e soube exprimir o seu pensamento em termos adequados, até porque, em outros preceitos do RCP, o legislador distingue de entre os diversos *custos* que integram as custas. Aliás, é o próprio criador normativo que logo no art. 3.º, do RCP, esclarece que o conceito de custas abrange a taxa de justiça, os encargos e as custas de parte, sistematizando o próprio diploma legal em função desta divisão tripartida. Com efeito, também por esta razão, temos algumas reservas em considerar aquele prazo de 10 dias preclusivo.

Com exceção do apontamento que veremos a seguir, uma análise mais exaustiva sobre as custas de parte, seria, nesta investigação, deslocada.

2.2.2. A (necessária) distinção entre a taxa de justiça e a compensação em sede de custas de parte

Como já aqui o afirmamos, a taxa de justiça paga pelo sujeito processual é uma genuína taxa. O pagamento da taxa de justiça é, assim, uma obrigação (principal) que integra uma relação jurídica tributária. Por sua vez, a "taxa de justiça" que o vencido paga ao vencedor, no âmbito do instituto das custas de parte, não configura uma prestação de natureza tributária. Trata-se de uma relação creditícia estabelecida unicamente entre os litigantes, sem qualquer intervenção de um ente público, enquanto credor tributário. Aliás, o vencedor, pode, ou não, exercer o seu direito de crédito, o que, caso estivéssemos perante um tributo, dada a indisponibilidade e irrenunciabilidade do crédito tributário, não seria possível[468]. As custas de parte assumem, assim, uma natureza compensatória, como, aliás, resulta dos próprios enunciados linguísticos do RCP e do CPC. Assim, "[a] parte vencida é condenada [...] ao *pagamento dos seguintes valores*, a título de custas de parte [...] *os valores de taxa de justiça pagos pela parte vencedora*, na proporção do vencimento" [469]. Com efeito, "[a]s custas de parte compreendem o que cada parte haja despendido com o processo e tenha direito a ser *compensada* em virtude da condenação da parte contrária [...]"[470].

Na doutrina, Salvador da Costa observa que as custas de parte constituem "[...] um crédito do vencedor, no confronto do vencido, destinado a compensá-lo em relação ao dispêndio monetário feito no âmbito do processo" [471]. Dito de outra forma, "[t]rata-se de uma obrigação de pagamento da taxa de justiça pelas partes, ou seja, os demandantes e os demandados em geral, independentemente da sua responsabilidade pela dívida de custas stricto sensu"[472]. Desmitificando, esta "taxa de justiça" que o vencido está obrigado a pagar ao vencedor não é mais do que uma compensação no *valor equivalente à taxa de justiça* por este paga, não podendo qualificar-se como uma taxa, nem sequer reconhecer-lhe natureza tributária. Nem se compreenderia que assim fosse. Se fosse uma taxa, então, qual seria o seu pressuposto? E a sua finalidade?

Com efeito, a taxa de justiça paga pelo vencedor integrou, definitivamente, o erário público, não lhe sendo restituída pelo ente público credor em virtude do ganho de causa. O que sucede é que, na prática,

[468] É, neste contexto, que no Ac. do TRP, proferido no processo n.º 269/10.2TAMTS-B.P1, de 19 de fevereiro de 2014, se sancionou que "[o] pagamento de custas de parte é matéria que está na inteira disponibilidade das partes, excluindo a natureza oficiosa do seu funcionamento", disponível em www.dgsi.pt [14-12-2020].

[469] Cfr. al. a), do n.º 3, do art. 26.º, do RCP.

[470] Cfr. n.º 4, do art. 529.º, do CPC.

[471] Cfr. Costa, Salvador da, "As Custas...", 2017, *op. cit.*, p. 16.

[472] Cfr.*idem, ibidem*, p. 18.

a importância equivalente a esse dispêndio há de lhe ser compensada pelo vencido, em atenção aos princípios da tendencial gratuitidade da justiça para o vencedor e da causalidade. Por este motivo, afigura-se-nos incorreto posicionar – como alguma doutrina tem vindo a fazer – o pagamento das custas de parte ao litigante vencedor no plano tributário. É neste sentido que, pese embora o respeito que o autor nos inspira, que ousamos discordar de Sérgio Vasques quando afirma que "[é] sabido que existem casos em que os elementos do custo e do benefício surgem dissociados, uma ocorrência reconhecida já desde os tempos das Finanças Públicas de oitocentos. O divórcio entre o custo e o benefício pode testemunhar-se em figuras como as taxas de justiça que se exigem da parte vencida em processo (...)"[473]. No mesmo raciocínio também parece incorrer Benjamim Silva Rodrigues ao afirmar que o benefício retirado de um serviço público nem sempre aproveita a quem lhe deu causa económica e exemplifica com "[...] o caso da taxa de justiça que é paga pelo condenado ou pelo vencido enquanto causante do funcionamento do serviço da justiça"[474]. Do mesmo passo, Alberto Xavier sustenta que "[...] há situações em que é difícil falar numa vantagem ou benefício em sentido próprio: – é o que se passa nas custas judiciais devidas pela parte que decaíu na acção, sobretudo quando não deu origem ao processo"[475].

A problemática, porém, parece-nos certeiramente colocada em aresto do STA, em que foi relator o Conselheiro Nuno Bastos, e no qual se esclarece que "[...] no actual figurino legal, a taxa de justiça é devida por ter havido um processo e não por ter havido uma decisão que condene no seu pagamento. Pretende-se, através dela remunerar o acesso ao serviço de justiça e não imputar no seu pagamento quem decaiu na demanda[476]". No Ac. do TC n.º 391/2020, entre outros, também é expli-

[473] Cfr. Vasques, Sérgio, "O Princípio...", *op. cit.*, p. 142.

[474] Cfr. Rodrigues, Benjamim Silva, "Para uma reforma...", *op. cit.*, p. 184. O mesmo também é defendido por Manuel Henrique de Freitas Pereira, ao sustentar que existem taxas em que o particular não obtém qualquer benefício não sendo sequer ele que solicita a atividade pública que concretiza a contraprestação. "Veja-se, por exemplo, o caso das taxas judiciais pagas pelo condenado em tribunal." Cfr. Pereira, Manuel Henriques de Freitas, "Fiscalidade", 6.ª Edição (Reimp. 2020), Coimbra, Almedina, 2018, p. 25.

[475] Cfr. Xavier, Alberto, "Manual de...", *op. cit.*, p. 49.

[476] Cfr. Ac. do STA, proferido no processo n.º 01175/12.1BESNT 0527/17, em 16 de janeiro de 2020, disponível em www.dgsi.pt [02-04-2022].

cado que "[e]mbora igualmente sujeita ao pagamento da taxa de justiça, a parte que obtenha vencimento tem, no entanto, e em princípio, o direito a ser ressarcida pela parte vencida das custas que teve de suportar. Este ressarcimento ocorre no quadro do regime das custas de parte [...]"[477].

À guisa de conclusão, entendemos que a única taxa de justiça que o vencido pagará será a taxa devida pelo seu próprio impulso processual, sendo que, em sede de custas de parte, está apenas adstrito ao pagamento de uma compensação, de natureza civil, equivalente ao montante despendido pelo vencedor a esse título.

2.3. Multas e outras penalidades

Pode, ainda, suceder que o sujeito processual, independentemente da posição que ocupe na lide, seja condenado numa multa processual[478]. São várias as razões que podem justificar a sua aplicação, desde a prática extemporânea de determinados atos processuais, à conduta adotada pelos sujeitos processuais. As multas e outras penalidades são referidas no n.º 2, do art. 3.º, do RCP, sendo-lhes aplicável o disposto nos art.os 27.º e 28.º, do mesmo diploma, em conjugação com os art.os 25.º e 26.º, da Portaria n.º 419-A/2009. Pense-se, desde logo, na prática extemporânea de um ato processual. O n.º 5, do art. 139.º, do CPC, prevê a prática do ato processual nos três primeiros dias úteis subsequentes ao termo do

[477] Cfr. Ac. do TC n.º 391/2020, proferido no processo n.º 955/2018, em 13 de julho de 2020, disponível em www.tribunalconstitucional.pt [07-04-2022].

[478] Como é evidente, a multa processual não se confunde com as penas de multa. A jurisprudência sustenta que o que está aqui em causa é a prática de um ilícito processual. Assim, "[i]mpendendo sob as partes o dever de pautar a sua atuação processual por regras de conduta conformes à boa fé - cfr. art. 8.º, do CPC –, caso não o observem podem incorrer em responsabilidade processual, estando associada à responsabilidade por litigância de má fé (cfr arts 542.º e segs, do CPC) – tipo central de responsabilidade processual – a prática de um ilícito meramente processual". Cfr. já mencionado Ac. do TRP, proferido no processo n.º 11964/17.5T8PRT.P1, em 10 de dezembro de 2019. Contudo, não podemos deixar de questionar o rigor da utilização do termo "multa", uma vez que estamos perante uma infração que não tem natureza penal. Veja-se, ainda, que o n.º 2, do art. 122.º, do CPPT, quando se refere à possibilidade de condenação como em litigância de má fé, fala em "sanção pecuniária". Assim, "[o] impugnante, se decair no todo ou em parte e tiver dado origem à causa, será condenado em custas e poderá sê-lo, também, em sanção pecuniária, como litigante de má fé".

prazo, ficando a sua validade dependente do pagamento imediato de uma multa[479]. Neste casos, além da taxa de justiça que se mostrar devida pela prática do ato processual, deve ser simultaneamente paga a respetiva multa, através de DUC emitido especificamente para essa finalidade, nos termos do n.os 1 e 2, do art. 25.º, da Portaria n.º 419-A/2009. De igual forma, o sujeito processual também será condenado em multa pela apresentação extemporânea de documentos, nos termos do n.º 2, do art. 423.º, do CPC, exceto se provar que não os pôde oferecer com o respetivo articulado. A propósito de um dos princípios basilares em processo civil – o princípio da cooperação para a descoberta da verdade –, o n.º 2, do art. 417.º, do CPC, também prevê a aplicação de uma multa a quem recusar colaborar, salvo tratando-se de recusa legítima, nos casos previstos no n.º 3, do mesmo preceito. Outra hipótese paradigmática é a condenação por litigância de má fé, prevista no art. 542.º, do CPC.

Seja como for, estamos perante situações que não são indiferentes a uma ideia de *culpa*, em maior ou menor grau, traduzindo-se numa responsabilidade subjetiva, por oposição ao que sucede nas custas de parte, que se trata de uma responsabilidade objetiva. Quanto à determinação do montante da multa ou penalidade, regem os n.os 1, 2, 3 e 4, do art. 27.º, do RCP, devendo, em todo o caso, o juiz atender aos reflexos da violação da lei na regular tramitação do processo e na correta decisão da causa, a situação económica do agente e a repercussão da condenação no património deste.

Cabe, ainda, sublinhar que o benefício de apoio judiciário, na modalidade de dispensa de pagamento da taxa de justiça e demais encargos, bem como a isenção de custas, não abrangem o pagamento de multas e outras penalidades, conforme dispõe o n.º 4, do art. 28.º, do RCP.

Como bem se compreende, estas prestações pecuniárias distinguem-se nitidamente da taxa de justiça. Em primeiro lugar, porque o seu pressuposto legal não assenta na prestação de um serviço público individualizado; em segundo lugar, porque comportam, assumidamente, finalidades sancionatórias, associadas a práticas incompatíveis com o rito processual, reveladoras de desonestidade processual, ausência de cooperação, uso anormal do processo, ou, em casos mais graves, de verda-

[479] Esta regra é igualmente aplicável ao processo penal, por remissão do art. 107.º-A, do CPP, com as especificidades aí constantes.

deira litigância de má fé, pelo que, em nosso ver, nem sequer podem ser reconduzidas à categoria de tributos.

2.4. Taxa sancionatória excecional (em especial, a sua natureza jurídica)

Outra das novidades introduzidas pela reforma introduzida pelo Decreto--Lei n.º 34/2008, de 26 de fevereiro, foi a criação da designada taxa sancionatória excecional, visando tratar-se "[...] um mecanismo de penalização dos intervenientes processuais que, por motivos dilatórios, «bloqueiam» os tribunais com recursos e requerimentos manifestamente infundados. Para estes casos, o juiz do processo poderá fixar uma taxa sancionatória especial, com carácter penalizador, que substituirá a taxa de justiça que for devida pelo processo em causa". O art. 531.º, do CPC, determina, assim, que "[p]or decisão fundamentada do juiz, pode ser excecionalmente aplicada uma taxa sancionatória quando a ação, oposição, requerimento, recurso, reclamação ou incidente seja manifestamente improcedente e a parte não tenha agido com a prudência ou diligência devida"[480]. A redação é ligeiramente distinta da que constava do seu antecedente. O art. 447.º-B, do anterior do CPC, previa que "[p]or decisão fundamentada do juiz, e em casos excepcionais, pode ser aplicada uma taxa sancionatória aos requerimentos, recursos, reclamações, pedidos de rectificação, reforma ou de esclarecimento quando estes, sendo considerados manifestamente improcedentes: a) Sejam resultado exclusivo da falta de prudência ou diligência da parte, não visem discutir o mérito da causa e se revelem meramente dilatórios; ou b) Visando discutir também o mérito da causa, sejam manifestamente improcedentes por força da inexistência de jurisprudência em sentido con-

[480] *Vide*, ainda, o art. 10.º, do RCP, e art. 21.º e 26.º, da Portaria n.º 419-A/2009. A taxa sancionatória excecional é também aplicável em processo penal, por via do disposto no n.º 1.º, do art. 521.º, do CPP.
Quanto à aplicação da taxa sancionatória excecional pela prática de atos manifestamente dilatórios, infundados e abusivos, *vide*, entre outros, os Acs. do STJ, proferido no processo n.º 565/12.4TATVR-C.E1-A.S1, em 09 de maio de 2019, e no n.º 136/13.8JDLSB.L2-A.S1, em 18 de dezembro de 2019, ambos disponíveis em www.dgsi.pt [07-12-2020]. Quanto à (não) condenação de mandatário em taxa sancionatória excecional, veja-se o Ac. do TRL, proferido no processo n.º 17873/12.7YYLSB-D.L1.L1-7, em 21 de janeiro de 2020, disponível em www.dgsi.pt [04-08-2021].

trário e resultem exclusivamente da falta de diligência e prudência da parte." A sua aplicação exige, com efeito, que o ato processual praticado pelo litigante seja manifestamente improcedente e, cumulativamente, que não tenha agido com a devida prudência ou diligência no uso da máquina judicial, devendo tal uso ser apreciado casuisticamente, e com alguma margem de discricionariedade, pelo juiz competente. Salvador da Costa sublinha que "[v]isa essencialmente penalizar o uso manifestamente desnecessário do processo, pelas partes, em quadro de falta de prudência ou diligência, censurável do ponto de vista ético-jurídico"[481].

Esta figura, no entanto, não está isenta de críticas, desde logo, no que respeita à sua natureza jurídica. Esta obscuridade é reafirmada pela sua proximidade com o instituto da litigância de má fé, embora, sistematicamente, sempre estivesse autonomizada desta. Por outro lado, também se tem questionado se a taxa sancionatória excecional substitui a taxa de justiça referentes às espécies processuais a que se reporta, uma vez que o preâmbulo do RCP estabelece que "[...] o juiz do processo poderá fixar uma taxa sancionatória especial, com carácter penalizador, que substituirá a taxa de justiça que for devida pelo processo em causa". Outra das críticas relaciona-se com o uso de conceitos indeterminados, como "casos excecionais", "prudência" ou "diligência devida", o que, na perspetiva do tribunal, pode dificultar a subsunção de uma determinada realidade processual, e, na perspetiva do litigante, dúvidas sobre onde termina o seu direito à ação e inicia-se o uso imprudente ou negligente dos meios processuais. Este figurino legal parece, ainda, relacionar-se com a racionalização do acesso aos tribunais propiciada pelo fenómeno da litigância em massa[482].

Como dissemos, uma das problemática que a figura suscita é a da sua natureza jurídica. Quanto a nós, entendemos que a tónica deve ser colo-

[481] Cfr. Costa, Salvador da, "As Custas...", 2017, *op. cit.*, p. 25.

[482] Isto porque, se atendermos à Reunião Plenária de 17 de maio de 2007, onde se apreciou na generalidade e em conjunto a Proposta de Lei 125/X/3.ª é dito, pelo Secretário de Estado, que um dos objetivos fundamentais da reforma em sede de custas, introduzida pelo Decreto-Lei n.º 34/2008, de 26 de fevereiro, é "[...] a diminuição da «litigância em massa», o qual é alcançado mediante duas medidas aqui introduzidas, ou seja, a criação de taxa de justiça especial para utilizadores frequentes e a criação de uma taxa sancionatória excepcional para os actos dilatórios, que tanto atrasam o funcionamento dos nossos tribunais". Cfr. Ata da Reunião Plenária de 17 de maio de 2007, publicada em Diário da AR I Série, n.º 84, em 18 de maio de 2017, p. 44. Disponível em www.parlamento.pt [04-09-2021].

cada, desde logo, na sua forte carga sancionatória. A sua função penalizadora tem conduzido alguma jurisprudência a distanciar a taxa sancionatória excecional dos tributos, aproximando-a do instituto de litigância de má fé. Como mero exemplo, veja-se o recente aresto do STJ, que sancionou que "[e]sta taxa, como a própria designação indica, não tem natureza tributária (como a tem a taxa de justiça), mas sim sancionatória, o que significa que ela se destina a punir uma conduta processual reprovável"[483]. A jurisprudência também tem sufragado que, ainda que o sujeito processual beneficie de apoio judiciário, a taxa sancionatória excecional é devida[484].

Na doutrina, Salvador da Costa defende que, considerando a sua estrutura e fim, trata-se "[...] de uma sanção com a natureza de penalidade, próxima da que decorre da litigância de má fé"[485]. Esta posição alinha-se com a de Paula Costa e Silva que também entende que a taxa se aproxima muito mais de uma multa ou sanção, realçando que "[o] seu pagamento é devido, não porque o acto de impulso seja objectivamente inadmissível, mas porque a conduta da parte merece censura: ela não agiu com a diligência e prudência normal, ou seja, ela agiu negligentemente. A angariação de tributo cede, aqui, com toda a evidência. Esta finalidade é absolutamente marginal"[486]. Conclui, assim, que, não obstante a designação impressa pelo legislador, a taxa sancionatória excecional não é uma taxa, nem sequer um tributo. Sem prescindir, ainda que se trate de uma sanção, a autora também questiona a sua própria conformidade constitucional, desde logo, porque a sua aplicação não depende do exercício do contraditório prévio[487].

[483] Cfr. Ac. do TRC, proferido no processo n.º 125/07.1GAVZL-G.C1, em 11 de dezembro de 2018, e Ac. do STJ, proferido no processo n.º 364/14.9TAPDL.L1.S1, em 29 de maio de 2019, ambos disponíveis em www.dgsi.pt [04-08-2021].

[484] Neste sentido, Ac. do TCAS, proferido no processo n.º 2073/16.5BELSB-A, em 28 de maio de 2020, disponível em www.dgsi.pt [04-08-2021].

[485] Cfr. Costa, Salvador da, "As Custas...", *op. cit.*, p. 20. Mais adiante, a propósito da redação do n.º 1, do art. 21.º, da Portaria n.º 419-A/2009, o autor sustenta novamente que "[a] referência à taxa sancionatória e a outras penalidades reforça a conclusão de que aquela taxa é legalmente configurada como penalidade". Cfr. *Idem, ibidem*, p. 241.

[486] Cfr. Silva, Paula Costa e, "A Litigância...", *op. cit.*, p. 280.

[487] Cfr. *idem, ibidem*, pp. 283-289.

Não nos parece aceitável o entendimento de que taxa sancionatória excecional possa configurar um tributo e, concretamente, uma taxa, por várias ordens de razão que destacamos.

Primeiro, porque, como vimos, é o próprio legislador que refere o seu carácter penalizador, afirmando tratar-se de um "mecanismo de penalização" e que a sua aplicação tem "carácter penalizador".

Segundo, porque não é possível estabelecer qualquer vínculo entre o valor da prestação e o da contraprestação, ou seja, em momento algum, se afigura que a esta denominada *taxa* corresponda uma contraprestação, traduzida na prestação de um serviço público, remoção de um obstáculo jurídico ou utilização de um bem do domínio público ou semipúblico. Por outro lado, apesar de evidente, vale a pena sublinhar que o seu facto tributário também não é uma manifestação de capacidade contributiva. Note-se, ainda, que o art. 531.º, do CPC, encerra em si uma valoração negativa de tal conduta processual, o que parece significar que se aproxima mais das sanções do que propriamente dos tributos com finalidades extratributárias. Poderia contra-argumentar-se que é uma taxa com finalidades extratributárias, como por exemplo, a racionalização ou a reeducação no acesso à justiça. Não se nos afigura que assim possa ser, desde logo, porque era necessário descortinar-se uma finalidade recolectora, característica de todos os tributos e, mais especificamente, uma finalidade compensatória, a qual, salvo melhor opinião, não se verifica *in casu*[488].

Terceiro, porque como deixamos dito no início desta investigação, os tributos não podem estar associados a finalidades sancionatórias. Se estão, então não são tributos. E, no caso da taxa sancionatória excecional, é manifesta a intenção penalizadora, sendo completamente periférica – ou até mesmo inexistente – a finalidade de arrecadação de receita pública, o que, só por si, já a permite afastar da categoria de tributo.

Do exposto resulta que, em nosso ver, a esta designada *taxa*, atendendo à sua feição sancionatória, não pode reconhecer-se natureza tributária.

[488] Como assinala Paula Costa e Silva, "[o]u seja, a taxa não visa conformar condutas, genérica e objectivamente. A sua aplicação depende, antes, da ponderação de um elemento subjectivo: a taxa só é devida se o acto praticado for resultado exclusivo da falta de prudência ou de diligência da parte". Cfr. SILVA, Paula Costa e, "A Litigância...", *op. cit.*, p. 280.

2.4.1. O agravamento da coleta (análise comparativa)

2.4.1.1. Introdução

A matéria que acabamos de analisar convoca um paralelismo com uma figura particular do procedimento tributário – o agravamento da coleta. O agravamento da coleta tanto pode verificar-se no âmbito de um procedimento de reclamação graciosa, como a propósito do pedido de revisão da matéria coletável fixada por métodos indiretos. O procedimento de reclamação graciosa é um meio impugnatório, de natureza administrativa, com o fim de anular total ou parcialmente atos tributários com fundamento em qualquer ilegalidade[489]. A reclamação graciosa apresenta-se tendencialmente como uma garantia impugnatória facultativa, no entanto, existem situações em que o recurso à via administrativa é condição necessária para prosseguir para o caminho judicial – neste caso, estamos perante uma reclamação graciosa necessária ou prévia. Por sua vez, o procedimento de revisão da matéria coletável tributável fixada por métodos indiretos é outro meio impugnatório em que o contribuinte vai tentar alcançar um acordo com a ATA sobre o valor da matéria tributável para efeitos de liquidação[490].

Em ambos os casos, estamos perante procedimentos não sujeitos a custas, contudo, o contribuinte pode ficar sujeito a um agravamento da coleta[491].

O n.º 1, do art. 77.º, do CPPT, determina que, quando a reclamação graciosa não seja condição necessária para o acesso à via judicial, e inexistem motivos que razoavelmente a fundamentem, a entidade competente para proferir a decisão aplica, de imediato, o agravamento até 5% da coleta objeto do pedido, o qual é liquidado, adicionalmente, a título de custas. Já no âmbito da reclamação graciosa necessária, o agravamento só é exigível quando tenha sido julgada improcedente a impug-

[489] Cfr. art. 99.º, do CPTT, *ex vi* do disposto no art. 70.º, do mesmo diploma legal. Para maiores desenvolvimentos sobre os fundamentos da reclamação graciosa, *vide*, entre outros, Rocha, Joaquim Freitas da, "Lições de...", *op cit.*, pp. 249-251.

[490] Cfr. art. 91.º, da LGT.

[491] Cfr. n.º 8, do art. 91.º, da LGT, e al. d), do art. 69.º, do CPPT. Importa assinalar que, na al. d), do art. 69.º, do CPPT, o legislador utilizar o termo "isenção", contudo, no n.º 8, do art. 91.º, da LGT, fala em "não sujeição".

nação judicial deduzida pelo reclamante, como prevê o n.º 2, do art. 77.º, do CPPT[492]. A decisão que aplica o agravamento à coleta pode ser objeto de impugnação autónoma com fundamento na injustiça da decisão condenatória, nos termos do n.º 3, do mesmo preceito[493].

No que concerne ao pedido de revisão da matéria tributável, os fundamentos para a aplicação do agravamento da coleta são semelhantes. O sujeito passivo pode ver-lhe aplicado um agravamento até 5% da coleta reclamada quando, cumulativamente:

(i) Provar-se que lhe é imputável a aplicação de métodos indiretos;
(ii) A reclamação ser destituída de qualquer fundamento;
(iii) Tendo sido deduzida impugnação judicial, esta vier a improceder.

A finalidade do agravamento é, segundo Jorge Lopes de Sousa, "[...] dissuadir os interessados a deduzirem reclamações graciosas destituídas de fundamento, com o intuito de retardarem a definição das suas obrigações fiscais" [494]. O legislador não esclarece quando é que a destituição de fundamento, resultante na improcedência do meio reativo, deve ser relevante para efeitos de aplicação do agravamento da coleta. A jurisprudência tem admitido que não basta que a pretensão ou defesa deduzida seja improcedente. É, pois, necessário que o uso de tais meios impugnatórios tenha sido abusivo, ostensivo ou até mesmo absurdo, atentos os fundamentos invocados e que se vieram a revelar manifestamente infundados. Assim, "[a] expressão destituída de fundamento não significa improcedente, destinando-se a desencorajar reclamações abusivas e obstinadas, próximas do conceito de litigância de má fé"[495]. Além disso, a graduação do montante do agravamento também

[492] Note-se, porém, que, neste caso, é o órgão competente para proferir a decisão sobre a reclamação graciosa que continua a aplicar o agravamento da coleta, e não o tribunal, uma vez que o fundamento que lhe subjaz é a improcedência, por manifesta falta de razão, da reclamação graciosa.

[493] A impugnação judicial da decisão que aplica o agravamento da coleta deve ser intentada no prazo de três meses a contar da notificação da decisão, nos termos da al. e), do n.º 1, do art. 102.º, do CPPT.

[494] Cfr. Sousa, Jorge Lopes de, "Código de Procedimento e de Processo Tributário – Anotado", 2.ª Edição, Lisboa, Vislis Editores, 2000, p. 383.

[495] Cfr. Ac. do TCAS, proferido no processo n.º 8290/14.5BCLSB, em 05 de março de 2020, disponível em www.dgsi.pt [20-08-2021].

deve ser feita em função da reprovação que deva merecer a atuação do sujeito passivo e a dimensão da atividade procedimental que originou[496].

Convocando, de novo, a doutrina mais autorizada, a reclamação não terá fundamento razoável quando a posição defendida não seja minimamente discutível, em termos de razoabilidade. Defende-se, porém, que a aplicação deste agravamento pressupõe que o reclamante tenha atuado de má fé, em violação do dever de boa fé. Ou seja, é necessário que o órgão competente demonstre que, não só não assiste razão ao reclamante, como ele não ignorava essa falta de fundamento ou desconformidade do alegado com a realidade[497]. O órgão que aplica o agravamento está, portanto, sujeito ao dever geral de fundamentação, o que significa que a decisão deve permitir ao destinatário o conhecimento do *iter* decisório. Contudo, uma vez que aplicação do agravamento da coleta trata-se, simultaneamente, do exercício de um poder vinculado – quanto à verificação dos factos de que depende a aplicação do agravamento – e de um poder discricionário, quanto à graduação, o dever de fundamentação nesta última é mais genérico, "[...] não tendo a ATA de indicar as concretas razões justificativas da graduação que fez dentro dos limites que a lei lhe impõe, estando tal fixação apenas sujeita aos limites impostos a toda a actividade administrativa, designadamente os princípios da justiça e da proporcionalidade"[498].

2.4.1.2. Visão comparativa

Após este enquadramento, importa, então, analisar as similitudes com algumas figuras anteriormente analisadas.

A jurisprudência tem vindo a comparar o agravamento da coleta com a figura da litigância de má fé, mas já não com a da taxa sancionatória excecional, no entanto, há-que imprimir algum rigor a esta comparação.

Na verdade, à semelhança do que ocorre com a taxa sancionatória excecional, a aplicação do agravamento da coleta pressupõe a verifi-

[496] Cfr. Ac. do TCAN, proferido no processo n.º 00035/04, em 11 de novembro de 2004, disponível em www.dgsi.pt [20-08-2021].

[497] Cfr. Sousa, Jorge Lopes de, "Código de...", *op. cit.*, p. 384.

[498] Cfr. Ac. do TCAN, proferido no processo n.º 00564/04, em 21 de setembro de 2006, e no processo n.º 00035/04, em 11 de novembro de 2004, disponível em www.dgsi.pt [20-08-2021].

cação de um elemento subjetivo – a conduta censurável por parte do reclamante. Não está, assim, em causa uma manifestação de capacidade contributiva ou a prestação de um serviço público. Por outro lado, a sua finalidade, mesmo que a título secundário, não é a de contribuir para os gastos da coletividade ou para compensar a prestação em causa. Por sua vez, a sua aplicação possui uma forte carga sancionatória, uma vez que a própria previsão legal parece conter em si um desvalor da conduta do reclamante traduzida na apresentação de um meio reativo desprovido de qualquer fundamento[499].

Em contraste, na litigância de má fé assiste-se uma verdadeira tipificação dos factos considerados ilícitos processuais, numa técnica legislativa semelhante à utilizada em Direito penal[500]. Estão, assim, em causa condutas processuais gravosas, que não representam um mero descuido ou imponderação na utilização dos meios processuais, mas da adoção de comportamentos verdadeiramente censuráveis, reveladores de malícia, em que, por meios considerados censuráveis, o litigante procura garantir o mérito da sua pretensão e que, por isso, merecem uma reação punitiva. Procura-se penalizar a atuação processual dos litigantes, tendo em conta, não atos processuais isolados, mas a integralidade do comportamento do litigante, atendendo a uma análise global da sua intervenção[501].

Assim, a aplicação da taxa sancionatória excecional e o agravamento da coleta dependem apenas da falta de prudência ou negligência, de modo tal que, caso tivesse o interessado usado de diligência e prudência, não teria deduzido a sua pretensão ou defesa[502/503]. Além disso,

[499] Será, no entanto, de questionar se a aplicação deste agravamento não poderá ser *facilitada* pelas próprias características do procedimento de reclamação graciosa. Exigir ao reclamante prudência e diligência na utilização de um meio impugnatório que se caracteriza pela gratuitidade, simplicidade e brevidade, em que nem sequer é obrigatória a representação por advogado, advogado-estagiário ou solicitador, poderá colidir com os princípios da colaboração, proporcionalidade e da boa fé, previstos, no mais, no art. 59.º, da LGT, art. 46.º, do CPPT, e no n.º 2, do art. 266.º, da CRP.

[500] Neste sentido, SILVA, Paula Costa e, "A Litigância...", *op. cit.*, p. 380.

[501] Cfr. SILVA, Paula Costa e, "A Litigância...", *op. cit.*, p. 344.

[502] Cfr. Ac. do TRE, proferido no processo n.º 1267/09.4TBBNV.E1, em 07 de junho de 2008, disponível em www.dgsi.pt [20-08-2021].

[503] Revestindo-se o procedimento de reclamação graciosa de simplicidade e brevidade, e considerando a tendencial ausência de conhecimentos técnicos por parte dos reclamantes, estes poderão nem sequer ter o a consciência de que os seus argumentos, ou a utilização do

quer no agravamento da coleta, quer na taxa sancionatória excecional, o ponto de partida é o insucesso da pretensão ou defesa apresentadas pelo litigante ou reclamante, enquanto na multa por litigância de má fé esse é apenas uma das várias situações normativamente tipificadas. Por fim, a condenação por litigância de má fé também pode conduzir, se requerida, à condenação numa indemnização, pelo que, embora a sua finalidade primacial seja sancionatória, acomoda uma vertente compensatória, o que já não se verifica nos outros dois institutos, que não comportam qualquer função compensatória[504/505].

Considerando o edifício filosófico em que se insere a taxa sancionatória excecional e o agravamento da coleta, será de distancia-las da multa por litigância de má fé. Não obstante, entendemos que não lhes deve ser reconhecida natureza tributária, tratando-se antes de prestações coativas com fins sancionatórios.

3. O estranho caso da taxa de justiça agravada

3.1. Considerações introdutórias

No segmento anterior, dissemos que com a reforma em matéria de custas de 2008 o criador normativo optou por tributar de forma mais gravosa a *litigância em massa*. É hora de estudarmos com mais atenção a taxa de justiça agravada.

Pois bem, com vista a concretizar o sobredito objetivo, o n.º 3, do art. 13.º, do RCP, em conjugação com o n.º 6, do art. 530.º, do CPC, prevê

meio impugnatório, são absurdos ou negligentes (por exemplo, porque não se alinham com a atual corrente jurisprudencial).

504 Neste sentido, Ac. do TRP, proferido no processo n.º 6590/13.0TBMTS-B.P1, em 06 de fevereiro de 2020, disponível em www.dgsi.pt [20-08-2021].

505 Esta problemática foi já colocada por Paula Costa e Silva que questionava se, sendo os comportamentos descritos no art. 531.º, do CPC, ilícitos, existiria lugar a uma indemnização pelos danos que o outro litigante tivesse sofrido em virtude de tais condutas. A autora nega esta possibilidade, afirmando que o bem jurídico tutelado por esse regime – o sistema de justiça – não se confunde com os bens jurídico da contraparte, os quais são já objeto de proteção pelo instituto da litigância de má fé. Assim, "[o] art. 447-B [atual art. 531.º] está claramente ordenado à tutela de um interesse público pelo que fazer dele decorrer um direito a indemnização de um particular parece inadmissível". Cfr. Silva, Paula Costa e, "A Litigância...", *op. cit.*, pp. 447-449.

que "[q]uando o responsável passivo da taxa de justiça seja uma sociedade comercial que tenha dado entrada num tribunal, secretaria judicial ou balcão, no ano anterior, a 200 ou mais providências cautelares, acções, procedimentos ou execuções, a taxa de justiça é fixada, para qualquer providência cautelar, acção, procedimento ou execução intentado pela sociedade de acordo com a tabela i-C, salvo os casos expressamente referidos na tabela ii, em que a taxa de justiça é fixada de acordo com a tabela ii-B"[506].

O legislador optou, para efeitos de tributação, por autonomizar uma determinada categoria de litigantes – os *grandes litigantes*[507]. Os grandes litigantes são, na realidade, um grupo de beneficiários do serviço da justiça que, em parte, pela sua atividade comercial, têm necessidade de a ele recorrerem regularmente, comparativamente aos litigantes não integrantes dessa lista. É, aliás, o próprio legislador que se refere a "[...] conjunto de empresas cuja actividade representa uma fonte, constante e ilimitada, de processos de cobrança de dívidas de pequeno valor". O grande litigante paga duas taxas de justiça que, na prática, se

[506] Como dissemos no apartado precedente, no dia 15 de fevereiro de cada ano civil é publicado no portal do *CITIUS* a lista de sociedades comerciais que, durante o ano civil anterior, tenham intentado mais de 200 ações, procedimentos ou execuções. As sociedades que integram esta lista ficam, até ao dia 15 de fevereiro do ano seguinte, obrigadas a autoliquidar a taxa de justiça, nos termos das tabelas I-C e II-B, do RCP, sempre que intentarem ação, procedimento ou execução. Não o fazendo, a secretaria do tribunal notifica a sociedade para, em 10 dias, proceder ao seu pagamento, sob pena de não se considerar paga a taxa de justiça, nos termos conjugados dos n.os 1 e 2, do art. 4.º, da Portaria n.º 200/2011, de 20 de maio, com a última redação conferida pela Portaria n.º 267/2018, de 20 de setembro. Além disso, em caso de vencimento de causa, a taxa de justiça agravada não integra as custas de parte, em conformidade com o disposto no n.º 4, *in fine*, do art. 26.º, do RCP, sendo sempre suportada pelo litigante em massa.

[507] A categoria dos "grandes litigantes" convoca, em nosso ver, um breve paralelismo com outra qualificação que encontramos no Direito tributário – os "grandes contribuintes". O n.º 1, do art. 68.º-B, da LGT, prescreve que "[s]em prejuízo dos princípios que regem o procedimento tributário, designadamente dos princípios da legalidade e da igualdade, a administração tributária pode, atendendo à elevada relevância económica e fiscal de alguns contribuintes, considerá-los como grandes contribuintes para efeitos do seu acompanhamento permanente e gestão tributária". Trata-se de uma medida que visa garantir uma relação mais estreita entre a ATA e estes contribuintes, pautada pela cooperação, transparência e boa fé. Um pouco à semelhança do que sucede com os grandes litigantes, também os grandes contribuintes constam de uma lista. Presentemente, encontram-se em vigor as listas dos Anexos I e II, do Despacho da ATA n.º 977/2019.

traduzem numa só. Por exemplo, o sujeito ativo processual *A*, considerado grande litigante, se intentar uma ação declarativa de condenação, cujo valor é de €2.000,00, pagará 1UC (taxa de justiça normal), acrescido de 50% daquele montante, ou seja, 1,5UC. Este processo conduz, assim, ao nascimento da taxa de justiça agravada.

Curiosamente, também recentemente, o Estado do Rio de Janeiro, a propósito do fenómeno da *hiperjudicialização*, autonomizou, para efeitos de taxa judiciária, os *litigantes contumazes*. Com a alteração introduzida no final de 2021 ao Código Tributário do Rio de Janeiro, aditou-se o art. 135.º-D, que prevê, que, quando vencidos, estarão sujeitos ao dobro da taxa judiciária aplicável, esclarecendo o art. 135.º-E, "[c]onsideram-se litigantes contumazes, para fins da incidência majorada instituída nesta seção, as pessoas naturais e jurídicas de direito privado que figurarem como partes em quantidade de processos em trâmite perante o Poder Judiciário do Estado do Rio de Janeiro que seja superior ao limite estabelecido anualmente pelo Órgão Especial do Tribunal de Justiça do Estado do Rio de Janeiro". Trata-se de uma medida com algumas similitudes com o regime dos grandes litigantes, uma vez que, em ambas, se destacou um grupo específico de litigantes com base no volume de processos, sujeitando-os a uma incidência tributária mais gravosa. Existem, porém, algumas diferenças. Como se vê, apenas integram o conceito de grandes litigantes sociedades comerciais e apenas são considerados os processos em que surgem no polo ativo. Por sua vez, podem ser litigantes contumazes tanto as pessoas singulares, como coletivas, sendo indiferente se ocupam a lide no extremo ativo ou passivo. Parece-nos, contudo, importante a nota de que no caso dos litigantes contumazes apenas é-lhes aplicado este *agravamento* caso tenham ficado vencidos, o que representa uma assinável diferença com o regime doméstico, em que a taxa de justiça agravada assume-se impulsória e nem sequer integra a compensação em sede custas de parte caso o grande litigante obtenha ganho de causa, como veremos mais à frente.

Voltando ao tema inicial, pergunta-se: poderá a taxa de justiça agravada continuar a assumir a natureza de taxa? É o que procuraremos analisar nos desenvolvimentos que se seguem.

3.2. Algumas reflexões sobre a sua natureza jurídica

3.2.1. O problema da relevância conceitual da quantificação

Pergunta-se: deverá determinada prestação pecuniária ser qualificada como taxa atendendo ao seu pressuposto – critério formal –, ou, pelo contrário, se deve ser definida atendendo ao seu valor – critério material?

Telegraficamente, o critério formal diz-nos que para um tributo se possa qualificar como taxa basta que o seu pressuposto seja integrado por uma prestação administrativa, mostrando-se irrelevante, para a sua qualificação, o respetivo montante. Desta forma, a quantificação assumirá relevância não propriamente no plano conceitual, mas ao nível da sua legitimação material. O critério material, por sua vez, atribui relevância ao montante da taxa exigindo que este não ultrapasse o custo ou o valor da prestação administrativa. Se ultrapassar, então o excesso configurará um imposto, estando-se aqui perante a *tese da convolação.*

Pois bem, como já vimos, o TC tem-se posicionado no sentido de afastar a transmutação de um tributo comutativo em imposto ainda que o seu montante exceda o custo ou o valor da prestação, salvo em caso de manifesta desproporção. De certo modo, o TC acaba por adotar ambas as posições e explicamos porquê: ao sustentar que para que um tributo se qualifique como taxa basta que corresponda a uma prestação administrativa e que, na parte em que o seu montante exceda o custo ou valor, mantém essa natureza, está claramente a adotar o citério formal para efeitos de qualificação. Todavia, parece-nos que, ao sustentar que a partir de determinado momento – ou seja, em caso de manifesta desproporção – a taxa se transforma em imposto, na medida da diferença, está a utilizar o critério material, ou se preferirmos, uma visão *moderada* do critério material. Sérgio Vasques, no entanto, adverte para os inconvenientes de uma qualificação baseada num critério material e, consequentemente, na utilização da tese da convolação. O autor lembra que, sendo o princípio da equivalência um parâmetro de validade, deve ser *extrínseco* e *superior* ao objeto a validar, pelo que é inadequado sustentar-se que, verificando-se a sua violação, a taxa se converte, sem mais, em imposto, inviabilizando logo o seu controlo material. A delimitação conceitual está a montante da legitimação material, de modo tal que esta pressupõe sempre a qualificação prévia do tributo em causa[508]. Por outras palavras ainda, o controlo material é um exercício posterior ao da delimitação conceitual do tributo público. Outra desvantagem relacionada com a tese da convolação reflete-se na diminuição do controlo material da taxa. Na verdade, ao reduzirmos o controlo material da taxa apenas a situações de manifesta desproporção, acaba-se por desvirtuar e desvalorizar a própria importância que o princípio da equivalência desempenha no domínio das taxas[509].

Um *check-up* a este entendimento permite, desde logo, revelar duas patologias: por um lado, a legitimação material da taxa acaba por ser reduzida ao teste da proibição do excesso; por outro, quando constata estar-se perante uma manifesta desproporção, o TC procede a uma requalificação do tributo na parte excedente (normalmente convolando a taxa em imposto), obliterando-se também aqui qualquer controlo material. A manifesta desproporção parece surgir, assim, como o *ponto de ebulição* em que a taxa passa a imposto, sem mais. Por outro lado, é certo, a insuficiência de dados respeitantes à quantificação do custo ou do valor da prestação, ainda que estimados, também torna difícil este controlo material. Se ignoramos essa quantificação, também dificilmente saberemos se determinado *quantum* está acima ou abaixo do custo ou do valor da prestação. Trata-se de um ciclo vicioso que apenas poderá ser quebrado pelos nossos tribunais.

3.2.2. A nossa perspetiva

Pela nossa parte, parece ser de reconhecer natureza tributária à taxa de justiça agravada. A questão que daqui decorre, porém, é a de saber a taxa de justiça agravada poderá ser qualificada como uma genuína taxa ou, pelo contrário, se enquadrar-se-á em outra espécie tributária.

[508] Para maiores desenvolvimentos sobre esta matéria, VASQUES, Sérgio, "O Princípio...", *op. cit.*, pp. 614 e ss..

[509] Como bem adverte Sérgio Vasques, "[a]o reduzirmos o exame material das taxas aos casos do excesso manifesto e ao sustentarmos que o efeito útil da proibição do excesso está em convolar as taxas em impostos, acabamos por desvalorizar o alcance que sobre elas tem o princípio da equivalência e por tudo permitir ao legislador e à administração na respectiva conformação, alimentado a fixação destes tributos em montantes inteiramente alheios ao custo ou valor das prestações administrativas que lhes estão subjacentes". Cfr. *idem, ibidem*, p. 616.

Olhando para o seu pressuposto, julgamos que o mesmo radica na prestação individualizada de um serviço público, pois se o grande litigante não ativar o aparelho judicial, também não pagará a taxa de justiça agravada. É certo, porém, que a cobrança da taxa de justiça agravada também acaba por depender do número de ações intentadas no ano anterior, podendo, com efeito, questionar-se se não se estará, de certo modo, a fazer um apelo encapotado a um *indício de capacidade contributiva* relevada por uma manifestação de riqueza associada à interposição de mais de 200 ações. Do conspecto destas duas hipóteses, e sem prejuízo de melhor opinião, parece-nos que a efetiva prestação de um serviço público ao grande litigante será *preponderante* em face de uma manifestação de capacidade contributiva, que será meramente virtual ou eventual. Veja-se que, ao fim e ao cabo, o valor da causa continua a ser a base tributável dominante e é sobre esta que se fixa o *quantum* da taxa agravada, tal como a taxa de justiça *normal*. Esta nota permite, em nosso ver, afastá-la dos *impostos*.

A finalidade, porém, será o elemento que maioríssima reserva nos suscita e requer que revisitemos a matéria relativa às contribuições e às finalidades de ordenação. Será uma taxa? Poderá perspetivar-se como uma contribuição? Na esteira da doutrina de Klaus Tipke e Joachim Lang, e apoiando-se na jurisprudência do Tribunal Constitucional alemão, as contribuições especiais, sendo exigíveis a determinados grupos de cidadãos, apenas devem sê-lo quando: (i) esse grupo social se distinguir da generalidade e de outros grupos, ou seja, tem que existir uma *homogeneidade do grupo*; (ii) a esse grupo deve ser atribuída uma especial responsabilidade ou uma *responsabilidade de grupo* pela finalidade da cobrança; (iii) o produto da sua cobrança tem que resultar num *proveito de grupo*, seja ela direta ou indireta[510]. Ora, os grandes litigantes são, efetivamente, um grupo de beneficiários do serviço da justiça que, em parte, pela sua atividade comercial, têm necessidade de a ele recorrerem regularmente, comparativamente aos litigantes não integrantes dessa lista. É, aliás, o próprio legislador que se refere a "[...] conjunto de empresas cuja actividade representa uma fonte, constante e ilimitada, de processos de cobrança de dívidas de pequeno valor". As contribuições por maiores despesas são legitimadas pela circunstância de certas atividades

[510] Cfr. TIPKE, Klaus, LANG, Joachim, "*Steuerrecht*", *op. cit.*, pp. 141-143.

desenvolvidas (ou certas coisas possuídas) por um grupo tipificado de pessoas implicarem um aumento da despesa a suportar pelo Estado. Neste contexto, até parece possível, num primeiro momento, admitir que a taxa de justiça agravada assenta na maior despesa ou desgaste do serviços público ocasionado pelo uso recorrente da máquina judicial por parte dos grandes litigantes[511]. Mas será mesmo assim?

A fronteira entre a taxa e as contribuições traça-se, desde logo, olhando para o seu pressuposto. Num padrão geral, a taxa é exigida por causa de uma prestação administrativa *efetivamente* provocada ou aproveitada pelo sujeito passivo, enquanto nas contribuições o pressuposto é constituído por uma prestação administrativa que se *presume* provocada ou aproveitada por um grupo de pessoas. Ora, no caso da taxa de justiça agravada, se bem vimos, o seu pressuposto é a *efetiva* prestação de um serviço público, pois continua a apresentar-se como uma taxa de justiça *impulsória*, de tal modo que se o grande litigante não ativar o aparelho judicial, também não se situa no seu campo de incidência (e mesmo que no ano anterior tenha intentado mais de 200 processos). A relação de troca que se estabelece entre os grandes litigantes e o Estado não assenta numa mera presunção de provocação ou aproveitamento, mas numa *efetiva* relação de troca, sendo essa comutatividade passível de ser extraída em relação a cada um desses grandes litigantes.

Quanto à finalidade, julgamos que a taxa de justiça agravada mantem uma finalidade compensatória, ainda que, eventualmente – já lá iremos – a título secundário. Em relação à consignação da sua receita, é verdade que metade do produto do agravamento da taxa de justiça imposta aos grandes litigantes reverte a favor do FMJ, conforme dispõe a al. a), do n.º 1, do art. 5.º, do Decreto-Lei n.º 14/2011, de 15 de fevereiro, com a última redação conferida pela Lei n.º 82-B/2014, de 31 de dezembro. No seu preâmbulo é dito que o FMJ "[...] visa assegurar a sustentabilidade de reformas essenciais já em curso ou projectadas, dotando o sis-

[511] "Na verdade, tais utentes do serviço de justiça, pela *escala* que atingem, são responsáveis por afetação significativa de recursos, materiais e humanos, e, inerentemente, numa visão agregada e de conjunto, a respetiva quota parte na utilização do sistema de administração de justiça mostra-se proporcionalmente mais elevada relativamente ao utilizador ocasional do sistema de administração da Justiça". Cfr. Ac. do TC n.º 238/2014, proferido no processo n.º 223/13, em 06 de março de 2014, disponível em www.tribunalconstitucional.pt [20-02-2021]. Itálico mantido conforme original.

tema de novas fontes de financiamento. Trata-se de um fundo com receitas próprias garantidas que visa a modernização judiciária, em particular a realização de acções de formação e de divulgação, a investigação científica, o apetrechamento dos tribunais, a introdução de novos processos e tecnologias, com o objectivo de aumentar a eficiência e a eficácia dos serviços e, em geral, a actualização e modernização das demais infra-estruturas do sistema de Justiça". Nesta linha, estabelece o n.º 2, do art. 1.º, Regulamento do FMJ[512], "[o] Fundo tem por objetivo o financiamento ou o cofinanciamento de projetos tendentes a assegurar a modernização judiciária". A sua administração e gestão compete ao IGFEJ, nos termos do n.º 1, do art. 2.º, do referido diploma legal. O TC já se pronunciou concretamente quanto a esta questão, tendo vindo a concluir que "[...] a circunstância de parte da receita obtida com a taxa de justiça agravada estar adstrita ao financiamento de um ente público, para prossecução de específicas medidas de politica de justiça, não a converte em tributação autónoma, nem afeta de qualquer modo a sua natureza de taxa (de justiça). Persiste como contrapartida pecuniária da utilização do serviço da administração da justiça, constituído por uma pluralidade de elementos interconetados e que, enquanto *sistema*, envolve componentes de índole *geral*, transversais a todos as ações, procedimentos e execuções, mormente no que respeita a recursos centralizados, partilhados pelos tribunais, secretarias e balcões, por exemplo, no domínio dos sistemas de informação"[513]. Com efeito, a circunstância de metade do produto da receita obtida com a cobrança da taxa de justiça agravada estar consignada ao FMJ não será suficiente para se concluir pela ausência de finalidades compensatórias.

Na defluência do exposto, parece-nos que não deve ser de reconhecer à taxa de justiça agravada a natureza de *contribuições* uma vez que não lhe corresponde uma prestação presumida. Da nossa parte, será mais acertado classifica-la como uma genuína taxa, mesmo que se admita que a sua finalidade primacial seja a reorientação de comportamentos – é

[512] Aprovado pela Portaria n.º 119/2011, de 29 de março, com a última redação conferida pela Portaria n.º 243/2017, de 1 de agosto.

[513] Cfr. Ac. do TC n.º 238/2014, anteriormente já mencionado. No sentido de que o destino da receita também não será critério para se aferir se estamos perante um tributo com finalidades extratributárias ou não, veja-se CATARINO, João Ricardo, FERRAZ, Diogo, "Impostos extrafiscais...", *op. cit.*, pp. 59-60.

o que analisaremos seguidamente. Por outro lado, a circunstância de o *quantum* da taxa poder ultrapassar o custo ou o valor da prestação – o que se desconhece – sempre integrará um controlo material, e não uma questão de qualificação.

3.2.3. Um exame crítico às suas finalidades

O que dissemos acima deixa antever que, pela nossa parte, não se nos afigura que a taxa de justiça agravada revista natureza sancionatória. É certo que, se atendermos ao preâmbulo do seu diploma criador, constata-se que o legislador colocou a tónica na *penalização*, contudo, isso não é suficiente para desvirtuar ou alterar a real natureza jurídica da prestação em análise, pois "[...] os exórdios justificativos das leis não se sobrepõem ao que decorre da sua letra e fim"[514]. Veja-se que, em rigor, a esta prestação não está associada qualquer infração ou violação de regras processuais – ou seja, não está associada à prática de um ilícito processual (como sucede, por exemplo, com a multa por litigância de má fé). Aliás, a taxa de justiça agravada deve ser paga aquando do impulso processual e, portanto, independentemente de qualquer conduta censurável do sujeito processual que, a verificar-se, só é momento posterior poderia ser apreciada e extraídas as devidas consequências. Como dá nota António Santos Abrantes Geraldes, ainda que a propósito da condenação em custas, "[...] a propositura da acção ou o exercício do direito de defesa, quando exercidos dentro dos quadros normais, ou seja, quando não representem violação das regras da boa fé, não devem considerar-se actos ilíticos, representando simples concretização do direito de acesso aos tribunais"[515].

Como oportunamente demos nota, a jurisprudência constitucional tem-se posicionado no sentido de que através da imposição de uma taxa podem prosseguir-se finalidades de interesse público (como a limitação da procura de um bem ou serviço) conducentes a um montante diverso do correspondente ao benefício ou custo do serviço[516]. Ora, independentemente de algumas reservas que este último posicionamento nos possa suscitar – e que já lá iremos –, a verdade é que "[...] para que

[514] Cfr. COSTA, Salvador da, "As Custas...", 2018, *op. cit.*, p. 26.

[515] Cfr. GERALDES, António Santos Abrantes, "Temas Judiciários...", *op. cit.*, p. 178.

[516] Neste sentido, *vide*, entre outros, o já mencionado Ac. do TC n.º 200/2001.

um tributo se possa qualificar como taxa é necessário que, ao menos a título secundário, possua a finalidade de compensar o custo ou valor da prestação em que assenta mas isso não obsta a que a taxa seja empregue na prossecução das políticas extrafiscais as mais diversas. Constituindo a taxa, à semelhança do imposto, uma intromissão coactiva no património privado, ela representa um instrumento privilégio de orientação das escolhas e comportamentos dos particulares"[517]. Assim, "[a] extrafiscalidade manifesta-se com autonomia em taxas e contribuições, isso sim, quando para desmotivar certo comportamento se fixe o seu montante *acima* desse custo ou benefício"[518]. Considerando que, neste domínio, o legislador goza de uma considerável liberdade de conformação, haverá que questionar se os motivos extraredíticios em causa são de tal modo relevantes que a adequação do custo ou benefício deve ceder. Por outras palavras, o problema de fundo reside na derrogação ou mitigação do princípio da equivalência, enquanto expressão do princípio da igualdade tributária e se aquela se justifica em face da prossecução de outros interesses ou princípios (por exemplo, de cunho económico, social, etc.). Como Sérgio Vasques adverte, "[n]ão podemos, portanto, admitir que a invocação do mais ligeiro interesse extrafiscal baste para justificar as diferenças de tratamento mais fundas entre os sujeitos passivos de taxas de contribuições"[519], de tal modo que se deve sempre questionar se a lesão do princípio da equivalência é adequada, necessária e proporcional aos fins a ele subjacentes[520]. No fundo, trata-se de um exercício de ponderação entre as desvantagens do meio em relação às vantagens do fim[521].

Porém, uma correta apreciação desta diferenciação introduzida entre os litigantes implica a distinção entre finalidades extraredíticas ou ordenadoras e a orientação de comportamentos como mero efeito inerente à angariação de receita. Como já vimos, uma taxa poderá prosseguir a título principal finalidades extratributárias, desde que, a título secundário, vise compensar uma concreta prestação pública. Por outro lado,

[517] Cfr. Vasques, Sérgio, "O Princípio...", *op. cit.*, pp. 142-143.

[518] Cfr. *idem, ibidem*, p. 586.

[519] Cfr. *idem, ibidem*, p. 594.

[520] Com pertinência sobre a proporcionalidade na extratributação, Catarino, João Ricardo, Ferraz, Diogo, "Impostos extrafiscais....", *op. cit.*, pp. 55-56.

[521] Cfr. Canotilho, J. J. Gomes, "Direito Constitucional...", *op. cit.*, p. 270.

também não é menos verdade que a cobrança de uma taxa de modo a ter acesso a um serviço público acaba por influenciar o comportamento dos que se encontram na iminência de a ele aceder ou solicitar. Sucede que, para que se possa falar com autonomia em finalidades extratributárias não basta que a orientação ou modelação de comportamentos seja um efeito lateral, é necessário que constitua o seu fim principal. Na esteira de Sérgio Vasques, se essa orientação for meramente reflexiva, então, não será correto falar-se em finalidades extratributárias. Assim, "[c]constitui, por isso, um equívoco identificar a orientação de comportamentos com a extrafiscalidade, enquanto essa orientação de comportamentos constitua um mero *efeito* inerente à angariação de receita. Ao exigir-se um tributo em contrapartida de uma prestação administrativa efectiva ou presumida não se pretende desmotivar a procura mais do que um comerciante pretende desmotiva-la exigindo aos seus clientes o preço das mercadorias que vende – a extrafiscalidade pressupõe, em vez disso, que a orientação de comportamentos constituía a *finalidade* da angariação de um tributo público"[522]. Mas será esta reorientação a sua finalidade ou simplesmente um efeito lateral decorrente da arrecadação de receita? A tese proposta por João Ricardo Catarino e Diogo Ferraz, por nós mencionada, vai no sentido de considerar a declaração do legislador, em conjunto com o exame à estrutura do tributo, elementos de identificação, por um lado, e critérios de controlo material, por outro[523]. É uma proposta que, pela nossa parte, e sem prejuízo de contínua reflexão sobre o assunto, merece concordância, atenta, aliás, a experiência no Direito comparado, onde vários diplomas legislativos se referem expressamente às finalidades extratributárias.

Dito isto, e começando por olhar para o preâmbulo do seu diploma criador, o Decreto-Lei n.º 34/2008, verifica-se que uma das linhas orientadoras do legislador é a moralização e racionalização do recurso aos tribunais, que passa, justamente, pelo tratamento diferenciado dos litigantes em massa. A medida foi recebida com alguma contestação social – desde logo, por causa do critério utilizado e até mesmo pelo destino da receita –, que, aliás, mereceu atenção da doutrina interna-

[522] Cfr. Vasques, Sérgio, "O Princípio...", *op. cit.*, p. 584. Itálico mantido conforme original.
[523] Cfr. Catarino, João Ricardo, Ferraz, Diogo, "Impostos extrafiscais...", *op. cit.*, pp. 62-63.

cional[524]. Não obstante, a finalidade *declarada* pelo legislador parece ser a de orientação comportamental dos grandes litigantes. Se preferirmos um paralelismo, a questão poderá ser colocada à semelhança do que sucede com a oferta e procura num mercado de concorrência. Ou seja, com a taxa de justiça agravada, o legislador tenta – pelo menos, declaradamente – diminuir, arrefecer, a *procura.* A identificação da sua finalidade, porém, parece-nos mais delicada quando se olha para a estrutura da taxa de justiça agravada. Vejamos: para que nos possamos referir a essa modelação ou regulação em sentido próprio, seria necessário, *prima facie*, conhecer o custo ou o valor da prestação. Se o montante da taxa de justiça agravada está acima do custo ou do valor da prestação, significa, em nosso ver, que a sua estrutura refletirá essa intenção orientadora como preponderante em relação à função financeira *stricto sensu*[525]. A questão, contudo, poderá já não ser tão linear quanto ao facto tributário. É que, se bem vimos as coisas, o facto tributário da obrigação de pagamento da taxa de justiça parece ser o impulso processual, tal como sucede – e esta matéria abordaremos mais adiante – com a taxa de justiça *normal*, e não o critério do número de ações intentadas no ano anterior. Note-se que, mesmo que um determinado grande litigante tenha intentado mais de duzentas ações no ano *n-1*, apenas pagará a taxa de justiça agravada *impulsória* no ano *n* se tiver acionado o aparelho judicial nesse ano. Seja como for, se é certo que se podem suscitar algumas dúvidas quanto ao seu facto tributário e, eventualmente, quanto ao pressuposto, a tónica, insistimos, parece residir na quantificação dos custos ou do valor da prestação. No conspecto do acima referido, parece-nos aceitável que a taxa de justiça agravada possa ser qualificada como taxa e, ainda assim, perseguir finalidades de orientação, desde que, pelo

[524] Cfr. Hodges, Christopher, *et. al.*, "*The Costs...*", *op. cit.*, p. 14. Assim, "*[i]n 2008 the Portuguese government, having discovered that about half its cases related to small bet claims, controversially attempted do drive cases out of the courts by increasing court fees for those who bring over 200 cases a year*".

[525] Como bem assinala Sérgio Vasques, "[s]e o custo produzido pelo consumo de um maço de cigarros for estimado em um euro e se pretende desmotivar o consumidor cobrando-lhe um tributo do mesmo valor, podemos com certeza reconhecer a presença de um propósito extrafiscal mas este dilui-se então no propósito fiscal da compensação de custo. Dito de outro modo, *a intenção extrafiscal dos tributos comutativos não possui relevância autónoma enquanto se sobreponha à compensação de custos ou benefício*". Cfr. Vasques, Sérgio, "O Princípio...", *op. cit.*, pp. 585-586. Itálico mantido conforme original.

menos a título secundário, vise compensar a prestação pública. Mas não é nesta linha teórica que reside o problema[526]. É que, uma inferência mais segura implica *in concreto* conhecer o custo ou o valor da prestação e esta realidade, além de estar reservada às ciências económico-financeiras, a quem o legislador deve recorrer, deve ser escrutinada pelas instâncias judiciais. Não custará admitir, pelo menos, pela nossa parte, que as posições sufragadas por João Ricardo Catarino e Diogo Ferraz e por Sérgio Vasques complementa-se: o exame da estrutura impositiva do tributo, a par da declaração do legislador, serve de critério de controlo material. Será olhando para a sua estrutura, mormente, para o seu montante, que se poderá aferir se estamos perante um tributo em que a finalidade preponderante é a extratributação. Este controlo material assume uma relevância significativa: sendo a taxa o tributo comutativo por excelência, esta mitigação ou derrogação do princípio da equivalência, enquanto expressão do princípio da igualdade em matéria tributária, implica erigir os interesses que, numa dimensão axiológica, deverão prevalecer, no sentido de procurar saber se a "[...] a lesão que a extrafiscalidade traz à equivalência é necessária, adequada e proporcional ao ganho fiscal que assim se produz, se o bem-estrar que se ganha com a derrogação à igualdade tributária é superior ao ganho que resulta da sua preservação [...]"[527] e este, reiteramos, é um controlo que cabe aos nosso tribunais, enquanto, eles próprios, atores tributários. Caso contrário, estar-se-á a legitimar uma derrogação ou mitigação do princípio da equivalência sem se proceder a um exame rigoroso à sua estrutura e, em particular, à quantificação dos custos ou do valor da prestação, o que, para nós, sob o ponto de vista da proteção dos sujeitos passivos, não é aceitável.

3.3. A posição do Tribunal Constitucional

O Tribunal Constitucional foi já convocado algumas vezes a apreciar a conformidade constitucional da norma resultante da conjugação do

[526] Nas palavras de Ana Paula Dourado, "[n]ão se deve porém confundir o tributo extrafiscal, o qual tem finalidade de orientação de comportamentos e finalidades fiscais, com sanções Cfr. DOURADO, Ana Paula, "Direito Fiscal", *op. cit.*, p. 86.

[527] Cfr. *idem, ibidem.*, p. 594.

n.º 6, do art. 530.º, do CPC[528], e do n.º 3, do art. 13.º, do RCP, tendo vindo a concluir pela sua solvabilidade constitucional.

Terá sido no Ac. n.º 328/2014 que se sedimentou a posição de conformidade constitucional da taxa de justiça agravada e que viria a ser sufragada por posteriores arestos[529]. Merece, assim, que lhe dediquemos alguma atenção. Em causa, uma sociedade comercial, grande litigante, que entendia que esta normação impunha, sem justificação, uma discriminação tributária. De acordo com a sua linha argumentativa, o regime não permite estabelecer uma relação entre o custo específico da prestação do serviço da justiça e a concreta taxa de justiça, agravada, que o grande litigante era obrigado a pagar. Esta taxa assumia uma natureza, não só sancionatória, mas de nutrição das despesas públicas, pois metade da receita reverte a favor do FMJ. A construção argumentativa foi ainda mais longe, alegando que, sendo assim, os litigantes em massa, não só suportariam os seus próprios custos com cada processo, como também o custo de todo o sistema judicial. Concluiu, portanto, que o agravamento da taxa de justiça configurava um imposto.

Antes de analisarmos a posição do TC, impõe-se um apontamento lateral mas de considerável importância: a recorrente alega que a taxa de justiça agravada assume uma finalidade sancionatória, penalizadora, para, depois, concluir tratar-se de um imposto. Em nosso juízo, tal não se afigura correto. Como vimos no início desta investigação, os tributos, onde se incluem os impostos, caracterizam-se pela ausência de fins sancionatórios, sendo essa a nota distintiva em relação a outras prestações coativas, como é o caso das coimas. Logo, ainda que a ideia primacial da recorrente seja, no seu conjunto, apreensível, não podemos deixar de reiterar que é justamente a ausência de finalidades sancionatórias que permite, entre outros elementos, qualificar determinada prestação pública como um tributo, independentemente da sua espécie tributária.

É tempo de regressar ao aresto, começando então por mencionar que o Tribunal Constitucional entendeu que com a reforma levada à prática pelo Decreto-Lei n.º 34/2008, de 26 de fevereiro procurou-se "[...] introduzir no sistema de administração da Justiça fatores de cor-

[528] Correspondia ao n.º 6, do art. 447.º-A, do CPC revogado.

[529] Cfr. Ac. do TC n.º 238/2014, proferido no processo n.º 223/13, em 06 de março de 2014, disponível em www.tribunalconstitucional.pt [20-02-2021].

reção da procura dos tribunais por parte de um conjunto de agentes económicos litigantes, reputada de imoderada e penalizadora da resposta global do sistema". Com efeito, "[...] a circunstância de parte da receita obtida com a taxa de justiça agravada estar adstrita ao financiamento de um ente público, para prossecução de específicas medidas de politica de justiça, não a converte em tributação autónoma, nem afeta de qualquer modo a sua natureza de taxa (de justiça)". Quer isto significar que, a circunstância de a taxa de justiça agravada estar, em parte, direcionada para o financiamento da justiça e, noutra, direcionada para a racionalização ao seu acesso, não desvirtua a sua natureza de taxa. É, portanto, atendendo à forma como os grandes litigantes oneram o serviço *justiça* que o legislador ordinário entendeu sujeitá-los a uma tributação mais pesada, tanto mais que, ao fim e ao resto, é-lhes prestado um serviço público, quiçá, até de forma mais premente do que àqueles que, fortuitamente, recorrem à justiça. O tribunal concluiu que a norma resultante da conjugação do n.º 3, do art. 13.º, do RCP, e n.º 6, do art. 530.º, do CPC, não enfermava de inconstitucionalidade. O aresto, porém, mereceu uma declaração do Conselho Pedro Machete que, atentas a natureza das questões que veremos de seguida, parece-nos mais proveitoso analisá-la nessa sede.

Volvidos alguns anos, o já mencionado Ac. n.º 391/2020 manteve a fundamentação vertida no sobredito aresto e sustenta que a possibilidade de a taxa de justiça agravada, no adicional, poder reconduzir-se a um imposto, "[...] é contrariada pela contida significância, tanto em termos percentuais como absolutos, dos diferenciais em que se exprime a medida do agravamento, os quais, sendo insuscetíveis de comprometer a bilateralidade da relação entre o serviço prestado e a contraprestação devida, estão longe de justificar ou impor, ainda que apenas nessa parte, a requalificação do tributo". Esta compreensão coloca, uma vez mais, em evidência a hesitação do TC em proceder a um controlo material do tributo. Em nosso juízo, não se pode ter por aceitável que o tribunal recuse a convocação, em particular, do princípio da igualdade tributária, com fundamento de que a *contida significância* entre os montantes da taxa de justiça normal e da agravada está longe de impor uma requalificação do tributo, porquanto não se mostra excessiva ou desproporcionada. A questão convoca novamente o que dissemos acerca da relevância conceitual da quantificação e da tese da convolação, sendo evidente a predisposição do TC em proceder a uma qualificação do tributo em função do seu montante, olvidando que a legitimação material começa no princípio da igualdade tributária e que esta não se mostrará respeitada independentemente do montante da taxa[530]. O órgão de fiscalização de inconstitucionalidade atribui relevância ao *quantum* da taxa de justiça para efeitos de delimitação conceitual, prefigurando, *a contrário*, a possibilidade de convolação da taxa de justiça agravada, no adicional, em imposto, caso não fosse de *contida significância*. O tribunal, é certo, procurou analisar a necessidade, adequação e proporcionalidade da medida, embora, em nossa modesta opinião, outros argumentos também se pudessem ponderar, conforme veremos adiante. Por sua vez, ao sustentar que, numa uma execução até €30.000,00 e sempre que as diligências de execução não sejam realizadas por oficial de justiça, o diferencial entre a taxa de justiça normal e a taxa de justiça agravada é de apenas 0,125 UC, o tribunal também aparenta indagar pela relevância ou ponderação que a medida reveste no confronto com o custo ou o valor da prestação. O TC viria, assim, a concluir que o critério legal utilizado pelo legislador não conduziu à aplicação de uma taxa agravada manifestamente excessiva e que a mesma continua a encontrar justificação no princípio da cobertura parcial dos custos inerentes ao funcionamento do sistema judiciário. No entanto, insistimos: o controlo material da taxa, de qualquer taxa, não pode ficará refém do teste da proporcionalidade.

No que respeita à necessidade, adequação e proporcionalidade da medida, impõem-se também algumas notas. Na referida ponderação de valores, o tribunal viria a concluir, por um lado, que sendo apenas exigível quando os grandes litigantes intervenham no polo ativo da lide e encontrando-se excluída do âmbito das custas da parte, a medida mostra-se idónea e adequada. Por outro lado, inexistindo qualquer outro mecanismo igualmente apto e eficaz para a prossecução do fim visado, não existe manifesta desproporção entre o nível de realização desse interesse e o sacrifício imposto aos grandes litigantes. Mas mais. O tribunal também constata que "[...] a taxa de justiça *agravada* incide tão somente perante sociedades comerciais e decorre da mobilização voluntária dos

[530] O tribunal sustenta que "[f]ácil é, assim, de concluir que o critério legal adotado no caso *sub judice* não conduziu à aplicação de uma taxa agravada manifestamente excessiva." Itálico mantido conforme original.

tribunais em volume importante, denotando a assunção de modelo organizativo assente no recurso reiterado e sistemático – não acidental – aos tribunais, em detrimento de outras formas de composição de litígios creditórios. Ao invés do que se afirma em alegações, não existe regra que imponha o recurso à via judicial, cabendo essa escolha inteiramente na autonomia volitiva do sujeito jurídico, de acordo com os parâmetros valorativos que entenda vantajosos"[531].

Não é essa a posição que aqui defendemos, que parece aceitar que se estabeleça quase como que uma presunção *uris et de iure* quanto à utilização abusiva, injustificada e congestionante que os grandes litigantes fazem do aparelho judicial, desde logo, por quatro motivos que nos permitimos destacar:

Primus, porque considerando que o art. 1.º, do CPC, estabelece a proibição da autodefesa, ainda que os grandes litigantes tentem, num primeiro momento, a via extrajudicial, se esta se frustrar, restará o acesso aos meios judiciais para a resolução do diferendo. É certo que se pode alegar a existência dos designados *meios de resolução alternativa de litígios.* Todavia, o recurso a estes nem sempre se mostra possível. Pense-se, desde logo, que o acesso à arbitragem implica uma vontade prévia das partes de submeterem o respetivo litígio à apreciação de uma entidade especializada – os tribunais arbitrais. O mesmo acontece na mediação[532] e que não se aplica a matéria familiar, laboral e penal. Já no caso dos julgados de paz, nem todas as questões controvertidas são suscetíveis de apreciação[533], além de estarem limitados ao conhecimento de ações de valor não superior a €15.000,00[534]. Curiosamente, o TC até fez uma breve referência a esta hipótese, quando afirma que "[p]ara além da racionalização do recurso aos tribunais — finalidade cuja pertinência é menos evidente quando se trate de um direito que não possa ser exercido senão através do direito de ação judicial [...]". Ora, é justamente aqui que importa convocar a declaração do Conselheiro Pedro Machete a que nos havíamos referido anteriormente a propósito do Ac. n.º 328/2014.

[531] Itálico mantido conforme original.

[532] A mediação é objeto de tratamento jurídico na Lei n.º 29/2013, de 19 de abril, que estabelece, no seu art. 4.º, o princípio da voluntariedade.

[533] O elenco encontra-se nos n.os 1 e 2, do art. 9.º, da Lei n.º 78/2001, de 13 de julho, com a última redação conferida pela Lei n.º 54/2013, de 31 de julho.

[534] Cfr. art. 8.º, do predito diploma legal.

Assim, refere, "[...] os aspetos subjetivos conexionados com a «modelação de comportamentos», a «prevenção de abusos» ou a «moralização do recurso aos tribunais», assentes no pressuposto de que o recurso aos tribunais por parte de tais litigantes seria desnecessário ou injustificado, não só não têm tradução nos pressupostos de aplicação das normas sindicadas, como correspondem a objetivos legais desajustados para casos – como aquele que é objeto do presente recurso – em que a autora não pode fazer valer os seus direitos senão mediante o exercício do direito de ação judicial". O que dissemos acima deixa antever que acompanhamos esta compreensão. O legislador parece assumir que qualquer processo *lato sensu* intentado por um grande litigante é um recurso desenfreado e desnecessário aos tribunais, quando tal juízo apenas se consegue alcançar a final. Por outras palavras, só após a respetiva tramitação processual, e só após o julgador formular a sua própria convicção, fundada, naturalmente, nos elementos de prova carreados para os autos (e sem descurar o princípio do inquisitório), é que se poderá concluir se o uso dos tribunais foi, ou não, abusivo. Por exemplo, só aí é que se poderá concluir que o sujeito processual ativo poderia ter recorrido a meios de resolução alternativa, que o pedido era infundado (por exemplo, porque a dívida já tinha prescrito, o devedor já a tinha pago antes da instauração da ação judicial, o devedor foi declarado insolvente, *et cetera*), entre outras circunstâncias. Até lá, estar-se-ão a onerar sujeitos processuais que, embora considerados litigantes em massa, possam não estar a fazer um uso abusivo do aparelho judicial. Esta tributação assenta num juízo antecipatório em que o legislador, recorrendo unicamente ao número de processos (em sentido lato) que determinado litigante intentou no ano $n - 1$, conclui que todo o seu impulso processual, no pólo ativo, se traduz numa utilização abusiva dos tribunais[535].

[535] Este problema também não pode deixar de convocar o estabelecimento de um paralelo com a jurisprudência emanada do *Tribunal Constitucional de España* a propósito da racionalização da taxa de justiça. Na sua *Sentencia 140/2016, de 21 de julio*, concluiu-se que, embora tal fim – o da racionalização – fosse constitucionalmente legítimo, quando destinada a dissuadir recursos infundados, mostrava-se diluído, na medida em "*[...] que su pago se impone de manera igual para la universalidad de justiciables que pretenden impugnar sentencias en los tres órdenes jurisdiccionales gravados*". Ora, "*[t]al situación perjudica a su vez al justiciable que ejercita correctamente su derecho a recurrir; es decir, todo aquel cuya intención no es dilatar el cumplimiento de una sentencia dictada en su contra sino impugnarla porque la considera disconforme a Derecho, pero a quien, entonces, se le obliga a pagar esa misma tasa cuya cuantía elevada se ha fijado por la norma, precisamente, para*

Secundus, porque sendo o objetivo da taxa de justiça agravada "[...] penalizar o recurso desnecessário e injustificado aos tribunais [...]", faria, quanto a nós, todo o sentido que, havendo ganho de causa, e demonstrado que ficasse não ser possível recorrer à via extrajudicial ou, sendo possível, e tendo sido, esta não surtiu qualquer efeito útil, a parte vencedora viesse a ser compensada também pela taxa de justiça agravada, pois, ao fim e ao resto, cessou a causa invocada para a sua tributação – o recurso à via judicial não foi desnecessário (o litigante havia esgotado todos os meios não judiciais ao seu dispor), nem injustificada (o litigante venceu a causa). Por conseguinte, somos da opinião que o legislador poderia ter sido um pouco mais flexível neste regime, desde logo, porque, em caso de vencimento – e, portanto, em que o acesso à justiça não terá sido leviano ou injustificado –, a taxa de justiça agravada não incorpora as custas de parte, sendo definitivamente não só suportada pelo grande litigante, como arrecada pelo Estado, nos termos do n.º 4, do art. 26.º, do RCP.

Tertius, porque o atual modelo do sistema processual não contempla qualquer obrigatoriedade de recurso aos meios de resolução alternativa de litígios, salvo a existência, por exemplo, de um compromisso arbitral, a que alude o art. 280.º, do CPC, o que significa que a regra do n.º 4, do art. 533.º, do CPC nem sequer tem, presentemente, qualquer aplicação prática.

Quartus, porque estando em causa, normalmente, entidades com alguma robustez financeira, e, por isso, com capacidade financeira de fazer face a este agravamento – que, aliás, o próprio tribunal entende ser de contida significância – a aplicação de uma taxa de justiça agravada poderá não ser adequada à prossecução de tal fim. Em determinado passo, o tribunal refere que "[...] se, nos últimos cinco anos, «ficou cabalmente demonstrado, do ponto de vista empírico, que as normas em apreço, afinal, contrariamente ao assumido, não visaram (ou, pelo

erradicar un comportamiento procesal indebido que en realidad le resulta ajeno". O tribunal também destacou – e de forma certeira, a nosso ver – a impossibilidade de implementar um controlo *ex ante* para determinar quando é que a interposição de um recurso era objetivamente infundada, e que essa impossibilidade não pode justificar a imposição da taxa de justiça com o referido propósito dissuasor. Deste modo, mergulhando no princípio da proporcionalidade, o tribunal considerou tal medida inidónea para a prossecução do objetivo de dissuadir a interposição de recursos infundados.

menos, não concretizaram) o pretenso fim de moralização e racionalização do recurso aos tribunais», o que isso significa é que os grandes litigantes continuam a ser aqueles que mais diretamente consomem e absorvem os recursos disponíveis do sistema de justiça, conclusão para a qual, de resto, cabalmente apontam os dados empíricos mais recentes [...]". Ora, se o TC acaba por admitir que os grandes litigantes, apesar da taxa de justiça agravada, continuam a *consumir* e *absorver* os recursos do sistema judiciário, então, talvez seja de ponderar se a diferenciação entre os diversos utilizadores do serviço *justiça* que a mesma impõe se mostra, efetivamente, adequada[536]. Deverá começar por se questionar se a taxa de justiça agravada soluciona o problema do aumento da litigiosidade e do congestionamento dos tribunais ou se haverá que procurar outras alternativas, como por exemplo, o estímulo aos meios de resolução alternativa de litígios, promoção de mecanismos de resolução extrajudicial ou o aumento da capacidade do próprio sistema judicial[537].

Uma última nota, ainda, para dar conta de que recentemente, no Ac. n.º 124/2022, reafirmou-se integralmente a posição acima referida. A sua referência é de considerável pertinência pois vem demonstrar que, presentemente, o TC continua a postergar a análise à legitimação material da taxa, não se movendo além do campo da qualificação do tributo e da sua eventual convolação noutra figura, em particular, no imposto, quando a taxa agravada se mostre manifestamente excessiva[538].

[536] O tribunal concluiu "[p]erante a impossibilidade de maximização da capacidade de reação do aparelho judiciário de modo a neutralizar o impacto dessa procura massiva, o legislador encontrou no agravamento da tributação dos grandes litigantes um meio necessário e adequado para superar tal disfunção".

[537] Com efeito, acompanhamos a anotação de João Ricardo Catarino e Diogo Ferraz quando sustentam, no contexto da extratributação, que "[...] a proporcionalidade impõe um exame de necessidade – entre as medidas possíveis e aptas (equivalentes) para alcançar a finalidade constitucional, a tributação extrafiscal deve ser a menos restritiva dos Direitos envolvidos. Isto é, se existirem outras medidas (tributárias ou não) que sejam igualmente idóneas, mas que suponham uma menor limitação aos Direitos contrapostos, são estas últimas que devem ser adotadas (v.g. comparando medidas tributárias e regulatórias)". Cfr. Catarino, João Ricardo, Ferraz, Diogo, "Impostos extrafiscais...", *op. cit.*, p. 56.

[538] Cfr. Ac. do TC n.º 124/2022, proferido no processo n.º 1224/2019, em 03 de fevereiro de 2022, disponível em www.tribunalconstitucional [05-04-2022].

CAPÍTULO V
PRINCÍPIOS ESTRUTURANTES EM MATÉRIA DE CUSTAS[539]

1. Considerandos introdutórios

Nos desenvolvimentos subsequentes, procuraremos enunciar aqueles que nos parecem ser os princípios mais relevantes em matéria de custas *lato sensu*. Abordaremos princípios já mencionados anteriormente, mas também enumeraremos o que, eventualmente, se poderão considerar *princípios próprios* ou *autónomos*. O especial enfoque vai, naturalmente, para o princípio da equivalência em cuja análise traremos à colação diversas questões que, em nosso ver, têm sido negligenciadas pela ciência jurídico-tributária.

2. Princípios próprios ou autónomos

2.1. Princípio da justiça retribuída ou da onerosidade

Já nos havíamos referido perfuntoriamente ao princípio da justiça retribuída. Trata-se de um princípio próprio da tributação do acesso à justiça com agasalho no n.º 1, do art. 1.º, do RCP, que prescreve que todos os processos estão sujeitos a custas, embora, como bem observa Salvador

[539] O termo "custas" é aqui usado em sentido lato, uma vez que nos referiremos a princípios que não se aplicam exclusivamente à taxa de justiça, como é o caso dos princípios da causalidade e do proveito processual e da tendencial justiça gratuita para o vencedor.

da Costa, são os sujeitos processuais que se encontram sujeitos a custas, e não propriamente os processos *lato sensu*[540]. A ideia de uma justiça retribuída também decorre da própria Lei Fundamental, que, como vimos, não impõe uma justiça gratuita, porém, com o limite de que o Estado não deve criar obstáculos, em especial, económico-financeiros que impeçam o acesso à justiça, tendo em conta o paradigma da capacidade contributiva do homem médio.

O princípio da justiça retribuída encontra a sua primeira manifestação na obrigação do pagamento de taxa de justiça que, como se disse há pouco, visa compensar o Estado pelo exercício da administração da justiça, manifestando-se também – mas já não no plano tributário – nas custas processuais e, ainda, nas custas de parte (neste último caso, estamos perante uma relação creditícia alheia àquele Estado credor). Contudo, é evidente que o princípio da justiça retribuída manifesta-se em diferentes graus. Basta imaginar, por exemplo, no caso dos sujeitos processuais que beneficiam de isenção de custas, nos termos do art. 4.º, do RCP, ou do benefício de apoio judiciário na modalidade de dispensa de taxa de justiça e demais encargos com o processo, prevista na al. a), do n.º 1, do art. 16.º, da LADT, conjugada com a al. d), do n.º 1, do art. 29.º, do RCP. Pense-se, também, no caso de o réu se encontrar em revelia e, como tal, não ter desencadeado qualquer impulso processual. Neste caso, não há, da sua parte, lugar ao pagamento da taxa de justiça, mas caso tenha decaído na causa, nem por isso ficará isento ou não sujeito ao pagamento dos encargos e custas de parte (custas *stricto sensu*, portanto).

2.2. Princípios da causalidade e do proveito processual

O n.º 1, do art. 527.º, do PC, dispõe que "[a] decisão que julgue a ação ou algum dos seus incidentes ou recursos condena em custas a parte que a elas houver dado causa ou, não havendo vencimento da ação, quem do processo tirou proveito". Estão, aqui, contidos dois princípios – o *princípio da causalidade* e, subsidiariamente, o *princípio do proveito processual.*

Numa formulação genérica, pode-se dizer que o princípio da causalidade determina que, quem dá causa ao processo (em sentido lato),

540 Cfr. Costa, Salvador, "As Custas...", 2018, *op. cit.*, p. 97.

é responsável pelas custas. Esta ideologia é acolhida expressamente no n.º 2, do art. 527.º, do CPC, sendo que a responsabilidade é fixada a final, condenando-se os responsáveis na decisão que julgue a ação ou incidente, conforme resulta da conjugação do disposto no n.º 1, do art. 527.º, e n.º 6, do art. 607.º, ambos do CPC. Ou seja, o princípio da causalidade adquire relevância quando, a final, é permitido aferir a quem é imputável a causa. Por regra, a condenação nas custas processuais também implicará, para o mesmo sujeito processual, a responsabilidade pelas custas de parte, e a verdade é que ambas estão relacionadas com o decaimento na causa, contudo, uma não implica necessariamente a outra. Por exemplo, pode suceder que não existam quantias em dívida e, nesse contexto, haja apenas lugar ao pagamento de custas de parte na proporção do vencimento[541]. Contudo, a isenção de custas, prevista no art. 4.º, do RCP, não abrange as custas de parte, em conformidade com o disposto no n.º 7, daquele preceito[542]. Além disso, como assinala António Santos Abrantes Geraldes, a quantificação da responsabilidade pelas custas não depende de fatores subjetivos, como "[...] o circunstancialismo do caso concreto, do grau de responsabilidade do agente, da situação económica ou de outros factores que impliquem uma variação do montante final"[543]. Trata-se, pois, de uma responsabilidade objetiva.

Uma nota mais quanto às custas de parte.

Não nos parece demais reiterar que, no caso da taxa de justiça, esta, uma vez paga, não se desagrega do erário público. É dizer, independentemente do seu sujeito passivo ter ganho a causa, não há lugar a qualquer restituição por parte do sujeito ativo. O que sucede é que, em sede de custas de parte, a parte vencida deve *compensar* – na proporção do decaimento – a parte vencedora, numa obrigação à qual o credor da taxa de justiça, o Estado, é absolutamente alheio. Com efeito, o princípio da causalidade em nada afeta a arrecadação da taxa de justiça, enquanto tributo, previamente paga pela parte vencedora. A única solução legislativa que, nesta matéria, parece poder interferir com os cofres do Estado

541 Por exemplo, porque não existem quaisquer encargos (compensações devidas a testemunhas ou pagamentos devidos pela realização de uma perícia, para exemplificar). Nestes casos, prevê a al. a), do n.º 1, do art. 29.º, do RCP, a dispensa da elaboração da conta de custas.

542 Neste sentido, *vide*, entre outros, Ac. do STA, proferido no processo n.º 0490/17, em 23 de maio de 2018, disponível em www.dgsi.pt [22-12-2020].

543 Cfr. GERALDES, António Santos Abrantes, "Temas Judiciários...", *op. cit.*, pp. 177-178.

é a vertida no n.º 6, do art. 26.º, do RCP. Este preceito determina que, caso a parte vencida seja o MP ou gozar de apoio judiciário na modalidade de dispensa de taxa de justiça e demais encargos com o processo, o Estado, na pessoa do IGFEJ, está efetivamente adstrito ao reembolso da taxa de justiça (e tão só somente da taxa de justiça) paga pela parte vencedora[544].

Por seu turno, o princípio do proveito processual aparece como secundário, subsidiário, em face do princípio da causalidade. Neste contexto, escreve o STA que "[o] identificado regime legal de responsabilidade por dívidas de custas é motivado pelo princípio da causalidade, a título principal, em virtude do qual deve ser condenada em custas a parte vencida na respectiva proporção. Em segunda linha, vamos encontrar o princípio do proveito ou vantagem processual, de acordo com o qual deve ser condenado no pagamento de custas quem da actividade processual tirou proveito"[545]. Este mecanismo é nos explicado, entre outros, em aresto da Relação de Lisboa que sumariou que "I – A regra da causalidade, que a lei estabelece como primeiro critério para a distribuição da responsabilidade pela dívida de custas, pressupõe a existência de um vencedor e de um vencido na decisão (artigo 446.º, n.º 1, 1.ª parte, e n.º 2, do CPC); II – O critério subsidiário do proveito obtido (artigo 446.º, n.º 1, 2.ª parte, do CPC), apenas funciona no caso de, nem vencedor, nem vencido, ser possível descortinar no resultado do decidido; III – Se a decisão permitir encontrar um vencedor, mas não um vencido, a dívida de custas deve ser distribuída à semelhança daquelas que sejam devidas pelo próprio processo, acrescendo aquelas a estas – é o que se chama responsabilidade pela parte vencida a final; IV – Se, nem no final, for possível descobrir quem seja o vencedor e o vencido no processo, é a quem tomou a iniciativa de desencadear o

544 Esta solução não pode ser confundida com a situação prevista no n.º 7, do art. 26.º, da RCP, e que se reporta àquelas situações em que o vencedor goza de apoio judiciário, mas o vencido não. Neste caso, as custas de parte a pagar pelo vencido revertem a favor do IGFEJ.

545 Cfr. Ac. do STA, proferido no processo n.º 0155/04.5BELSB 0762/15, em 28 de outubro de 2020, disponível em www.dgsi.pt [22-12-2020].
No mesmo sentido, *vide*, entre outros, Ac. do STA, proferido no processo n.º 0696/16.1BELLE, em 28 de janeiro de 2020, e Ac. do TRP, proferido no processo n.º 4567/19.1T8PRT-A.P2, em 14 de julho de 2020, todos disponíveis em www.dgsi.pt [22-12-2020].

funcionamento da máquina judiciária – em regra, o autor – que se deve reconhecer a dívida de custas"[546].

Assim, o princípio da causalidade aplicar-se-á sempre que for possível imputar a causa a qualquer dos sujeitos processuais, e, não o sendo, funcionará um outro, o do proveito processual, que determina que deve ser condenado no pagamento de custas quem da atividade processual tirou proveito.

2.3. Princípio da (tendencial) justiça gratuita para o vencedor

Em relação com o que acabamos de expor, podemos apontar outro princípio autónomo caracterizador do sistema de custas processuais – o princípio da tendencial justiça gratuita para o vencedor. Dizemos *tendencial* porque, como veremos, a parte vencedora não é totalmente compensada pelas despesas que, efetivamente, suportou com a demanda, em especial, no âmbito das custas de parte.

O n.º 3, do art. 26.º, do RCP, elenca as importâncias a que o litigante vencedor tem a haver do vencido, e que já acima enunciamos. No que respeita, em especial, à compensação pelas despesas com honorários do mandatário, a al. c), do n.º 3, do art. 26.º, do RCP, tem de ser conjugada – numa verdadeira *ginástica jurídica* – com a al. d), do n.º 2, do art. 25.º, do mesmo diploma. Isto porque, na realidade, a compensação com as despesas com honorários tem um limite, e o limite é o correspondente justamente a 50% do somatório das taxas de justiça pagas pelos sujeitos processuais. Com efeito, a referida al. d), do n.º 2, do art. 25.º, do RCP, dispõe que, na nota discriminativa e justificativa, deve indicar-se, em rubrica autónoma, as quantias pagas a título de honorários de mandatário, salvo, quando superiores ao valor indicado na alínea c) do n.º 3 do artigo 26.º. Ora, o valor indicado nesta última norma é, justamente, 50% do somatório das taxas de justiça pagas pelos sujeitos processuais. Assim, recorrendo a um exemplo, numa ação em que autor e réu pagaram, cada um, €306,00 a título de taxa de justiça, num total de €612,00, a compensação pelas despesas com honorárias do mandatário da parte

[546] Cfr. Ac. do TRL, proferido no processo n.º 277/08.3TBSRQ-F.L1-7, em 11 de janeiro de 2011, disponível em www.dgsi.pt [23-12-2020].

vencida terá como limite €306,00, ainda que, na realidade, as despesas tenham sido superiores a essa quantia[547].

Torna-se, pois, fácil concluir que situações existem, e existirão, em que o vencedor não é totalmente compensado pelas despesas com a demanda não sendo possível, nessa medida, falar numa justiça totalmente gratuita para o vencedor[548]. Neste particular, o STA observa que, "[a]tento à limitação estabelecida, não há dúvidas que a intenção do legislador – aliás, já expressa no n.º 2, al. g) da Lei n.º 26/2007, de 23/7 (lei de autorização legislativa) – não foi a de ressarcir a parte vencedora da totalidade dos honorários do seu mandatário judicial, mas a de lhe

[547] Neste sentido, *vide*, entre outros, Ac. do STA, proferido no processo n.º 0906/14.0BEVIS-S1, em 17 de dezembro de 2019, em se que explica que "[o] valor de 50% do somatório das taxas de justiça pagas pelas partes é o limite imposto por lei para compensar a parte vencedora, naturalmente se tiver suportado despesas com honorários de mandatário judicial desse valor, ou superior, recebendo, o que tiver efectivamente pago, na totalidade quando o valor dos honorários se contenha dentro dos 50% do somatório das taxas de justiça pagas pelas partes". Disponível em www.dgis.pt [23-12-2020].
Veja-se, ainda, o recente Ac. do STA, proferido no processo n.º 0415/17.5BEMDL-A, de 20 de janeiro de 2021, que uniformizou jurisprudência no sentido de que "[n]ão existe norma ou princípio legal que imponha que as quantias indicadas em rubrica autónoma a título de honorários de mandatário, nos termos do art. 25.º n.º 2, d), do Regulamento de Custas Judiciais, tenham de ser documentadas, nomeadamente, mediante nota de honorários e/ou correspondente recibo", disponível em www.dgsi.pt [30-01-2021].

[548] Face a esta regra, o sujeito ativo da relação processual, antecipando-se a um eventual ganho de causa, pode ser *seduzido* a elencar um pedido de indemnização relativo às despesas com os honorários do seu mandatário, tentando, assim, contornar aquele obstáculo. Todavia, a jurisprudência tem entendido que o pagamento de tais despesas, motivadas pela interposição da respetiva ação judicial, apenas pode ocorrer em sede de condenação em litigância de má fé, como decorre da al. a), do n.º 1, do art. 543.º, do CPC, ou em sede de custas de parte, não integrando a obrigação de indemnizar prevista no art. 562.º, do CC. Neste sentido, *vide*, entre outros, Acs. do TRP, proferido no processo n.º 9910453 em 26 de janeiro de 2000, proferido no processo n.º 0231399, em 21 de novembro de 2002, e do STJ, proferido no processo n.º 5792/15.0TBALM.L1.S2, em 15 de janeiro de 2010, proferido no processo n.º 08A2109, em 23 de agosto de 2008, todos disponíveis em www.dgsi.pt [23-12-2020].
Questão diferente, parece-nos, será a circunstância de essa indemnização ter sido previamente fixada no âmbito da autonomia privada, limitando-se o sujeito processual a invocar esse acordo de vontades. É exemplo disso, entre outros, um regulamento de condomínio que preveja a responsabilidade dos condóminos pelas despesas com os honorários do mandatário judicial do condomínio, em litígios judiciais com vista à cobrança de dívidas. Sobre esta estipulação entre as partes, apontamos, por exemplo, o Ac. do TRE, proferido no processo n.º 2561/07.4TBFAR-R.E1, em 07 de dezembro de 2012, disponível em www.dgsi.pt [23-12-2020].

fixar uma compensação que, em face do valor da acção e das taxas de justiça suportadas pelas partes, considerou ser no montante adequado". O aresto refere, ainda, que "[...] na actual legislação processual civil e sobre custas, o legislador limitou a enorme discrepância que existia entre o montante das despesas efectivamente suportadas com a demanda pela parte vencedora e as quantias que esta tinha direito a receber através da imputação dos custos dela à contraparte, mas não foi ao ponto de consagrar o princípio da justiça gratuita para o vencedor ou uma solução equiparada à prevista em matéria de responsabilidade civil no art.º 562.º, do C.Cv"[549].

António Santos Abrantes Geraldes considera que "[...] o sistema adotado pelo legislador não deixa de se assumir como contraditório em relação a outras esferas do direito, *maxime* do direito substantivo privado, onde a obrigação de indemnização obedece a princípios de reconstituição pecuniária do dano, a qual assenta na teoria da diferença, consagrada, nomeadamente, nos arts. 564.º e 566.º, n.º 2, do CC"[550].

Outro exemplo de como a justiça não é inteiramente gratuita para o vencedor encontramo-lo nas situações em que o vencido é o MP ou goza do benefício de apoio judiciário, na modalidade de dispensa de taxa de justiça e demais encargos com o processo. Nestes casos, o vencedor apenas tem direito a ser compensado pela taxa de justiça por si paga, reembolsada pelo IGFEJ, de acordo com o n.º 6, do art. 26.º, do RCP[551]. Sobre esta matéria, o Tribunal Constitucional já teve oportunidade se pronunciar no Ac. n.º 2/2015, onde concluiu pela não inconstitucionalidade dessa norma. O tribunal, recorrendo ao princípio da igualdade, entendeu que a situação daquele que litiga contra beneficiário de apoio judiciário é objetivamente distinta daquele que litiga contra pessoa que não goza desse benefício. Assim, tratando-se a litigância de uma atividade de risco, pelos custos que implica e na medida em que o seu resultado é sempre incerto, há uma redução desse risco pelo facto de parte das

[549] Cfr. Ac. do STA, proferido no processo n.º 0284/17.5BELSB, em 05 de março de 2020, disponível em www.dgsi.pt [23-12-2020]. Salientamos que esta decisão foi proferida a propósito da morosidade na justiça, questão que abordaremos em momento próprio.

[550] Cfr. Geraldes, António Santos Abrantes, "Temas Judiciários...", *op. cit.*, p. 188.

[551] Sobre esta matéria, *vide*, entre outros, Ac. do STA, proferido no processo n.º 01350/16, em 09 de março de 2017, e Ac. do TRC, proferido no processo n.º 500/09.7TBSRT.1.C1, em 17 de novembro de 2020, ambos disponíveis em www.dgsi.pt [23-12-2020].

custas, ainda que seja apenas a taxa de justiça, serem reembolsadas pelo IGFEJ. No caso contrário, existe um risco associado à possibilidade de não pagamento das custas de parte pelo vencido.

Em súmula, "[m]esmo que obtenha vencimento total na acção, a parte vencedora jamais logrará alcançar, por via da conta final do processo, a compensação global por todas as despesas judiciais e extra judiciais suportadas, já que este pagamento está condicionado pela prova de um determinado circunstancialismo que possa ser subsumido na litigância de má-fé"[552].

Seja como for, tratam-se de despesas que têm de estar ligadas à demanda por um nexo de causalidade adequada.

3. Princípios gerais de Direito tributário

3.1. Princípio da legalidade (algumas reflexões)

O princípio da legalidade, como já vimos, exprime-se de modo mais ténue nas taxas, ao contrário do ocorre nos impostos, uma vez que o princípio da legalidade em matéria de taxas determina que apenas o seu regime geral esteja sujeito a reserva parlamentar, nos termos da al. i), *in fine*, do n.º 1, do art. 165.º, da CRP. Também dissemos que, tratando-se o direito de acesso ao direito e à tutela jurisdicional efetiva um direito fundamental de natureza análoga aos direitos, liberdades e garantias, uma das consequências, no plano formal, é a integração desta matéria na reserva relativa de competência da AR, nos termos na al. b), do n.º 1, do art. 165.º, da CRP.

A Constituição estabelece que a criação de impostos e sistema fiscal está sujeito à reserva de lei formal, devendo a lei (em sentido material) disciplinar tanto quanto possível a incidência, taxa, benefícios fiscais e garantias dos contribuintes. Por outro lado, apenas o regime geral das taxas e demais contribuições se encontra sujeito ao princípio da reserva de lei formal. Ora, não se pretendendo repisar o que já dissemos anteriormente, parece-nos ser de questionar – no plano das taxas – a densidade legal que deve ser exigida ao nível material, isto é, conteudístico.

[552] Cfr. Ac. do TRP, proferido no processo n.º 13118/16.9T8LSB-A.P1, em 20 de fevereiro de 2020, disponível em www.dgsi.pt [26-12-2020].

Por outras palavras, até onde deverá ir um eventual regime geral das taxas? Que matérias deverá disciplinar? Não sendo nosso propósito aventar uma resposta a tais questões, mas apenas procurar refletir sobre elas, parece-nos defensável que tal regime deva conter uma exigência ao nível da fundamentação económico-financeira das taxas[553], bem como disposições relativas à liquidação, cobrança, extinção da obrigação tributária (incluindo a prescrição) e garantias dos sujeitos passivos.

3.2. A manifestação do princípio da capacidade contributiva na taxa de justiça

3.2.1. Enquadramento

O n.º 1, *in fine*, do art. 20.º, da CRP, estabelece que a justiça não pode ser denegada por insuficiência de meios económicos, significando, isto, que está o Estado constitucionalmente incumbido de criar soluções legais que ressalvem situações de insuficiência de meios económicos, objetiva e casuisticamente avaliadas. Por outro lado, o Estado goza de goza de ampla margem de liberdade na fixação do montante das taxas de justiça.

É sabido que, em Espanha, desde logo, por força do previsto no art. 31.1 da CE, no n.º 1, do art. 3, da *LeyGT*, e no art. 8, da LTPP, atribui-se uma maior relevância à capacidade contributiva nos tributos comutativos, em particular, na taxa. O mesmo já não sucede entre nós. Porém, mesmo sabendo que uma eventual manifestação de força contributiva não é o pressuposto legal da taxa de justiça, importará equacionar, por um lado, se o acesso à justiça acomoda de alguma forma o princípio da capacidade contributiva e, sendo o caso, como é que este se manifesta.

3.2.2. O critério da *capacidade contributiva do homem médio*

O nosso Tribunal Constitucional tem preconizado que "[n]a fixação das custas judiciais, há de, pois, o legislador ter sempre na devida conta o nível geral dos rendimentos dos cidadãos de modo a não tornar incomportável para o comum das pessoas o custeio de uma demanda judicial, pois, se tal suceder, se o acesso aos tribunais se tornar insuportável ou

[553] À semelhança do que prevê a al. c), do n.º 2, do art. 8.º, do RGTAL, e o art. 20, da LTPP.

especialmente gravoso, violar-se-á o direito em causa" [554]. Por este motivo, o tribunal tem entendido que as custas (embora entendamos que aqui se deva operar a referida distinção entre custas e taxa de justiça) não podem olvidar a *capacidade contributiva do homem médio*, sob pena de tornar o acesso à injustiça insuportável, entendimento este que veio a ser sancionado em decisão que concluiu que o valor de taxa de justiça em causa era "[...] manifestamente excessivo e desproporcionado, tomando como paradigma «a capacidade contributiva do cidadão médio»"[555].

A tributação no acesso à justiça, embora não tenha em consideração – pelo menos, tal como ocorre na mecânica dos impostos – a capacidade contributiva dos seus utilizadores, não pode olvidar a *capacidade contributiva do homem médio*. Dito de outro modo, embora o Estado goze de liberdade normativa na determinação do valor das taxas de justiça, não pode adotar soluções legais que, na prática, impeçam o cidadão médio de aceder à justiça, sob pena de contravenção ao n.º 1, do art. 20.º, da CRP. É justamente porque, por um lado, a justiça deve ser acessível a todos e, por outro, porque a tributação do seu acesso não assenta na capacidade contributiva nos mesmos termos em que assenta os impostos, que o legislador ordinário está incumbido de criar meios de modo a torná-la alcançável, e não mera quimera. Por exemplo, a fixação de limites mínimos e máximos, de modo a que, por um lado, a taxa de justiça corresponda suficientemente aos custos provocados e, ou, aos benefícios aproveitados (pelo menos, em teoria) e, por outro, não obstaculize o acesso à justiça, é uma demonstração da forma como a taxa de justiça acomoda o princípio da capacidade contributiva.

Vejamos um exemplo simples: o sujeito *A*, autor, que vive de forma desafogada, possuindo um vasto património imobiliário e um rendimento mensal líquido de €2.000, se intentar uma ação declarativa em que peticiona a condenação do sujeito *B*, réu, ao pagamento de €20.000,00€, pagará a taxa de justiça correspondente a 4UC. Por sua vez, o réu, que aufere o salário mínimo nacional, não tem outras fontes de rendimento, e não tem qualquer património imobiliário e mobiliário

[554] Cfr. Ac. do TC n.º 352/1991, por nós já mencionado.

[555] Cfr. Ac. do TC n.º 266/2006, proferido no processo n.º 421/2006, em 11 de julho de 2006, disponível em www.tribunalconstitucional.pt [24-01-2021].

(sujeito a registo), se pretender contestar, pagará igual importância a título de taxa justiça.

Ou seja, em matéria de taxa de justiça não há distinção ao nível da concreta capacidade contributiva dos sujeitos passivos como ocorre no imposto, isto porque, embora o recurso à via judicial possa evidenciar alguma capacidade contributiva do sujeito passivo, o certo é que não essa força contributiva o pressuposto da taxa de justiça. Logo, nunca se tratará de uma capacidade contributiva real, mas meramente potencial. No exemplo que demos, o sujeito *A* apresenta uma uma situação profissional e patrimonial que, teoreticamente, lhe permitirá fazer face à taxa de justiça impulsória. O mesmo, porventura, poderá já não suceder no caso do sujeito *B*. Porém, esse quadro é absolutamente irrelevante, pela simples razão de que uma eventual força contributiva não é o pressuposto da taxa de justiça que, assim, será exigida a ambos, e em igual montante, com a realização do impulso processual.

Neste particular, a afirmação de Eugenio Simon Acosta revela-se certeira quando, embora assinalando que há quem defenda que o ato de receber um serviço público é demonstrativo de capacidade contributiva, contrapõe que "*[q]uien solicita o recibe un servicio sólo demuenstra que tiene necessidad de recibir, no capacidad de dar*"[556]. Parece-nos que também será um pouco neste sentido que Isabel Gil Rodríguez observa que, sendo a contrapartida pela taxa de justiça a prestação de um serviço público essencial, quando o sujeito recebe esse serviço não está a exteriorizar capacidade económica. Porém, postulando-se um princípio de acesso à justiça retribuído, a capacidade económica manifesta-se na medida em que a taxa de justiça não deve ser exigida a quem não possui tal capacidade[557]. Na mesma linha argumentativa, César García Nóvoa reitera que o princípio da capacidade contributiva manifesta-se nas taxas, não propriamente no seu valor, mas na sua fundamentação, justificando que não sejam exigidas a quem não manifeste tal capacidade[558]. César Martínez

[556] Cfr. Simon Acosta, Eugenio, "*Las Tasas de las Entidades Locales (El hecho imponible)*", Pamplona, Aranzadi, 1999, p. 29.

[557] Cfr. Gil Rodríguez, Isabel, "*Las tasas...*", *op. cit.*, pp. 113-116.

[558] Cfr. García Novoa, César, "*El concepto...*", *op. cit.*, p. 268 e ss.. No mesmo sentido, Cfr. Gorospe Oviedo, Juan Ignacio; Herrera Molina, Pedro Manuel, "*La virtualidad del principio de capacidad económica en el ordenamiento tributario español*", *in* Sterling, Ana Yábar, *Estudios en homenaje al profesor Pérez de Ayala*, Madrid, Dykinson, 2007, pp. 36-37. Os autores susten-

Sánchez preconiza, ainda, o fenómeno da "aristocratização" (*aristocratización*) do sistema judicial para se referir ao efeito que pode advir da imposição da taxa de justiça sem consideração pela capacidade contributiva dos sujeitos passivos, na medida em que a imposição de uma taxa de justiça desincentivaria o acesso dos que tem menor capacidade contributiva, ficando apenas ao acesso dos que possuem uma maior capacidade contributiva[559]. Assim, um eventual efeito dissuasor que as taxas de justiça possam ter diminuirá com o aumento da capacidade contributiva dos sujeitos passivos, fazendo surgir o referido fenómeno.

Aproveitamos, assim, o ensejo para uma especial, e última referência, para algumas soluções legais em que o legislador tem em conta a *concreta* situação do sujeito passivo. Tome-se como exemplo as alíneas h), e j), do n.º 1, do art. 4.º, do RCP, que dispõem que estão isentos de custas (e, portanto, de taxa de justiça) os trabalhadores ou familiares, em matéria de direito do trabalho, quando sejam representados pelo MP ou pelos serviços jurídicos do sindicato, quando sejam gratuitos para o trabalhador, desde que o respectivo rendimento ilíquido à data da propositura da ação ou incidente ou, quando seja aplicável, à data do despedimento, não seja superior a 200 UC, bem assim como os arguidos detidos, sujeitos a prisão preventiva ou a cumprimento de pena de prisão efetiva, em estabelecimento prisional, quando a secretaria do Tribunal tenha concluído pela sua insuficiência económica[560]. No entanto, insistimos: não se trata de uma força contributiva enquanto pressuposto tributário, mas enquanto fundamento, como explica César Garcia Nóvoa, que determina que a taxa de justiça não seja exigida a quem demonstre situar-se num limiar económico tipificado pelo legislador como sendo potencialmente revelador de alguma dificuldade em suportar esse tributo.

tan que "*[...] en los tributos «retributivos» y en los extrafiscales la capacidad económica no puede actuar como criterio general de cuantificación, sino más bien como límite para garantizar el mínimo existencial y la no confiscación*".

559 Para maiores desenvolvimentos, Martínez Sánchez, César, "*Una aproximación crítica a las tasas judiciales desde el derecho financiero y tributario*", *in Revista Jurídica de la Universidad Autónoma de Madrid*, n.º 27, 2013, pp. 218-220.

560 Para a apreciação da insuficiência económica do arguido, deve este emitir uma declaração relativa ao rendimento, património e despesa permanente do seu agregado familiar, de harmonia com o disposto no n.º 3, do art. 39.º, da LADT. Sobre esta matéria, *vide*, entre outros, Costa, Salvador, "As Custas...", *op. cit.*, p. 84.

Segundo a doutrina espanhola, teremos, assim, duas manifestações do princípio da capacidade contributiva: por um lado, enquanto critério de imposição e, por outro, enquanto fundamento de imposição. Este último determina que o legislador não pode impor tributos (qualquer uma das espécies tributárias, portanto), sem ter em consideração situações reveladoras dessa força contributiva[561].

De qualquer modo, a ideia de capacidade contributiva do homem médio não pode ser confundida com a que precede ao sistema de acesso ao direito e aos tribunais, por nós já analisado, assim como também não deve ser confundida com a equivalência económica, uma vez que esta expressa o nexo que deve existir entre a prestação pública e o montante da contraprestação.

3.3. Princípio da equivalência (remissão)

A presente investigação não dispensa – antes impõe – uma análise mais desenvolvida à manifestação do princípio da equivalência na taxa da justiça. A importância significativa desta abordagem justifica, porém, que lhe dediquemos um capítulo analítico, remetendo-se, assim, para o Capítulo VI deste trabalho.

[561] Para maiores desenvolvimentos, ECHEVARRÍA PLAZA, Juan, "*La justicia...*", *op. cit.*, pp. 220-221.

CAPÍTULO VI
O PRINCÍPIO DA EQUIVALÊNICA NA TAXA DE JUSTIÇA

1. Considerações introdutórias e sistematização

A taxa de justiça é a contrapartida pela prestação de um serviço público individualizado. Este, aliás, é um serviço específico, palpável, quase que individualizado, *personalizado*, para os respetivos sujeitos processuais, sendo possível estabelecer uma relação, um nexo, entre o seu utilizador e o ente público, ou seja, uma equivalência jurídica[562].

Sabemos também que o imposto assenta na capacidade contributiva dos contribuintes, enquanto a taxa assenta no princípio da equivalência que, por sua vez, exprime a ideia de adequação das taxas aos custos que o sujeito passivo gera para a administração ou ao benefício de que a administração, com a sua prestação, lhe proporciona. O princípio da equivalência é uma concretização do princípio da igualdade tributária podendo manifestar-se numa lógica de equivalência de custo ou de benefício. Isto não significa, porém, que as taxas não possam, de alguma forma, ter em consideração, no seu fundamento, a capacidade contributiva dos sujeitos passivos, ainda que esta não seja a sua medida e pressuposto.

[562] Cremos, portanto, que nem sequer se coloca a problemática apreciada pelo Tribunal Constitucional, no âmbito, por exemplo, das taxas municipais de proteção civil, e que já aqui tivemos oportunidade de analisar.

Ora, tal é o que se verifica na taxa de justiça cujo facto tributário, embora não sendo uma manifestação de capacidade contributiva, mas a prestação de um serviço ou atividade públicos e individualizados, não se olvidou aquela por completo, não só porque deve atender à capacidade contributiva do homem médio, como a sua tributação coexiste com mecanismos legais tendentes à diminuição ou anulação de desigualdades no seu acesso, motivadas, sobretudo, por insuficiência económica.

Por outro lado, tem sido entendimento da jurisprudência mais autorizada que a conformidade constitucional das taxas, de uma forma genérica, e as taxas de justiça, em concreto, se basta com a equivalência jurídica, ou seja, com a conexão existente entre a obrigação tributária que impende sobre o sujeito passivo e a prestação pública que ele efetivamente provoca ou aproveita, não se exigindo uma equivalência económica entre o *quantum* da taxa e o custo ou benefício do serviço prestado, embora não se possa permitir uma manifesta desproporcionalidade[563]. Além disso, como dissemos no começo desta investigação, o sinalagma não implica a contemporaneidade ou a simultaneidade das prestações, não se exigindo coincidência temporal entre o pagamento deste tributo e a efetivação da prestação do serviço ou atividades correspondentes.

Nos apontamentos que se seguem começaremos por analisar os critérios do valor e da complexidade da causa. Dedicaremos atenção ao valor da causa enquanto base tributável, onde procuraremos aferir se legislador ordinário terá optado pelo benefício ou pelo custo, ou por ambos, como forma de concretizar este princípio. Após, revisitaremos com mais pormenor o problema da quantificação dos custos ou do valor da prestação e do controlo material do montante da taxa de justiça. Por fim, procuraremos analisar se o fenómeno da morosidade na justiça, traduzido numa ultrapassagem do tempo razoável para a prolação de uma decisão judicial que aprecie com força de caso julgado uma pretensão regularmente deduzida, possui alguma relação com o princípio da equivalência.

[563] Como assinala Isabel Gil Rodriguez, a propósito da ordem jurídica espanhola, onde a problemática tem sido colocada em moldes similares, "*[u]na incorreta, desproporcionada y excessiva cuantificación de las tasas judiciales puede servir de argumento para negarles su acomodación al texto constitucional*". Cfr. Gíl Rodriguez, Isabel, "*Las tasas...*", *op. cit.*, p. 212.

2. O valor da causa

Qualificando o presente sistema de tributação, Salvador da Costa sustenta que se trata de um *sistema misto*, pois o n.º 1, do art. 6.º, do RCP, estabelece que a taxa de justiça é fixada em função do valor e em função complexidade da causa[564]. Será assim? É o que procuraremos analisar.

É bem verdade que, pelo menos, num primeiro momento, isto é, aquando do pagamento prévio da taxa de justiça, esta é determinada em função do valor da causa[565], o qual, por sua vez, é fixado em função de diversos critérios previstos no direito adjetivo. Assim, o art. 11.º, do RCP, dispõe que "[a] base tributável para efeitos de taxa de justiça corresponde ao valor da causa, com os acertos constante da tabela I, e fixa-se de acordo com as regras previstas na lei do processo respetivo". Se analisamos o texto preambular do Decreto-Lei n.º 34/2008, de 26 de fevereiro, é dito que "[d]e um modo geral, procurou também adequar-se o valor da taxa de justiça ao tipo de processo em causa e aos custos que, em concreto, cada processo acarreta para o sistema judicial [...]". O valor da causa é trespassado por uma ideia comum – a da que representa, ou deve representar, a *utilidade económica imediata do pedido*. Isto porque, e cingindo-nos ao processo civil, por ser a matriz para outros processos, dispõe o n.º 1, do art. 296.º, do CPC, que "[a] toda a causa deve ser atribuído um valor certo, expresso em moeda legal, o qual representa a utilidade económica imediata do pedido"[566].

564 Cfr. Costa, Salvador da, "As Custas...", *op. cit.*, p 98. Em Espanha, a *tasa judicial* assenta sobre o valor da causa, fixado de acordo com as regras processuais, com a particularidade de que, nos casos em que não seja possível determinar o valor da causa, considerar-se-á, unicamente para efeitos de tributação, o valor de €18.000,00, em conformidade com o disposto art. 6.2, da *Ley 10/2012*. No que respeita ao modo de liquidação da taxa a pagar, existem diferenças assinaláveis com a nossa ordem jurídica. Na verdade, o art. 7.1 prevê quotas fixas e quotas variáveis de taxa de justiça. Em primeiro lugar, existe uma quantia fixa consoante a natureza do processo – civil, contencioso-administrativo e social – e consoante a forma de processo. Depois, além disso, deve ser aplicada uma taxa que varia entre 0,5% e 0,25%, consoante o valor da causa seja igual, ou superior, a €1.000.000,00. Trata-se, pois, de um sistema misto, em que a taxa de justiça resulta da incorporação de um montante fixo e de um montante variável, isto é, variável de acordo com o valor da causa.

565 Porém, como vimos no apartado anterior, nem sempre foi assim, pois a compensação pelos serviços de justiça fazia-se através da tributação de "ato por ato".

566 Na mesma linha, veja-se, por exemplo, o n.º 1, do art. 31.º, do CPTA.

Sucede, porém, que, em alguns casos, a pretensão do sujeito processual não é pecuniariamente quantificável. Basta pensar, por exemplo, nas ações sobre o estado das pessoas ou sobre interesses imateriais ou difusos[567], em que valor da causa – dada, justamente, a insusceptibilidade de avaliação pecuniária – é o da alçada da Relação, acrescida de €0,01, em conformidade com o disposto no n.º 1, do art. 303.º, do CPC[568]. Nestes casos, como explica José Lebre de Freitas, há que encontrar o *equivalente pecuniário*. Assim, "[q]uando o pedido tem por objeto uma *quantia pecuniária líquida* («quantia certa em dinheiro»), a determinação está *in re ipsa*, constituindo essa quantia a utilidade tida em vista por quem o deduz, independentemente de ser pedida a condenação no seu pagamento, a simples apreciação da existência do direito a essa quantia ou a sua realização em ação executiva; nos outros casos, há que encontrar o *equivalente pecuniário* correspondente à utilidade visada («o benefício») (art. 297-1)"[569]. De acordo com o autor, o valor da causa exprime, pois, uma utilidade, um benefício, efetivo ou equivalente[570].

No seu estudo que dedica ao princípio da equivalência, Sérgio Vasques presenteia-nos com algumas reflexões sobre a taxa de justiça e, em particular, sobre a sua base tributável. Para o autor, "[...] as preocupações de natureza social que se manifestam neste domínio de forma muito aguda levam a que o legislador atribua à taxa de justiça uma base

[567] São exemplo, as ações de acompanhamento de maior (art. 891.º e ss.), as ações de divórcio ou separação sem consentimento do outro cônjuge (art. 931.º e ss.), as ações de separação ou divórcio por mútuo consentimento (art. 994.º e ss.), as ações de anulação de casamento (art. 1632.º, do CC), as ações de estabelecimento ou impugnação de paternidade (art. 1807.º e ss., do CC), entre outras.

[568] Neste momento, o valor a atribuir a estes pedidos é de €30.000,01, atenta a alçada dos Tribunais da Relação, prevista no n.º 1, do art. 44.º, da Lei da Organização do Sistema Judiciário, aprovada pela Lei n.º 62/2013, de 26 de agosto, com a última redação conferida pela Lei n.º 107/2019, de 09 de setembro.

[569] Cfr. Freitas, José Lebre de, "A Ação Declarativa Comum – À Luz do Código de Processo Civil de 2013", 4.ª Edição, Coimbra, Gestlegal, 2017, p. 31. Itálico mantido conforme original.

[570] É curioso assinalar que, até à alteração introduzida pela Lei n.º 118/2019, de 17 de setembro, o n.º 2, do art. 97.º-A, do CPTT, a propósito do valor da causa, previa a possibilidade de, nos casos não previstos no n.º 1, o valor ser fixado pelo juiz, tendo em conta a complexidade do processo e a condição económica do impugnante, tendo como limite máximo o valor da alçada da 1.ª instância dos tribunais judiciais.

tributável composta pelo *valor da causa*"[571]. Assim, "[...] a adopção de uma base tributável como o a que possuem as taxas de justiça, essa, devemo-la considerar uma solução absolutamente excepcional, que só podemos tolerar pela grande intensidade que o princípio do Estado Social aqui manifesta"[572]. Na sua ótica, este método de quantificação da taxa de justiça mostra-se preferível à aplicação de uma percentagem ao valor da ação, uma vez que esta colidiria com o princípio da equivalência. O autor conclui, assim, que a taxa de justiça não é fixada em função do custo ou valor do serviço, mas em função da riqueza que se manifesta na ação. Esta matéria será abordada novamente adiante.

§ A unidade de conta processual

A UC processual é-nos um termo familiar. Na verdade, já a ela nos havíamos referido em apartado anterior, a propósito da reforma legislativa que concebeu a taxa de justiça. O n.º 1, do art. 5.º, do RCP, prevê que a "[a] taxa de justiça é expressa com recurso à unidade de conta processual (UC)"[573]. Assim, a taxa de justiça que, num primeiro momento, incide sobre o valor da causa, encontra-se indexada à unidade de conta, sendo, portanto, expressa com recurso à unidade de conta. A UC processual distingue-se do valor da causa – este representa a base tributável da taxa de justiça –, enquanto aquela é a medida pela qual se expressa e que permite determinar o montante da taxa de justiça, sendo, posteriormente, convertida para a moeda nacional.

Avançando um pouco mais, o n.º 2, do art. 5.º, do RCP, cuja redação não difere daquela que lhe havia sido dada pelo Decreto-Lei n.º 34/2008, de 26 de fevereiro, prevê que a UC é atualizada anual e automaticamente de acordo com o IAS devendo atender-se, para o efeito,

[571] Cfr. VASQUES, Sérgio, "O Princípio...", *op. cit.*, p. 600. Itálico mantido conforme original. É importante referir que, aquando da publicação desta obra, encontrava-se em vigor o CCJ, de tal modo que não foi possível ao autor pronunciar-se sobre o critério da complexidade da causa, entretanto, introduzido pelo RCP. A sua reflexão sobre a matéria seria, sem dúvida, de enorme valia.

[572] Cfr. *idem, ibidem*, p. 601.

[573] José António Coelho Carreira explica-nos que foi com o Decreto-Lei n.º 212/89, de 30 de junho, que a unidade de conta processual penal e a unidade de conta de custas deram lugar a uma matriz única – a unidade de conta processual. Assim, CARREIRA, José António Coelho, "Regulamento das...", *op. cit.*, p. 122.

ao valor de UC respeitante ao ano anterior. Neste contexto, o art. 22.º, do Decreto-Lei n.º 34/2008, de 26 de fevereiro, previa que a primeira atualização anual da UC seria efetuada em 2009. Com o Decreto-Lei n.º 181/2008, de 28 de agosto, a redação daquele preceito foi alterado, passando a estatuir que "[n]a data de entrada em vigor do presente decreto-lei, a unidade de conta é fixada em um quarto do valor do indexante dos apoios sociais (IAS) vigente em Dezembro do ano anterior, arredondada à unidade Euro, sendo actualizada anualmente com base na taxa de actualização do IAS, devendo a primeira actualização ocorrer apenas em Janeiro de 2010, nos termos dos n.os 2 e 3 do artigo 5.º do RCP".

Ora, aquando da entrada em vigor do RCP, ou seja, a 20 de abril de 2009, a UC correspondia a ¼ do valor do IAS em vigor em dezembro de 2018, de €407,41, por força da Portaria n.º 9/2008, de 03 de janeiro. A UC correspondia, assim, a €102,00. Sucede, no entanto, que até ao momento, a UC nunca foi atualizada. Por um lado, porque a atualização do IAS foi suspensa pelo n.º 1, do art. 1.º, do Decreto-Lei n.º 323/2009, de 24 de dezembro, suspensão, esta, que veio a obter respaldo nas sucessivas leis do Orçamento do Estado e que apenas veio a terminar com a Portaria n.º 4/2017, de 03 de janeiro. Por outro lado, porque apesar das atualizações do IAS, o art. 266.º, da Lei n.º 42/2016, de 28 de dezembro, que aprovou o Orçamento de Estado para 2017, sob a epígrafe "Não atualização do valor das custas processuais", determinou a suspensão da atualização automática da unidade de conta processual, mantendo-se em vigor o valor da UC vigente em 2016. O art. 232.º, da Lei n.º 75-B/2020, de 31 de dezembro, que aprova o Orçamento do Estado para 2021, manteve este regime de suspensão, sendo que o art. 9.º, da Lei n.º 99/2021, de 13 de dezembro, mantém, para 2022, esta suspensão.

Em síntese, uma vez que o IAS apenas veio a ser atualizado em 2017, e mantendo-se em vigor, desde 2016, um regime de suspensão da atualização da UC, esta corresponde a €102,00[574].

[574] Sobre esta atualização, Centro de Estudos Judiciários – Direção Geral da Administração da Justiça (Divisão de Formação), "Guia Prático das Custas Processuais", 5.ª Edição, Lisboa, 2021, p. 34-36, disponível em http://www.cej.mj.pt/cej/recursos/ebooks/outros/eb_Custas_5edicao.pdf [12-09-2021].

Por exemplo, se o valor da causa for de €4.000,00, a taxa de justiça é de 2 UC que, por sua vez, corresponde a €204,00.

Uma nota final. A UC não esgota a sua utilidade apenas nas taxas de justiça. Na verdade, também serve outras finalidades. Por exemplo, em direito penal, em crimes contra o património, a qualificação de determinado crime depende do valor dos bens em causa, estratificados em três graus – valor elevado, valor consideravelmente elevado e valor diminuto –, consoante excedam 50 UC ou 200 UC, ou não excedam 1 UC, no momento da prática do facto. Falamos, por exemplo, dos crimes de furto qualificado e de abuso de confiança, previstos e punidos pela al. a), do n.º 1, do art. 204.º, e als. a) e b), do n.º 4, do art. 205.º, em conjugação com as als. a), b) e c), do art. 202.º, todos do CP.

3. A complexidade da causa

Como acabamos de dizer, o n.º 1, do art. 6.º, do RCP, também se refere ao critério da complexidade da causa. Mas o que deve entender por complexidade da causa e como é que este critério influência o valor da taxa de justiça?

Importa começar por referir que é no n.º 7, do art. 530.º, do CPC, que o legislador fornece algumas coordenadas acerca do que se deve entender por especial complexidade, a saber, (i) a prolixidade dos articulados ou alegações, (ii) questões de elevada especialização jurídica, especificidade técnica ou importante a análise combinada de questões jurídicas de âmbito muito diversos, ou (iii) audição de um elevado número de testemunhas, a análise de meios de prova complexos ou a realização de várias diligências de produção de prova morosas.

Contudo, apesar da formulação legal, a verdade é que o critério da complexidade da causa não funciona com a mesma intensidade que o do valor da causa, sendo poucas as circunstâncias em que assume relevância. Em rigor, as únicas soluções normativas que permitem declaradamente a adaptação da taxa de justiça à complexidade da causa encontram-se tipificadas no n.os 5 e 7, do art. 6.º, e no n.º 9.º, do art. 8.º, ambos do RCP. No primeiro caso, prevê-se a aplicação, a final, dos valores de taxa de justiça constantes da tabela i-C, às ações e recursos que revelem especial complexidade, ou seja, prevê-se um acréscimo dos valores da taxa de justiça para 50% nas ações, e 100% para os recursos[575]. No segundo, o legislador permite que, nas causas de valor superior a €275.000, o juiz possa dispensar o pagamento do remanescente da taxa de justiça, considerando, designadamente, a complexidade da causa. Por fim, na terceira hipótese, relativa aos processos penais e contraordenacionais, a taxa de justiça – excetuando a que é devida logo aquando do impulso processual – é paga a final, sendo fixada pelo juiz tendo em vista a complexidade da causa, dentro dos limites fixados pela tabela III.

Finalmente, o não pagamento da segunda prestação, previsto no art. 14.º-A, do RCP, também parece ser uma manifestação desta adequação à complexidade da causa.

4. Situações especiais

Antes de avançarmos um pouco mais, importa dar conta de dois cenários de tributação – os do n.º 6, do art. 6.º, e art. 12.º, do RCP.

O n.º 6, do art. 6.º, do RCP refere-se a situações em que o valor da causa não revela para a determinação da taxa de justiça. Falamos, pois, das *taxas de justiça variáveis*. Tais taxas, em matéria não penal, estão previstas na Tabela II, do RCP, e relacionam-se, por exemplo, com procedimentos cautelares de especial complexidade, dos incidentes e procedimentos anómalos, incidentes de especial complexidade, entre outros. Neste caso, a taxa de justiça deve ser paga, num primeiro momento, pelo valor mínimo, podendo, a final, ser reajustada, mas sempre dentro dos parâmetros previstos na tabela II.

No caso do art. 12.º, do RCP, deparamo-nos com situações em que, atendendo às particularidades dos processos em causa, o criador normativo atribui-lhes, melhor, ficciona, um valor para efeitos de tributação, sem embargo de um posterior acerto, quando o valor da causa vier a ser fixado definitivamente[576]. Na prática, independentemente do valor da causa atribuído pelas partes, a taxa de justiça deve ser autoliquidada e paga no equivalente a ½ de 1 UC[577].

[575] Sobre esta matéria, *vide*, entre outros, Costa, Salvador da, "As Custas...", *op. cit.*, pp. 97 e ss..

[576] Não olvidar que, de acordo com o disposto no n.º 1, do art. 306.º, do CPC, é ao juiz que cabe a determinação do valor da causa.

[577] Com efeito, o n.º 1, do art. 12.º, do RCP, manda atender ao valor indicado na l. 1 da tabela i-B.

5. A base tributável

5.1. Apresentação do problema

A base tributável da taxa de justiça é, essencialmente, o valor da causa[578]. Incidindo sobre o valor económico, efetivo ou presumido.

O princípio da equivalência pode, como já vimos, expressar-se através de uma equivalência de custo ou de benefício. Importa, assim, tentar perceber, por um lado, como é que esta equivalência se manifesta na taxa de justiça e, por outro, se a fixação da taxa de justiça, tendo como base tributável o valor da causa, se baseia num critério alheio ao custo provocado ou ao benefício extraído pelo sujeito passivo. Será erá este o nosso ponto de partida nos desenvolvimentos subsequentes onde procuraremoos refletir sobre a adequação do valor da causa como base tributável - que, aliás, nao é exclusiva da nossa ordem jurídica.

5.2. Uma equivalência de custo ou benefício?

Sobrevoando os antecedentes legislativos, observa-se que na alteração introduzida ao CCJ, de 1996, através do Decreto-Lei n.º 324/2003, de 27 de dezembro, consta que "[...]as custas judiciais - englobando a taxa de justiça e os encargos - são a única fonte de financiamento do sistema judicial que se encontra directamente relacionada com os seus utilizadores, bem como com os serviços prestados aos mesmos pelos tribunais. Neste sentido, embora não se pretenda fazer repercutir sobre os utilizadores do sistema judicial o custo real do seu funcionamento, deve ser mantida a regra de que parte do mesmo seja suportado por quem dele, efectivamente, beneficia". Já o preâmbulo do Decreto-Lei n.º 34/2008, de 26 de fevereiro, da Proposta de Lei n.º 125/X/3.ª, e até mesmo da sua apreciação conjunta em AR, estabelece que a intenção do legislador - ainda que possa não ter sido alcançada, o que é uma questão diferente - foi sempre a de relacionar a taxa de justiça com os custos, não procurando, propriamente, uma equivalência de benefício. Por outro lado, a circunstância de o valor da causa constituir a base tributável da taxa de

[578] A definição de base tributável não logrou consagração no nosso direito positivo. No espaço jurídico espanhol, porém, o art. 50.1, da *LeyGT*, explica que "*[l]a base imponible es la magnitud dineraria o de otra naturaleza que resulta de la medición o valoración del hecho imponible*".

justiça, e o facto de aquele representar, de alguma forma, um *benefício económico*, não permitirá mensurar, digamos assim, o benefício ou o valor da prestação pública. Aliás, de um ponto de vista jurídico, nem sempre é necessário existir um benefício. Assim, por exemplo, Carlos Baptista Lobo, exemplificando justamente com a taxa de justiça, realça que "[...] o sujeito desencadeou o exercício de uma prestação pública – a administração da justiça – tendo o Estado sustentados custos para o efeito. Ora, independentemente do resultado final, e da voluntariedade ou involuntariedade da acção do sujeito passivo, existiu uma efectiva prestação pública que legitima o Estado a cobrar uma taxa para esse efeito"[579]. No domínio do benefício, também Alberto Xavier sustenta que, no caso da taxa de justiça, se mostra difícil falar em vantagem ou benefício, afigurando-se, para este autor, mais adequado "[...] falar na actividade administrativa de prestação de um serviço e não na vantagem ou benefício dela decorrente" [580].

5.3. O valor da causa como um critério alheio ao custo do serviço

Ora, afastando, deste modo, uma equivalência de benefício, direcionamos a nossa atenção para a cobertura dos custos. Como dissemos acima, com esta narrativa, propomo-nos analisar se o valor da causa representará um critério alheio ao custo provocado (ou ao benefício, o que já afastamos) provocado pelo sujeito passivo. Julgamos que sim, desde logo, por dois motivos: em primeiro lugar, porque o valor da causa é um instrumento do direito processual direcionado, antes de mais, para quantificar o valor ou a utilidade económica associada à causa que, por sua vez, determinará a competência do tribunal, a obrigatoriedade de constituição de mandatário, a admissibilidade de recurso, entre outros; em segundo lugar, porque o valor da causa é calculado com base em critérios tão díspares como, por exemplo, o valor de um bem imóvel (que pode ser o valor de mercado, o valor obtido por uma perícia, o valor

[579] Cfr. LOBO, Carlos Baptista, "Reflexões sobre...", *op. cit.*, p. 443.

[580] Cfr. XAVIER, Alberto, "Manual de...", *op. cit.*, p. 49. Na base deste raciocínio, porém, parece estarem em causa as quantias devidas pelo litigante que decaiu na ação, uma vez que, como já demos nota quando abordarmos a distinção entre a taxa de justiça e as custas de parte, o autor advoga existirem situações em que é difícil falar em vantagem ou benefício, exemplificando com as custas judiciais devidas pelo vencido.

patrimonial tributário, etc.) ou, simplesmente, o valor equivalente à alçada da Relação acrescido de €0,01. Por este motivo, cremos não ser correto admitir-se uma correlação linear entre o valor da causa e os custos do processo.

Os critérios previstos para a fixação do valor da causa estão a montante da base tributável, pois não foram arquitetados para essa finalidade, pelo que duvidamos sobremaneira que possam refletir adequadamente, e ainda que aproximadamente, o custo provocado[581]. Salvador da Costa chegou a reconhecer, na vigência do CCJ, que "[o] inconveniente da uma possível desproporcionalidade entre o serviço judicial realizado e o respectivo custo resultante da taxa proporcional ao valor da acção, porque nem sempre a complexidade do processo e a dificuldade das questões que comporta proporcionais ao respectivo valor, é suscetível de ser atenuado por normas de redução da taxa de justiça e que prevejam a interpretação correctiva do juiz"[582].

O problema do apelo ao valor da causa como base tributável, se vimos corretamente, foi já apreciada pelo STF. Esta jurisprudência, embora não sendo recente, faculta uma visão interessante da questão, pois, embora apele ao teste da proporcionalidade – algo que veremos adiante – o tribunal não deixa de mencionar que o volume e importância dos atos processuais não dependem do valor da causa ou do pedido pois "[m]uitas vezes, uma causa de menor valor exigirá mais atividade do que outra, onde se persiga benefício patrimonial mais vultoso"[583].

5.4. A posição do Tribunal Constitucional (visão crítica do critério da *manifesta desproporcionalidade*)

Em diversas decisões, o Tribunal Constitucional tem admitido a solvabilidade constitucional do critério normativo de fixação do montante da taxa de justiça radicado no valor da causa, apenas sendo de questionar a sua desconformidade quando tal critério conduza a uma manifesta des-

[581] Por outro lado, tal configuração poderá mesma conduzir a que se questione se a taxa de justiça é exigida em função de uma certa indiciação de capacidade contributiva revelada pelo valor da causa, e não em função do custo ou valor da prestação.

[582] Cfr. COSTA, Salvador da, "Código das...", 2008, *op. cit.*, p. 60.

[583] Cfr. Representação n.º 1.077, do Estado do Rio de Janeiro, proferida em 28-03-1983, disponível em https://portal.stf.jus.br/ [19-04-2022].

proporcionalidade entre o *quantum* da taxa de justiça e o custo ou valor da prestação pública[584]. O tribunal tem manifestado algumas reservas em atribuir relevância ao princípio da equivalência económica, sustentando, naquilo que é uma posição jurisprudencial prevalecente, não ser necessária a correspondência exata ou rigorosa entre o montante da taxa e o custo ou o valor do serviço. É dizer, não é de qualificar-se uma taxa como imposto, ou de lhe conceder tal tratamento constitucional, mesmo que o respectivo montante exceda o custo dos bens e serviços prestados ao utente, salvo quando estivermos perante valores manifestamente desproporcionais.

Seguindo esta compreensão, embora incidindo sobre o CCJ, na redação dada pelo Decreto-Lei n.º 224-A/96, de 26 de novembro, que não previa um limite máximo para o montante da taxa de justiça, o TC sufragou o entendimento de que a ausência de previsão de fatores corretivos no montante da taxa de justiça só relevaria se se concluísse que, *in concreto*, a existirem, teriam reconduzido a um montante proporcional e acaba mesmo por concluir que "[...] de uma alteração legislativa que introduz previsões limitativas do montante de custas não pode inferir-se, sem mais, a inconstitucionalidade das soluções, anteriormente consagradas, que as ignoravam. Ela representa apenas uma opção distinta do legislador, no exercício da liberdade conformativa de que dispõe, sem que tal justifique refracções retroactivas na valoração do regime anteriormente vigente, cuja conformidade constitucional tem que ser apreciada pelo seu conteúdo e alcance próprios"[585]. Mais tarde, este órgão de fiscalização viria a reafirmar a solvabilidade constitucional do critério do valor da causa. No Ac. n.º 421/2013, o que era relevante era o facto de não se estabelecer um limite máximo do valor da causa para efeitos do cálculo da taxa de justiça (o que veio a ser corrigido pela introdução

[584] A título meramente exemplificativo, *vide* Ac. do TC n.º 361/2015, proferido no processo n.º 536/2014, em 09 de julho de 2015, disponível em www.tribunalconstitucional.pt [23-12-2021]. No Brasil, o STF também tem admitido o cálculo da taxa judiciário sobre o valor da causa, desde que mantido correlação com o custo da atividade pública e se fixe um montante máximo. Neste sentido, entre outros, Ação Direta de Inconstitucionalidade n.º 3.826, do Estado de Góias, proferida em 12-05-2010, disponível em https://portal.stf.jus.br/ [19-04-2022].

[585] Cfr. Ac. do TC n.º 301/2009, por nos já mencionado. A decisão, porém, contou com um voto de vencido do Conselheiro João Cura Mariano.

do n.º 6, ao art. 7.º, do RCP. Assim, sustenta o TC, "[...] verifica-se que o sistema misto de taxação, assente não apenas no valor da causa mas também na complexidade dos autos, apenas opera em sentido único, garantindo que os processos suscetíveis de serem qualificados como especialmente complexos importem para o sujeito passivo da correspondente obrigação tributária um custo que efetivamente reflita esse maior grau de complexidade. Mas não atua em sentido contrário, assegurando às ações de elevado valor que fiquem claramente aquém de um padrão médio de complexidade um nível de tributação adequado ao (menor) serviço efetivamente prestado"[586]. Porém, o problema de inconstitucionalidade apenas se colocava em virtude da ausência de um limite máximo ao regime de tributação crescente em função do valor da ação, pois que ignorava a complexidade dos autos para o efeito de evitar ou corrigir valores de tributação desproporcionados.

Do mesmo passo, no já mencionado Ac. do TC n.º 349/2002, em que se analisava a conformidade constitucional da al. h), do art. 7.º, do CCJ, em vigor à data dos factos[587], entendeu-se que uma vez que se trava "[...] de um critério de determinação da quantia da taxa de justiça em que o legislador teve em conta não só o valor de custo do serviço em causa mas, determinantemente, o valor presumivelmente resultante da utilidade obtida através da prestação do serviço, não deixando uma taxa de justiça que representa – como aconteceu no caso concreto – apenas 0,5% do valor do acto de satisfazer os requisitos constitucionais de proporcionalidade". Quanto à equivalência, quedando-se por uma equivalência jurídica, o tribunal argumenta que "[...] a aferição da verificação de uma situação de clara desproporção, que possa afectar o carácter sinalagmático de um tributo, não pode relacionar-se apenas com o carácter fortemente excessivo da quantia a pagar relativamente ao custo do serviço; ela há-de igualmente ser aferida em função de ou-

[586] Cfr. Ac. do TC n.º 421/2013, proferido no processo n.º 907/2012, em 15 de julho de 2013, disponível em www.tribunalconstitucional.pt [18-12-2020].

[587] O referido preceito previa que nas ações de autorização para redução do capital social, considerava-se, para efeitos de custas (logo, da taxa de justiça), o valor da redução requerida. No caso em apreço, o valor da causa era de $167.232.230,038, tendo, a final, a litigante sido confrontada com uma conta de custas no valor de $1.254.173,900, dos quais $836.183,000$ eram relativos à taxa de justiça. Ou seja, a taxa de justiça correspondia a cerca de 0,5% do valor da causa e a 66% do total das custas processuais.

tros factores, designadamente da utilidade do serviço para quem deve pagar o tributo". Assim, uma vez que o montante da taxa pode decorrer da utilidade do serviço prestado, e não necessariamente do seu custo, o Tribunal Constitucional concluiu que, no caso em juízo, não existia uma manifesta desproporcionalidade, concluindo pela conformidade constitucional da interpretação segundo a qual, nas ações de autorização para redução do capital social, considera-se como valor da ação, para efeito de custas, o valor da redução requerida, independentemente da maior ou menor atividade jurisdicional desenvolvida. Contudo, a decisão contou com uma declaração de voto da Conselheira Maria dos Prazeres Pizarro Beleza, no sentido da sua inconstitucionalidade, quando interpretada no sentido de não permitir a redução da taxa de justiça, por entender, fundamentalmente, que embora a redução de capital fosse de valor excecionalmente elevado, esse valor não influenciava a tramitação processual, o que conduzia a que a taxa de justiça assumisse um valor *exorbitante* e *desproporcionado.*

Com o respeito devido, não nos parecem persuasivas estas teses, já que na sua base estão, evidentemente, duas patologias que registamos anteriormente: o argumento da "liberdade de conformação do legislador" e a perceção do montante da taxa como relevante para efeitos de qualificação do tributo, com a consequente subalternização do seu controlo material que acaba, assim, por ficar reduzido ao teste da proporcionalidade[588]. Este entendimento deixa ver, com efeito, que a liberdade de conformação do legislador na quantificação das taxas apenas deve ser colocada em causa quando esse montante se revele manifestamente desproporcional, o que não pode deixar de nos suscitar as maiores reservas. Já atrás dissemos, na esteira de Sérgio Vasques, que o princípio da equivalência pode ser interpretado como critério de quantificação ou como critério de repartição, mas que não surgem desassociados um do outro. É dizer, não é indiferente para o princípio da igualdade que o montante da taxa esteja acima do custo ou o valor, mesmo que essa desadequação não se mostre *excessiva*.

[588] Curiosamente, no âmbito da taxa judiciária, o STF também parece adotar o critério da proporcionalidade em moldes similares. Na já mencionada Representação n.º 1.077, é dito que "[e]mbora não se exija que o quantum da taxa corresponda exatamente ao valor dos serviços prestados, poderá ela disfarçar um verdadeiro imposto quando sua alíquota estabeleça uma evidente desproporção".

Nesta ordem de considerações, também nos permitimos discordar da declaração de voto do Conselheiro Benjamim Rodrigues patente no Ac. n.º 471/2007, para quem é perfeitamente admissível que o legislador adote o valor da causa como critério quantificador da taxa de justiça, seja por patamares, seja por simples método proporcional. O Juiz Conselheiro parece admitir que o valor da causa reflete, efetivamente, uma utilidade ou benefício para o utilizador do serviço *justiça* ao sufragar que "[...] não há dúvida que a utilidade sentida pelo utilizador do serviço de administração de justiça reside, essencialmente, no valor dos direitos ou interesses que são reconhecidos pela decisão judicial e não tanto na decisão judicial em si própria, sendo que, numa perspectiva económica, a prestação pública vale pelos direitos ou bens que garante"[589]. Esta posição, todavia, padece do inconveniente de desvalorizar as diversas situações em que o valor da causa não tem qualquer relação com uma eventual utilidade, desde logo, nas ações sobre o estado das pessoas ou sobre interesses imateriais ou difusos. A ideia perspetivada sofre, ainda, quanto a nós, de uma outra *anomalia*. É que, a determinado passo, é dito que "[p]onto é que o montante das taxas de justiça, nele relevado o valor dos benefícios, não vá além dos custos de administração de justiça e que seja estabelecido com respeito pelos princípios de igualdade material e de proporcionalidade, em termos tais que se não se perca a relação de conexão material entre as prestações, passando o sujeito a ser tributado, antes, em função da sua capacidade contributiva". Ora se o montante da taxa de justiça revela um benefício, mas se, por outro lado, é necessário que não vá além – o montante, se bem vimos – dos custos de administração da justiça, pergunta-se: de que forma, afinal, se manifesta o princípio da equivalência na taxa de justiça? É através de uma adequação ao benefício ou ao custo? A posição assumida, salvo o devido respeito, parece não levar em devida consideração que o princípio da equivalência (económica) postula que o montante da taxa (*in casu*, da taxa de justiça) não deve ultrapassar o custo ou o valor da prestação, significando, pois, que é através destes critérios – um ou outro – que o criador da taxa se deverá nortear para a determinação do seu montante. Por outro lado, o

[589] Cfr. Ac. do TC n.º 471/2007, proferido no processo n.º 317/07, em 25 de setembro de 2007, disponível em www.tribunalconstitucional.pt [24-01-2021].

custo ou o valor da prestação também funcionará como teto máximo[590]. A taxa, como tributo rigorosamente comutativo que é, está direcionada para uma compensação do custo ou do benefício. Temos, pois, quanto a nós, que a adequação ao custo ou ao valor da prestação, enquanto critérios alternativos aptos a concretizar o princípio da equivalência, não podem ser objeto de tratamento indistinto, como se fosse irrelevante estarmos perante um ou outro ou, melhor, como se fosse irrelevante proceder-se à sua distinção. Saber se *in concreto* estamos perante uma equivalência de custo ou de benefício será exordial para se garantir a legitimação material da taxa, pois que esta só se mostre assegurada se o seu montante não ultrapassar o custo ou benefício.

Em síntese, o que dissemos acima deixa concluir que o TC é ainda muito *tímido*, ao reduzir o controlo do montante das taxas e, em particular, da taxa de justiça (e até mesmo da taxa de justiça agravada, como já vimos) ao teste da proporcionalidade. Uma mudança de paradigma, porém, é imperativa, sob pena de se perpetuar esta desproteção dos sujeitos passivos.

5.5. O problema da quantificação dos custos

Na nossa perspetiva, uma correta apreciação do problema da base tributável da taxa de justiça passará pela análise de outro problema – o da quantificação dos custos do serviço ou, se preferimos, da fundamentação económico-financeira da taxa de justiça.

Se olharmos para a Proposta de Lei n.º 125/X/3.ª, relativa à aprovação do RCP, não se vislumbra qualquer referência a dados ou estudos que tivessem permitido ao órgão legiferante quantificar, ainda que de modo aproximado, o custo da prestação pública. O que não deixa de ser curioso, pois se atendermos à apreciação conjunta, na generalidade, da citada Proposta de Lei, é dito pelo Secretario de Estado Adjunto e da Justiça que, "[c]om a reforma, a taxa de justiça passa a ser

[590] Importa aqui relembrar que a al. c), do n.º 2, do art. 8.º, do RGTAL, determina que a fundamentação económico-financeira relativa ao valor das taxas deve identificar, entre outros, os custos diretos e indiretos. Na doutrina, Sérgio Vasques também conclui que "[o] custo e o benefício representam, por isso, o *limite máximo* que se impõe ao legislador e à administração na quantificação dos tributos comutativos". Cfr. VASQUES, Sérgio, "O Princípio...", *op. cit.*, p. 533. Itálico mantido conforme original.

fixada de modo mais adequado a cada tipo de processo, tendo em conta que o valor da causa não é expressão da sua real complexidade, respeitando-se o princípio da correspectividade das taxas". Mais adiante, viria a referir-se uma "[...] adequação dos encargos aos custos reais das diligências [...]"[591].

O problema também já foi certeiramente colocado por Paula Costa e Silva. "Sendo o tributo em causa uma taxa, pergunta-se: como se justifica o método de tributação, o valor e a base de incidência da taxa? Onde estão os elementos que permitem escrutinar a proporcionalidade entre a vantagem e a taxa? Atendendo à natureza do tributo em causa, prevê-se uma revisão periódica das taxas, revisão que tomará em linha de conta os diversos factores que podem influenciar a taxa, como sejam, v.g., as flutuações do lado da oferta e do lado da procura do serviço úblico de Justiça"[592]. Assim, conclui a autora, "[d]esconhece-se a concreta fundamentação das taxas de justiça, em geral"[593].

A ausência desta memória económico-financeira foi o que, essencialmente, determinou o *Tribunal Constitucional de España* a declarar as taxas judiciais fixas relativas ao processo administrativo e social, e algumas referentes ao processo civil, bem como todas as taxas variáveis, inconstitucionais e nulas, através da *Sentencia 140/2016, de 21 de julio,*

[591] Cfr. Reunião Plenária de 17 de maio de 2007, *op. cit.*, p. 44, disponível em www.parlamento.pt [04-09-2021]. Salvo melhor opinião, e com o devido respeito, estamos perante afirmações que, em rigor, nada nos dizem. Em primeiro lugar, porque embora se reconheça que o valor da causa não é apto a traduzir a complexidade da causa, nada é dito quanto ao custo ou valor da prestação pública. Em segundo lugar, porque não é explicado de que forma a alegada adequação do montante da taxa de justiça "a cada tipo de processo" realiza o princípio da equivalência. Veja-se bem que, em momento algum, se demonstrou de que modo – e se foram – quantificados os custos da prestação pública, por exemplo, através de um algum estudo.

[592] Cfr. Silva, Paula Costa e, "A Litigância...", *op. cit.*, p. 281. A autora também destaca outro pormenor, quanto a nós, importantíssimo. É que, como já vimos, a al. c), do n.º 2, do art. 8.º, do RGTAL, prevê obrigatoriamente a fundamentação económico-financeira relativa ao valor das taxas locais. Fá-lo, no seu entender, "[e]xatamente porque a taxa há-de refletir uma proporcionalidade entre o seu o valor e o da vantagem auferida por quem a paga. Com este diploma, o legislador veio exigir da administração local aquilo que não exige à administração central."

[593] Cfr. Silva, Paula Costa e, "A Litigância...", *op. cit.*, p. 282.

repristinando quase na totalidade o cenário anterior a 2002[594/595]. Na verdade, o n.º 1, do art. 20.º, da LTPP, establece que "*[t]oda propuesta de establecimiento de una nueva tasa o de modificación específica de las cuantías de una preexistente deberá incluir, entre los antecedentes y estudios previos para su elaboración, una memoria económico-financiera sobre el coste o valor del recurso o actividad de que se trate y sobre la justificación de la cuantía de la tasa propuesta. La falta de este requisito determinará la nulidad de pleno derecho de las disposiciones reglamentarias que determinen las cuantías de las tasas*". O tribunal viria a entender que, muito embora o princípio da tutela jurisdicional efetiva não impusesse uma justiça gratuita, as referidas taxas eram de tal ordem desproporcionais que colocavam em causa o próprio acesso ao direito e à tutela jurisdicional efetiva, além de que a sua criação não havia sido precedida da memória económico-financeira, tal como exigido pelo art. 20, da LTPP, daí a declaração de nulidade[596]. No que será,

[594] Segundo César Martínez Sánchez, "*[...] se trata de un documento esencial, que encarna la lógica retributiva de las tasas*". Assim, "*[...] va a ser un elemento fundamental a la hora de determinar el grado de cumplimiento del principio de equivalencia de coste en las tasas por servicios y actividades, así como, por su parte, del principio de equivalencia de beneficio, en las tasas por el uso privativo o aprovechamiento especial del dominio público. Se trata de un documento técnico en el que se pone de manifiesto, de manera detallada, cuál es el coste económico que el establecimiento de un servicio público o actividad administrativa va a suponer para una Administración, así como el importe que se pretende exigir a los sujetos pasivos correspondientes*". Cfr. Martínez Sánchez, César, "*Una aproximación...*", *op. cit.*, p. 208.

[595] Como já tivemos oportunidade de referir mais atrás, em Espanha, o regime das taxas judiciais, pelo exercício do poder jurisdicional em matéria civil, contencioso-administrativo e social, é regulado pela *Ley 10/2012*. Contudo, as *tasas judiciales* chegaram a ser eliminadas do ordenamento jurídico espanhol em 1986, através da *Ley 25/1986, de 24 de diciembre*, opção, esta, que acolheu uma generalizada opinião favorável com sustento no princípio da tutela jurisdicional efetiva. Estes tributos, porém, viriam a renascer em 2002, com o extenso art. 35 da *Ley 53/2002, de 30 de diciembre*, que reunia um conjunto de normas relativas ao facto tributário, sujeitos passivos, isenções, montantes da taxa de justiça, liquidação e pagamento, embora fosse apenas exigível às designadas grandes empresas. Em 2012, revogou-se o referido art. 35, passando o regime jurídico da taxa de justiça a constar da *Ley 10/2012*. Este diploma viria, assim, a aumentar o montante das taxas de justiça, até então, em vigor, bem como alargar a sua incidência subjetiva, passando a aplicar-se à generalidade das pessoas singulares, o que determinou uma forte contestação social e acabou por culminar na referida declaração de inconstitucionalidade e nulidade. Sobre esta evolução, *vide*, entre outros, Loredo Colunga, Marcos, "*Las tasas...*", *op. cit.*, pp. 3-7.

[596] Curiosamente, a declaração de nulidade não teve por efeito a devolução das quantias já pagas a título de taxa de justiça, entretanto declarada nula, não só por causa dos efeitos nefastos que isso provocaria na Fazenda Pública, mas também porque, segundo o tribunal,

provavelmente, uma das afirmações mais notáveis proferidas pelo Tribunal Constitucional espanhol no referido aresto, é dito que "*[t]ampoco el criterio del valor del litigio guarda relación con el coste del ejercicio de la función jurisdiccional, sino que además las desigualdades se producen en un mismo tipo de procedimiento*"[597].

Quanto aos contributos doutrinários externos, César Martínez Sánchez também destaca certeiramente este problema, quando refere que "*[e]l problema reside en que no existe explicación alguna acerca de la cuantifi cación de estos tributos. No solo no se ha calculado el coste de cada uno de los hechos imponibles (de cada una de las acciones judiciales que dan lugar a la exigencia del tributo), sino que tampoco se sabe siquiera cuál es el límite del coste en su conjunto. ¿Cuál es el coste del «sistema judicial»?*"[598]. No mesmo sentido, Alfredo Ramos afirma que "*[...] la tasa no cubre el coste del servicio, no se cuantifica en función de la capacidad económica del obligado tributario, no hay una memoria económica-financeira previa sobre los costes de la prestación de servicio y por tanto se ignora el porcentaje del coste real del servicio que su cubre con la misma*"[599] e Marcos Loredo Colunga salienta que "*[l]a determinación de ese valor así realizada responde por tanto a parámetros objetivos que no tienen por qué revelar capacidad económica -especialmente en el orden contencioso-administrativo- y que, además, no se traducen necesariamente en un mayor coste del servicio -pues la complejidad del asunto no va en consonancia con la cuantía del pleito. Siendo esto así, podemos afirmar que se trata de un criterio artificial, forzado y manifiestamente injustificado*"[600].

quem já havia pago a taxa teve, efetivamente, acesso à justiça, não se verificando uma lesão ao direito de acesso à justiça que deve ser reparada mediante a devolução do valor pago.

597 Discordando desta argumentação, Gabriel Doménech Pascual defende que existe quase sempre uma relação direta entre o custo da Administração e o valor da causa. O autor parece estabelecer uma ligação direta – um nexo causal, portanto – entre o valor da causa, a atividade judicial e, consequentemente, o custo da atividade, de modo que este aumentará proporcionalmente ao valor da causa, o que, quanto a nós, e salvo o devido respeito, não nos parece inteiramente correto. Cfr. Doménech Pascual, Gabriel, "*Las tas judiciales a juicio – Comentario crítico de la Sentencia del Tribunal Constitucional 140/2016, de 21 de julio*", *Revista para el análisis del Derecho InDret n.º 1/2017*, 2017, Barcelona, p. 48.

598 Cfr. Martínez Sánchez, César, "*Una aproximación...*", *op. cit.*, p. 210.

599 Cfr. Ramos, Alfredo, "*Las tasas...*", *op. cit.*, p. 38.

600 Cfr. Loredo Colunga, Marcos, "*Las tasas judiciales: una controvertida alternativa de financiación de la Justicia*", *Revista para el análisis del Derecho InDret n.º 1/2005*, 2005, Barcelona, p. 20.

Numa outra perspectiva, a respeito da inadequação, no seu entendimento, do valor da causa como base tributável, Marcos Loredo Colunga sustenta que "*[e]n última instancia, esta anómala determinación de la cuota, llevada al extremo, podría justificar una solicitud de devolución de ingresos indebidos siempre que se demostrara, no sólo que la cuantía no se adecua al coste del servicio, sino que lo supera*". O autor chega mesmo a admitir a devolução da taxa de justiça quando, embora o serviço judicial tenha sido acionado, não culminou com a prolação de uma decisão judicial, por exemplo, porque ocorreu uma transação ou desistência[601].

Para Antonio Aparicio Pérez, o modo como se determina a base tributável é, justamente, um dos fundamentos que o leva a considerar o tributo em causa como um imposto. Assim, "*[...] a nuestro juicio tal como aparece determinada la base imponible y su cuantificación nos encontramos más ante un impuesto que ante una tasa, lo que conduce a ello no es otra cosa que se tiene en cuenta el coste de la prestación del servicio, imposible de estimar atendiendo a la cuantía del litigio y, en modo alguno, revelador de capacidad económica*"[602]. Para o autor, o custo da prestação pública é impossível de determinar com base no valor da causa que, de modo algum, é revelador de força contributiva.

5.6. A nossa posição e proposta

Quanto a nós, e sempre com respeito por melhor opinião, parece-nos que o legislador se limitou a instrumentalizar o valor da causa para determinar o montante da taxa de justiça, sem atender, porém, aos concretos custos provocados[603/604]. Com outra nota ainda. É que, nas taxas,

[601] Cfr. Loredo Colunga, Marcos, "*Las tasas...*", *op. cit.*, pp. 21-22.

[602] Cfr. Aparicio Pérez, Antonio, "*El impuesto...*", *op. cit.* p. 85.

[603] Este, no entanto, não parece ser um problema exclusivo da nossa ordem jurídica. Como muito certeiramente afirmam Christopher Hodges, Stefan Vogenauer e Magdalena Tulibacka, "*[t]here is little information availabe on whether the charges levied are intended to cover all or some of the states' costs of running their court system. Indeed, there is a suspicion that the fees are often selected on an arbitrary basis and that many court's administrations are not transparent in relation to their actual costs. It is not clear to what extent governments actually compute what the costs are*". Cfr. Hodges, Christopher, *et. al.*, "*The Costs...*", *op. cit.*, p. 75.

[604] Não se trata, evidentemente, de quantificar os custos exatos, mas, como assinala Sérgio Vasques, um custo aproximado (ou o valor médio da prestação pública). "Servindo a fundamentação económico-financeira exigida pelo artigo 8.º à garantia do princípio da equiva-

o dever de fundamentação encontra-se muito mais relaxado, por oposição aos impostos. Isto justifica-se, essencialmente, porque, atenta a relação sinalagmática característica desses tributos, é normalmente o sujeito passivo que solicita a prestação administrativa e, por isso, tende a conceber o seu pressuposto e a colocar-se de uma forma mais ou menos voluntária no seu plano de incidência. Ora, a quantificação, mesmo que aproximada, dos custos da prestação administrativa não só é uma exigência do princípio da equivalência, como integraria, em nosso ver, um dever de fundamentação que, à mingua de um regime geral das taxas, sempre decorreria do art. 77.º, da LGT. Para os que defendem uma aplicação subsidiária do RGTAL, decorreria ainda com mais expressão do n.º 1, do art. 4.º, e al. c), do n.º 2, do art. 8.º, desse diploma, que preve o dever de fundamentação económico-financeira. Versando particularmente sobre este último, Nuno de Oliveira Garcia acentua que "[...] a fundamentação económico-financeira das taxas é, assim, uma real garantia dos sujeitos passivos, os quais, sem essa motivação, continuariam sem conhecer os custos de determinados serviços ou bens. Tal instrumento só poderá manter-se como uma garantia dos particulares se não passar a ser encarado como uma mera formalidade. Ao invés, tal fundamentação deverá ser entendida como permitindo um efectivo controlo do valor das taxas por parte dos particulares. Matéria diferente, contudo, *próxima* da abordada, relaciona-se com o escrutínio da correcção e adequação da quantificação das taxas que, a nosso ver, portanto,

lência, importa sempre lembrar que este não impõe que as taxas locais correspondam ao *exacto* custo ou valor de cada singular prestação pública, impondo antes que as taxas locais correspondam *aproximadamente* ao custo ou valor *médio* dessas mesmas prestações [...]". Cfr. Vasques, Sérgio, "Regime das...", *op. cit.*, p. 144. Parece-nos também que será neste sentido que Cleucio Santos Nunes, embora admitindo que a mensuração do custo nem sempre é tarefa fácil, por existirem custos diretos e indiretos, alerta "[...] que é importante compreender que não se pode deixar a taxa desatrelada do custo público que motiva o seu pagamento" A dificuldade na medição desse custo conduz a "[...] presunções que podem pender para um valor mais alto ou mais baixo para a taxa, se os custos estatais fossem devidamente mensurados. No entanto, é indispensável uma equivalência proporcional entre a despesa estatal e o valor da taxa, cuidando-se, obviamente, para que a cobrança tributária não assume efeitos confiscatórios". Cfr. Nunes, Cleucio Santos, "Controvérsias sobre taxa judiciária e o financiamento dos fundos de modernização do Poder Judiciário", *in Cadernos Jurídicos da Escola Paulista da Magistratura*, n.º 54, São Paulo, 2020, pp. 102-103.

caberá aos tribunais"[605]. Pela nossa parte, também não podemos deixar de anuir com esta posição, com a anotação, porém, de que um efetivo e eficaz controlo material do montante das taxas dependerá, se bem vimos as coisas, do conhecimento do custo ou valor da prestação pública.

Ainda a propósito do controlo material mais robusto das taxas e, em particular, da taxa de justiça, dir-se-á também que o mesmo se justifica com fundamento na não sujeição das taxas ao princípio da reserva de lei, que reside justamente na estrutura sinalagmática que caracteriza as taxas[606]. Esta ideia, se vimos corretamente, é também ilustrada por Ana Paula Dourado, quando, a propósito do critério da *manifesta desproporcionalidade* em que se sustenta o TC, conclui estarmos perante uma desproteção do contribuinte (*rectius*, sujeito passivo). Para a autora, não só o princípio da cobertura dos custos não é aplicado pelos tribunais, como a ausência de uma modelação conteudística sobre cada uma das taxas e contribuições financeiras constitui uma via para a discricionariedade do seu criador. Logo, "[...] não são cumpridas as funções desempenhadas pela reserva de lei: de previsibilidade quanto à existência e quantificação do tributo e de aprovação do mesmo por parte dos representantes dos cidadãos-contribuintes-eleitores no parlamento"[607].

Chegado, assim, o momento de fazermos um balanço, entendemos que estando em causa um serviço tão essencial como o da administração da justiça, tendo o legislador erigido a taxa de justiça como instrumento de financiamento público, e sendo a taxa o tributo que melhor corporiza o princípio da equivalência, enquanto critério de igualdade tributária, deverá o Estado atomizar, ainda que aproximadamente, os custos, ou valor, dessa atividade e fundamentar o montante de taxa de justiça. Um pouco à semelhança do que prevê al. c), do n.º 2, do art. 8.º, do RGTAL e, no direito comparado, o art. 20, da LTPP, aquele desiderato poderia ser alcançado, por exemplo, através de um estudo económico público, de periodicidade anual, bianual ou trianual, até porque os custos médios suportados pela Administração, ou os valores médios das

[605] Cfr. GARCIA, Nuno de Oliveira, "Contencioso de...", *op. cit.*, p. 201. Itálico mantido conforme original.

[606] "É por esta razão que o estudo dos limites quantitativos das taxas – o mesmo é dizer dos limites ao poder de quantificação do legislador-administrador nesta matéria – reveste uma importância fundamental". Cfr. SANCHES, J. L. Saldanha, "Manual de...", *op. cit.*, p. 37.

[607] Cfr. DOURADO, Ana Paula, "Direito Fiscal", *op. cit.*, p. 75.

prestações, consoante se adote o princípio do custo ou do benefício, variam no tempo e em função de diversos fatores[608]. Para o criador da taxa resultariam, assim, duas obrigações; por um lado, quantificar o custo ou valor da prestação pública; por outro lado, justificar o montante da taxa de justiça.

Parece-nos, ainda, que deverá ser dada uma maior atenção – principalmente, pelo legislador – à "intervenção moderadora ou corretiva" do julgador na fixação do montante da taxa de justiça de forma casuística, de modo a que esta não se revele exageradamente elevada *apenas e só* em virtude do elevado valor da causa, sem qualquer relação com a concreta atividade jurisdicional produzida e, portanto, com o custo da prestação pública (ou, eventualmente, se assim se entender, do benefício). Se é certo, como acabamos de ver, que os custos não se encontram quantificados, não será menos certo admitir *in abstrato* que um processo de diminuta complexidade e, ou, de reduzida atividade jurisdicional, importará menos custos do que aqueles que, teoricamente, visariam compensar-se através de uma taxa de justiça elevada exclusivamente por aplicação do valor da causa. Por outras palavras, o montante da taxa de justiça que se revele ajustado para as especificidades de determinado processo, poderá apresentar-se desacertado para outro processo.

[608] No estudo que dedica às taxas judiciais, Isabel Gil Rodríguez propõe um modelo de tributação com base em quotas fixas, consoante os processos e a as instâncias, proporcionais ao uso do serviço realizado em cada caso e graduadas em função da capacidade económica dos sujeitos passivos. A autora defende que "*[...] lo más oportuno hubiera sido que las tasas judiciales se cuantificaran, exclusivamente, conforme a un sistema de cuotas fijas, discriminatorio de los distintos processos e instancias judicialres, que fijara cuantías modestas, proporcionadas al uso del servicio que se realiza en cada caso y que se pudieran graduar en atención a la capacidad económica previa de los sujetos pasivos que promuevan el ejercicio de la potestad jurisdiccional*". Cfr. GIL RODRÍGUEZ, Isabel, "*Las tasas...*", *op. cit.*, pp. 218-219. Por seu turno, Marcos Loreddo Colunga aventa um modelo em que a taxa de justiça é fixada a final, pois só nesse momento é possível determinar o custo do serviço que, efetivamente, foi prestado, a qual será devida pelo sujeito processual condenado em custas. A tradução é nossa. Nas palavras do autor, "*[o]tra posibilidad, en consonancia con la preceptiva adecuación al principio de provocación del coste y la necesidad de que asuma el gasto el destinatario del servicio, pudiera traducirse en una regulación original que evite el pago por adelantado, fijando el devengo del tributo en el momento en que adquiera firmeza la resolución judicial que ponga fin al proceso, determinándose entonces el coste del servicio efectivamente prestado e imponiéndose el pago de la tasa al sujeto condenado en costas (o por mitad en su caso)*". Cfr. LOREDO COLUNGA, Marcos, "*Las tasas...*", *op. cit.*, p. 30.

6. O princípio da equivalência, a base tributável e o Estado Social

O custo ou o valor da prestação são, como vimos, os elementos quantificadores da obrigação tributária traduzida no pagamento de uma taxa. Contudo, o princípio da equivalência – como qualquer outro – não é absoluto, podendo ceder quando motivos preponderantes assim o determinem. Será, como preconiza Sérgio Vasques, o caso do *princípio do Estado Social*. De acordo com o autor, é de admitir que "[q]uando estejam em causa serviços como os da educação, da justiça ou da saúde ou quando estejam em causa consumos como os da água canalizada ou da electricidade o uso de taxas e contribuições ordenadas à equivalência seja condicionado por razões de ordem social, impondo a igualdade social uma estrutura ou montante diferentes dos que seriam ditados pelo princípio da equivalência [...]"[609]. O que não significa, porém, que estes tributos comutativos passem a estar sujeitos ao princípio da capacidade contributiva, enquanto critério de repartição. Esta exceção ou derrogação ao princípio da equivalência introduz uma distorção ao nível do critério de repartição que lhes é próprio – o princípio da equivalência –, mas que se justifica por "razões de ordem extra-sistemática" e desde que respeitado o princípio da proporcionalidade. A doutrina espanhola, por sua vez, tende a atribuir uma maior relevância ao princípio da capacidade contributiva nos tributos comutativos, defendendo que este impõe desvios ao princípio da equivalência quando seja necessário para garantir o mínimo de existência pessoal e familiar e que, quando assim seja, tal desvio deve ficar integralmente sujeito ao princípio da capacidade contributiva[610]. Na sua obra sobre o princípio da equivalência, embora produzida na vigência do CCJ, Sérgio Vasques não hesita em reconhecer que a taxa de justiça não assenta no custo ou valor da prestação pública. Assim, afirma, "[a] taxa de justiça não é, portanto, estruturada em função do custo ou

[609] Cfr. Vasques, Sérgio, "O Princípio...", *op. cit.*, p. 399 e "Manual de...", *op. cit.*, p. 322.

[610] Cfr. Gorospe Oviedo, Juan Ignacio; Herrera Molina, Pedro Manuel, "*La virtualidad...*", *op. cit.*, p. 49. A tradução é nossa. Nas palavras dos autores, "*[...] la relevancia del principio de capacidad económica en relación con las tasas y las contribuciones especiales se limita a los siguientes aspectos: a) principio de financiación preferentemente impositiva de los gastos realizados en relación con el conjunto de los ciudadanos; b) en la medida en que el importe de las tasas se separe del coste del servicio – del principio de equivalencia– la desviación queda plenamente sometida al principio de capacidad económica; c) el principio de capacidad económica impondrá desviaciones del principio de equivalencia cuando sea necesario para garantizar el mínimo exento personal y familiar o la prohibición de confiscatoriedad*".

valor do serviço prestado pelo sistema judiciário mas em função da riqueza que se manifestada na acção, aumentado em proporção aproximada do respectivo valor"[611]. O autor acaba por defender que a utilização do valor da causa como base tributável da taxa de justiça justifica-se por razões de justiça social, atendendo à essencialidade do serviço em causa e do qual ninguém deverá ficar privado em função da sua condição económica. Nas suas palavras, "[...] o legislador reconhece não poder exigir do utilizador o *custo integral* do serviço que lhe é dirigido sem contrariar dessa forma o direito universal de acesso aos tribunais garantido pela Constituição da República"[612]. Sendo a preservação do mínimo de existência o núcleo duro do princípio do Estado social, a exigência de taxas ou contribuições por prestações cujo aproveitamento seja necessário à vida em sociedade, apenas deve ocorrer em *ultima ratio,* isto é, "[...] quando o legislador esteja absolutamente seguro de que a sua regressividade é compensada noutro ponto do sistema tributário ou por meio da despesa pública". Assim, é de admitir que "[q]uando estejam em causa serviços como os da educação, da justiça ou da saúde [...] o uso de taxas e contribuições ordenadas à equivalência seja condicionado por razões de ordem social, impondo a igualdade social uma estrutura ou montante diferentes dos que seriam ditados pelo princípio da equivalência [...] ponderando o valor das causas nas custas judiciais [...]"[613].

Pela nossa parte, e com todo o respeito que ao autor é exigido – e que é muito – duas notas se impõem.

Em primeiro lugar, cremos que a posição assumida por Sérgio Vasques só será cabalmente certeira se o legislador tiver quantificado, ainda que de modo aproximado, o custo ou o valor da prestação pública. Caso contrário, também não será possível aquilatar da justeza da utilização do critério do valor da causa – ou de qualquer outro que se alheie do montante desse custo ou valor – como forma de repartir os encargos pelos respetivos utilizadores[614]. Se se ignora, porque não se quantificou, de todo, o custo do serviço, torna-se impossível saber se o montante da taxa

611 Cfr. VASQUES, Sérgio, "O Princípio...", *op. cit.*, p. 601.

612 Cfr. *idem, ibidem*, p. 599. Itálico mantido conforme original.

613 Cfr. VASQUES, Sérgio, "O Princípio...", *op. cit.*, p. 399.

614 Como dá nota César Martínez Sánchez, "*[...] genera en el contribuyente una sensación (por lo demás, bastante razonable) de que se le está imponiendo un gravamen calculado de forma arbitraria*". Cfr. MARTÍNEZ SÁNCHEZ, César, "*Una aproximación...*", *op. cit.*, p. 212.

de justiça, calculado com base no valor da causa, está acima, ou abaixo, do custo ou valor da prestação e, por conseguinte, se é necessário apelar à igualdade social como instrumento de modelação social da taxa de justiça[615]. Em nosso ver, o apelo ao princípio do Estado Social deve surgir em momento posterior, pois pode suceder que, mesmo assim, o montante da taxa de justiça se afigure acima do custo da prestação administrativa. Destarte, para que, num exercício de ponderação de valores, se conclua que o princípio do Estado Social se mostra mais necessário, adequado e proporcional (proporcionalidade *stricto sensu*) que o princípio da equivalência, é necessário averiguar o custo ou o valor da prestação. Cremos, na senda da tese preconizada pelo autor, embora sempre com a ressalva por melhor opinião, que deve existir aqui um *iter* de controlo a ser respeitado. Por outras palavras, um patamar de que não se pode prescindir e que é o da determinação do custo ou do valor da prestação. Esquematicamente, propomos o seguinte:

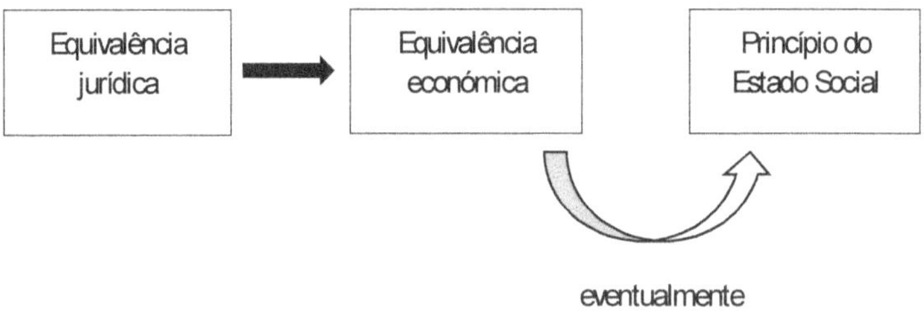

Esquema 4 – *Iter* de controlo do montante da taxa de justiça com base no princípio do Estado Social

Em segundo lugar, não resulta claro – em nosso ver – que espécie de *riqueza* é que o valor da ação representa, posto que não poderemos estar perante uma de manifestação de capacidade contributiva – en-

[615] Cremos terem aqui aplicação as palavras de Paula Costa e Silva, quando sustenta, e bem, a nosso ver, que a concretização da ideia de que as custas (note-se, uma vez mais, a utilização do termo *custas* quando, na realidade a autora parece pretender referir-se apenas à taxa de justiça) não devem ser elevadas ao ponto de desencadear uma decadência social, "[...] não pode prescindir de um primeiro patamar: o da determinação do custo real de um qualquer processo. Só assim se saberá se a taxa aplicada tem ou não alguma relação com o valor do serviço prestado, ou seja, se ela é razoável e adequada". Cfr. Silva, Paula Costa e, "A Litigância...", *op. cit.*, p. 282.

quanto pressuposto –, pois isso implicaria deslocar a taxa de justiça para o domínio do imposto,- Aliás, a propósito da já referida "aristocratização" do sistema judicial, César Martínez Sánchez lembra que o valor da causa não é necessariamente um sinal revelador da riqueza atual, uma vez que pode ser apenas revelador de manifestação contributiva futura. O autor dá assim o exemplo de alguém que intenta uma ação peticionando uma indemnização por danos patrimoniais, sendo que, quanto maior o dano patrimonial, maior será a quantia peticionada e, por isso, maior a base tributável, sem que, contudo, tal seja revelador da sua capacidade contributiva[616].

Em todo o caso, parece-nos que algumas das soluções legislativas adotadas em matéria de taxa de justiça são reveladoras de alguma preocupação social. Falamos, por exemplo, do instituto do apoio judiciário e da previsão de isenções subjetivas e objetivas. Outro exemplo é o da suspensão da atualização automática da unidade de conta processual, mantendo-se em vigor o valor da UC vigente em 2016, pois que, caso não assim fosse, o montante de taxa de justiça seria, efetivamente, superior (embora, insistimos, desconhecendo o valor do custo ou da prestação). Tratam-se, portanto, de soluções que, a nosso ver, podem já não impor outras ponderações sociais, pois, como sabemos, sendo as taxas o instrumento privilegiado do princípio da equivalência, o único critério justo é o do custo ou valor da prestação administrativa, pelo que só em situações extremamente excecionais, mediante uma ponderação de valores, se pode admitir uma derrogação ou mitigação do princípio da equivalência. Segundo os contributos doutrinários espanhóis já citados, podem até ser entendidas como uma ténue manifestação do princípio da capacidade contributiva, não enquanto pressuposto, mas como critério que determina que não se exijam taxas a quem, efetivamente, não as possa suportar.

Vale, ainda, a pena assinalar que a dízima – figura que já estudamos e que aparenta tratar-se de um antecedente histórico da atual taxa de justiça – correspondia à décima parte do valor da causa. O CCJ de 1940, vimo-lo já também, previa taxas proporcionais em função do valor da causa. O valor da causa, como base tributável da taxa de justiça, ou de prestação pecuniária similar, possui raízes históricas na nossa ordem

[616] Cfr. Martínez Sánchez, César, "*Una aproximación...*", *op. cit.*, p. 218.

jurídica, pelo que, reiteramos as nossas reservas de que o mínimo de existência possa ser a força motora da utilização do valor da causa como base tributável.

7. A morosidade na justiça

7.1. Justificação da abordagem

Como já dissemos, o direito de acesso ao direito e aos tribunais encontra a sua dimensão normativa, isto é, constitucional, no art. 20.º, da CRP, atomizando, o seu n.º 4, o direito a uma justiça temporalmente adequada. Este é um assunto que não possui propriamente natureza tributária. Contudo, não podemos deixar de questionar, considerando que o pagamento da taxa de justiça tem como pressuposto a prestação de um serviço público, se a não obtenção de uma decisão judicial que aprecie, em tempo razoável, a pretensão regularmente deduzida com força de caso julgado, encontrará alguma repercussão no Direito tributário, em particular, ao nível do princípio da equivalência. Justifica-se, assim, uma breve narrativa onde procuraremos refletir sobre esta temática.

7.2. O direito à obtenção de uma decisão em prazo razoável

O n.º 4, do art. 20.º, da CRP, dispõe que todos têm direito a que uma causa em que intervenham seja objeto de decisão em prazo razoável. Nas normas infraconstitucionais, encontramos o n.º 1, do art. 2.º, do CPC, que também estabelece que a proteção jurídica através dos tribunais implica o direito de obter, em prazo razoável, uma decisão judicial que aprecie, com força de caso julgado, a pretensão regularmente deduzida em juízo, bem como a possibilidade de a fazer executar. Aliás, este direito é de tão elevada importância que, no art. 6.º, do CPC – que consagra o dever de gestão processual –, retoma-se esta ideia ao estabelecer-se que "[c]umpre ao juiz, sem prejuízo do ónus de impulso especialmente imposto pela lei às partes, dirigir ativamente o processo e providenciar pelo seu andamento célere, promovendo oficiosamente as diligências necessárias ao normal prosseguimento da ação, recusando o que for impertinente ou meramente dilatório e, ouvidas as partes, adotando mecanismos de simplificação e agilização processual que garantam a justa composição do litígio em prazo razoável". Do mesmo modo, o n.º 1, do art. 2.º, do CPTA, concebe que o princípio da tutela jurisdicional efetiva compreende o direito de obter, em prazo razoável, e mediante um processo equitativo, uma decisão judicial que aprecie, com força de caso julgado, cada pretensão regularmente deduzida em juízo. Não será também inoportuno referir que o direito à obtenção de uma decisão em prazo razoável vem previsto no n.º 1, do art. 97.º, da LGT. O CPPT, porém, vai mais longe, e no n.º 2, do seu art. 96.º, fixa mesmo o prazo de dois anos – que considera de *tempo útil* – para a conclusão do processo judicial tributário.

Internacionalmente, o n.º 1, do art. 6.º, da CEDH, determina que qualquer pessoa tem direito a que a sua causa seja examinada, equitativa e publicamente, num prazo razoável, como de, resto, já tínhamos referido.

O Tribunal Constitucional anota que a garantia constitucional do acesso a uma tutela jurisdicional efetiva se desdobra nas dimensões de *direito de acesso à justiça*, de *direito de obter uma decisão em prazo razoável* e de *direito à efetividade das sentenças* e J. J. Gomes Canotilho assinala que "[a] proteção jurídica através dos tribunais implica a garantia de uma protecção eficaz e temporalmente adequada". Deste modo, "[...] ao demandante de uma protecção jurídica deve ser reconhecida a possibilidade de, em *tempo útil* («adequação temporal», «justiça temporalmente adequada»), obter uma sentença executória com força de caso julgado – «a justiça tardia equivale a uma denegação da justiça»[617]. A demora na obtenção de uma decisão em prazo razoável poderá ter origem em diversos fatores, imputáveis, ou não, aos intervenientes processuais, no entanto, para a presente narrativa, apenas assumem relevância as situações de sinónimo de *mau funcionamento* da administração da justiça, até porque, só no caso de ter sido a atuação do sistema judiciário a contribuir para o atraso na justiça, é que haverá uma violação deste direito[618].

[617] Cfr. Canotilho, J. J. Gomes, "Direito Constitucional...", *op. cit.*, p. 499.

[618] A nossa ordem jurídica vigente contém um pobre arsenal de mecanismos para, nos próprios processos, os sujeitos processuais utilizarem contra os atrasos injustificados e excessivos, acabando tais situações por afluírem em ações administrativas com fundamento em responsabilidade civil extracontratual do Estado e em queixas junto do TEDH. Em bom rigor, o único mecanismo processual expressamente previsto para essa finalidade encontra-se no art. 108.º, do CPP, que prevê o incidente de aceleração de processo atrasado através de requerimento dirigido ao Procurador-Geral da República ou ao Conselho Superior da

Pois bem, o direito de obtenção de decisão em prazo razoável afigura-se como um direito autónomo, mas complementar, em relação ao direito à tutela jurisdicional efetiva[619]. Porém, os conceitos de *morosidade na justiça* ou de *prazo razoável* não se encontram positivados, permitindo antever o seu preenchimento casuístico, contudo, considerando as coordenadas fornecidas pela doutrina e pela jurisprudência – em especial, a do TEDH – podemos afirmar que ambos os conceitos transportam-nos para uma ideia de ultrapassagem do tempo considerado legal, razoável ou expectável para a prática de determinado ato processual ou para a conclusão de determinada fase processual[620]. O TEDH tem reiterado que cabe ao Estado organizar os seus sistemas judiciais de forma a assegurar o direito à obtenção de uma decisão judicial em prazo razoável, contudo, podem ser apontadas algumas coordenadas – seguidas, aliás, pelos nossos tribunais – para a sua concretização[621]. O tribunal preconiza que o atraso na justiça deve ser apreciado casuisticamente atendendo, designadamente:

(i) À complexidade da causa;
(ii) À conduta dos sujeitos processuais;
(iii) À conduta das autoridades judiciárias;

Magistratura, consoante o processo esteja a decorrer perante o MP ou tribunal. Por outro lado, a circunstância de os prazos processuais para a prática de atos pelos magistrados e pela secretária serem, por norma, meramente ordenadores, ao contrário do que sucede, regra geral, para os sujeitos processuais, também pode, em certa medida, contribuir para alguns dos atrasos na justiça, o que, porém, não quer isto dizer que a prática extemporânea de atos por parte da organização judiciária configure, só por si, uma violação do n.º 4, do art. 20.º, da CRP. Sobre a natureza dos prazos processuais para os magistrados, por exemplo, Gonçalves, Marco Carvalho, "Prazos Processuais, Coimbra, Almedina, 2019, pp. 44-45.

619 Assim, por exemplo, Ac. do TRP, proferido no processo n.º 0735728, em 19 de dezembro de 2007, disponível em www.dgsi.pt [05-11-2021]. "Trata-se de direito constitucionalmente consagrado, com carácter autónomo ou como dimensão constitutiva do direito à tutela judicial, que pertence a todos os particulares que sejam parte num processo judicial e que tem como destinatários passivos todos os órgãos do poder judicial."

620 Cfr. Gomes, Conceição, "Os Atrasos da Justiça", Lisboa, Fundação Francisco Manuel dos Santos, 2011, pp. 32 e 45-46.

621 Neste sentido, veja-se, a título de exemplo, Ac. do TEDH, *Rambauske v. Austria*, proferido no processo n.º 45369/07, em 28 de janeiro de 2010, disponível em www.echr.coe.int/eng [06-02-2021].

(iv) Ao interesse ou importância da causa para o litigante (*l'enjeu du litige*)[622].

Em sintonia com a jurisprudência internacional, os tribunais portugueses têm sufragado que "[p]ara efeitos de integração do conceito de «prazo razoável», ínsito nas disposições legais citadas, haverá que considerar todas as coordenadas do caso, designadamente, a complexidade, incidentes suscitados, ocorrências especiais, tempo de atraso injustificado que tenha ficado a dever-se à actuação da parte que pede a indemnização". A apreciação e integração deste conceito deve resultar de um processo de avaliação *in concreto*, não o podendo ser em termos abstratos[623]. Será, portanto, a partir desta necessidade de apreciação casuística que partiremos agora para território mais pernicioso, em que procuraremos refletir sobre a relevância da violação do direito à obtenção de uma decisão em prazo razoável no domínio tributário.

[622] Quanto a este último critério, pense-se, por exemplo, na atribuição de uma indemnização ao lesado num acidente de viação ou num processo relativo à regulação do exercício das responsabilidades parentais. Sobre esta matéria, *vide*, entre outros, Silva Pontes c. Portugal, proferido no processo n.º 14940/89, em 23 de março de 1994, *Jorge Nina Jorge et autres c. Portugal*, proferido no processo n.º 52662/99, em 19 de fevereiro de 2004, e, mais recentemente, Cunha Martins da Silva Couto c. Portugal, proferido no processo n.º 69062/13, em 28 de fevereiro de 2017, disponível em www.echr.coe.int/engwww.echr.coe.int/eng [19-02-2021].

[623] No que se pode considerar um extenso e exaustivo aresto sobre esta matéria, o TCAN elenca algumas coordenadas para a apreciação da razoabilidade de duração de um processo. Desde logo, a sua duração deve ter como ponto de partida a data da entrada da ação no tribunal competente e como ponto final a data em que é tomada a decisão definitiva, contabilizando-se todos os períodos desde a entrada da ação, incluindo a fase executiva. Depois, em estreita sintonia com a jurisprudência do TEDH, enumera os quatro requisitos *supra* referidos, explicando que se pode ter em consideração, por exemplo, o número elevado de sujeitos processuais, a extensão dos articulados, os meios de prova em causa, o uso de expedientes por parte dos sujeitos processuais que obstam ao regular andamento do processo, a constante substituição de advogado, a inércia do tribunal, desorganização do aparelho judicial (por exemplo, grande volume de serviço face a um número inadequado de funcionários públicos), bem como a própria natureza do processo e o desiderato que, com o mesmo, pretendia o litigante e quais as consequências do atraso nessa pretensão. Cfr. Ac. do TCAN, proferido no processo n.º 01490/09.1BEPRT, em 26 de outubro de 2012, disponível em www.dgsi.pt [06-02-2021]. No mesmo sentido, *vide*, entre outros, Ac. do STA, proferido no processo n.º 0122/09, em 08 de julho de 2009, disponível em www.dgsi.pt [06-02-2021], Ac. do TCAN, proferido no processo n.º 00451/18.4BEVIS, proferido em 28 de fevereiro de 2020, e Ac. do TCAS proferido no processo n.º 1225/17.5BESNT, em 28 de maio de 2020, todos disponíveis em www.dgsi.pt [07-02-2021].

7.3. A relação com o princípio da equivalência

Como acabamos de ver, o conceito de prazo razoável é variável, e deve ser preenchido casuisticamente, apontando-se, *inter alia*, o critério da importância do litígio, ou *l' enjeu du litige*, na medida em que, a violação de tal prazo razoável, naquele concreto litígio, pode traduzir-se numa frustração – para o sujeito processual – da própria utilidade do processo. Se preferirmos, existem dois tempos – o tempo da justiça e o tempo daqueles que a ela recorrem e que inicia a sua contagem assim que se verifica o evento que justifica o pedido de tutela judicial[624]. Como veremos, entre o utente do serviço *justiça* – sujeito passivo da taxa – e o Estado, existe uma relação jurídica obrigacional complexa assente, por um lado, no dever de pagar a taxa e, por outro, no dever de o ente público prestar esse serviço. Considerando o critério *l'enjeu du litige*, e prefigurando situações em que o processo, ou determinada fase processual, se prolongou de tal modo que a ação judicial perdeu total ou parcialmente a sua utilidade para o litigante, caberá questionarmo-nos se existirá uma violação do princípio da equivalência. O tratamento adequado desta questão implica recordar que, no início deste trabalho, quando abordamos a noção de taxa, mencionamos ser necessário, para o seu delineamento conceitual, estarmos perante prestações públicas das quais o sujeito passivo, efetivamente, usufrui. Por outro lado, concluímos não ser exigível um sincronismo temporal entre as prestações. Ora, tendo isto em mente, como conciliar o fenómeno da morosidade na justiça com o princípio da equivalência?

Parece-nos ser de chamar à colação a doutrina de Benjamin Rodrigues, que lembra que "[p]onto indispensável é, porém, que o contribuinte goze da possibilidade efectiva de aceder ao consumo do bem consubstanciado na contraprestação da autoridade pública *dentro daquele espaço temporal em que seja razoável*, sob o ponto de vista da normal expectativa humana, prever que ainda exista a necessidade carenciada de ser satisfeita pela causa da taxa – espaço esse que não deixar de estar presente na lei de conformação do facto tributário". Assim, "[s]e entre a utilidade individualizada a que tende a prestação dos bens públicos e o pagamento da taxa deixar de existir, segundo o figurino do facto tribu-

[624] Cfr. Gomes, Conceição, "Os Atrasos...", *op. cit.*, pp. 68-69.

tário, essa *relação de intensidade* quanto à possibilidade de fruição desses bens em termos dos mesmos poderem dar satisfação às necessidades individuais que então se prefiguraram por antecipação, não será legítimo falar na figura da taxa"[625].

Não se trata, pois, de qualificar a prestação como efetiva, presumida ou eventual. Olhando para a taxa de justiça, vê-se que o seu pressuposto é, efetivamente, constituído pela realização de uma prestação pública. O problema, em nosso ver, e na senda da doutrina de Benjamim Rodrigues (ainda que direcionada para a utilização de bens do domínio público), respeita a dois vetores:

(i) Por um lado, à relação de intensidade, influenciada pelo decurso do tempo, entre o nascimento da obrigação tributária e a administração da justiça, neste caso, entendida como a prolação de uma decisão em tempo razoável que aprecie, com força de caso julgado, a pretensão regularmente deduzida em juízo;

(ii) Por outro, em saber quando é que esse nexo de intensidade se pode considerar quebrado e quais as consequências.

7.4. A nossa perspetiva

Pela nossa parte, não nos parece que a questão se relacione propriamente com o facto tributário. A morosidade na justiça poderá conduzir, eventualmente, a uma *atenuação* do pressuposto, na medida em que na taxa de justiça este é constituído pela prestação de um serviço público que, pela sua natureza, deve ser prestado dentro de uma determinada janela temporal. O facto tributário será, simplesmente, o facto real e concreto normativamente previsto como sendo virtuoso a desencadear efeitos tributários, pelo que, se vimos corretamente, e embora estejamos a navegar em águas inexploradas, temos algumas reservas em relacioná-lo com o fenómeno da morosidade na justiça.

Por outro lado, poder-se-á sustentar que, mesmo que se verifique uma violação do n.º 4, do art. 20.º, da CRP, o pressuposto e a finalidade da taxa de justiça mantêm-se inalterados. Assim, o pressuposto da taxa de justiça continua a assentar numa prestação pública de que o sujeito passivo é o efetivo causador ou beneficiário (ainda que possa não ter

[625] Cfr. Rodrigues, Benjamim Silva, "Para uma reforma...", *op. cit.*, p. 185.

usufruído dentro do tal espaço temporal em que seria razoável). Por sua vez, a finalidade também se mantém incólume, porquanto continua a residir na compensação dessa prestação, e ainda que se prossigam finalidades extrareditícias. No que respeita à compensação, vimos também ser pacífico na doutrina o entendimento de que, ainda que possa não prosseguir-se uma compensação do benefício – questão que eventualmente colocar-se-ia considerando o tal critério *l'enjeu du litige* – sempre se produzirá uma compensação dos custos, o que parece querer significar que esta frustração total ou parcial da utilidade ou benefício poderá não ser suficiente para colocar em causa a legitimação material da taxa de justiça.

Não obstante, julgamos que a dogmática e a jurisprudência deverão olhar com maior atenção para este fenómeno e deslocá-lo para outros territórios, nomeadamente, o do Direito tributário, procurando-se indagar se a ultrapassagem injustificada daquele *prazo razoável* – o que sempre terá de ser apreciado casuisticamente –, será suficiente para colocar em crise a relação de intensidade entre o tributo e a utilidade ou fruição propiciada por aquela concreta prestação pública e, consequentemente, a sua qualificação como taxa. É esta a nossa intenção com as ideias acima expostas – convidar à reflexão. Por outro lado, parece-nos que também seria interessante ponderar se a circunstância do princípio da equivalência estar direcionado para uma adequação ao custo ou ao benefício teria alguma influência neste exame.

8. A jurisprudência do Tribunal Europeu dos Direitos do Homem

8.1. O caso Perdigão c. Portugal[626]

Na situação factual trazida aos autos, os requerentes eram proprietários de um terreno, que incluía uma pedreira, e que havia sido expropriado com vista à construção de uma autoestrada. Não tendo sido alcançado acordo quanto ao valor da indemnização, o processo foi remetido aos tribunais portugueses. Tratou-se de um processo moroso, dada a não concordância, de ambas as partes, quanto ao valor a atribuir ao terreno,

[626] Cfr. Ac. do TEDH, Perdigão c. Portugal, proferido no processo 24768/06, em de 16 de novembro de 2010, disponível em www.echr.coe.int/eng [06-01-2021].

em sede de perícia, com os requerentes a alegar, ainda, que no terreno se situava uma pedreira, que também deveria ser avaliada e considerada para a fixação da indemnização. Os peritos, por maioria, fixaram a indemnização por expropriação em €191.116,00. O tribunal chegou a solicitar um novo relatório pericial a incidir exclusivamente sobre o potencial económico da pedreira sita no terreno, tendo os peritos vindo a concluir pelo máximo de exploração económica da pedreira em €9.704,113. Contudo, o tribunal veio a entender que os benefícios suscetíveis de resultar da pedreira não deveriam ser tidos em conta e fixou a indemnização por expropriação em €197.236,25. Inconformados, os requerentes recorreram dessa decisão para o TRE, que veio a confirmar a sentença. Seguiu-se, então, recurso de revista para o STJ, que veio a ser considerado inadmissível, bem como o recurso para o TC, também declarado inadmissível.

Ora, o n.º 2, do art. 66.º, do CCJ, na redação à altura em vigor, estabelecia que as custas judiciais devidas pelo expropriado saíam do montante da indemnização pela expropriação, sendo que o art. 16.º, do CCJ, dispunha que o juiz podia, em certas circunstâncias, dispensar o interessado da totalidade ou de uma parte das custas[627]. Sucede que, a final, os requerentes foram confrontados com as custas processuais no valor de €489.188,42. Os requerentes reclamaram da conta de custas, alegando não só erros de cálculo, como violação dos princípios da justa indemnização e do direito de acesso aos tribunais, argumentando que, em caso algum, o montante das custas deveria ser superior ao montante da indemnização pela expropriação. O tribunal veio a reconhecer alguns erros de cálculo, mas não a violação dos referidos princípios, e determinou a retificação da conta, tendo o montante das custas sido reduzido para €309.052,71. Após compensação dos montantes devidos de uma e outra parte, os Requerentes ainda deviam ao Estado o montante de €111.816,46. Desta decisão, houve recurso para o TRE, que negou provimento, bem como recurso para o Tribunal Constitucional. Este último, porém, reconheceu que, de facto, a importância de €111816,46 era tão elevada que o direito de acesso aos tribunais fora afetado, tendo, em consequência, declarado que o n.º 2, do art. 66.º, do CCJ, na redação em

[627] Note-se que o legislador utiliza o termo "custas", pelo que deverá entender-se estarmos perante a sua aceção mais ampla, no sentido de englobar a taxa de justiça e os encargos.

vigor à altura, tal como interpretado pelo tribunal inferior, era contrário ao art. 20.º, da CRP. Em 2008, o tribunal *a quo* decidiu, embora sem fundamentar, que o montante das custas judiciais não devia exceder em mais de €15.000 euros o montante da indemnização pela expropriação.

Os requerentes, em 2006, queixaram-se ao TEDH, invocando que a indemnização de expropriação que lhes fora concedida foi, em definitivo, totalmente absorvida pelo montante que tiveram de entregar ao Estado a título de custas judiciais. Nesta medida, invocaram a violação do art. 1.º, do Protocolo n.º 1 adicional à Convenção de Proteção dos Direitos do Homem e das Liberdades Fundamentais, relativo não propriamente ao acesso ao direito, mas ao direito de propriedade[628]. O Estado Português contrapôs que a CEDH não impõe a gratuitidade dos serviços da justiça e que não se deve confundir a indemnização por expropriação com o montante a pagar na sequência de uma condenação em custas judiciais. De todo o modo, alegara o Estado, as custas foram fixadas com base nas disposições aplicáveis do CPC e do CCJ, e que o montante global pago pelos requerentes, que corresponderia a apenas 1,02% do montante da sua pretensão, foi fixado de acordo com a intensa atividade processual desenvolvida e próprio montante que pretendiam, o qual se afastava manifestamente da realidade.

Pois bem, o TEDH entendeu, desde logo, que o caso em apreço, nomeadamente, para efeitos de apreciação do princípio da proporcionalidade, tinha de ser diferenciado dos litígios privados, uma vez que respeitava ao montante indemnizatório por expropriação, esta levada à prática pelo Estado no exercício dos seus poderes de autoridade pública. O tribunal afirmou mesmo que "[n]as particulares circunstâncias do caso, pode com efeito parecer paradoxal que o Estado retome com uma mão – por meio das custas judiciais – mais do aquilo que concedeu com a outra". Por outro lado, ainda que os requerentes tenham, efeti-

[628] O art. 1.º, do Protoloco n.º 1, dispõe que "[q]ualquer pessoa singular ou colectiva tem o direito ao respeito dos seus bens. Ninguém pode ser privado do que é sua propriedade a não ser por utilidade pública e nas condições previstas pela lei e pelos princípios gerais do direito internacional.
As condições precedentes entendem-se sem prejuízo do direito que os Estados possuem de pôr em vigor as leis que julguem necessárias para a regulamentação do uso dos bens, de acordo com o interesse geral, ou para assegurar o pagamento de impostos ou outras contribuições ou de multas".

vamente, desencadeado uma intensa atividade processual, designadamente porque pretendiam apurar a utilidade económica da pedreira e se esta deveria ser incluída no *quantum* indemnizatório, o TEDH entendeu que isso não pode constituir em si uma razão bastante para justificar que o montante das custas processuais tenha sido fixado num nível tão elevado que daí tenha resultado uma completa ausência de reparação. Além do mais, parte da atividade processual, como os recursos para o Tribunal Constitucional, incidiu justamente sobre questões ligadas à determinação do montante das custas processuais. O TEDH concluiu, assim, "[...] que os requerentes tiveram de suportar um encargo exorbitante que rompeu o justo equilíbrio que deve reinar entre o interesse geral da comunidade e os direitos fundamentais do indivíduo", havendo, portanto, violação do art. 1.º, do Protocolo n.º 1.

Cumpre, porém, ressalvar que a decisão do TEDH contou com a opinião dissente do Juiz Zagrebelsky, à qual se associou o Juiz Sajó, no sentido de que a indemnização pela expropriação não deve ser confundida com as custas processuais, as quais respeitam unicamente ao facto de os requerentes terem instaurado uma ação, que foi julgada improcedente, com um valor considerável. Não se poderá tratar a questão suscitada pelos requerentes como uma espécie de "acerto de contas" entre a indemnização que o Estado deve pagar em virtude da expropriação e o que os requerentes devem pagar a título de custas processuais, que não têm entre si qualquer relação de dependência. Pela nossa parte, parece-nos ser de acompanhar a opinião do Juiz Zagrebelsky. De facto, não se nos afigura adequado apreciar o montante das custas processuais, inclusive, da taxa de justiça (que se deve entender estar aqui incluída) olhando para o montante indemnizatório que foi atribuído aos requerentes. A circunstância de estarmos perante um litígio de direito privado ou de direito público também não deverá assumir qualquer relevância neste âmbito. A taxa de justiça é simplesmente a contrapartida pela prestação do serviço *justiça* de que o sujeito passivo foi o efetivo causador ou beneficiário. Os únicos critérios atuais de fixação do valor da taxa de justiça são o valor da causa e/ou a especial complexidade e, mesmo neste último, a lei não prevê a natureza do litígio[629]. O custo ou valor da prestação pública será distinto consoante a relação jurídica em causa seja de direito

[629] Cfr. n.º 7, do art. 530.º, do CPC.

público ou privado? Do mesmo passo, também concordamos que existe um amálgama entre o que é o direito de propriedade, e a proteção conferida pelo art. 1.º, do Protocolo n.º 1, e o pagamento de uma taxa de justiça como contrapartida pela prestação individualizada do serviço *justiça*. Caso contrário, e no limite, estar-se-ia a fazer depender o montante da taxa de justiça do resultado da ação, o que não se coaduna, em nossa opinião, com a própria estrutura da taxa de justiça e, particularmente, com os critérios de controlo material do montante da taxa de justiça no sentido de adequação ao custo ou ao valor da prestação pública. A questão, como bem referiu o Juiz Zagrebelsky, poderia ser apreciada sob a objetiva de uma eventual violação de acesso aos tribunais, mas tal não foi suscitado pelos requerentes.

8.2. O caso *Stankov v. Bulgary*[630]

No caso *Stankov v. Bulgary*, o requerente havia sido detido, em 1995, por suspeita da prática de um crime de furto, tendo ficado em prisão preventiva durante cerca de dois anos enquanto decorreu a investigação e o respetivo procedimento criminal. Esse cidadão viria a ser absolvido, decisão esta confirmada pelo tribunal superior, tendo-se concluído pela clara inexistência de provas do seu envolvimento na prática daquele crime. Em 1998, intentou ação judicial contra o MP búlgaro, pedindo uma indemnização, por danos morais, fundada na prisão preventiva, no valor aproximado de €23.600,00, acrescido de juros de mora desde a data da sua detenção. O tribunal de 1.ª instância considerou a ação procedente, mas apenas condenou o Estado ao pagamento de uma indemnização de cerca de €1.000,00, acrescida de juros de mora desde a data em que foi absolvido, por decisão definitiva. Porém, o requerente foi condenado a pagar *court fees* em cerca de €940,00, isto porque, de acordo com o direito interno, em ações pecuniárias intentadas contra o Estado, o montante de *court fees* é de 4% – taxa fixa – sobre a parte indeferida. O recorrente recorreu para as duas instâncias superiores, alegando, no mais, a ilegalidade da condenação num montante de custas processuais praticamente equivalente ao montante indemnizatório que lhe fora arbitrado, contudo, ambas as instâncias confirmaram a decisão. Por sua vez, o

[630] Cfr. Ac. do TEDH, *Stankov v. Bulgary*, proferido no processo 68490/01, em de 12 de julho de 2007, disponível em www.echr.coe.int/eng [06-01-2021].

Estado búlgaro argumentava que o recorrente sempre seria responsável por tais custas, uma vez que indicou um montante demasiado elevado no seu pedido. Pois bem, o TEDH entendeu que o sistema de custas processuais búlgaro teve por efeito privar o recorrente de quase toda a indemnização que lhe foi arbitrada. O tribunal sublinha que, de facto, se o requerente tivesse pedido um montante inferior de indemnização, as custas também seriam inferiores, contudo, observa que o Estado búlgaro não invocou que o montante peticionado pelo requerente era vexatório, grosseiramente exagerado ou abusivo, demonstrando-o, por exemplo, com recurso a jurisprudência. O TEDH também assinala que os danos não patrimoniais, como era o caso, são sempre mais difíceis de quantificar, sendo necessário recorrer a jurisprudência. No entanto, o Estado búlgaro não demonstrou existir jurisprudência que permitisse ao requerente antecipar o montante provável da sua compensação. Além disso, o período em consideração foi caracterizado por flutuações monetárias, inflação, reformas e mudanças na prática judiciária. No fundo, o que o recorrente fez foi apenas quantificar o "valor" da sua liberdade, não lhe podendo ser exigido, mesmo estando representado por advogado, que tivesse pedido um valor "razoável". Sendo assim, o TEDH entendeu que, neste caso concreto, as custas processuais em que o recorrente foi condenado, sem qualquer limite máximo ou margem para discricionariedade judicial, eram significativas, concluindo pela violação do n.º 1, do art. 6.º, da CEDH.

Como se vê, também aqui o TEDH sustentou a tese de que o valor de *court fees* acabou por privar o requerente da sua compensação, com a ressalva, porém, que a questão foi analisada sob a perspetiva do acesso ao direito. Foi neste contexto que o TEDH entendeu que as dificuldades práticas na avaliação dos danos não patrimoniais, conjugadas com a taxa relativamente elevada e inflexível das custas processuais, constitua uma restrição ao acesso aos tribunais.

8.3. O caso *Zubac v. Croatia*[631]

Mais recentemente, podemos assinalar o caso *Zubac v. Croatia*. Em causa, estava a circunstância de o marido da recorrente que, entretanto, fale-

[631] Cfr. Ac. do TEDH, *Zubac v. Croatia*, proferido no processo 40160/12, em de 05 de abril de 2018, disponível em www.echr.coe.int/eng [07-01-2021].

ceu, ter atribuído determinado valor à causa, e, posteriormente, numa fase bastante avançada do processo, tê-lo alterado para uma quantia bastante superior[632]. A pretensão do marido da recorrente foi julgada improcedente, tendo sido condenado em custas processuais fixadas de acordo com o último valor por si indicado. Foi interposto recurso desta ação, que confirmou a decisão. O marido da recorrente interpôs, ainda, recurso ordinário sobre questões de direito para o Supremo Tribunal da Croácia – foi, aliás, na pendência deste recurso que faleceu, tendo a esposa assumido a sua posição processual. Contudo, este recurso também foi declarado inadmissível, por se entender que o valor a considerar era o que inicialmente havia sido indicado e que, de acordo com a legislação, não admitia recurso. Na verdade, segundo este tribunal, e de acordo com a legislação interna, a alteração do valor da causa não poderia ter ocorrido, assinalando, a este respeito, irregularidades cometidas pelos tribunais inferiores. Em sua defesa, a recorrente alega que os tribunais inferiores aceitaram e confirmaram o aumento do valor da causa, e que nem a parte contrária se opôs a tal alteração, tendo pago as custas da sua responsabilidade também de acordo com tal valor. Assim, concluiu que a posição do Supremo Tribunal, ao não admitir o seu recurso, era demasiadamente formalista, e colocava em causa o direito de acesso aos tribunais.

O Estado croata contrapôs que a recorrente interpôs recurso ordinário para o Supremo Tribunal, o qual apenas era admissível quando a causa excedesse determinado valor, quando, na verdade, poderia interposto recurso extraordinário, utilizado justamente quando o recurso ordinário sobre questões de direito não é permitido e em que se suscitam questões de harmonização do direito processual e, ou, substantivo. Mais a mais, o Supremo Tribunal, ao não admitir o recurso da recorrente, limitou-se a aplicar a lei, não existindo qualquer discricionariedade na sua decisão. Finalizou, argumentando que a lei interna, ao estabelecer um limite mínimo a partir do qual o Supremo Tribunal conhecia dos recursos, prosseguia um objetivo legítimo, garantido que aquele tribunal apenas conhecia de questões jurídicas com a importância necessária.

[632] Por uma questão de contextualização, cabe assinalar que, de acordo com o que consta da decisão judicial, a ideia seria a de permitir, de acordo com o critério do valor da causa, a possibilidade de recurso da decisão.

O TEDH começou por assinalar que a pretensão do marido da requerente foi apreciada por duas instâncias internas, limitando-se a atuação do Supremo Tribunal a rever a aplicação da legislação interna pelos tribunais inferiores. Outrossim, a limitação imposta ao n.º 1, do art. 6.º, da CEDH, através da fixação de um limite mínimo do valor da causa para efeitos de recurso para o Supremo Tribunal é legitima, pois visa assegurar que este apenas aprecie questões de elevada importância. Por outro lado, o tribunal entendeu que a alteração do valor da causa, em violação das regras processuais aplicáveis, não poderia legitimar o acesso ao Supremo Tribunal, independentemente de a irregularidade ser imputável aos tribunais inferiores ou aos próprios sujeitos processuais, embora como assinalou o tribunal, tais irregularidades fossem, efetivamente, imputáveis ao marido da recorrente e, portanto, também esta, que assumiu, entretanto, a sua posição processual. Em todo o caso, a lei interna, na redação à altura em vigor, determinava que, em caso de alteração do valor da causa, era necessária uma decisão autónoma a fixar o valor da demanda, a qual nunca foi proferida no caso em apreço, não obstante as partes, em especial, o marido da recorrente, poder tê-la solicitado. Sendo assim, uma vez que as custas processuais da sua responsabilidade são, principalmente, o resultado da sua própria conduta, o TEDH concluiu que tal não configura um impedimento ao direito de acesso aos tribunais e ao direito, e, portanto, uma contravenção ao n.º 1, do art. 6.º, da CEDH.

8.4. O caso *Harrison Mckee v. Hungary*[633]

Num outro contexto e sentido, chamamos à colação o caso *Harrison Mckee v. Hungary*.

O requerente alegava que as custas processuais a que havia sido condenado a final, por estar dispensado do seu prévio pagamento, no âmbito de uma ação por si interposta, por alegada violação de direitos de personalidade, e que veio a ser julgada improcedente, mesmo nas fases recursórias, eram excessivas. Por sua vez, o Estado Húngaro sustentava que as custas processuais, mesmo que constituíssem uma forma de restrição ao acesso do cidadão a um tribunal, eram legítimas para regular o acesso aos tribunais, o que, só por si, não era contrário ao n.º 1, do art.

[633] Cfr. já identificado Ac. do TEDH, *Harrison Mckee v. Hungary*.

6.º, da CEDH. Além disso, o próprio requerente tinha dado causa a essas custas ao ter peticionado um valor indemnizatório grosseiramente exagerado face ao que normalmente era arbitrado pelos tribunais nacionais nestas situações.

O TEDH entendeu que, ao não ter de adiantar as custas processuais, como pré-requisito para aceder à justiça, o requerente beneficiou de todas as fases do processo, incluindo o direito ao recurso, e viu a sua pretensão ser, efetivamente, apreciada pelos tribunais. O tribunal também enfatizou que o requerente deveria ter-se certificado de que o seu pedido era razoável, nomeadamente, face ao que era o entendimento da jurisprudência interna e, nessa medida, prever o montante das custas em que seria condenado em caso de decaimento. O tribunal reiterou, assim, o entendimento de que a imposição de custas processuais é um objetivo compatível com a boa administração da justiça e que o próprio direito interno já previa algumas medidas para mitigar esse encargo, desde a fixação de limites mínimos e máximos de custas, à isenção total ou parcial de custas processuais para os litigantes que, pela sua situação financeira, não as pudessem suportar. Concluiu, assim, pela inexistência de violação do disposto no n.º 1, do art. 6.º, da CEDH.

8.5. O caso Vilela c. Portugal[634]

Por fim, merece nota uma outra decisão do TEDH, no caso *Vilela c. Portugal*.

Neste recente aresto, a morosidade na justiça portuguesa foi, novamente, objeto de apreciação, embora não tenha sido como questão central, e não tenha sido analisada sob a lupa do art. 6.º, da CEDH. Em causa, estava uma ação administrativa, intentada no Tribunal Administrativo e Fiscal de Braga, pelos representantes legais de um menor a quem tinha sido atribuída uma incapacidade de 100%, destinada a efetivar a responsabilidade civil extracontratual do Estado, por negligência médica aquando do seu nascimento. O processo, que percorreu as três instâncias nacionais, durou cerca de 9 anos.

O TEDH anotou diversas falhas na justiça portuguesa – na jurisdição administrativa – desde logo, porque embora a petição inicial tivesse

[634] Cfr. Ac. do TEDH, Vilela c. Portugal, proferido no processo 63687/14, em 23 de fevereiro de 2021 disponível em www.echr.coe.int/eng [01-03-2021].

dado entrada em dezembro de 2004, a entidade demandada apenas foi citada em fevereiro de 2006, ao que se seguiram outros atrasos, como por exemplo, o relatório pericial do Instituto de Medicina Legal ter sido concluído em setembro de 2007, mas a audiência de julgamento ter apenas começado em abril de 2009. O tribunal foi perentório em observar que o Estado português falhou em proporcionar uma justiça célere. Aliás, o próprio Estado reconheceu que a duração do processo foi excessiva, à luz do art. 6.º, da CEDH, embora tivesse atribuído tal morosidade à complexidade do caso e à dificuldade em apresentar provas, dado que a ação foi interposta dez anos após os factos. Contudo, neste caso, o tribunal entendeu que a situação factual deveria ser analisada apenas na perspetiva do art. 8.º da CEDH, nos seus aspetos materiais e processuais, na medida em que, embora o direito à saúde não esteja expressamente na Convenção e seus Protocolos, deve entender-se incluído no art. 8.º, em conjugação com o art. 2.º, ambos da CEDH. Esta obrigação para os Estados implica que se estabeleçam medidas a adotar pelos hospitais, públicos ou privados, adequadas a proteger a integridade física dos utentes (vertente material) e, por outro lado, a proporcionar às vítimas de negligência médica um sistema judicial eficaz e independente que permita concluir, ou não, pela responsabilidade civil e, sendo o caso, a atribuir uma indemnização (é, portanto, nesta última vertente – vertente processual – que o tribunal entendeu ser de analisar a morosidade). Não basta, porém, que tais processos estejam, em teoria, ao dispor do interessado, é, ainda, necessário que se pautem pela eficácia e prontidão na análise do *thema decidendum*. Trata-se, portanto, de uma obrigação de meios para o Estado, e não de resultado.

No caso em análise, o TEDH concluiu pela violação da componente processual do art. 8.º, da CEDH, devido à falta de uma resposta rápida dos tribunais internos, que tardaram em pronunciar-se sobre as imputações de negligência médica à entidade demandada, tendo arbitrado a quantia de €6.500,00, a título de danos não patrimoniais, aos progenitores da vítima, e a quantia de €10.000,00, a título de despesas realizadas com o processo.

CAPÍTULO VII
A TUTELA JURISDICIONAL DOS SUJEITOS PASSIVOS EM CASO DE DESADEQUAÇÃO DO MONTANTE DA TAXA DE JUSTIÇA

1. Apresentação do problema

A questão primacial, quanto a nós, reside em saber se deve operar-se uma redução do montante da taxa de justiça quando se reconheça que, *in concreto*, a taxa de justiça paga, ou a pagar, é elevada, exorbitante ou desproporcional, numa lógica de ultrapassagem do custo (ou do valor) da prestação pública. Assim, por exemplo, se o n.º 5, do art. 6.º, do RCP, permite ao tribunal condenar de acordo com os valores da taxa previstos na Tabela I – C, em caso de especial complexidade, aumentado os montantes da taxa de justiça, será de refletir sobre uma solução legal que permita ao julgador, casuisticamente, aplicar valores que resultem na diminuição do *quantum* taxa de justiça. Salienta-se que o CEJ também já se pronunciou em sentido similar, afirmando que "[p]ese embora não esteja expressamente prevista na lei a possibilidade inversa de aplicação, a final, de valores de taxa de justiça inferiores aos resultantes da Tabela aplicável, tem vindo a ser preconizado pela jurisprudência, em especial a emanada do Tribunal Constitucional, a possibilidade de intervenção judicial no sentido da correção, a final, dos montantes de taxa de justiça, quando da sua fixação unicamente em função do valor da causa resultem valores excessivos e desadequados à natureza e complexidade da causa"[635].

Este análise, porém, depara-se com o que parecem ser dois obstáculos: em primeiro lugar, a ausência de um regime geral das taxas, e a evidente inadequação do RGTAL para o tratamento de questões relacionadas com a universalidade de taxas, permitem antever que os meios de tutela dos sujeitos passivos em matéria de taxa de justiça, sob um ponto de vista jurídico-positivo, caracterizam-se por alguma insuficiência; em segundo lugar, como já vimos, a ausência de um estudo sobre os custos com a prestação pública aqui em causa dificulta, senão mesmo impossibilita, saber se o *quantum* da taxa de justiça se encontra acima ou abaixo dos custos.

Não obstante, julgamos que poderá ser proveitosa, para o presente estudo, sobrevoar os diversos meios de reação ao dispor dos sujeitos passivos, alguns mais direcionados para a taxa de justiça e, outros, para a condenação em custas.

2. Os meios de reação

2.1. A dispensa do remanescente da taxa de justiça (uma manifestação da equivalência económica?)

O último estrato da Tabela I, do RCP, prevê valores de taxa de justiça para ações de valor compreendido entre €250.000,00 e €275.000,00. Para as ações superiores a este valor, ao valor da taxa de justiça acresce, a final, por cada €25.000,00 ou fração, 3 UC, 1,5 UC ou 4,5, consoante se trata da coluna A, B ou C, respetivamente. Não se trata de uma isenção ou não sujeição, mas uma *dispensa temporária* do pagamento da taxa de justiça que corresponde ao montante que excede os €275.000,00[636].

[635] Cfr. Centro de Estudos Judiciários – Direção Geral da Administração da Justiça (Divisão de Formação), "Guia Prático...", *op. cit.*, p. 97. Convém, no entanto, esclarecer que os acórdãos invocados pelo CEJ versam sobre situações em que se aplicava o RCP na redação introduzida pelo Decreto-Lei n.º 52/2011, de 13 de abril, cujas tabelas não fixavam um limite máximo e também não estava prevista a dispensa do remanescente da taxa de justiça. Sobre a possibilidade de redução dos montantes da taxa de justiça, Costa, Salvador, "As Custas...", *op. cit.*, p. 98.

[636] A expressão "dispensa temporária" foi retirada do já mencionado Ac. do STJ, proferido no processo n.º 5745/16.0T8LSB.L1.S1, em 20 de maio de 2021.

O valor remanescente será depois apurado em sede de elaboração de conta de custas, conforme prevê a primeira parte do n.º 7, do art. 6.º, do RCP. O remanescente é imputado ao vencido, ficando o vencedor dele dispensado, nos termos do n.º 9, do art. 14.º, do RCP[637]. Assim, na prática, o remanescente da taxa de justiça não revela para efeitos de cálculo e pagamento taxa de justiça inicial, mas para o cálculo das custas a final.

Porém, numa tentativa de atenuar antes do termo da causa a obrigação de pagamento da taxa de justiça, o legislador consagrou a possibilidade de dispensa (ou redução) deste remanescente quando a especificidade da situação o justificar, atendendo designadamente à complexidade da causa e à conduta processual das partes, devendo a situação ser apreciada pelo juiz de forma casuística[638].

O momento limite para o interessado requerer a dispensa do remanescente da taxa de justiça era questão não inteiramente consensual na jurisprudência. A corrente jurisprudencial maioritária ia no sentido de

[637] Contudo, até recentemente, não era esta a solução legal. Na verdade, até à alteração introduzida pela Lei n.º 07/2012, de 13 de fevereiro, o n.º 9, do art. 14.º, do RCP, dispunha que o remanescente seria pago por quem havia impulsionado o processo, ainda que fosse o vencedor, pois, em rigor, entendia-se que se tratava apenas de completar a taxa de justiça que deveria ter sido paga inicialmente. O Tribunal Constitucional viria, no entanto, em aresto de 2018, a declarar a inconstitucionalidade da norma que impunha obrigatoriedade de pagamento do remanescente da taxa de justiça ao réu que venceu totalmente o processo, obrigando-o a pedir o montante que pagou em sede de custas de parte, solução esta que resultava do n.º 9, do art. 14.º, do RCP. O tribunal entendeu ser desproporcionado (e, portanto, entendeu existir violação do princípio da proporcionalidade) o pagamento do remanescente da taxa de justiça por parte do réu que, tendo vencido totalmente a demanda, não é condenado em custas, uma vez que tal solução obrigá-lo-ia a obter o montante que pagou em sede de custas de parte. Cfr. Ac. do TC n.º 615/2018, proferido no processo n.º 1200/17, em 21 de novembro de 2018, disponível em www.tribunalconstitucional.pt [12-09-2021].
Da nossa parte, concordamos com este posicionamento, inclusive, por motivos de praticabilidade, pois o que sucedia é que a parte vencedora pagava o remanescente para, logo de seguida, solicitar o sue pagamento em sede de custas de parte, com o inerente risco de impossibilidade de cobrança.

[638] Cfr. n.º 7, do art. 6.º, do RCP. A especial complexidade, por nós já aludida, vem prevista no n.º 7, do art. 530.º, do CPC. No sentido da não concessão da dispensa do remanescente, aponta-se, por exemplo, o Ac. do STA, proferido no processo n.º 01009/15, em 09 de agosto de 2016, que sancionou que o montante de taxa de justiça, €11.832,00, numa ação de €1.960.972,10, da responsabilidade da Fazenda Pública, não era desproporcionado em face do concreto serviço prestado, por a questão de fundo não ser de complexidade inferior à comum e a conduta processual das partes se limitar ao legalmente devido. Disponível em www.dgsit.pt [18-12-2020].

que a dispensa deve ocorrer, oficiosamente, na decisão final, ou mediante requerimento apresentado antes do trânsito em julgado da decisão, quer antes da prolação da decisão judicial, quer por via da reforma da sentença ou acórdão[639]. Numa formulação mais genérica, pode dizer-se que o pedido de dispensa do remanescente da taxa de justiça é admissível até à elaboração da conta final. Após a sua elaboração, o pedido de dispensa já não é admissível, designadamente, em pedido de reforma ou reclamação da conta[640]. As dúvidas, porém, sanaram-se com a prolação do recente Ac. Uniformizador de Jurisprudência n.º 1/2022, que fixou jurisprudência no sentido de que [a] preclusão do direito de requerer a dispensa do pagamento do remanescente da taxa de justiça, a que se reporta o n.º 7 do artigo 6.º do Regulamento das Custas Processuais, tem lugar com o trânsito em julgado da decisão final do processo"[641].

A ideia de uma dispensa de pagamento ao nível da taxa de justiça não é, porém, inteiramente nova. Já no CCJ, de 1996, na redação introduzida pelo Decreto-Lei n.º 324/2003, de 27 de dezembro, se dispunha, no n.º 3, do art. 27.º, que "[s]e a especificidade da situação o justificar,

[639] A título exemplificativo, assinalamos os Acs. do STJ, proferidos no processo n.º 2553/09.9TBVCD.P1.S1, em 29 de setembro de 2020, e no processo n.º 1194/14.3TVLSB.L1.S2, em 24 de maio de 2018 , Ac. do TRG, proferido no processo n.º 523/14.4TBBRG-H.G1, em 27 de junho de 2019, e Ac. do TRC, proferido no processo n.º 4016/08.0TBLRA-A.C1, em 14 de dezembro de 2020, todos disponíveis em www.dgsi.pt [29-05-2021].
No sentido de tal dispensa poder ser requerida após a elaboração da conta, em incidente de reforma e reclamação da conta de custas, *vide*, por exemplo, o Ac. do TRG, proferido no processo n.º 797/12.5TVPRT-A.G2, em 10 de julho de 2019, e Ac. do TCAS, proferido no processo n.º 294/14.4BESNT, em 04 de outubro de 2017, ambos disponíveis em www.dgsi.pt [29-05-2021].

[640] Cfr. Ac. do STJ, proferido no processo n.º 767/14.9TBALQ-C.L1.S2, em 13 de outubro de 2020, disponível em www.dgsi.pt [18-08-2021].

[641] Cfr. Ac. Uniformizador de Jurisprudência n.º 1/2022, de 03 de janeiro, proferido no processo n.º 1118.16.3T8VRL -B.G1.S1-A, em 10 de novembro de 2021, disponível em www.stj.pt [31-05-2022]. A decisão, contudo, contou com três declarações de voto, por, no essencial, entender-se que o legislador não estabeleceu qualquer prazo quer para que os sujeitos processuais possam requerer a dispensa do remanescente da taxa de justiça remanescente, quer para o próprio juiz proceder a tal dispensa *motu proprio*. Além disso, só com a elaboração da conta de custas é que se efetua uma liquidação, em especial, da taxa de justiça. Até lá, existe apenas uma condenação em custas que constitui uma obrigatoriedade da decisão judicial, nos termos do n.º 1, do art. 527.º, do CPC. Assim, os Juízes Conselheiros que votaram vencido entendem que a preclusão do referido direito apenas deve ter lugar nos dez dias subsequentes à notificação da conta de custas.

pode o juiz, de forma fundamentada e atendendo, designadamente, à complexidade da causa e à conduta processual das partes, dispensar o pagamento do remanescente". Esta ideia acabou por não ser acolhida na versão primitiva do RCP, contudo, por força da crescente jurisprudência que considerava inconstitucional a ausência de um limite máximo de taxa de justiça acabou por restaurada pela referida Lei n.º 7/2012, de 13 de fevereiro, que acrescentou o n.º 7, ao art. 6.º, do RCP.

Ora, aqui chegados, será de questionar se não estamos perante uma manifestação do princípio da equivalência económica. Parece-nos defensável uma resposta afirmativa. Na verdade, a filosofia deste instituto é a de adequar o valor pago pelos litigantes e o serviço público prestado pelos tribunais, por se admitir que o aumento do valor da causa não implica, necessariamente, um aumento da própria atividade jurisdicional[642]. Destarte, "[s]e o valor da taxa de justiça, de forma manifesta, deixa de corresponder a uma contrapartida monetária que é devida ao Estado pelo serviço público prestado na administração da justiça quebra-se o sinalagma que justifica a imposição da dita taxa e fica violado o princípio da proporcionalidade, pelo que, também nestes casos, há que dispensar ou que reduzir o montante da taxa de justiça" [643].

2.2. A (reforma e) reclamação da conta de custas

O incidente de reforma e reclamação da conta de custas encontra-se previsto no art. 31.º, do RCP. No entanto, *prima facie*, importa esclarecer que não estamos propriamente perante formas de reação alternativas. Na anterior redação deste normativo, a reforma destinava-se à correção de erros materiais existentes na conta, cuja competência cabia ao secretário de justiça. No prazo de cinco dias após a notificação da conta reformada, o interessado podia reclamar para o juiz, sem possibilidade de

[642] Por exemplo, Ac. do TRE, proferido no processo n.º 1445/12.9TBBNV.E2, em 25 de junho de 2020, disponível em www.dgsi.pt [18-08-2021].

[643] Cfr. Ac. do TCAS, proferido no processo n.º 2163/16.4BELSB, em 13 de fevereiro de 2020, disponível em www.dgsi.pt [18-12-2020]. Sobre esta matéria, *vide*, entre muitos outros, Acs. do STJ, proferidso no processo n.º 5844/13.0TBBRG.P1.S1, em 22 de maio de 2018, e no processo n.º 669/10.8TBGRD-B.C1.S1, em 13 de julho de 2017, e Acs. do TRL, proferidos no processo n.º 18335/16.9T8LSB.L1-6, em 28 de março de 2019, e no processo n.º 13200/19.0T8FNC.L1-4, em 29 de abril de 2020, todos disponíveis em www.dgsit.pt [18-12-2020].

recurso da decisão[644]. Ora, a versão atual deixou de reconhecer ao secretário de justiça qualquer competência nesse sentido, concentrando-se agora no juiz a competência para o conhecimento de qualquer pedido de alteração ou modificação da conta de custas, inexistindo presentemente fundamento para se proceder a uma distinção entre reforma e reclamação da conta de custas.

Pois bem, constatando-se que a conta não foi elaborada de acordo com as disposições legais, o tribunal, oficiosamente ou a requerimento do MP ou dos interessados, ordena a sua reforma[645].

Quanto à reclamação da conta de custas, tem legitimidade para a requerer[646]:

(i) O responsável pelas custas, no prazo de pagamento voluntário;
(ii) Qualquer interveniente processual (*rectius*, interveniente acidental), até dez dias após o recebimento de quaisquer quantias;
(iii) O MP, no prazo de dez dias a contar da notificação da conta de custas.

O incidente de reclamação encontra-se sujeito a tributação, nos termos da tabela II, do RCP, como "outros incidentes", devendo a taxa de justiça ser autoliquidada pelo seu valor mínimo[647]. Apresentada reclamação, o funcionário judicial que tiver efetuado a conta pronuncia-se no prazo de cinco dias – note-se que apenas emite um parecer, já não tendo competência legal para reformar a conta –, após o qual o processo vai com vista ao MP e, posteriormente, ao juiz para decidir[648]. Desta decisão cabe recurso em um grau, mas apenas se o montante em causa exceder 50 UC[649].

Pois bem, considerando a finalidade da reclamação da conta de custas, temos algumas dúvidas que os sujeitos passivos a possam utilizar

[644] A alteração foi introduzida pela Lei n.º 7/2012, de 13 de fevereiro.

[645] Cfr. n.º 2, do art. 31.º, do RCP. Salvador da Costa entende que se a conta tiver sido elaborada de acordo com prévia decisão judicial – a decisão prevista no n.º 4, do art. 29.º –, não poderá ser reformada, ainda que desrespeite disposições legais, por força do caso julgado. Assim, Costa, Salvador da, "As Custas...", *op. cit.*, p. 197.

[646] Cfr. n.º 3, do art. 31.º, do RCP.

[647] Cfr. n.º 6, do art. 6.º, do RCP.

[648] Cfr. n.º 4, do art. 31.º, do RCP.

[649] Cfr. n.º 6, do art. 31.º, do RCP.

para, eventualmente, *reclamar* do desajuste do montante da taxa de justiça em face do concreto serviço prestado, desde logo, por dois motivos: primeiro, porque a questão não se trata apenas de corrigir um mero erro de contagem; segundo, porque, como já vimos, a jurisprudência tem vindo a entender que o pedido de dispensa do remanescente da taxa de justiça não pode ser feito em sede de reclamação da conta de custas. Não obstante, trata-se de um meio de reação que os sujeitos passivos não podem olvidar, uma vez que sempre lhes permitirá insurgir-se contra erros de contagem que, em última instância, podem conduzir ao pagamento de taxa de justiça em excesso e, portanto, num pagamento indevido.

2.3. A reforma da sentença ou acórdão

O n.º 6, do art. 607.º, do CPC, determina que, no final da sentença, o juiz condena os responsáveis pelas custas processuais, indicando a proporção da respetiva responsabilidade. Por sua vez, o n.º 1, do art. 616.º, do CPC, prevê a reforma da sentença quanto a custas e multa. Ora, este segmento da sentença refere-se unicamente ao decaimento na ação, nada tendo que ver com o impulso processual. Por este motivo, parece-nos que qualquer questão relacionada com o montante da taxa de justiça – e mesmo que apenas seja devida a final – não deverá ser suscitada pelos interessados em sede de reforma de sentença.

3. Uma proposta

O que já dissemos acerca de uma *intervenção moderadora do julgador*, deixa antever o conteúdo deste tópico. É inegável que o legislador tem construído soluções legais com vista a moderar os valores de taxa de justiça em face das especificidades de cada processo, como é o caso da dispensa do remanescente a pagar a final. Presentemente, verifica-se que a única intervenção corretiva facultada ao julgador materializa-se em dois regimes: (i) o mecanismo corretivo no sentido de aumentar os valores da taxa de justiça e (ii) a dispensa do remanescente da taxa de justiça. Como é bom de ver, a intervenção corretiva em sentido decrescente encontra-se circunscrita à dispensa do remanescente a pagar a final, o que, em nosso ver, e salvo melhor opinião, revela-se insuficiente do ponto de vista, por um lado, da conexão com o custo ou utilidade da prestação, e, por outro, das garantias dos sujeitos passivos. Esta insuficiência foi já, em certa medida, constatada pelo Tribunal Constitucional no já mencionado Ac. n.º 361/2015, no qual admitiu que "[a] par deste mecanismo corretivo, no sentido ascendente, do valor da taxa de justiça a pagar, em função da materialidade da lide, não foi editado qualquer outro que, agora no sentido inverso, permita genericamente ao julgador intervir no domínio da taxa de justiça, reduzindo-a para valores inferiores aos correspondentes à taxa normal, mormente para aqueles constantes da tabela I-B. O que não significa que a intervenção judicial moderadora no domínio das custas judiciais esteja ausente por completo: persiste nas causas de valor mais elevado, ainda que limitada ao que respeita ao remanescente a pagar a final"[650].

Adotando, assim, uma postura *iure constituendo*, parece-nos defensável o alargamento destas válvulas de escape, de vocação mais genérica, conferindo-se uma maior margem de atuação ao tribunal para, oficiosamente, e antes da prolação da decisão final, proceder a uma avaliação casuística da atividade processual desenvolvida, permitindo-se uma diminuição do montante da taxa de justiça, mesmo nos casos em que o valor da ação seja inferior a €275.000,00. Tratar-se-ia, não de uma mera faculdade, mas de um poder-dever de o julgador procurar adequar a taxa de justiça – e mesmo que já se mostre paga –, ao serviço prestado ao cidadão – é dizer, ao custo ou valor da prestação – , embora sempre balizado por limites mínimos e máximos normativamente previstos. Esta hipótese não nos parece, de todo, inexequível. Salvador da Costa sustenta mesmo, embora não esteja normativamente prevista a aplicação a final de valores de taxa de justiça inferiores ao previstos, "[...] isso pode ocorrer se, da sua fixação apenas com base no valor da causa, apesar do disposto no n.º 7 deste artigo, resultar um quantitativo manifestamente excessivo face à sua simplicidade, em termos de implicar a infração do principio constitucional da proporcionalidade"[651].

[650] Cfr. já identificado Ac. do TC n.º 361/2015.

[651] Cfr. Costa, Salvador da, "As Custas...", *op. cit.*, p. 98.

CAPÍTULO VIII
A TAXA DE JUSTIÇA SOB A ANATOMIA DA RELAÇÃO JURÍDICA TRIBUTÁRIA (BREVES NOTAS)

1. Desenho conceitual, estrutura e natureza da relação jurídica tributária de taxa de justiça

1.1. Introdução (metodologia e problemas)

A odisseia que iniciamos com a análise dos diversos tributos, atravessando a evolução histórica da taxa de justiça, e cruzando a sua atual arquitetura jurídica, não se poderia considerar finalizada se não estudássemos ou, no mínimo, convoquemos à reflexão, esta criatura legal sob o esquema da relação jurídica[652]. Começaremos por analisar a estrutura e natureza da relação jurídica tributária de taxa de justiça, os seus vários elementos,

[652] A circunstância de a taxa de justiça, durante vários anos, ter sido qualificada como um imposto, "[...] contribuiu para que a sua disciplina legislativa fosse progressivamente subordinada à técnica da relação jurídica tributária, ganhando um rigor que de outro modo não teria adquirido". Cfr. VASQUES, Sérgio, "O Princípio...", *op. cit.*, p. 598. No mesmo sentido, Salvador da Costa sustenta que, "[a]pesar das suas particularidades, o regime de custas é suscetível de ser analisado no velho quadro da relação jurídica, sendo o facto a atividade judiciária desenvolvida, o objeto imediato a vinculação do utente, o objeto mediato a prestação pecuniária por ele devida, a garantia geral o seu património e a garantia especial o atípico direito de retenção (artigo 34.º, n.º 1, do Regulamento) e os privilégios creditórios (artigos 738.º, n.º 1, e 743.º, do Código Civil)". Cfr COSTA, Salvador da, "As Custas no...", *op. cit.*, p. 38.

isto é, os seus sujeitos, o objeto e o facto tributário, reservando-se, ainda alguns desenvolvimentos para as garantias e formas de extinção da obrigação tributária. Não podemos, contudo, negar que se trata de território espinhoso, pois a relação jurídica, enquanto esquema concetual que explica o tributo, tem, evidentemente, as suas limitações. Por outro lado, algumas singularidades da taxa de justiça, como por exemplo, a consignação da receita, o papel das secretarias dos tribunais ou a atuação muitíssimo residual da ATA também podem dificultar a compreensão de algumas realidades sob este esquema metodológico.

Uma nota final. Os desenvolvimentos subsequentes devem ser interpretados *cum granus salis*, uma vez que, embora os enunciados linguísticos do RCP e legislação conexa se refiram ao termo "custas", ou seja, em nosso ver, custas em sentido lato, o enfoque que se segue apenas faz sentido quando esteja em causa o pagamento da taxa de justiça (ainda que, eventualmente, sejam devidos encargos). Será, portanto, com base nesse pressuposto que se apresenta a próxima narrativa.

1.2. Noção, estrutura e natureza jurídica

O legislador ordinário refere, no n.º 2, do art. 1.º, da LGT, "[...] consideram-se relações jurídico-tributárias as estabelecidas entre a administração tributária, agindo como tal, e as pessoas singulares e colectivas e outras entidades legalmente equiparadas a estas". Por sua vez, o n.º 1, do art. 36.º, da LGT, consagra que "[a] relação jurídica tributária constitui-se com o facto tributário". Esta definição do que é a relação jurídica tributária está longe de se alinhar com as diversas realidades tributárias, desde logo, porque podem ser sujeitos ativos de uma relação tributária, além da ATA, uma autarquia local, um instituto público, uma universidade, entre outros. Em rigor, todas estas entidades, quando praticam atos com relevo para o Direito tributário, integram a noção amplíssima de Administração tributária[653]. Por outro lado, várias são as situações em

[653] A Administração tributária em sentido amplo, não só abrange a própria ATA – Administração tributária em sentido restrito – como as demais entidades públicas legalmente incumbidas da liquidação e cobrança dos tributos, o Ministro das Finanças ou outro membro do Governo competente, quando exerçam competências administrativas no domínio tributário, e os órgãos igualmente competentes dos Governos Regionais e das autarquias

que, da verificação de um facto tributário, emergem diversos direitos e deveres para ambas as extremidades subjetivas.

Na dogmática tributarista, podemos destacar a noção de relação jurídica ensaiada por Joaquim Freitas da Rocha e Hugo Flores da Silva, no sentido de que "[...] a relação jurídica tributária é um vínculo de natureza jurídica que se estabelece entre o credor de um tributo, grande parte das vezes, o Estado, e um devedor, genericamente designado por *contribuinte*"[654]. Para estes autores, a relação jurídica tributária pode ser desenhada como "[...] vínculo intersubjetivo emergente de um facto tributário e enformado por normas jurídico-tributárias"[655]. Querendo, porém, apresentar uma noção de relação jurídica de taxa de justiça, os contributos doutrinários orbitam em torno do conceito de custas e não propriamente do da taxa de justiça. Assim, por exemplo, Salvador da Costa teoriza que "[t]rata-se de uma relação jurídica de tipo obrigacional encabeçada pelo Estado – sujeito ativo –, e pelo utente do serviço de justiça fiscal - sujeito passivo –, cujo objecto imediato se consubstancia na vinculação dos sujeitos e o objecto mediato na prestação pecuniária correspondente à dívida de custas"[656]. Como se vê, é uma noção direcionada para as custas (*lato sensu*), e não especificamente para a taxa de justiça.

Por outro lado, os subsídios do direito positivo não são particularmente profícuos. Ainda assim, atendendo às várias aceções doutrinárias do conceito de relação jurídica tributária, bem como aos desenvolvimentos anteriores a propósito da noção e natureza jurídica da taxa de justiça, cremos ser possível delinear elementos estruturantes e constitutivos da relação de taxa de justiça.

locais, sendo esta a noção acolhida pelo legislador no n.º 3, do art. 1.º, da LGT. Sobre esta matéria, *vide* Rocha, Joaquim Freitas da, "Lições de...", *op. cit.*, pp. 18 e ss..

654 Cfr. Rocha, Joaquim Freitas da, Silva, Hugo Flores da, "Teoria Geral...", *op. cit.*, p. 33.

655 Cfr. *idem, ibidem*, p. 34. Itálico mantido conforme original. Sob um ponto de vista estrutural, e ainda que circunscrito aos impostos, António Braz Teixeira sustenta que "[a] obrigação fiscal é, como a obrigação civil, um vínculo jurídico pelo qual alguém fica adstrito a fazer a outrem um prestação, mas vínculo cujo regime apresenta certos caracteres que o diferenciam dos vigentes no Direito Civil". Deste modo, "[a] obrigação fiscal é, assim, uma obrigação em sentido verdadeiro e próprio, a qual nasce com a verificação dos pressupostos que integram a previsão legal [...]". Cfr. Teixeira, António Braz, "Princípios de...", *op. cit.*, pp. 170-171.

656 Cfr. Costa, Salvador da, "Código das...", 1995, *op. cit.*, p. 15.

Quanto à sua estrutura, pode dizer-se que a relação jurídica de taxa de justiça é uma relação do tipo obrigacional, complexa, uma vez que se trata de um vínculo intersubjetivo constituído por uma constelação de direitos e deveres, que não se quedam pelo mero dever de pagar a taxa de justiça, embora, evidentemente, esta obrigação seja o centro nevrálgico da relação tributária. Sem pretender repisar a noção de taxa de justiça, dir-se-á que, ao dever de pagar a taxa de justiça corresponde o dever de o Estado, na sua vertente de função jurisdicional, prestar esse serviço. Por outras palavras, da obrigação de pagamento da taxa de justiça, emerge para o Estado o dever de prestar o serviço *justiça*. Por força do impulso processual, estabelece-se, então, entre o sujeito processual e o Estado, uma relação jurídico-tributária geradora de vários direitos e deveres, entre os quais se destaca a obrigação de pagamento da taxa de justiça.

De um ponto de vista genético ou constitutivo, a relação jurídica não emerge de um encontro de vontades, mas da verificação de um facto jurídico ao qual o Direito Tributário atribui relevância, motivo pelo qual não pode ser negada a sua natureza legal. Dir-se-á, porém, que a *vontade* do sujeito passivo em aceder à justiça é elemento constitutivo da relação jurídica, pois, como dissemos, na generalidade dos processos *lato sensu* vigora o princípio do dispositivo, com especial atenção para a sua vertente de impulso processual, de modo que a função jurisdicional não é exercida *ex officio* pelo tribunal, mas na sequência de uma manifestação de vontade do interessado. Contudo – e este é um aspeto que nos parece dever ser reafirmado –, esta localização, mais ou menos espontânea, no território de incidência da taxa de justiça não é suficiente para afastar o seu carácter *ex lege*.

Isto dito, atentemos, agora, nos seus elementos.

2. Os sujeitos da relação jurídica de taxa de justiça

2.1. Considerações preliminares sobre a personalidade e capacidade tributárias

Ser sujeito de uma relação jurídica implica, por um lado, estar legalmente investido no direito de exigir determinada prestação (sujeito ativo) e, por outro, estar vinculado ao cumprimento dessa prestação (sujeito passivo).

Iremos, de seguida, transpor esta fórmula para o universo da taxa de justiça, porém, justificam-se duas notas introdutórias quanto à personalidade e capacidade tributárias.

Para se ser *participante* de uma relação jurídica tributária é necessário ter personalidade tributária, nos termos do art. 15.º, da LGT. Esta, evidentemente, não se confunde (não pode) com a personalidade judiciária enquanto pressuposto processual e que consiste na suscetibilidade de ser parte ou sujeito processual, conforme dispõe o n.º 1, do art. 15.º, do CPC. Assim, pode suceder que alguém, tendo personalidade tributária, designadamente, para ser sujeito passivo de uma taxa de justiça, não tenha personalidade judiciária. Pense-se, por exemplo, numa ação intentada por uma herança indivisa. Nos termos da al. a), do art. 12.º, do CPC, apenas a herança jacente tem personalidade judiciária, o que significa que, tratando-se de herança indivisa, os direitos a esta relativos só podem ser exercidos conjuntamente por todos os herdeiros ou contra todos os herdeiros, conforme n.º 1, do art. 2091.º, do CC. Ora, caso dê entrada em juízo uma petição inicial, em que figura como autor a herança indivisa, este sujeito processual, porque impulsionou a máquina judicial, deve pagar a respetiva taxa de justiça. A questão da falta de personalidade judiciária apenas será suscitada e apreciada em momento posterior ao da entrada em juízo do instrumento processual[657/658]. Com efeito, verificando-se a comunhão entre a previsão normativa e a ocorrência do facto tributário, nasce uma obrigação tributária, estando-se, por conseguinte, perante um sujeito com personalidade tributária.

Transpondo o sobredito para o domínio da taxa de justiça, dir-se-á que, ocorrendo um impulso processual por parte de alguém (através da apresentação de petição inicial, oferecimento de contestação, dedução de incidente de oposição principal provocada, entre outros),

[657] É, no entanto, curioso notar que no Código de Processo das Contribuições e Impostos, o art. 10.º dispunha que "[a] personalidade judiciária resulta da personalidade tributária e esta consiste na susceptibilidade de ser sujeito da relação jurídica tributária controvertida". Para uma crítica a esta fórmula legal, veja-se Teixeira, António Braz, "Princípios de...", *op. cit.*, pp. 180-181.

[658] A personalidade judiciária é, como dissemos, um pressuposto processual, configurando a sua falta uma exceção dilatória, de conhecimento oficioso que, sendo insanável, determina a absolvição do réu, nos termos conjugados da al. c), do n.º 1, do art. 278.º, e al. c), do art. 577.º, ambos do CPC.

nasce a obrigação de pagamento de taxa de justiça e, consequentemente, adquire-se personalidade tributária (e ainda que se venha a apurar não ter personalidade judiciária), salvo, naturalmente, tendo sido concedido apoio judiciário ou beneficiar de isenção de custas. Em qualquer caso, falamos de uma *personalidade tributária passiva*.

A capacidade tributária, por sua vez, constitui outra dimensão da teoria geral dos sujeitos da relação jurídica tributária. Conforme dispõe o n.º 2, do art. 16.º, da LGT, tem capacidade tributária quem tiver personalidade tributária, salvo disposição legal em contrário. A capacidade tributária consiste na medida de direitos e vinculações tributárias que determinado ente é suscetível de exercer pessoal e livremente e representa um conceito quantitativo, por oposição à personalidade tributária, que se traduz num conceito qualitativo. Pode, no entanto, suceder que, quem tenha personalidade tributária, não possua capacidade tributária plena e, nessa medida, careça de representação[659]. Assim se verifica, por exemplo, no caso dos menores e os maiores acompanhados (consoante as medidas de acompanhamento decretadas), como dispõe o n.º 3, do art. 16.º, do LGT. Servimo-nos, uma vez mais, de um exemplo. Numa ação cível destinada a efetivar a responsabilidade civil por danos sofridos por um menor, por exemplo, danos corporais e morais, o autor será o menor, quer porque foi ele o lesado, quer porque detém personalidade judiciária. Não goza, porém, de capacidade judiciária, o que significa que tem de estar representado em juízo pelos seus representantes legais, os quais não intervêm como autores, mas apenas para suprir a incapacidade judiciária do menor[660]. Porém, o menor não só não detém capacidade judiciária, como também está limitado na sua capacidade tributária, de modo que o cumprimento do dever de pagar a taxa de justiça é exercido pelos seus representantes legais[661]. Neste contexto,

[659] Daí que, para Klaus Tipke e Joachim Lang, integrem a relação jurídica tributário o sujeito ativo e os sujeitos passivos *tributariamente capazes*. Cfr. TIPKE, Klaus, LANG, Joachim, "*Steuerrecht*", *op. cit.*, p. 350.

[660] Cfr. Ac. do TRP, proferido no processo n.º 22/08.3TBVLG.P1, em 15 de fevereiro de 2012, disponível em www.dgsi.pt [07-06-2021]. O exemplo que acabamos de referir foi retirado deste aresto.

[661] Há, porém, situações em que os menores beneficiam de isenção de custas. São os casos referidos nas als. i) e l), do n.º 1, do art. 4.º, do RCP, ou seja, nos recursos de decisões relativas à aplicação, alteração ou cessação de medidas tutelares, aplicadas em processos de

podemos apontar duas normas que parecem traduzir este ideia: falamos do n.º 2, do art. 11.º, da Portaria n.º 419-A/2009, que determina que "[o] menor sujeito a medida aplicada em processo de jurisdição de menores tiver menos de 16 anos, é o respectivo representante legal o responsável pelas custas" e do n.º 3, do art. 3.º, do CPPT, que dispõe que os incapazes só podem estar em juízo e no procedimento por intermédio dos seus representantes, ou autorizados pelo seu curador, exceto com exceção dos atos que possam exercer pessoal e livremente.

Com estes traços gerais, analisemos, então, os sujeitos desta relação jurídica.

2.2. O sujeito passivo

2.2.1. Justificação da terminologia adotada

O n.º 3, do art. 18.º, da LGT, dispõe que "[o] sujeito passivo é a pessoa singular ou colectiva, o património ou a organização de facto ou de direito que, nos termos da lei, está vinculado ao cumprimento da prestação tributária, seja como contribuinte directo, substituto ou responsável"[662]. Pois bem, como assinala Casalta Nabais, ainda que circunscrita à relação jurídica fiscal, é possível distinguir entre *contribuinte*, *devedor do imposto* e *sujeito passivo*. Vejamos, assim, quando nos referirmos ao sujeito adstrito ao pagamento da taxa de justiça, qual a terminologia mais adequada.

O "contribuinte", como o próprio nome indica, é aquele que contribui, ou seja, "[...] a pessoa relativamente à qual se verifica o facto tributário, o pressuposto de facto ou o facto gerador do imposto, isto é, o titular da manifestação de capacidade contributiva". Como oportunamente dissemos, a taxa de justiça não assenta numa manifestação de capacidade contributiva, na medida em que visa compensar a prestação de um serviço ou atividade pública individualizados. Além disso, as taxas assentam numa ideia de responsabilização, enquanto os impostos têm

jurisdição de menores, bem como quando representados pelo MP ou por defensor oficioso, mesmo que os processos decorram nas conservatórias de registo civil.

[662] Comparativamente, o art. 35.1, da *LeyGT*, referindo-se a obrigados tributários, dispõe que "*[s]on obligados tributarios las personas físicas o jurídicas y las entidades a las que la normativa tributaria impone el cumplimiento de obligaciones tributarias*".

subjacente a solidariedade. Por estes motivos, não cremos que, no âmbito da taxa de justiça, se afigura correta a designação de "contribuinte".

Por outro lado, e sem necessidade de longas considerações, atento o *supra* exposto, evidentemente que o termo "devedor do imposto" também não tem aqui aplicação, pois não estamos perante uma obrigação de imposto.

Por fim, o *sujeito passivo* da relação tributária é aquele sobre o qual recai o dever (específico) de efetuar uma prestação, que tanto pode ser principal, como acessória. O sujeito passivo pode ser uma pessoa singular ou coletiva, podendo também existir outras realidades com personalidade tributária e, portanto, sujeitos de uma relação jurídica tributária (é o caso, por exemplo, de patrimónios autónomos)[663].

No caso da taxa de justiça, porque a obrigação que impende sobre o sujeito passivo traduz-se, não no pagamento de um imposto, mas de uma taxa, afigura-se mais correto a ele referir-se como *sujeito passivo*. Uma outra terminologia que, salvo melhor opinião, também nos parece adequada é a de *obrigados tributários* utilizada pela *LeyGT*[664].

2.2.2. Concretização

O art. 13.º, do RCP, pese embora a epígrafe "Responsáveis passivos", não delimita de forma exaustiva os sujeitos passivos, apenas se referindo ao modo de pagamento da taxa de justiça. O único preceito que, de alguma forma, nos pode auxiliar a compreender quem são os sujeitos passivos da taxa de justiça será o n.º 1, do art. 6.º, do RCP, segundo o qual, "[a] taxa de justiça corresponde ao montante devido pelo impulso processual do interessado [...]". Trata-se de uma norma de incidência tributária (pessoal e objetiva). O sujeito passivo será então, o *interessado* no impulso processual ou, por outras palavras, quem beneficia ou provoca o serviço público *justiça* e, portanto, relativamente ao qual, se verifica o facto tributário[665/666].

663 Similarmente, veja-se o art.35.4, da *LeyGT*.

664 Cfr. art. 35, da *LeyGT*.

665 O art. 3.1, da *Ley 10/2012*, concretiza que "*[e]s sujeto pasivo de la tasa quien promueva el ejercicio de la potestad jurisdiccional y realice el hecho imponible de la misma*".

666 Neste sentido, por exemplo, GARCIA, Nuno de Oliveira, "Contencioso de...", *op. cit.*, p. 179.

No entanto, podemos verificar que nos n.os 3 e 6, do art. 13.º, do RCP, o legislador utiliza a expressão "responsável passivo" para se referir aos grandes litigantes. O n.º 7 também elenca como sujeitos passivos os coligantes, o interveniente que faça seus os articulados da parte a que se associe e os assistentes em processo civil, administrativo e tributário.

Pois bem, apesar do cunho tributarista do nosso trabalho, não podemos deixar de assinalar que a análise desta matéria não se pode dissociar da sua natureza processual, na medida em que é necessário saber quem, face ao direito subjetivo aplicável, se apresenta como interessado direto no impulso processual. Não iremos – como, aliás, temos vindo a fazer – utilizar a expressão "parte", uma vez que existem processos em que, não sendo rigoroso falar-se em "partes", há lugar ao pagamento da taxa de justiça. Um exemplo paradigmático é o do processo penal, em que o assistente, o arguido e o MP não são partes, mas sujeitos ou intervenientes processuais, estando os dois primeiros sujeitos à taxa de justiça nas condições que já vimos anteriormente.

Ora, como deixou antever o até aqui exposto, o sujeito passivo da taxa de justiça é o *impulsionador processual*, nos termos do n.º 1, do art. 6.º, e n.º 9, do art. 14.º, do RCP. Cumpre, ainda, notar que os impulsionadores que intervêm no processo, fazendo seus os articulados apresentados pelo sujeito processual a que se associam, também são sujeitos passivos da taxa de justiça, embora se aplique a prevista na tabela I-B, nos termos da al. b), do n.º 7, do art. 13.º, do RCP. Os menores, detendo personalidade judiciária e simultaneamente personalidade tributária, podem ser titulares, na extremidade ativa ou passiva, de processos e, por conseguinte, também podem ser sujeitos passivos da relação jurídica de taxa de justiça. Contudo, por se tratarem de incapazes, e, portanto, não gozarem de capacidade judiciária e tributária plena, carecem de representação. Significa, assim, que num processo em que seja autor um menor, é este o sujeito passivo da taxa de justiça, no entanto, esta será seguramente paga pelo seu representante, por exemplo, os progenitores que exercem as responsabilidades parentais[667]. Similarmente, um maior impossibilitado, por razões de saúde, deficiência, ou pelo seu comportamento, de exercer, plena, pessoal e conscientemente, os seus direitos, ou

[667] Sobre esta matéria, e, em particular, sobre a personalidade tributária dos menores, veja-se Rocha, Joaquim Freitas da, Silva, Hugo Flores da, "Teoria Geral...", *op. cit.*, pp. 104-105.

de cumprir os seus deveres, e que, por conseguinte, beneficie do regime do maior acompanhado, também será sujeito passivo da taxa de justiça nos processos em que intervenha, embora tal dever deva ser cumprido pelo seu acompanhante. Convém, no entanto, ressalvar que as medidas de acompanhamento devem ser aplicadas consoante as necessidades do caso concreto, o que significa que o beneficiário pode, ou não, estar impedido de praticar determinados atos[668].

Podemos, então, dizer que o sujeito passivo da taxa é aquele está vinculado ao cumprimento da prestação tributária ou em relação a quem se verifica o facto tributário[669]. No âmbito da sujeição ao pagamento da taxa de justiça, o sujeito passivo é aquele que aciona o aparelho judicial, quer se encontre no pólo ativo da relação processual (o autor, o exequente, o requerente, etc.), quer no pólo passivo (o réu, executado, o requerido, etc.).

Em todo o caso, como vimos há pouco, o sujeito passivo da taxa de justiça, para assumir tal qualidade, deve ter personalidade tributária, porém, poderá vir a apurar-se que não detém personalidade judiciária, pelo que é importante ter em consideração a necessidade de não confundir estes conceitos.

Por fim, haverá que questionar se cidadãos estrangeiros também podem ser sujeitos passivos da taxa de justiça. Parece-nos que sim. A nossa *norma normarum*, no seu art. 20.º, não restringe o gozo deste direito aos cidadãos portugueses, de modo que *todos* têm direito a aceder ao direito e aos tribunais, ou seja, os cidadãos portugueses, os cidadãos estrangeiros e os apátridas que se encontrem ou residam em Portugal. Aliás, só assim se compreenderá que o instituto do apoio judiciário esteja ao dispor dos cidadãos nacionais, da União Europeia, bem como os estrangeiros e os apátridas com título de residência válido num Estado membro da União Europeia, que demonstrem estar em situação de insuficiência económica, como já vimos. Assim, desde que um cidadão estrangeiro ou apátrida recorra ao serviço *justiça*, e desde que não beneficie de isenção de custas ou apoio judiciário, estará sujeito ao pagamento de taxa de jus-

[668] O regime do maior acompanhado encontra-se previsto no art. 138.º e ss., do CC. O processo especial de acompanhamento de maiores vem previsto nos art.os 891.º a 905.º, do CPC.

[669] Cfr. Ac. do TCAS, proferido no processo n.º 2545/12.0BELRS, em 25 de junho de 2020, disponível em www.dgsi.pt [05-06-2021].

tiça nos mesmos moldes em que estaria um cidadão nacional. Tal conclusão, parece-nos, não só se afigura lógica por motivos de igualdade no tratamento ao acesso àquele serviço público, como pela circunstância do quadro normativo aplicável não distinguir, para efeitos de tributação, entre cidadãos nacionais, estrangeiros e apátridas, valendo aqui o princípio basilar segundo o qual "onde o legislador não distingue, não cabe ao intérprete distinguir".

2.2.3. Pluralidade de sujeitos processuais (os casos de litisconsórcio e de coligação)

Até aqui, temos vindo a referir-nos a situações em que temos apenas um sujeito passivo. Pode, no entanto, suceder (e, na prática, são muitas as situações em que tal ocorre) que haja mais do que um sujeito processual, ou seja, um fenómeno de *pluralidade de sujeitos processuais.* Falamos, pois, de situações de *litisconsórcio* e *coligação.*

Por uma questão de enquadramento, vejamos resumidamente em que consistem.

O litisconsórcio não se encontra legalmente definido, embora o art. 35.º, do CPC, estabeleça que "[o] caso de litisconsórcio necessário, há uma única ação com pluralidade de sujeitos; no litisconsórcio voluntário, há uma simples acumulação de ações, conservando cada litigante uma posição de independência em relação aos seus compartes". A dogmática processualista explica que "[...] ocorre quando se discute em juízo uma determinada relação jurídica que envolve diversos sujeitos, os quais, por isso, isto é, em virtude de serem titulares da relação controvertida, são partes na acção". Por outras palavras, pode dizer-se que existe uma única relação jurídica controvertida, mas vários sujeitos. Como resulta do preceito acima referido, o litisconsórcio pode ser voluntário ou necessário, podendo este último ser legal, convencional ou natural. Por outro lado, a coligação, não só se caracteriza pela pluralidade de sujeitos, como pela pluralidade de relações jurídicas controvertidas. Além disso, a coligação tem sempre carácter voluntário, enquanto o litisconsórcio pode, ou não, ser voluntário. A matéria vem regulada nos art.os 36.º a 38.º, do CPC.

Ora, dito isto, qual a relevância do litisconsórcio e da coligação ao nível da taxa de justiça?

A importância revela-se a dois níveis – (i) a responsabilidade pelo pagamento da taxa e (ii) a base de cálculo. Vejamos.

2.2.3.1. O litisconsórcio

Havendo litisconsórcio (e independentemente de ser voluntário ou necessário), a taxa de justiça é paga na totalidade por um dos litisconsortes, especificamente, pelo que figurar em primeiro lugar nas peças processuais em causa, nos termos do n.º 4, do art. 530.º, do CPC, e sem prejuízo do direito de regresso sobre os demais. Esta solução compreende-se atendendo ao que se disse acima – no litisconsórcio está em causa uma única relação material controvertida.

Importa, contudo, precisar que, caso o sujeito processual que apareça em primeiro lugar no instrumento processual beneficie de apoio judiciário na modalidade de dispensa de pagamento da taxa de justiça e demais encargos com o processo, a responsabilidade pelo pagamento da taxa de justiça recai sobre o litisconsorte seguinte[670]. Este fica, assim, responsável pela totalidade da taxa de justiça que se mostra devida *in casu*, e não apenas pela sua quota-parte[671].

A obrigação que se estabelece entre os litisconsortes é, assim, uma obrigação solidária, contudo, não deve ser confundida com o chamamento dos sujeitos passivos indiretos ao cumprimento de obrigações tributários, que pode ocorrer através da (i) substituição, (ii) sucessão ou responsabilidade (solidária e subsidiária). Falamos de situações absolutamente distintas. Em primeiro lugar, porque todos os litisconsortes estão diretamente relacionados com o facto tributário, ou seja, os pres-

[670] Neste sentido, *vide*, entre outros, Ac. do TRP, proferido no processo n.º 1204/17.2T8PVZ-A.P1, em 22 de maio de 2019, Ac. do TRC, proferido no processo n.º 6770/18.2T8CBR-A.C1, em 28 de maio de 2019, e Ac. do TRG, proferido no processo n.º 41777/12.4YIPRT-A.G1, em 02 de julho de 2013, todos disponíveis em www.dgsi.pt [06-06-2021].

[671] Assim se decidiu, por exemplo, o Ac. do TCAN, proferido no processo n.º 00335/12.0BEMDL, em 24 de março de 2017, disponível em www.dgsi.pt [06-06-2021], segundo o qual, "[t]endo o Autor que não pediu apoio judiciário pago apenas a sua quota-parte da taxa de justiça e não o montante devido, correspondente à totalidade desse valor, deve o documento comprovativo do seu pagamento ser devolvido ao apresentante, equivalendo a sua apresentação à falta de junção, nos termos do artigo 150.º-A, n.º 2, do Código de Processo Civil, na redacção introduzida pelo Decreto-Lei n.º 34/2008, de 26 de Fevereiro, o que conduz à recusa da petição inicial pela Secretaria [...]".

supostos do facto tributário verificam-se em relação a mais do que uma pessoa (singular ou coletiva). Em segundo lugar, porque, com a prática do ato processual que origina o pagamento da taxa de justiça, formam-se duas relações jurídicas autónomas – (i) a relação entre o sujeito passivo e o ente público e (ii) a relação entre os litisconsortes. Esta última caracteriza-se pela solidariedade, resultante da lei, contudo, não interfere na relação jurídica tributária. Assim, não se pode afirmar que, o chamamento, pela lei, do litisconsorte a cumprir integralmente a obrigação tributara se traduza numa responsabilidade solidária[672].

Por fim, haverá que perguntar se esta situação se reconduz a uma *pluralidade passiva tributária*, aludida por Joaquim Freitas da Rocha e Hugo Flores da Silva[673]. Salvo melhor opinião, não cremos. Isto porque, em bom rigor, embora estejamos perante uma pluralidade processual (que pode ser passiva ou ativa), não estamos perante uma pluralidade passiva tributária, na medida em que, como acabamos de ver, só um dos litisconsortes é responsável pelo cumprimento da prestação tributária. Assim, a lei estabelece como responsável o litisconsorte que aparece em primeiro lugar na peça processual e, se este beneficiar de apoio judiciário ou de isenção de custas, o litisconsorte subsequente, e assim sucessivamente. Não cremos, portanto, que o credor tributário possa exigir o pagamento integral a qualquer um dos envolvidos, uma vez que deve ser seguida a ordem imposta pelo legislador, isto é, existe um *benefício de ordem*.

2.2.3.2. A coligação

Em caso de coligação, uma vez que cada sujeito é titular de uma relação jurídica controvertida autónoma, a taxa de justiça é paga por cada um dos coligantes, conforme dispõe o n.º 5, do art. 530.º, do CPC. Por outras palavras, serão pagas tantas taxas de justiça quanto os coligantes. O montante da taxa de justiça também é calculado de modo diferente, uma vez que al. a), do n.º 7, do art. 13.º, do RCP, manda atender à tabela i-B, ou seja, a metade dos valores previstos na tabela i-A.

672 Quanto à solidariedade entre os litisconsortes, veja-se, por exemplo, o Ac. do TRL, proferido no processo n.º 825/09.1TBLNH-A.L1-6, em 30 de novembro de 2011, disponível em www.dgsi.pt [06-06-2021].

673 Cfr. Rocha, Joaquim Freitas da, Silva, Hugo Flores da, "Teoria Geral...", *op. cit.*, p. 81 e ss..

A legislação congénere espanhola não fornece uma solução legal para as situações de litisconsórcio. Todavia, o n.º 1, do art. 3, da *Ley 10/2012*, dispõe que que *"[a] los efectos previstos en el párrafo anterior, se entenderá que se realiza un único hecho imponible cuando en el escrito ejercitando el acto procesal que constituye el hecho imponible se acumulen varias acciones principales, que no provengan de un mismo título. En este caso, para el cálculo del importe de la tasa se sumarán las cuantías de cada una de las acciones objeto de acumulación"*[674].

2.2.4. A sucessão tributária *mortis causa* (em especial, o problema da modificação subjetiva da lide)

A sucessão *mortis causa* das obrigações tributárias está expressamente assumida no n.º 2, do art. 29.º, da LGT, que prevê que "[a]s obrigações tributárias originárias e subsidiárias transmitem-se, mesmo que não tenham sido ainda liquidadas, em caso de sucessão universal por morte, sem prejuízo do benefício do inventário". É um dos meios pelos quais os sujeitos passivos indiretos, isto é que, que não participaram na formação do facto tributário, são chamados ao cumprimento da obrigação tributária. Assim, "[...] se determinado sujeito morrer e, no momento da sua morte, estiver adstrito ao cumprimento de obrigações tributárias, essas obrigações pendentes, em princípio, transmitem-se aos sucessores que tenham aceite o património ou parte do património em questão"[675]. Trata-se, portanto, de uma exceção à regra geral da intransmissibilidade do crédito tributário, postulada nos n.os 1 e 3, do art. 29.º, da LGT.

Vejamos, então, como esta solução se projeta na taxa de justiça, cuja análise implica, uma vez mais, uma breve abordagem a questões processuais.

O art. 260.º, do CPC, postula o princípio da estabilidade da instância, ou seja, de que a instância deve manter-se a mesma quanto às pessoas, ao pedido e à causa de pedir. Se na pendência dos autos vier a falecer um dos sujeitos processuais, a causa suspende-se logo que seja junto aos autos documento comprovativo do falecimento, nos termos da al. a), do n.º 1, do art. 269.º, e n.º 1, do art. 270.º, ambos do CPC, tornando-se

[674] Neste caso, Isabel Gil Rodríguez entende estarmos perante um regime de solidariedade. Cfr. GIL RODRÍGUES, Isabel, "*Las tasas...*", *op. cit.*, pp. 135-136.

[675] Cfr. ROCHA, Joaquim Freitas da, SILVA, Hugo Flores da, "Teoria Geral...", *op. cit.*, p. 92.

necessário que o *de cujus* seja substituído pelos seus sucessores, através da dedução do designado *incidente de habilitação*[676]. O incidente de habilitação visa determinar se o habilitando tem a qualidade necessária para substituir o *de cujus* no processo e, desse modo, colocar fim à suspensão da instância[677]. Note-se que, neste incidente, não é averiguada a legitimidade processual do substituto, na medida em que a mesma é assegurada pelo próprio mecanismo, que permite aos sucessores prosseguirem na demanda nessa qualidade. Como se vê, com a habilitação dos sucessores, ocorre uma modificação subjetiva na instância. Do exposto, afloram desde logo duas questões: em primeiro lugar, os sucessores do *de cujus*, enquanto habilitados no processo, serão responsáveis pelo pagamento da taxa de justiça? Em segundo lugar, como conciliar o fenómeno da sucessão tributária com a habilitação dos sucessores na lide?

Procurando responder à primeira, parece-nos proveitoso mencionar que a Relação de Guimarães foi já convocada a apreciar uma questão similar, colocada no âmbito da responsabilidade por custas (*lato sensu*), sancionando o entendimento de que "[t]endo falecido no decurso da acção, continua a demandante – a sua herança – a arcar com este ónus, pois que os herdeiros dela, devidamente habilitados, aparecem na acção num momento posterior e tão-só para, em representação dela, continuar a lide até final. Deste modo, a condenação em custas deverá sempre, apesar da sua morte, ser atribuída à parte vencida na acção, dela se retirando os seus herdeiros que foram habilitados para, em sua representação, prosseguirem a lide"[678]. Ora, embora esta decisão verse sobre a condenação em custas e, portanto, quanto ao decaimento na ação, não vemos, salvo melhor opinião, porque tal não possa ser transposto para o domínio da taxa de justiça impulsória. Nesse pressuposto, resulta, então, que a obrigação tributária constituída anteriormente pelo sujeito

[676] Veja-se, por exemplo, o recente Ac. do TRP, proferido no processo n.º 1074/16.8T8OAZ-B.P1, em 09 de março de 2021, disponível em www.dgsi.pt [12-06-2021]. Esta substituição, porém, nem sempre ocorre. Por exemplo, no caso de ação especial de acompanhamento de maior, o falecimento do requerido implica a extinção da instância, nos termos do n.º 1, do art. 904.º, do CPC.

[677] A suspensão da instância cessa com a notificação a decisão que considere habilitado o sucessor da pessoa falecida, conforme al. a), do n.º 1, do art. 276.º, do CPC.

[678] Cfr. Ac. do TRG, proferido no processo n.º 1624/02-2, em 29 de janeiro de 2003, disponível em www.dgsi.pt [12-06-2021].

processual/sujeito passivo, ou seja, com a verificação do facto tributário, transmite-se aos seus sucessores, e mesmo que não se encontre liquidada, o que poderá suceder, por exemplo, nos casos de dispensa de prévio pagamento[679].

Quanto à segunda questão, existe uma primeira corrente jurisprudencial que entende que a habilitação dos sucessores não define a sua posição face à herança, uma vez que apenas se trata de um mecanismo processual destinando a operar uma modificação subjetiva e a dar continuidade à lide[680]. Segundo esta tese, a habilitação não exige a aceitação da herança do habilitando, que, mesmo após ser habilitado, pode repudia-la. Apela-se, ainda, à imperatividade do princípio da retroatividade de todo o fenómeno sucessório, previsto no art. 2062.º, do CC, no sentido de concluir que os seus efeitos se repercutem no processo e ainda que o herdeiro repudiante tenha sido declarado habilitado com trânsito em julgado. Outra corrente, em sentido oposto, sustenta que a habilitação pressupõe a aceitação da herança, salvo se, citados para o respetivo incidente, os sucessores contestarem ou apresentarem escritura pública de repúdio[681].

§ A posição adotada

Como vimos, as obrigações tributárias transmitem-se aos sucessores, contudo, os seus sucessores não respondem com o seu património pessoal, mas até às forças da herança[682]. Contudo, e se bem vimos o problema, não se compreenderá como o incidente de habilitação poderá ter outros efeitos que não unicamente processuais. A habilitação é um

[679] Cfr. n.º 2, do art. 29.º, da LGT.

[680] Neste sentido, entre outros, Ac. do TRC, proferido no processo n.º 2431/07.6TBVIS-B.C1, em 11 de maio de 2010, Ac. do TRE, proferido no processo n.º 127/10.0TBRMZ-B.E1, em 06 de outubro de 2016, e Ac. do TRP, proferido no processo n.º 4307/16.7T8LOU-B.P1, em 23 de março de 2020, todos disponíveis em www.dgsi.pt [12-06-2021].

[681] Assim, veja-se o Ac. do TRG, proferido no processo n.º 1336/15.1T8VRL.G1, em 04 de outubro de 2017, disponível em www.dgsi.pt [12-06-2021]. O tribunal entendeu ser irrelevante a junção aos autos de declaração pública de repúdio após a prolação da decisão de habilitação transitada em julgado, ainda que de data anterior, sustentando que a inércia dos citados correspondia a uma aceitação tácita e irrevogável da herança, com fundamento, essencialmente, no disposto no n.ºs 1 e 2, do art. 2049.º, do CC.

[682] Cfr. art. 2071.º, do CC. Sobre esta matéria, *vide*, entre outros, Nabais, Casalta, "Direito Fiscal...", *op. cit.*, p. 278-279.

incidente processual que visa, apenas e só, aferir quem são os herdeiros do *de cujus* por forma a dar continuidade à lide e independentemente da concreta posição que estes venham a assumir junto da herança. A favor desta tese também milita, em nossa opinião, a circunstância de o legislador processualista não distinguir, para esta finalidade, entre a aceitação e o repúdio, por exemplo, estabelecendo que os que repudiassem à herança não pudessem ser habilitados.

Assim, e em conclusão, entendemos que a obrigação de pagamento da taxa de justiça se transmite aos sucessores do *de cujus* que tenham aceite a herança, independentemente de terem, ou não, sido habilitados por decisão transitada em julgado, embora não respondam com o seu património pessoal, mas até às forças da herança.

2.3. O sujeito ativo (o IGFEJ ou o *Estado prestador*?)

2.3.1. Conceito

Analisado o sujeito passivo da relação jurídico-tributária de taxa de justiça, cumpre definir o respetivo sujeito ativo.

O n.º 1, do art. 18.º, da LGT, define como sujeito ativo "[...] a entidade de direito público titular do direito de exigir o cumprimento das obrigações tributárias, quer directamente quer através de representante", no entanto, Sérgio Vasques adverte para a aparente simplicidade deste enunciado linguístico, criticando-o, por deixar escapar "[...] a complexidade grande que actualmente reveste a posição activa da relação jurídica tributária, primeiro, em virtude dos fenómenos de *intermediação* actualmente associados à liquidação e cobrança de um sem-número de tributos públicos, depois, em virtude da imensa *heterogeneidade* das entidades públicas a quem cabe no presente "direito de exigir o cumprimento das obrigações tributárias"[683].

Querendo apresentar alguns subsídios doutrinários, Joaquim Freitas da Rocha e Hugo Flores da Silva sustentam que "[o] sujeito ativo da relação jurídica tributária é a entidade de Direito público titular do direito de exigir o cumprimento das obrigações tributárias a que o sujeito

[683] Cfr. VASQUES, Sérgio, "Manual de...", *op. cit.*, p. 381. Itálico mantido conforme original.

passivo está adstrito"[684]. António Braz Teixeira advoga que os "[s]ujeitos activos da relação tributária são os entes dotados de personalidade jurídica a que a lei fiscal atribui o direito à prestação de imposto"[685] e, Saldanha Sanches, que "[o] sujeito activo da obrigação tributária vai ser necessariamente constituído por um ente público a quem a lei atribui, expressamente, um determinado poder tributário"[686].

No espaço jurídico espanhol, por exemplo, "*[e]l sujeto activo de la relación jurídico-tributaria es el ente público dotado de la competencia financiera para exigirlo, es decir, el que toma parte y desarrolla la relación jurídico-tributaria en el lado activo de la misma, aunque no ostente poder financiero sobre el tributo, ni sea el destinatario de sus rendimientos*"[687].

Um leitor mais atento perceberá, no imediato, que as noções acima referidas não são totalmente convergentes, colocando-se a tónica em diversas dimensões que, contudo, não podem ser confundidas:

(i) poder ou soberania tributária;
(ii) benefício do cumprimento;
(iii) competência tributária.

Podemos, então, dizer que o primeiro respeita à suscetibilidade de criação de tributos, a qual, com respeito pelo princípio da legalidade, compete sempre ao Estado, enquanto *Estado legislador* ou *Estado-Administração*, consoante o caso[688]. Já o benefício do cumprimento refere-se à entidade a favor de quem reverte o produto da arrecadação do tributo, ou seja, é quem beneficia do cumprimento da obrigação tributária. Por último, a competência tributária é a parcela de poder que detém determinado órgão, em função da matéria, território, hierarquia e valor.

Como se vê, o ente que detém o "direito à prestação do imposto" (*rectius*, tributo) poderá não coincidir necessariamente com o que detém

[684] Cfr. Rocha, Joaquim Freitas da, Silva, Hugo Flores da, "Teoria Geral...", *op. cit.*, pp. 67-68. No mesmo sentido, Machado, Jónatas E. M., Costa, Paulo Nogueira da, "Curso de...", *op. cit.*, p. 238.

[685] Cfr. Teixeira, António Braz, "Princípios de...", *op. cit.*, p. 184.

[686] Cfr. Sanches, J. L. Saldanha, "Manual de...", *op. cit.*, p. 250.

[687] Cfr. Alarcón-García, Gloria, "*Manual del...*", *op. cit.*, p. 161.

[688] No entanto, como alertam Joaquim Freitas da Rocha e Hugo Flores da Silva, quem cria o tributo não é quem vai cobrar ou beneficiar do produto da sua cobrança. Assim, Rocha, Joaquim Freitas da, Silva, Hugo Flores da, "Teoria Geral...", *op. cit.*, p. 69.

o "poder tributário", assim como também poderá ser diferente do "titular do direito de exigir o cumprimento". Por outras palavras, quem cria, liquida, cobra e beneficia do tributo podem ser entidades completamente distintas.

2.3.2. O IGFEJ

No lugar próprio, dissemos que o pagamento da taxa de justiça é feito por meios eletrónicos, através da emissão de DUC. Os pagamentos efetuados por via do DUC, e, em especial, os que se referem à taxa de justiça, são depositados em conta bancária do IGFEJ[689]. Por uma questão de contextualização, impõe-se, assim, uma breve narrativa sobre este instituto.

O IGFEJ, entidade de Direito público por natureza, é um instituto público que integra o MJ, fazendo parte da administração indireta do Estado[690], dotado de autonomia administrativa e financeira e de património próprio. De acordo com a respetiva lei orgânica, aprovada pelo Decreto-Lei n.º 164/2012, de 31 de julho, em especial, a al. e), do n.º 2, do seu art. 3.º, o instituto tem por missão, entre outros, liquidar, cobrar e registar as respetivas receitas próprias. Por outro lado, nos termos das als. a) e f), do n.º 2, do art. 9.º, constituem receitas próprias do IGFEJ as atribuídas nos termos da lei, no âmbito do sistema judicial, registral e notarial, bem assim como produto de taxas e outros valores de natureza pecuniária que lhe sejam consignados. Neste contexto, o art. 34.º, da Portaria n.º 419-A/2009, determina que o IGFEJ é o organismo responsável pela gestão e pelo controlo das receitas e das despesas previstas no RCP. A al. a), do n.º 1, do art. 36.º, dispõe limpidamente que a taxa de justiça constitui receita do IGFEJ, embora, como já havíamos dito anteriormente, parte do produto obtido com a sua cobrança – concretamente, as cobradas no âmbito de processos cíveis –, também constitui receita do Conselho Geral da Ordem dos Advogados e do Conselho Geral da Ordem dos Solicitadores[691].

689 Cfr. n.º 1, do art. 9.º, da Portaria n.º 419-A/2009.

690 Cfr. al. b), do n.º 2, do art. 24.º, da Lei Orgânica do MJ, aprovada pelo Decreto-Lei n.º 123/2011, de 29 de dezembro, com a última redação conferida pela Lei n.º 89/2017, de 21 de agosto.

691 Cfr. n.os 1 e 2, do art. 39.º, da Portaria n.º 419-A/2009. Assim, importa não confundir com as entidades a favor de quem a taxa de justiça reverte, por se tratar da vertente da titulari-

2.3.3. A posição adotada (breve referência à consignação da receita)

O quadro normativo que regula a taxa de justiça não contém qualquer disposição a identificar o sujeito ativo da relação tributária, o que, considerando a intensidade com que o princípio da legalidade tributária se manifesta nas taxas e contribuições, compreende-se. Como já vimos, em matéria de impostos estão sujeitos ao princípio da legalidade tributária a incidência, a taxa, os benefícios fiscais, as garantias do contribuinte, os crimes fiscais e o regime geral das contraordenações fiscais, devendo a disciplina destes elementos ir tão longe quanto lhe seja possível, o que significa que a definição do sujeito ativo deve decorrer expressamente da lei (em sentido material)[692]. Tal já não sucede no caso das taxas e contribuições, uma vez que apenas a criação do regime geral das taxas está sujeita ao princípio da reserva de lei formal.

Será, então, sem dúvida, pertinente perguntarmo-nos qual o sujeito ativo da relação jurídica de taxa de justiça – o IGFEJ ou o Estado, enquanto *Estado prestador*?

Em primeiro lugar, será de fácil apreensão que é o Estado o titular do poder tributário, ou seja, o criador da taxa de justiça. O legislador não atribuiu ao IGFEJ qualquer competência para a criação da taxa de justiça. O IGFEJ aparece-nos como o beneficiário da receita obtida com a cobrança da taxa de justiça, mas, em rigor, também não é este instituto que presta o serviço público ao sujeito passivo. No que respeita à titularidade da receita, constata-se que o ente a favor de quem está consignada a receita é distinto do ente que presta o serviço público – pressuposto da taxa – ao sujeito passivo. O acesso à justiça, enquanto contrapartida desse tributo, é prestado pelos tribunais que, por sua vez, são órgãos de soberania do Estado[693]. Na senda da doutrina de Sérgio Vasques, e atendendo à técnica legislativa usada para consignar a taxa de

dade da receita tributária. O Conselho Geral da Ordem dos Advogados e o Conselho Geral da Ordem dos Solicitadores não são sujeitos ativos nesta equação, mas simplesmente *beneficiários do cumprimento*. Cfr. Rocha, Joaquim Freitas, Silva, Hugo Flores da, "Teoria Geral...", *op. cit.*, p. 69.

[692] Cfr. n.º 1, do art. 8.º, da LGT.

[693] Neste contexto, afigura-se-nos particularmente interessante a advertência de Sérgio Vasques de que "[a] relação tributária em que a administração figura como credora do contribuinte é a mesma relação em que a contribuinte figura como credor de uma prestação administrativa". Cfr. Vasques, Sérgio, "O Princípio...", *op. cit.*, p. 373.

justiça, poderá falar-se aqui numa *consignação indireta ou orgânica*, na medida em que o legislador determina que esta constitui receita própria do IGFEJ[694]. Deste modo, ao receber a receita proveniente da cobrança da taxa de justiça, fá-lo no âmbito da gestão de recursos financeiros. Esta consignação de receitas ao IGFEJ foi já objeto de análise pelo Tribunal Constitucional, não no âmbito da taxa de justiça, mas de outras receitas, parecendo-nos, no entanto, proveitosa a sua referência. O tribunal entendeu que apenas se poderá falar em receitas próprias na medida em que lhe é "própria" "[...] para poder ser afetada aos recursos da justiça [...]", concluindo, por isso, tratar-se de um caso de consignação indireta ou orgânica[695]. De facto, como vimos, é ao IGFEJ que compete receber e administrar a receita das taxas de justiça, no que nos parece ser uma medida com vista a agilizar e facilitar a gestão destas receitas. A consignação da receita, porém, não é suficiente para a definição do sujeito ativo, pois, em rigor, não integra a relação jurídica tributária, motivo pelo qual, através da titularidade da receita, não podemos qualificar o IGFEJ como sujeito ativo da relação jurídica de taxa de justiça[696].

[694] Cfr. art. 34.º e al. a), do n.º 1, do art. 36.º, da Portaria n.º 419-A/2009, e art. al. a), do n.º 2, do art. 9.º, do Decreto-Lei n.º 164/2012. O autor distingue entre consignação direta ou material e consignação indireta ou orgânica. Na primeira, o legislador afeta esses tributos a determinada finalidade, e, na segunda, limita-se apenas a identificar o titular da receita. Para maiores desenvolvimentos, VASQUES, Sérgio, "O Princípio...", *op. cit.*, pp. 621-622.

[695] Neste sentido, Ac. do TC n.º 303/2020, proferido no processo n.º 1091/2019, em 23 de junho de 2020, disponível em www.tribunalconstitucional.pt [08-11-2021], bem como o já mencionado n.º 320/2016. Salienta-se, porém, que este último aresto mereceu uma declaração de voto da Conselheira Maria de Fátima Mata-Mouros que entendia que o tributo em causa revestia um imposto, e não uma taxa. A análise desta concreta questão mostrar-se-ia deslocada neste estudo, no entanto, parece-nos proveitoso assinalar que, segundo a sua declaração de voto, "[o] Instituto de Gestão Financeira e Patrimonial da Justiça, entidade à qual a receita em causa está consignada, não é a «concreta entidade pública prestadora dos serviços de que são exclusivos beneficiários os profissionais do notariado», nem poderiam ser, pois não integram o espectro das suas atribuições". Em causa, estava uma prestação que os Notários pagavam pelo acesso aos sistemas de comunicações, tratamento e informação do MJ, pela utilização do Arquivo Público e pelos Serviços de Auditoria e Inspeção. Discutia-se se tratava de uma taxa ou imposto, tendo o TC concluído pela sua natureza de taxa e conformidade constitucional.

[696] "Em rigor a titularidade das receitas fiscais não se integra na relação jurídica fiscal, antes constitui uma relação de crédito de direito financeiro, constituída a jusante daquela entre a entidade pública que tem a seu cargo a administração dos impostos e o titular constitucional ou legal dessas receitas". Cfr. NABAIS, Casalta, "Direito Fiscal", *op. cit.*, p. 248.

Olhando, então, para a titularidade do crédito tributário, podemos afirmar que o sujeito ativo da relação tributária é a entidade de Direito público titular do direito de exigir o cumprimento da obrigação tributária, e, portanto, independentemente de ser, ou não, o ente que proporciona o bem ou o serviço públicos. Sucede que, a respeito da liquidação e cobrança da taxa de justiça, o legislador não confere competência para a liquidação e cobrança da taxa de justiça. Como se exporá adiante, a taxa de justiça é, por norma, autoliquidada pelo sujeito passivo[697]. Só assim não será, nos casos em que é devida a final, incumbindo à secretaria do tribunal, após o trânsito em julgado da decisão, elaborar a conta de custas e notificá-la ao sujeito passivo. Neste contexto, o n.º 1, do art. 31.º, do RCP tipifica que a conta de custas deve ser notificada ao MP, aos mandatários, ao agente de execução, ao Administrador Judicial, à parte responsável pelo pagamento e diretamente às partes, quando não tenham mandatário constituído. Como se vê, o preceito é absolutamente omisso quanto ao IGFEJ. Veja-se, ainda, que no caso de lapso na inserção do valor a pagamento no DUC, o sujeito passivo deve solicitar a restituição do excesso à secretaria, nos termos do art. 23.º, da Portaria n.º 419-A/2009. Por sua vez, sendo dispensada a elaboração da conta de custas, e verificando o sujeito passivo pagamento da taxa de justiça em excesso (por exemplo, por alteração do valor da causa/base tributável), é também à secretaria que devem solicitar a respetiva restituição[698].

Querendo colocarmo-nos na posição de um leitor mais cético, poderia contra-alegar-se que, sendo a taxa de justiça paga através de DUC, significa que o IGFEJ tem competência para cobrar a taxa de justiça. Ponderação esta que, em nosso ver, não resiste a uma observação mais atenta. É que, na verdade, é a secretaria do tribunal quem tem competência para promover a entrega à ATA da certidão de liquidação (*rectius*, conta de custas), juntamente com a decisão transitada em julgado, para instauração do processo de execução fiscal, nos termos do n.º 2, do art. 35.º, do RCP. Veja-se, ainda, que, historicamente, até à alteração legislativa de 2019, cabia ao MP a competência para instaurar a execução para

[697] Cfr. art. 14.º, do RCP, e art. 8.º, da Portaria n.º 419-A/2009.

[698] Neste sentido, Centro de Estudos Judiciários – Direção Geral da Administração da Justiça (Divisão de Formação), "Guia Prático...", *op. cit.*, pp. 258-259.

cobrança coerciva de custas (reitera-se, nas quais se inclui a taxa de justiça), e não ao IGFEJ.

Ora, dito isto, julgamos ser defensável a tese de que será o Estado, e não o IGFEJ o sujeito ativo da relação jurídica de taxa de justiça[699]. O instituto limita-se a receber e gerir o produto arrecadado com a cobrança da taxa de justiça, sendo que a respetiva exigência – a liquidação e cobrança – é efetuada pelos sujeitos passivos, através da autoliquidação, ou pelas secretarias dos tribunais[700]. Não é ao IGFEJ que, por exemplo, compete identificar o sujeito passivo da obrigação tributária, apurar o seu montante ou garantir a sua cobrança[701]. Na verdade, o quadro normativo vigente não atribuiu ao IGFEJ qualquer competência para promover a cobrança coerciva da taxa de justiça, tudo se passando sem a sua intervenção. A própria fiscalização do cumprimento do pagamento da taxa de justiça também compete às secretarias dos tribunais[702].

Admitindo que esta mecânica de consignação de receita, aliada à circunstância de a taxa de justiça ser depositada diretamente em conta bancária titulada pelo IGFEJ, poderá dificultar a análise do sujeito ativo sob o esquema tradicional da relação jurídica, cremos, ainda assim, ser defensável sustentar que a relação jurídico-tributária geradora da obrigação de pagar a taxa de justiça tem como sujeito ativo o Estado, enquanto *Estado prestador* (ou *Estado-Comunidade*)[703], que exerce a admi-

[699] Depois de enfatizar que o direito de exigir o cumprimento das obrigações tributárias não se confunde com o direito à receita, Sérgio Vasques expõe que "[s]ão numerosos os casos em que a administração do estado assegura como sujeito activo a arrecadação de tributos que constituem receitas de terceiras entidades públicas que não chegam nunca a estabelecer uma relação jurídica com o contribuinte". Cfr. VASQUES, Sérgio, "Manual de...", *op. cit.*, p. 282.

[700] Klaus Tipke e Joachim Lang parecem, no entanto, admitir que o credor tributário possa ser a entidade que *administra* o tributo. Cfr, TIPKE, Klaus, LANG, Joachim, "*Steuerrecht*", *op. cit.*, p. 360.

[701] Atente-se no contributo linguístico fornecido pelo n.º 2, do art. 43.º, da Portaria n.º 419-A//2009, ao estabelecer que "[c]ompete ao IGFIJ a transferência das quantias *cobradas* pelos tribunais a título de contraordenações e de atos avulso [...]". O itálico é nosso. Este preceito carece de uma interpretação atualista, de modo que, onde se lê IGFIJ, deverá entender-se a referência ao IGFEJ.

[702] *Vide*, por exemplo, art.os 145.º, n.º 7, 8, 9 e 10, do art. 552.º, al. f), do n.º 1, do art. 558.º, n.os 3, do art. 570.º, todos do CPC.

[703] A expressão é retirada do excerto das conclusões do MP patentes no Ac. do STJ, proferido em 17-10-2017, no processo n.º 2013/14.0T8PTG-E.E1.S1, no qual argumentava, a propósito da prescrição das custas (e, portanto, abrangendo também a taxa de justiça) que

nistração da justiça através dos tribunais que, por sua vez, estão incumbidos de promover diligências com vista à liquidação (sem prejuízo dos casos de autoliquidação) e cobrança da taxa de justiça, embora o produto arrecadado constitua receita, maioritariamente, do IGFEJ[704]. É certo, porém, que se poderão colocar algumas objeções, ou pelo menos dúvidas, quanto à ideia acima exposta, desde logo por estarmos a avançar como sujeito ativo uma figura tão vaga como o *Estado*. Porém, esta tese, ainda que, em nosso ver, sustentada em argumentos jurídicos, não procura dar uma resposta, mas contribuir para que se inicie uma cruzada reflexiva sobre o assunto.

3. O objeto

Definidos os sujeitos da relação de taxa de justiça, analisemos o seu objeto.

O objeto da relação jurídica tributária é, segundo o n.º 1, do art. 30.º, da LGT, formado pelo (i) crédito e dívidas tributárias, (ii) direito a prestações acessórias de qualquer natureza e o correspondente dever ou sujeição, (iii) direito à dedução, reembolso ou restituição do imposto, (iv) direito a juros compensatórios e (v) direito a juros indemnizatórios.

Na dogmática civilística, Carlos Alberto da Mota Pinto ensina-nos que que o objeto da relação jurídica é todo o *quid*, ou seja, tudo sobre o qual podem recair direitos subjetivos, podendo o seu objeto ser uma coisa corpórea ou incorpórea, uma prestação, entre outros[705]. Tradicionalmente, distingue-se entre objeto imediato e objeto mediato. Na relação jurídica tributária, podemos, porém, falar em *objeto em sentido normativo* e *objeto em sentido material*[706]. Sucintamente, o objeto normativo é constituído pelo conjunto de direitos e vínculos que integram a relação

"[o] crédito de custas pertence ao Estado-Comunidade [...] A falta da prática de actos de liquidação das custas, de que estão incumbidos os funcionários do Estado-Administração, não constitui uma situação de inércia do credor Estado (Estado-Comunidade) [...]". Disponível em www.dgsi.pt [09-10-2021].

704 Como já vimos, a taxa de justiça também constitui receita Conselho Geral da Ordem dos Advogados e do Conselho Geral da Ordem dos Solicitadores.

705 Cfr. Pinto, Carlos Alberto da Mota, "Teoria Geral...", *op. cit.*, p. 332.

706 Cfr. Rocha, Joaquim Freitas da, Silva, Hugo Flores da, "Teoria Geral...", *op. cit.*, p. 110, 111, e 131.

jurídica, enquanto o objeto material é o *quid*, isto é, aquilo sobre o qual incidem aqueles direitos e vinculações.

Ora, com o nascimento da relação jurídica tributária forma-se uma constelação de vínculos jurídicos que podem ter na extremidade ativa tanto o credor tributário, como o sujeito passivo. Podemos, ainda, falar em vínculo ou obrigação principal, isto é, o pagamento do tributo em causa, e em vínculos ou obrigações acessórias, as quais se materializam ainda em deveres de natureza pecuniária (por exemplo, pagamento de juros) e deveres de natureza não pecuniária (como é o caso das obrigações declarativas). Principiando pelo vínculo principal, podemos afirmar que este é constituído pelo crédito e dívida tributários, como, aliás, prevê a al. a), do n.º 1, do art. 30.º, da LGT. No caso da taxa de justiça, o vínculo principal, ou o objeto imediato da relação jurídica, consiste na obrigação ou vinculação de o sujeito passivo pagar a taxa de justiça[707]. Quanto ao *quid*, isto é, o objeto mediato ou em sentido material, será a respetiva quantia em dinheiro que deve ser paga e em que se traduz a taxa de justiça.

Quanto às características do vínculo principal, relembramos aqui o que dissemos acerca da sua natureza pecuniária, não só porque deve ser paga em dinheiro (abrangendo os meios de pagamento eletrónicos), mas porque o legislador, nesta matéria, não permite ao sujeito passivo – pelo menos, numa fase pré-executiva – a sua realização através de outros institutos, como por exemplo, a dação em cumprimento, a compensação ou a confusão[708].

[707] Assim, "[...] as taxas, como os impostos, são prestações que constituem o objecto imediato de um vínculo obrigacional.". Cfr. Xavier, Alberto, "Manual de...", *op. cit.*, p. 44.

[708] O n.º 2, do art. 40.º, da LGT, prevê que "[a] dação em cumprimento e a compensação são admitidas nos casos expressamente previstos na lei". Por outro lado, o n.º 1, do art. 87.º, do CPPT, dispõe que "[a] dação em pagamento antes da instauração do processo de execução fiscal só é admissível no âmbito de processo conducente à celebração de acordo de recuperação de créditos do Estado". Por estes motivos, parece-nos que a dação em pagamento e a compensação da taxa de justiça, antes de instaurada execução fiscal e, portanto, dentro do prazo para pagamento voluntário, não são admitidos.
A prestação, porém, pode ser cumprida por terceiro, nos termos do art. 41.º, da LGT. Além disso, o art. 10.º, da Portaria n.º 419-A/2009, também prevê que, qualquer pessoa, no último dia do prazo de pagamento das custas ou posteriormente, possa realizá-lo nas condições em que ao devedor é lícito fazê-lo, ficando com direito de regresso contra este, salvo quando se demonstre que o pagamento foi feito de má fé.

Vejamos, agora, as obrigações acessórias.

Em linhas anteriores, fizemos referência à obrigação de o sujeito passivo comprovar em juízo o pagamento da taxa de justiça. A jurisprudência parece encarar este dever como um ónus processual, todavia, parece-nos ser de refletir se não configurar, sob a perspetiva do Direito tributário, um dever acessório de natureza não pecuniária, na medida em que visa escrutinar, documentalmente, o pagamento da taxa de justiça, facilitando à secretaria do tribunal a fiscalização do seu cumprimento[709]. Apesar de a nossa intenção ser apenas a de convidar a uma ponderação sobre esta questão, parece-nos defensável uma resposta afirmativa.

Podemos, ainda, apontar um dever acessório, desta feita, de natureza pecuniária[710].

O não pagamento da taxa de justiça dentro do prazo para pagamento voluntário, bem assim como o incumprimento decorrente do vencimento automático das prestações por falta de pagamento de uma delas, implica a contagem de juros de mora à taxa legal mínima, nos termos do n.º 3, do art. 34.º, do RCP[711]. A obrigação de pagamento de juros de mora configurará, então, um vínculo acessório de natureza pecuniária. De resto, esta é uma solução que se encontra alinhada com o n.º 1, do

[709] Veja-se, no entanto, o Ac. do STA, proferido no processo n.º 0398/17, em 27 de junho de 2018, disponível em www.dgsi.pt [01-10-2021]. O STA foi convocado a pronunciar-se sobre a decisão proferida pelo Tribunal Administrativo e Fiscal de Penafiel, o qual entendia que o dever de junção do comprovativo do pagamento da taxa de justiça constitui uma obrigação tributária processual e que a sua omissão configura uma exceção dilatória inominada e insuprível. A decisão em crise foi integralmente confirmada pelo tribunal *ad quem*.

[710] Vale a pena assinalar que o n.º 1, do art. 33.º, do RCP, na redação conferida pela Lei n.º 7/2012, de 13 de fevereiro, previa um agravamento de 5% sobre o valor a pagar quando o sujeito processual solicitasse o pagamento das custas (e, claro está incluindo a taxa de justiça devida a final) em prestações, nos termos do art. 33.º, do RCP. Porém, a Lei n.º 2/2020, de 31 de março, que aprovou o Orçamento do Estado para 2020, viria a alterar a redação daquela norma, devendo entender-se que o segmento normativo que se referia ao agravamento foi tacitamente revogado. Neste sentido, Costa, Salvador da, "As Custas...", *op. cit.*, p. 204. Contudo, não podemos deixar de assinalar que, em nossa opinião, esta agravamento poderia configurar um dever acessório.

[711] A taxa legal mínima de juros de mora vem regulada no Decreto-Lei n.º 73/99, de 16 de março. Contudo, apesar da sua referência, Salvador da Costa entende que, no art. 34.º, do RCP, é aplicável a taxa de juros de 4,705%, do Aviso 369/2021, de 7 de janeiro. No entanto, para o ano de 2022, a taxa dos juros de mora aplicáveis às dívidas ao Estado e outras entidades públicas foi fixado em 4,510%, conforme Aviso 396/2022, de 7 de janeiro. Cfr. Costa, Salvador da, "As Custas...", *op. cit.*, p. 211.

art. 44.º, da LGT, estando "[...] sujeitas a juros de mora as dívidas ao Estado e a outras pessoas coletivas públicas provenientes de contribuições, impostos, taxas e outros rendimentos quando pagos depois do prazo de pagamento voluntário"[712].

Não resulta, porém, cristalino se o Estado e demais entidades públicas estão, ou não, isentos de juros de mora. Isto porque, a redação do art. 38.º, do RCP, parece significar que o Estado e demais entidades públicas estão sujeitos a juros de mora. Contudo, o n.º 1, do art. 2.º, do Decreto-Lei n.º 73/99, de 16 de março, determina que o Estado e demais entidades públicas, que não tenham forma, natureza ou denominação de empresa pública, estarão isentos de juros de mora.

4. O impulso processual como facto tributário

O n.º 1, do art. 36.º, da LGT, postula que "[a] relação jurídica tributária constitui-se com o facto tributário"[713]. Trata-se de "[...] um facto complexo cuja ocorrência faz desencadear o nascimento desta e das correspondentes vinculações[714]". É um facto complexo porque, geneticamente, podemos identificar duas componentes – o facto real e concreto (o facto tributário *stricto sensu*) e uma norma que o preveja como sendo virtuoso a desencadear efeitos tributários.

Sobrevoando alguns espaços jurídicos externos, encontramos a definição dada pelo art. 114.º, do Código Tributário Nacional brasileiro, que determina que "[f]ato gerador da obrigação principal é a situação definida em lei como necessária e suficiente à sua ocorrência". O art. 20.º, da *LeyGT*, diz-nos que "*[e]l hecho imponible es el presupuesto fijado por la ley*

[712] Cfr. ROCHA, Joaquim Freitas da, SILVA, Hugo Flores da, "Teoria Geral...", *op. cit.*, p. 130. Como se pode ver, a redação do n.º 1, do art. 44.º, da LGT, não é particularmente feliz uma vez que apenas se refere a impostos. Não obstante, o Decreto-Lei n.º 73/99, acaba por resolver este problema, referindo expressamente, na al. a), do n.º 1, do art. 1.º, que são sujeitas a juros de mora as dívidas ao Estado e a outras pessoas coletivas públicas que não tenham forma, natureza ou denominação de empresa pública, seja qual for a forma de liquidação e cobrança, provenientes contribuições, impostos, taxas e outros rendimentos quando pagos depois do prazo de pagamento voluntário.

[713] Para Sérgio Vasques estamos perante uma evidência de que os tributos têm, efetivamente, natureza legal, e não voluntária, uma vez que o legislador faz depender o nascimento da obrigação da mera verificação de um determinado pressuposto legal. Cfr. VASQUES, Sérgio, "Manual de...", *op. cit.*, p. 420.

[714] Cfr. ROCHA, Joaquim Freitas da, SILVA, Hugo Flores da, "Teoria Geral...", *op. cit.*, p. 53.

para configurar cada tributo y cuya realización origina el nacimiento de la obligación tributaria principal".

Mas, então, qual é o facto tributário na relação jurídica de taxa de justiça?

O n.º 1, do art. 6.º, do RCP, dispõe que a taxa de justiça corresponde ao montante devido pelo impulso processual, mas está é uma formulação que carece de maior concretização. Como decorre do anteriormente exposto, a taxa de justiça é exigível por causa (mas nem sempre por ocasião) do impulso do aparelho judicial. Este impulso origina a prestação de um serviço individualizado. Por sua vez, o pagamento da taxa de justiça impõe ao Estado uma efetiva e individualizada prestação de um serviço público a favor do sujeito processual. Pela nossa parte, parece-nos defensável que o facto tributário seja o impulso processual. Não cremos, com efeito, que o facto tributário seja, por exemplo, a apresentação da petição inicial, o oferecimento de contestação, a dedução de reconvenção, entre outros, uma vez que estes atos não consubstanciam, em si, o concreto e efetivo serviço público. Em verdade, com a apresentação daqueles articulados, o sujeito processual deve comprovar o pagamento da taxa de justiça, mas esse ato – o de apresentação de uma peça processual – não é o facto tributário. Podemos, portanto, dizer que é através desses atos que o sujeito processual desencadeia o impulso processual, que pede ou solicita a prestação de um serviço. São, assim, os meios que o legislador tributário reconhece como virtuosos para desencadear a atividade jurisdicional. Não encontramos no tronco normativo aplicável qualquer disposição que defina a apresentação de uma peça processual como o facto tributário da taxa de justiça. O que sucede é que, o legislador atribui relevância a esse ato como sendo apto a desencadear o serviço em causa – este, sim, o facto gerador do tributo – e, em alguns casos, como o momento oportuno para proceder ao pagamento da taxa. Este também parece ser o entendimento de Salvador da Costa quando afirma que "[o] seu impulso processual constitui o elemento que implica o pagamento da taxa de justiça pelas partes ou pelos sujeitos processuais, sendo que é alheio à complexidade da causa, esta apenas aferível «a posteriori»"[715].

[715] Cfr. Costa, Salvador da, "As Custas...", *op. cit.*, p. 12.

A jurisprudência constitucional também parece caminhar no sentido de reconhecer, embora sem concretizar esta compreensão no domínio tributário, que o impulso processual é o facto tributário da taxa de justiça. Por exemplo, no já referido Ac. do TC n.º 391/2020, diz-se que "[é] sempre o impulso processual do interessado, qualquer que seja a posição que ocupe na lide, que o coloca na obrigação de pagamento da taxa de justiça. A taxa de justiça constitui a prestação pecuniária que o Estado exige aos utentes do sistema judiciário no quadro do exercício da função jurisdicional a que dão causa ou de que beneficiem como contrapartida do serviço desenvolvido ou da atividade prestada"[716].

Além disso, o facto tributário não se confunde com o pagamento do tributo, pelo que a circunstância de o pagamento da taxa de justiça coincidir, normalmente, com a apresentação de uma peça processual não pode conduzir à conclusão de que esse ato consubstancia o facto gerador da obrigação tributária[717]. Falamos, pois, da exigibilidade do tributo. Assim, uma coisa é o nascimento da obrigação tributária que, por sua vez, determina o pagamento da taxa de justiça, e outra, diferente, é a sua exigibilidade. Como refere J. L. Saldanha Sanches, "[e]nquanto a obrigação se não encontra vencida, aquilo que existe para o sujeito activo da obrigação tributária é uma mera pretensão fiscal – na altura, ainda destituída de exigibilidade. O facto legalmente previsto para o nascimento desta pretensão já se verificou, mas não decorreu ainda o prazo legalmente previsto ou o facto o exigido por lei para que se dê o vencimento desta obrigação"[718]. Imagine-se, assim, as situações de dispensa de pagamento prévio e em que a taxa de justiça é devida apenas a final, em que, apesar de o facto tributário se ter por verificado, a lei difere a sua exigibilidade para um momento posterior. Trata-se, no entanto, de um facto

[716] No mesmo sentido, *inter alia*, veja-se o já mencionado Ac. do TC n.º 615/2018.

[717] Assim, *vide*, Ac. do STA n.º 4/2015, proferido no processo n.º 1957/13, em 22 de abril de 2015. Disponível em www.dgsi.pt [16-08-2021]. A este propósito, a legislação espanhola é bastante elucidativa quando dispõe que "*[c]onstituye el hecho imponible de la tasa el ejercicio de la potestad jurisdiccional originada por el ejercicio de los siguientes actos procesales [...]*". Assim, e tal como temos vindo a defender, o exercício de determinados atos processuais ou a apresentação de certas peças processuais é o que impulsiona a máquina judicial, ou seja, é através destes atos que o sujeito passivo solicita a prestação do serviço, mas o facto gerador da obrigação é o "*ejercicio de la potestad jurisdicional*" ou, em nosso ver, o impulso processual.

[718] Cfr. Sanches, J. L. Saldanha, "Manual de...", *op. cit.*, p. 255.

tributário duradouro, uma vez que não se esgota num único momento e não coincide com a prática de determinado ato processual[719]. Assim, o facto tributário tem na sua base uma atividade que, pela sua própria natureza, perdura por um determinado lapso temporal, que, aliás, pode variar consoante a espécie processual, complexidade da causa, comportamento dos sujeitos processuais, entre outros. Por outras palavras, a apresentação de uma peça processual não consume, ou seja, não representa a totalidade do serviço *justiça*. Assim, por exemplo, com a apresentação da Petição Inicial e pagamento da taxa de justiça que se mostrar devida, o tribunal irá ordenar a citação do réu, analisar os articulados, proceder ao saneamento do processo, enfim, praticar um conjunto ordenado e sequencial de atos legalmente previstos com vista à prolação de uma decisão que aprecie, com força de caso julgado, a pretensão em causa.

Importa, assim, destacar, como conclusão, que o impulso processual, isto é, o acionamento da atividade judicial, é o facto legalmente previsto que origina o nascimento da relação jurídica de taxa de justiça, e, portanto, à obrigação tributária, o que, de resto, se mostra em consonância com o disposto no n.º 1, do art. 6.º, do RCP, e se infere pelo próprio princípio do pedido, que consigna que o tribunal não pode resolver um conflito de interesses sem que a resolução lhe seja pedida por uma das partes e a outra seja devidamente chamada para deduzir oposição[720].

5. O facto extintivo da obrigação tributária

Sobrevoando a LGT, constata-se, nos seus art.os 40.º a 49.º, que se encontram previstos três modos de extinção da relação jurídica tributária, a saber:

(i) O pagamento, no qual se inclui o pagamento *stricto sensu*, a dação em cumprimento e a compensação;
(ii) A caducidade;
(iii) A prescrição.

[719] No mesmo sentido, Gil Rodríguez, Isabel, "*Las tasas...*", *op. cit.*, pp. 126. Segundo a autora, esta circunstância implicaria que a taxa de justiça pudesse ser exigida em outro momento, que não o do início da atuação processual, como por exemplo, a final.
[720] Cfr. n.º 1, do art. 3.º, do CPC.

Como dissemos em sede própria, a taxa de justiça integra, a par com os encargos e as custas de parte, o universo amplo das *custas processuais*, contudo, só aquela adquire relevância para o Direito tributário. Na narrativa que se segue iremos várias vezes, em obediência às formulações legais que invocaremos, utilizar o conceito de *custas*, todavia, adverte-se que será sempre no pressuposto de que estará em causa o pagamento taxa de justiça.

5.1. O pagamento

5.1.1. Considerações prévias sobre a liquidação

A costumária forma de extinção da relação jurídica tributária, como, aliás, em qualquer relação obrigacional, é o seu cumprimento, voluntário ou coercivo, conforme decorre do n.º 1, do art. 40.º, da LGT. Contudo, antes de analisarmos as formas de extinção da obrigação tributária em causa, impõem-se algumas considerações sobre a liquidação.

Como vimos em linhas pregressas, embora a figura da taxa possa remeter para uma certa instantaneidade ou simultaneidade entre as prestações, não é exigível uma equivalência temporal. Ora, ao contrário do tradicional modelo visível nos impostos, em que conseguimos identificar o ato de liquidação, a notificação e o pagamento do imposto, no caso das taxas, e, em especial, na taxa de justiça, todas estas fases surgem matizadas. Isto não significa, porém, uma diminuição das exigências ao nível da previsão de regras respeitantes à liquidação, pelo contrário.

A liquidação da taxa de justiça é matéria dispersa no RCP e na Portaria n.º 419-A/2009[721]. Em particular, o art. 8.º, deste último, dispõe que "[a] taxa de justiça e as multas podem ser autoliquidadas por qualquer um dos meios previstos para pagamento no capítulo iii". Como se vê, em matéria de taxa de justiça o legislador privilegiou o modelo de *autoliquidação*[722]. Significa isto que a liquidação, ou seja, o apuramento do mon-

[721] Não obstante a ausência de um regime geral de taxas, poderá dizer-se que se alinha com a filosofia prevista no n.º 1, do art. 10.º, do RGTAL, segundo o qual os regulamentos de criação de taxas das autarquias locais estabelecem as regras relativas à liquidação e cobrança desses tributos.

[722] Cfr. ROCHA, Joaquim Freitas da, "Lições de...", *op. cit.*, p. 237. Para o autor, o pagamento da taxa de justiça é justamente um dos exemplos de autoliquidação. Também em Espanha,

tante da taxa, apresenta-se como responsabilidade dos próprios sujeitos passivos. É uma solução legal que, embora sintomática da tendencial privatização da gestão tributária, acaba por se compreender, uma vez que o ato de quantificação da taxa de justiça reveste, na maioria das vezes, manifesta simplicidade – para o efeito, bastará atender ao valor da causa e o respetivo escalão prevista na Tabela correspondente prevista no RCP[723].

A autoliquidação verificar-se-á não só quando a taxa de justiça seja exigível aquando do impulso processual, como também quando há dispensa do prévio pagamento, caso em que, nos termos do n.º 2, do art. 15.º, do RCP, o litigante dispensado é notificado, com a decisão final (e ainda que admita recurso) para, em 10 dias, autoliquidar e proceder ao pagamento do tributo. Nos restantes casos, ou seja, quando a taxa de justiça é devida a final, estamos perante uma *heteroliquidação* ou *liquidação administrativa*, levada à prática, neste caso, não pela ATA, mas pelas secretarias dos tribunais[724], algo que analisaremos de seguida.

5.1.2. A conta de custas como um ato de liquidação?

Após uma breve narrativa sobre a liquidação, parece-nos ser questionar – ou, pelo menos, convidar à sua reflexão – se a conta de custas elaborada pela secretaria dos tribunais configura um ato de liquidação.

Identificando-o como um ato tributário em sentido estrito, Joaquim Freitas da Rocha sustenta que a liquidação "[...] consiste no ato de determinação em concreto do sujeito passivo tributário e do *quantum* do tributo, e é por via dele que determinado sujeito previsto na lei fica a saber realmente quanto é que deve pagar ou receber de tributo" [725]. Nas pala-

o legislador privilegiou a autoliquidação da taxa de justiça pelo sujeito passivo, nos termos do n.º 1, do art. 8, da *Ley 10/2012*, contudo, por força da já referida declaração de inconstitucionalidade e nulidade, ficou reduzida, na prática, apenas a determinados processos de natureza civil.

[723] Sobre esta matéria, *vide* Garcia, Nuno de Oliveira, "Contencioso de...", *op. cit.*, p. 80-81. Para o autor, "[i]mprescindível para que se possa falar de autoliquidação nas taxas é que o quantum seja de fácil determinação pelo comum dos sujeitos passivos ou já esteja determinado, e que, em qualquer dos casos, tal montante se encontre assente numa lógica de equivalência".

[724] Que, neste caso, integram a noção ampla de AT, nos termos do n.º 3, do art. 1.º, da LGT.

[725] Cfr. Rocha, Joaquim Freitas da, "Lições de...", *op. cit.*, p.37. Itálico mantido conforme original. No mesmo sentido, por exemplo, Nabais, Casalta, "Direito Fiscal", *op. cit.*, p. 362.

vras de António Braz Teixeira, a liquidação é "[...] uma actividade destinada a determinar em concreto quem é o sujeito passivo, qual o valor dos bens sobre que incide o imposto e qual o seu débito"[726].

Ora, nos casos em que a taxa de justiça é devida a final, embora cumpra ao julgador fixar na decisão final a taxa de justiça a pagar[727], verifica-se que o legislador atribui, expressamente, competência à secretaria do tribunal onde correu o processo em causa para a elaboração da conta de custas. Cabe-lhe, portanto, identificar o número do processo, o sujeito passivo, a menção de que se trata de taxa de justiça e o respetivo valor, procedendo, ainda, à notificação do sujeito passivo, acompanhada da respetiva guia de pagamento[728]. Este ato dispensa, ainda, qualquer colaboração do sujeito passivo, como por exemplo, o envio de informação.

Com efeito, sobrevoando alguns dos diplomas legais regentes em matéria de custas processuais e, por inércia, de taxa de justiça, observa-se que o legislador consagrou um regime mais ou menos bem delineado de liquidação. Assim, por exemplo, o art. 30.º, do RCP, especifica o conteúdo da conta de custas e o n.º 1, do art. 7.º, da Portaria n.º 419-A/2009, estabelece que "[f]indo o processo e registados todos os movimentos contabilísticos, é elaborada a conta no sistema informático, obtendo-se o valor a pagar ou a receber pelas partes, encerrando com menção da data e identificação do funcionário que a elaborou". O próprio quadro legal apresenta alguns subsídios linguísticos que parecem apontar nesse sentido, como é o caso, por exemplo, do Título III, do RCP, com a epígrafe "Liquidação, pagamento e execução das custas" e do n.º 2, do art. 35.º, do RCP, ao dispor que "[c]abe à secretaria do tribunal promover a entrega à administração tributária da certidão de liquidação [...]".

Ora, atendendo às várias aceções doutrinárias em relação ao ato de liquidação, parece-nos defensável que, quando esteja em causa o pagamento de taxa de justiça, a conta de custas reveste as características de uma liquidação – uma liquidação primária ou de 1.º grau –, enquanto documento próprio, elaborado pela secretaria do tribunal, que identifica o sujeito passivo, descreve e quantifica a taxa de justiça individual

[726] Cfr. TEIXEIRA, António Braz, "Princípios de...", *op. cit.*, p. 245.

[727] Pense-se, por exemplo, num processo penal em que tenha havido condenação do arguido. Neste caso, o montante de taxa de justiça é fixado pelo juiz na decisão condenatória, cabendo, posteriormente, à secretaria elaborar a conta de custas e discriminar tal quantia.

[728] Cfr. art. 21.º, da Portaria n.º 419-A/2009.

a pagar e que deve ser notificado àquele (embora, como veremos adiante, alguma jurisprudência entenda ser irrelevante o momento a partir do qual a conta de custas é elaborada e notificada ao sujeito passivo para efeitos de início de contagem do prazo de prescrição de cincos anos, previsto no art. 37.º, do RCP). Podemos, ainda, caracterizá-lo como um ato semi-executório, na medida em que, juntamente com a decisão final transitada em julgado, constitui título executivo compósito para a cobrança coerciva em sede de processo de execução fiscal[729].

5.1.3. O pagamento voluntário

O pagamento voluntário é aquele que é efetuado dentro do prazo legalmente fixado[730]. Como já demos nota, a taxa de justiça é, regra geral, exigível aquando do impulso processual, embora, em algumas situações, possa ser devida a final ou ser fixada uma taxa de justiça suplementar ou complementar, por exemplo, quando o juiz conclua estarmos perante processos de especial complexidade, quando a taxa de justiça é variável, quando o juiz fixar à causa valor distinto daquele que foi indiciado pelos litigantes ou houver um aumento do valor da causa em virtude da dedução de pedido reconvencional, entre outros[731].

As regras relativas ao pagamento (voluntário) da taxa de justiça encontram-se previstas na Portaria n.º 419-A/2009. O seu pagamento pode ser efetuado através dos meios eletrónicos, Multibanco e *Homebanking*[732]. Se o montante for superior a 10 UC, ou se o sujeito passivo for uma pessoa coletiva, o pagamento é obrigatoriamente efetuado através dos meios eletrónicos[733]. Ressalva-se, porém, a impossibilidade de pagamento pelos meios eletrónicos, caso em que a taxa de justiça pode ser paga por cheque ou em numerário[734]. Como já havíamos dado

[729] Cfr. n.º 2, do art. 35.º, do RCP.

[730] Cfr. n.º 1, do art. 84.º, do CPPT.

[731] Quanto à segunda prestação da taxa de justiça, caso o litigante tenha optado pela prerrogativa conferida pelo n.º 1, do art. 14.º, do RCP, deve ser paga no prazo de 10 dias a contar da notificação para a audiência final, devendo o interessado entregar o documento comprovativo do pagamento ou comprovar a realização desse pagamento no mesmo prazo, nos termos do n.º 2, do mesmo preceito.

[732] Cfr. n.º 1, do art. 17.º, da Portaria n.º 419-A/2009.

[733] Cfr. n.º 2, do art. 17.º, do sobredito diploma legal.

[734] Cfr. n.º 3, do art. 17.º, do mesmo diploma legal.

conta, nesta fase de pagamento voluntário, não será admissível a dação em cumprimento, a compensação ou a confusão por ausência de expressão consagração legal, contrariamente ao que sucede com as taxas locais, em que o n.º 2, do art. 11.º, do RGTAL, prevê que "[a]s taxas das autarquias locais podem ser pagas por dação em cumprimento ou por compensação, quando tal seja compatível com o interesse público".

Numa regra que se encontra em consonância com o n.º 1, do art. 42.º, da LGT, é permitido ao sujeito passivo pagar a taxa de justiça – que deva ser paga aquando do impulso processual – em duas prestações[735].

No caso de ser paga a final, isto é, após a elaboração da conta de custas, o art. 28.º, da Portaria n.º 419-A/2009, define como 10 dias o prazo para pagamento voluntário, podendo acrescer as dilações de 5, 10 e 30 dias aí previstas[736]. Havendo reclamação da conta de custas, o prazo para pagamento voluntário só se inicia com a notificação da nova conta ou com o trânsito em julgado da decisão que apreciou a reclamação[737]. Se, eventualmente, houver recurso desta decisão, o responsável é notificado para o pagamento quando o processo baixar ao tribunal que funcionou em 1.ª instância[738].

A taxa de justiça devida a final também pode ser paga em prestações, desde que o valor a pagar de custas seja superior a 3UC e sejam respeitados os limites impostos pelo n.º 1, do art. 33.º, do RCP. O pedido de pagamento em prestações deve ser fundamentado e conter um plano de pagamento, sendo presentado junto do tribunal onde correu a causa, dentro do prazo do pagamento voluntário, como prevê o n.º 2, daquele preceito. O legislador não categorizou os fundamentos para o pedido de pagamento em prestações, numa solução que, propositadamente, apela a uma apreciação casuística por parte do tribunal. No entanto, considerando que o pedido depende da alegação de factos relevadores da dificuldade ou impossibilidade de pagamento de uma vez, a situação

[735] Cfr. n.º 1, do art. 14.º, do RCP.

[736] Ressalva-se, no entanto, que para as entidades públicas previstas na al. a), do n.º 1, do art. 15.º, do RCP, o prazo termina no último dia do mês seguinte àquele em que foi feita a notificação da conta, nos termos do n.º 2, do art. 28.º, da Portaria n.º 419-A/2009.

[737] Cfr. n.º 3, do art. 28.º, do *supra* referido diploma legal.

[738] Cfr. n.º 4, do art. 28.º, do citado diploma. O recurso da decisão que versou sobre a reclamação está previsto no n.º 6, do art. 31.º, do RCP.

económica do sujeito passivo será sempre um dos principais fatores decisórios[739]. Importa, ainda, sublinhar que, contrariamente ao sucede com o pedido de pagamento em prestações referentes a IRS e IRC, não é necessário o oferecimento de uma garantia idónea[740].

5.1.4. O pagamento coercivo (em especial, a utilização do processo de execução fiscal)

A extinção da obrigação tributária deverá ocorrer através do cumprimento voluntário, ou seja, por "morte natural"[741].

No caso da taxa de justiça, o pagamento voluntário ocorre através do pagamento integral ou prestacional. Tal não ocorrendo, o n.º 2, do art. 35.º, do RCP, determina que a secretaria do tribunal (onde tiver corrido o processo em causa) deve extrair certidão de dívida, ou seja, em rigor, a certidão da conta de custas, e promover a sua entrega à ATA, por via eletrónica, juntamente com a decisão transitada em julgado que constitui título executivo quanto às quantias aí discriminadas. Cabe, portanto, à ATA promover processo de execução fiscal para a cobrança coerciva das custas, multas não penais e outras sanções pecuniárias fixadas em processo judicial, incluindo as custas de parte (desde que a parte vencedora seja o Estado), e sem necessidade de se proceder a diligências prévias para aferir da existência de bens suscetíveis de penhora.

Antes de prosseguirmos na nossa análise, impõe-se uma breve suspensão para atendermos à motivação que conduziu à aplicação do processo de execução fiscal nesta matéria. A sua utilização para cobrança de custas e, inevitavelmente, de taxa de justiça, foi introduzida pela Lei n.º 27/2019, de 28 de março. Até então, era ao MP que competia a instauração de um processo de execução de natureza especial e que seguia as regras previstas para a forma sumária do processo comum para

[739] Isto não significa, porém – e este é um aspeto que nos parece importante assinalar – que estejam a ser considerados elementos reveladores de uma maior ou menor capacidade contributiva. Essa é uma questão que se coloca muito mais a montante, quando se analisa o respetivo pressuposto de cada tributo e a sua delimitação conceitual. Como já concluímos, o pressuposto da taxa de justiça repousa na prestação individualizada de um serviço público.

[740] Cfr. art. 32.º, do Decreto-Lei n.º 492/88, de 30 de dezembro.

[741] A expressão é de Casalta Nabais. Cfr. NABAIS, Casalta, "Direito Fiscal", *op. cit.*, p. 280.

pagamento de quantia certa[742/743] A transferência da competência (para a instauração da execução) do MP para a ATA teve na sua causa, essencialmente, razões de eficiência na cobrança de tais quantias. No entanto, outro dos motivos declaradamente assumidos tem que ver, nas palavras do legislador, com a relação das custas processuais com o Direito tributário. Na exposição de motivos da Proposta de Lei 149/XIII/4.ª, é referido que "[a]s custas processuais, com especial relevância para a taxa de justiça, representam o valor imputado às partes ou sujeitos processuais decorrente da mobilização dos meios judiciários necessários e aptos à prestação do serviço público de administração de justiça. Constituem-se assim como uma exigência tributária, de génese sinalagmática, normalmente decorrente de solicitação do cidadão aos Tribunais, a fim de assegurar a defesa dos seus direitos e interesses legalmente protegidos, reprimir a violação da legalidade democrática e dirimir os conflitos de interesses públicos e privados". Ora, como é bom de ver, o aí referido apenas se aplica, em rigor, à taxa de justiça, ainda que estas possam constituir o *grosso* das custas processuais. Não é absolutamente rigoroso afirmar que as custas – e aqui teremos de presumir que foram utilizadas na sua terminologia mais lata, pois não é feita qualquer distinção – se constituem como uma "exigência tributária, de génese sinalagmática", pois apenas a taxa de justiça é suscetível de integrar uma relação jurídica tributária. Assim, por exemplo, os encargos, que também integram as custas, não têm natureza tributária, representado, ao invés, e por exem-

[742] O n.º 1, do art. 35.º, do RCP, na versão anterior à alteração legislativa, ou seja, conferida pelo Decreto-Lei n.º 126/2013, de 30 de agosto, dispunha que "[n]ão tendo sido possível obter-se o pagamento das custas, multas e outras quantias cobradas de acordo com os artigos anteriores, é entregue certidão da liquidação da conta de custas ao Ministério público, para efeitos executivos, quando se conclua pela existência de bens penhoráveis". O seu n.º 5 determinava que "[a] execução instaurada pelo Ministério Público é uma execução especial que se rege pelo disposto no presente artigo e, subsidiariamente, pelas disposições previstas no Código de Processo Civil para a forma sumária do processo comum para pagamento de quantia certa".

[743] O Parecer da OA, elaborado a propósito da Proposta de Lei 149/XIII/4.ª, sublinha que "[d]o ponto de vista da substância conceitual, a iniciativa legislativa em causa assenta (i) na natureza afinal intrinsecamente fiscal das quantias em causa [...]". Cfr. Parecer do Conselho Geral da OA, elaborado em 14 de janeiro de 2019, disponível em www.parlamento.pt [02-10-2021].

plo, despesas adiantadas pelo IGFEJ ou pagamentos devidos por prestação de serviços[744].

Pois bem, dito isto, estando em dívida taxa de justiça, significa que esta poderá (*rectius*, deverá) ser cobrada coercivamente através do processo de execução fiscal. Em rigor, estamos perante um crédito tributário, encontrando-se, por isso, sujeito aos princípios da indisponibilidade e da irrenunciabilidade. Desta forma, não só o ente público credor da taxa de justiça pode, como *deve* promover a instauração do processo de execução fiscal para cobrança coerciva da quantia em dívida, sem prejuízo, naturalmente, do prazo prescricional de cinco anos.

Em todo o caso, apesar da alteração legislativa levada a cabo para o efeito, parece-nos defensável que a taxa de justiça – e apenas esta – já poderia ser cobrada por via do processo de execução fiscal, uma vez que o n.º 1, do art. 148.º, do CPPT, determina que o processo abrange a cobrança coerciva, entre outros, de tributos. Por força da referida Lei n.º 27/2019, de 28 de março, a al. c), do n.º 2, do art. 148.º, do CPPT, passou a prever expressamente "[c]ustas, multas não penais e outras sanções pecuniárias fixadas em processo judicial".

Nesta fase executiva, o sujeito passivo/executado poderá realizar o pagamento da dívida exequenda via dação em pagamento, nos termos previstos no art. 201.º, do CPPT.

Quanto à compensação, outra forma de extinção das obrigações em geral, há que distinguir entre a compensação com créditos tributários, prevista nos art.^os 89.º e 90.º, do CPPT, e a compensação com créditos não tributários, prevista no art. 90.º-A, do CPPT. De entre estas, podemos ainda distinguir a compensação por iniciativa da ATA ou por iniciativa do contribuinte (*lato sensu*). Uma vez que esta forma de extinção apenas pode ocorrer numa fase executiva, também será de admitir a sua admissibilidade para pagamento de dívida exequenda em que esteja em causa taxa de justiça[745].

Nesta sede, também é possível ao executado requerer o pagamento da dívida exequenda em prestações.

[744] Cfr. art. 16.º, do RCP.

[745] Para maiores desenvolvimentos sobre esta matéria, *vide*, entre outros, ROCHA, Joaquim Freitas da, SILVA, Hugo Flores da, "Teoria Geral...", *op. cit.*, pp. 142-144.

§ Breves notas sobre o título executivo europeu

Tratando-se de devedores sediados fora de Portugal, a competência para promover a execução cabe ao MP, mediante a obtenção de título executivo europeu.

O título executivo europeu encontra-se disciplinado pelo Regulamento (CE) n.º 805/2004 do Parlamento Europeu e do Conselho, de 21 de abril de 2004. O Regulamento entro em vigor em de 21 de janeiro de 2005, sendo aplicável a partir de 21 de Outubro de 2005, com exceção dos art.os 29.º, 31.º e 32.º, aplicáveis a partir de 21 de janeiro de 2005[746].

Ora, a criação de um título executivo europeu para créditos não contestados surgiu no âmbito de um programa de medidas destinadas a aplicar o princípio do reconhecimento mútuo das decisões em matéria civil e comercial. Desta forma, o título executivo europeu permite a execução num Estado-Membro diferente daquele onde foi proferida a decisão, transação judicial ou instrumento autêntico, sem necessidade de procedimentos intermediários de execução, previamente ao reconhecimento e à própria declaração de executoriedade (supressão do *exequatur*)[747]. Além disso, é necessário que respeite a créditos não contestados. Um crédito será considerado não contestado se o devedor:

(i) Tiver admitido expressamente a dívida, por meio de confissão ou de transação homologada por um tribunal, ou celebrada perante um tribunal no decurso de um processo;
(ii) Nunca tiver deduzido oposição, de acordo com os requisitos processuais relevantes, ao abrigo da legislação do Estado-membro de origem;
(iii) Não tiver comparecido nem feito representar na audiência relativa a esse crédito, após lhe ter inicialmente deduzido oposição durante a ação judicial, desde que esse comportamento implique uma admissão tácita do crédito ou dos factos alegados pelo credor, de acordo com a legislação do Estado-membro de origem;

[746] Para maiores desenvolvimentos, Rede Judiciária Europeia em Matéria Civil e Comercial, "Guia Prático para a aplicação do Regulamento relativo ao Título Executivo Europeu", Bélgica, 2008, disponível em https://e-justice.europa.eu/fileDownload.do?id=5aa075e5-e833-4816-9f55-7490a5723600 [23-12-2021].

[747] Cfr. art. 5.º, do Regulamento.

(iv) Tiver expressamente reconhecido a dívida por meio de instrumento autêntico[748].

Como é bom de ver, o título executivo europeu afigura-se particularmente útil quando o devedor reside noutro Estado-Membro ou, embora residindo no Estado-membro de origem, o seu património (ou a maioria dele) localiza-se naquele.

Pois bem, o credor que pretenda a obtenção de um título executivo deverá, primeiramente, formular o pedido de título executivo europeu junto do tribunal do Estado-membro de origem, de acordo com as regras processuais domésticas. No entanto, antes de emitir o título executivo europeu, o tribunal de origem deve certificar-se do cumprimento das normas previstas no Capítulo III, do Regulamento. Assim, deverá ocorrer a citação do devedor, através de uma das formas previstas nos art.os 13.º a 15.º, do Regulamento. Com a citação, o devedor deverá ser informado, designadamente, dos requisitos processuais para deduzir oposição e as consequências da falta de contestação ou de comparência, em particular, quando aplicável, a possibilidade de uma decisão ser proferida ou executada contra o devedor e a sua responsabilidade pelos custos da ação judicial, tudo nos termos do art. 17.º, do Regulamento. Verificando-se o cumprimento destes requisitos processuais mínimos, o tribunal de origem emite o título executivo europeu, que deverá assumir a forma do formulário constante do Anexo I, do Regulamento. O credor, munido deste título executivo europeu, está, assim, em condições, de executar uma decisão proferida num Estado-membro em outro Estado-membro, sem necessidade da intervenção prévia deste último sistema judicial, daí que também seja designado por "passaporte judicial europeu".

[748] Cfr. n.º 1, do art. 3.º, do Regulamento. A definição de "instrumento autêntico" encontra-se prevista no n.º 3, do art. 4.º, do mesmo diploma.

5.2. Algumas reflexões sobre o dever de junção ao processo do comprovativo do pagamento da taxa de justiça

5.2.1. Apresentação do problema

Como acabamos de ver, o legislador privilegiou o modelo da *autoliquidação* da taxa de justiça. Nos restantes casos, ou seja, em que a taxa de justiça é devida a final, a sua quantificação compete aos tribunais, tratando-se, então, de uma *heteroliquidação* ou *liquidação administrativa*.

Ora, o n.º 1, do art. 14.º, do RCP, determina expressamente que o pagamento da taxa de justiça deve ser comprovado nos autos. O n.º 7, do art. 552.º, do CPC, estipula que "[o] autor deve, com a apresentação da petição inicial, comprovar o prévio pagamento da taxa de justiça devida ou a concessão do benefício de apoio judiciário, na modalidade de dispensa do mesmo [...]". A regra geral é a de que a não apresentação do documento comprovativo do pagamento da taxa de justiça determina a possibilidade de a secretaria recusar a Petição Inicial, como prevê a al. f), do art. 558.º, do CPC. Além disso, o n.º 1, do art. 207.º, do CPC, determina que nenhum ato processual é admitido à distribuição sem que contenha todos os requisitos externos exigidos por lei. Por outro lado, no que respeita à segunda prestação da taxa de justiça, o n.º 4, do art. 14.º, do RCP, consigna que, tendo o sujeito passivo sido notificado para proceder ao pagamento, e persistindo nessa falta até ao dia da audiência final ou da realização de qualquer outra diligência probatória o tribunal determina a impossibilidade de realização das diligências de prova que tenham sido ou venham a ser requeridas pela parte em falta. Por fim, o n.º 3, do art. 145.º, do CPC, prevê que "[s]em prejuízo das disposições relativas à petição inicial, a falta de comprovação do pagamento referido no n.º 1 ou da concessão do benefício do apoio judiciário não implica a recusa da peça processual, devendo a parte proceder à sua comprovação nos 10 dias subsequentes à prática do ato processual [...]".

No que respeita à junção do comprovativo do prévio pagamento da taxa de justiça, caso a secretaria não se tenha apercebido desta omissão e tiver ocorrido a distribuição, têm sido aventadas várias soluções. Uma delas, suportada na doutrina de Salvador da Costa, defende que esta omissão – constatada durante a tramitação do processo – não pode conduzir imediatamente ao desentranhamento da petição inicial, devendo o autor ser notificado para, em 10 dias, proceder ao seu pagamento.

Se, ainda assim, persistir na omissão, deve o tribunal ordenar o desentranhamento da peça processual e absolver o réu da instância[749]. Outra corrente sustenta a aplicação analógica do n.º 3, do art. 570.º, do CPC, pelo que, na falta de junção do documento comprovativo do pagamento da taxa de justiça devida ou de comprovação desse pagamento, no prazo de 10 dias a contar da apresentação da peça processual, a secretaria notifica o interessado para, em 10 dias, efetuar o pagamento omitido com acréscimo de multa[750].

Quanto ao não pagamento da segunda prestação da taxa de justiça, a jurisprudência é unânime, sufragando que a sua omissão implica a não produção da prova oferecida pelo responsável[751].

5.2.2. A posição do Tribunal Constitucional

O Tribunal Constitucional tem entendido que a imposição de ónus processuais, com as respetivas cominações, não viola o art. 20.º, da CRP, na medida em que são algo inerente ao próprio processo e constituem, eles próprios, fatores ou meios de segurança para todos os sujeitos processuais, desde que tais formalismos não sejam arbitrários e não representem um excesso ou uma intolerável desproporção que apenas sirva para dificultar o acesso aos tribunais[752]. No mesmo sentido, a Relação de

[749] Veja-se, a este propósito, o Ac. do TRP, proferido no processo n.º 5087/15.9T8LOU-A.P1, em 23 de novembro de 2017, e Ac. do TCAN, proferido no processo n.º 01972/20.4BEPRT, em 24 de setembro de 2021, ambos disponíveis em www.dgsi.pt [01-10-2021 e 13-04-2022]. Em ambos os arestos entendeu-se que, devendo a secretaria recusar o recebimento da petição inicial que se mostra desacompanhada do comprovativo do pagamento da taxa de justiça, e não o fazendo, estamos perante um erro imputável àquela, o qual, nos termos do n.º 6, do art. 157.º, do CPC, não pode, em caso algum prejudicar os sujeitos processuais. Por este motivo, tendo a secretaria recebido a Petição Inicial, deveria o autor ter sido notificado para comprovar o pagamento da taxa de justiça, sob pena, então sim, ser desentranhada. Na doutrina, *vide* Costa, Salvador da, "As Custas...", *op. cit.*, pp. 48-49.

[750] Neste sentido, por exemplo, Ac. do TRC, proferido no processo n.º 75109/20.3YIPRT.C1, em 27 de abril de 2021, disponível em www.dgsi.pt [13-04-2022].

[751] Assim, entre outros, Ac. do TRP, proferido no processo n.º 1391/16.7T8AVR-A.P1, em 18 de abril de 2017, e Ac. do TRL, proferido no processo n.º 9761/18.0T8LSB.L1-7, em 18 de fevereiro de 2020, ambos disponíveis em www.dgsi.pt [01-10-2021].

[752] Neste sentido, por exemplo, Acs. do TC n.º 122/2002, proferido no processo n.º 447/2001, em 14 de março de 2002, e n.º 46/2005, proferido no processo n.º 260/03, em 26 de janeiro de 2005. Com reporte ao regime do CCJ, que previa, em caso de não pagamento da taxa de justiça inicial, a aplicação e o pagamento de uma multa processual como condição para o

Lisboa teve, recentemente, oportunidade de se debruçar sobre a matéria, embora apenas sobre as consequências do não pagamento da segunda prestação. O tribunal entendeu "[c]onsiderando que o acesso ao direito e à justiça não é incompatível com a imposição de ónus às partes, com estabelecimento de cominações e preclusões processuais, ainda que sujeito a limites, a interpretação dos números 3 e 4 do artigo 14.º do Regulamento das Custas Processuais nos termos expostos não viola os princípios constitucionais de acesso ao direito e à justiça e da proporcionalidade, tal como decorrem da conjugação dos normativos vertidos nos art.ºs 2.º, 18.º e 20.º da Constituição da República Portuguesa"[753].

A questão também foi já colocada, em moldes bastantes similares, no espaço jurídico espanhol, mas acabou por passar pelo crivo do *Tribunal Constitucional de España*. Assim, na *Sentencia 20/2012, de 16 de febrero*, o tribunal entendeu que o direito de acesso aos tribunais e à tutela jurisdicional efetiva não pode ser exercido sem mais, diretamente a partir da Constituição, cujo exercício está sujeito aos pressupostos e requisitos processuais previstos pelo legislador ordinário. A lei pode estabelecer limites ao exercício de tal direito, os quais se mostrarão constitucionalmente conformes desde que visem preservar outros direitos, bens ou interesses constitucionalmente protegidos e se revelam proporcionais em relação à natureza do processo e às finalidades prosseguidas. Deste modo, uma norma que limite o acesso à justiça com vista a escrutinar o cumprimento de uma obrigação tributária, não se mostra desnecessária, excessiva ou irrazoável, atendendo aos fins que visa prosseguir. O tribunal conclui, assim, que "*[l]a previsión legal de que, si la tasa judicial no es liquidada y abonada, la potestad jurisdiccional civil no debe ser ejercida en beneficio del sujeto pasivo, es una consecuencia ineludible de la regulación legal, que no suscita reparo de constitucionalidad. Es lícito que el legislador adopte medidas para lograr un alto grado espontáneo de la obligación de pagar un tributo legítimo, aun cuando esas medidas incidan en el ejercicio del derecho de acceso a la jurisdicción [...]*"[754].

prosseguimento dos autos, e no sentido de que tal solução normativa não violava o n.º 1, do art. 20.º, da CRP, veja-se também o Ac. do TC n.º 608/99, proferido no processo n.º 473/98, em 06 de novembro de 1999. Todos disponíveis em www.tribunalconstitucional.pt [01-10-2021].

753 Cfr. Ac. do TRL, proferido no processo n.º 9761/18.0T8LSB.L1-7, em 18 de fevereiro de 2020, disponível em www.dgsi.pt [01-10-2021].

754 Em sentido oposto, Gil Rodriduez, Isabel, "*Las tasas...*", *op. cit.*, pp. 281-284.

5.2.3. A nossa perspetiva jurídico-tributária

O problema, embora venha sendo apreciado sob uma visão processualista, também não pode, em nosso ver, deixar de ser analisado sob o ponto de vista do Direito tributário.

É que, o n.º 1, do art. 84.º, do CPPT, determina que o pagamento voluntário de dívidas de impostos e demais prestações tributárias é aquele que é efetuado dentro do prazo estabelecido nas leis tributárias. O n.º 4, por sua vez, determina que, após o prazo de pagamento voluntário, sem que o pagamento tenha sido recebido integralmente, será extraída de dívida pelos serviços competentes certidão de dívida para cobrança coerciva. A questão, na nossa perspetiva, ultrapassa, assim, o mero comprovativo do pagamento da taxa de justiça e do cumprimento de um eventual ónus processual. Seguramente existirão outras formas de efetivar, ainda que coercivamente, o seu pagamento. O seu não pagamento, quer se trata da taxa de justiça prévia ou da segunda prestação da taxa de justiça, deverá ser encarado como a falta de pagamento dentro do prazo para pagamento voluntário. Teria, portanto, a virtualidade de conduzir à instauração de um processo de execução fiscal para cobrança coerciva, mas sem conduzir à recusa de acesso à justiça, quer se traduza num acesso total ou apenas quanto à produção de prova.

Deste modo, cremos existirem na nossa ordem jurídica outros meios – numa perspetiva de necessidade e adequação da medida – que, por um lado, permitam reagir contra utilizações abusivas ou negligentes da máquina judicial e, por outro, permitam garantir o cumprimento de um dever tributário[755/756]. No entanto, é certo, deverão ser ponderadas as questões do congestionamento dos tribunais e do acesso imponderado

[755] Falamos, pois, de uma eventual notificação para pagamento da taxa de justiça, como uma espécie de interpelação admonitória, seguida de processo de execução fiscal, caso se venha a revelar infrutífera. Como dissemos, uma das soluções apontadas por Isabel Gil Rodriguez, consiste no pagamento a final da taxa de justiça. Cfr. *idem, ibidem*, pp. 284-295.

[756] Vale a pena assinalar que recentemente, em 2018, a PGR no seu parecer sobre a Proposta de Lei 149/XIII/4.ª, aproveitou o ensejo para introduzir uma reflexão sobre o modelo de pagamento prévio da taxa de justiça, sustentando que "[o] fim das restituições pelo cofre geral dos tribunais passando as taxas de justiça a ser pagas pelo vencedor e a ser suportadas pelo vencido, a título de custas de parte, foi mais um «pequeno passo» no regulamento das custas e «e um salto gigantesco» na inacessibilidade aos tribunais – exigindo-se, de quem quer obter justiça, o pagamento, antecipado das importâncias devidos pelo custo do processo. O exercício de uma cidadania ativa, fundamento de um Estado Democrático, fica parado-

aos mesmos, na medida em que os potenciais sujeitos processuais sabem que, mesmo que não procedam ao pagamento prévio da taxa de justiça, o serviço ser-lhe-ás prestado. Nesta hipótese, poderia assistir-se a um aumento do *risco moral*, de que já anteriormente falamos.

5.3. Extinção da obrigação tributária

Uma nota importante para terminarmos esta narrativa. Com o pagamento da taxa de justiça, extinguir-se-á a obrigação tributária, satisfazendo-se o crédito tributário do qual é titular o sujeito ativo. Não obstante, parece-nos que a relação jurídica tributária poderá subsistir, na medida em que permanecerá para o Estado o dever de prestar ao sujeito passivo o serviço *justiça*.

Nesta ordem de considerações, será cabível equacionar se a relação jurídica se extingue com o trânsito em julgado da decisão proferida sobre a causa. Julgamos que a resposta poderá ser positiva[757].

É bem verdade que, nos termos do n.º 1, do art. 613.º, do CPC, proferida a sentença, fica imediatamente esgotado o poder jurisdicional do juiz quanto à matéria da causa, todavia, sendo a decisão suscetível de recurso ordinário, significa que, até ao seu trânsito em julgado, mantém-se latente, adormecido, na esfera jurídica do sujeito processual o direito a recorrer. Não nos parece, salvo melhor opinião, que existe uma relação entre o termo da relação jurídica tributária de taxa de justiça e o esgotamento do poder jurisdicional. Veja-se, por exemplo, que até ao trânsito em julgado da decisão, os sujeitos processuais podem transigir sobre o objeto da causa[758]. Por fim, é preciso não esquecer, até ao trânsito em julgado, o tribunal pode reformar a sentença quanto às custas, nos termos do n.º 2, *in fine*, do art. 666.º, do CPC (embora, é certo, estejamos apenas a falar do vencimento, e não do impulso).

xalmente ligada à situação económica do cidadão que quer fazer valer os seus direitos em tribunal, isto é, do cidadão que pretende Justiça"
Cfr. Parecer da PGR sobre a Proposta de Lei 149/XII/4.ª, em 13 de novembro de 2018, p. 24-25, por nós já mencionado.

[757] O art. 628.º, do CPC, define que "[a] decisão considera-se transitada em julgado logo que não seja suscetível de recurso ordinário ou de reclamação".

[758] Neste sentido, por exemplo, Ac. do TRE, proferido no processo n.º 1107/08-2, em 26 de junho de 2008, e Ac. do TCAN, proferido no processo n.º 03015/13.5BEPRT, em 18 de novembro de 2016, ambos disponíveis em www.dgsi.pt [18-06-2021].

Nos casos em que tenha sido regularmente apresentado recurso, cremos estar perante uma *renovação* do facto tributário, de sorte que a relação jurídica se conserva até que a decisão em crise se torne definitiva.

Por outro lado, nas situações em que, por exemplo, o sujeito processual, tendo sido considerado revel e, portanto, não promoveu qualquer impulso processual – que desse origem ao dever de pagar taxa de justiça – venha interpor recurso da decisão, parece-nos que há uma relação jurídica tributária de taxa de justiça se constitui *ex novo*.

Deste modo, quando falamos em pagamento, falamos apenas da extinção da obrigação tributária, podendo permanecer outros deveres, desde logo, os que impendem sobre o sujeito ativo, determinando a subsistência da relação jurídica.

5.4. A prescrição (algumas notas relativas à caducidade)

Outra forma de extinção das relações jurídicas de crédito, não só em matéria tributária, mas também civilística, é a prescrição. O n.º 1, do art. 37.º, do RCP, prevê que "[o] crédito por custas e o direito à devolução de quantias depositadas à ordem de quaisquer processos prescreve no prazo de cinco anos, a contar da data em que o titular foi notificado do direito a requerer a respectiva devolução, salvo se houver disposição em contrário em lei especial". Contudo, o legislador não se refere ao início do prazo de prescrição. A ausência de um regime geral de taxas e a circunstância de a LGT estar essencialmente direcionada para a figura do *imposto*, de modo que as regras aí contidas quanto à prescrição apenas definem o momento inicial da contagem do prazo prescricional para os impostos periódicos e para os impostos de obrigação única, determina que se lance mão da regra ínsita no n.º 1, do art. 306.º, do CC, de que "[o] prazo da prescrição começa a correr quando o direito puder ser exercido; se, porém, o beneficiário da prescrição só estiver obrigado a cumprir decorrido certo tempo sobre a interpelação, só findo esse tempo se inicia o prazo da prescrição" [759].

Ora, sobre o início da contagem do prazo de prescrição, existem duas correntes jurisprudenciais. Na senda da posição defendida por Salvador da Costa, uma defende que as custas e, portanto, a taxa de justiça, ape-

[759] Cfr. n.º 1, do art. 48.º, da LGT. Sobre esta *insuficiência* da LGT, veja-se GARCIA, Nuno de Oliveira, "Contencioso de...", *op. cit.*, p. 46.

nas são devidas a partir da notificação da conta de custas, de modo que, não estando liquidada a obrigação, nem tendo decorrido o prazo para o seu pagamento voluntário, o prazo prescricional não começa a correr, pois a obrigação ainda não é exigível. Será, então, que, decorrido o prazo para pagamento voluntário, se inicia a contagem do prazo de prescrição de cinco anos[760/761]. Outra, porém, defendendo que essa tese confunde a possibilidade de exercer o direito com a exequibilidade do crédito, sustenta que o Estado tem a possibilidade de exercer o seu direito a partir do trânsito em julgado da decisão judicial que condenou em custas. Por outras palavas, é a partir do trânsito em julgado da decisão que o Estado está, objetivamente, em condições de colocar em prática os atos que tornem possível o seu exercício, ficando na sua disponibilidade exercer, ou não, sendo a sua negligência cominada com a prescrição[762]. Deste modo, estaríamos a falar em dois prazos de prescrição. "[U]m começa a correr «quando o direito de crédito puder ser exercido», ou seja, logo que, com o trânsito em julgado da decisão condenatória, ao credor Estado «seja lícito promover a liquidação»; outro, independente daquele, logo que seja feito o apuramento do resultado líquido, sem reclamação do devedor ou por decisão sobre tal reclamação, passada em julgado". Se bem vimos as coisas, trata-se de uma solução próxima à consagrada no n.º 1, do art. 45.º, da LGT, que dispõe que "[o] direito de liquidar os tributos caduca se a liquidação não for validamente notificada ao contribuinte no prazo de quatro anos, quando a lei não fixar outro". Assim, o Estado tem cinco anos para liquidar a obrigação e notificar a conta de custas ao devedor. Se só o fizer após esta janela temporal, é lícito ao sujeito passivo recusar o seu pagamento.

Em todo o caso, o RCP não contempla qualquer disposição sobre causas de suspensão e, ou, interrupção desse prazo. Assim, parece-nos

[760] Cfr. Costa, Salvador da, "As Custas...", *op. cit.*, p. 219.

[761] Neste sentido, *vide*, a título de exemplo, o Ac. do TRE, proferido no processo n.º 2288/04.9TBFAR-A.E1, em 26 de fevereiro de 2013, e Ac. do TRC, proferido no processo n.º 1825/03.0PBLRA.C1, em 07 de junho de 2017, ambos disponíveis em www.dgsi.pt [09-10-2021].

[762] Assim, por exemplo, Ac. do TRE, proferido no processo n.º 203/14.0T8PTG-E.E1, em 11 de maio de 2017, e Ac. do STJ, proferido em 17 de outubro de 2017, no processo n.º 203/14.0T8PTG-E.E1.S1, ambos disponíveis em www.dgsi.pt [09-10-2021]. A expressão "disponibilidade" parece-nos que deverá ser interpretada *cum grano salis*, em atenção aos princípios da indisponibilidade e irrenunciabilidade do crédito tributário.

que a reclamação da conta de custas não será causa interruptiva (ou suspensiva) do prazo de prescrição. Não obstante, cremos que a citação interrompe o prazo prescricional em curso, nos termos do n.º 1, do art. 49.º, da LGT. Para quem defende a aplicação subsidiará do RGTAL, tal solução decorre do n.º 2, do seu art. 15.º.

6. A garantia (especial referência ao direito de retenção)

Como em qualquer relação obrigacional, a garantia geral do credor é o património do devedor, nos termos do n.º 1, do art. 50.º, da LGT. Quanto às especiais, podemos falar em (i) privilégios creditórios, (ii) o penhor e a hipoteca, (iii), o direito de retenção e (iv) a prestação de caução. No caso da taxa de justiça, sem dúvida que a garantia geral do credor tributário é o património do sujeito passivo, porém, podemos ainda assinalar uma outra garantia – o *atípico* direito de retenção.

Assim, para garantir o cumprimento das custas *lato sensu* e, para o que ora nos interessa, da taxa de justiça, o legislador prevê expressamente no art. 34.º, do RCP, o direito de retenção sobre bens na sua *posse* ou quantias depositadas à ordem do tribunal. Num padrão geral, podemos dizer que o direito de retenção é configurado na lei civilística como um verdadeiro direito real de garantia, e não apenas um mero meio de coerção do cumprimento da obrigação. Assim, o art. 754.º, do CC, determina que "[o] devedor que disponha de um crédito contra o seu credor goza do direito de retenção se, estando obrigado a entregar certa coisa, o seu crédito resultar de despesas feitas por causa dela ou de danos por ela causados". Um dos principais efeitos do direito de retenção é o do seu titular poder pagar-se pela coisa objeto de retenção e o direito de ser pago com preferência sobre os demais credores do devedor. O direito de retenção, como garantia do crédito tributário, está expressamente previsto na al. d), do n.º 1, do art. 50.º, do LGT, conferindo-se assim ao credor tributário o direito de retenção de quaisquer mercadorias sujeitas à ação fiscal de que o sujeito passivo seja proprietário. Trata-se, destarte, de uma verdadeira garantia real. Contudo, o direito de retenção também pode aparecer como uma medida ou providência cautelar. Assim, o n.º 3, do art. 51.º, da LGT, define que "[a]s providências cautelares consistem na apreensão de bens, direitos ou documentos ou na retenção, até à satisfação dos créditos tributários, de prestações tributárias a que o contribuinte tenha direito".

Ora, o legislador tributário, sabendo que podem existir situações de bens ou quantias depositadas à ordem do Tribunal, elegeu – cremos que por questões de *praticabilidade* – o direito de retenção como garantia do pagamento da taxa de justiça, e desde que:

(i) provenha de caução depositada pelo responsável pelas custas;
(ii) provenha de arresto, consignação em depósito ou mecanismo similar, relativos a bens ou quantias de que seja titular o responsável pelas custas;
(iii) provenha da consignação, venda ou remição relativa a bens penhorados que fossem propriedade do responsável pelas custas ou;
(iv) deva ser entregue ao responsável pelas custas.

Importa esclarecer que a expressão *posse* aparece aqui desprovida das suas vestes civilísticas, pretendendo o legislador apenas evidenciar que se trata de uma "[...] garantia atípica de pagamento"[763]. Havendo incumprimento, ou transitada em julgado a decisão sobre a reclamação da conta de custas, o juiz ordena oficiosamente, e independentemente de requerimento, o pagamento das custas e multas em dívida, em conformidade com a ordem de prioridade estabelecida no n.º 2. Assim, devem ser pagas:

(i) a taxa de justiça;
(ii) outros créditos do IGFEJ;
(iii) créditos do Estado;
(iv) reembolsos a outras entidades por força de colaboração ou intervenção no processo, incluindo os honorários e despesas suportadas pelo agente de execução, que não seja oficial de justiça[764].

Como é bom de ver, apenas as quantias acima referidas podem beneficiar do instituto do direito de retenção, o que significa que as custas de parte não são suscetíveis de serem satisfeitas através deste instituto[765].

[763] Cfr. Costa, Salvador da, "As Custas...", *op. cit.*, p. 209.

[764] Cfr. n.º 2, do art. 34.º, do RCP.

[765] Neste sentido, *vide* Ac. do TC n.º 27/2015, onde se refere que "[...] as custas de parte não integram a conta de custas a elaborar pela secretaria do tribunal, nem beneficiam do direito de retenção relativamente a quantias depositadas à ordem do tribunal, nem estão abrangidas pelo processo de execução de custas a instaurar pelo Ministério Público, cabendo à

Resta, então, saber se estamos perante uma garantia real ou uma medida cautelar de garantia do crédito tributário, não olvidando, no entanto, a sua *atipicidade*. O n.º 2, do art. 34.º, do RCP, confere ao tribunal a faculdade de se fazer pagar diretamente pelas mesmas, de acordo com uma ordem de prioridade, sem olvidar, porém, que a taxa de justiça constitui receita do IGFEJ. Não se trata, portanto, de sustar a sua entrega ao sujeito passivo até que se verifique o pagamento da taxa de justiça. A circunstância de o tribunal[766] poder fazer-se pagar à custa dos bens ou quantias retidas leva-nos, assim, a assumir que este direito de retenção assume a feição de uma verdadeira garantia real. Esta ideia parece-nos reforçada pelo disposto no n.º 4, do art. 34.º, do RCP, que prevê a possibilidade de, em caso de insuficiência das quantias disponíveis para pagamento, e após o pagamento às entidades referidas nas als. a) a c), do seu n.º 2, o remanescente ser rateado pelos credores mencionadas na al d) e, sendo caso disso, pelos outros credores que sejam reconhecidos em sentença[767].

Por fim, em jeito de conclusão, afigura-se-nos importante assinalar que, em aresto recente, produzido pela Relação de Lisboa, decidiu-se pela impossibilidade de exercer-se o direito de retenção sobre quantias declaradas perdidas a favor do Estado no âmbito de um processo penal no qual era arguido o responsável pelas custas[768]. Compreende-se a solução, uma vez que o pressuposto do direito de retenção previsto no n.º 1, do art. 34.º, do RCP, é que tais bens ou quantias depositadas à ordem do tribunal devem ser entregues ao responsável pelo pagamento. Uma vez que naquele caso o legislador já definiu o destino de tais quantias – a sua declaração como perdidas a favor do Estado – não se tratam de quantias que devam ser entregues ao sujeito passivo, não podendo o direito de retenção incidir sobre algo que já ingressou ou irá ingressar o património do Estado.

parte vencedora, em caso de incumprimento, intentar por iniciativa própria a competente ação executiva contra o responsável pelas custas (artigos 29.º, 34.º e 36.º, n.º 3, do RCP)". Cfr. Ac. do TC n.º 27/2015, proferido no processo n.º 440/2014, em 14 de janeiro de 2015, disponível em www.tribunalconstitucional.pt [19-05-2022].

766 Conquanto o legislador refira que o tribunal tem a faculdade de ser fazer pagar, parece-nos que, rigorosamente falando, o tribunal apenas terá o direito a reter essas quantias, uma vez que não é, salvo melhor opinião, o credor tributário.

767 Sobre esta matéria, Costa, Salvador da, "As Custas...", *op. cit.*, p. 269.

768 Cfr. Ac. do TRL, proferido no processo n.º 517/19.3JELSB-A.L1-5, em 13 de abril de 2021, disponível em www.dgsi.pt [29-09-2021].

CONCLUSÕES

Aqui chegados, não obstante as diversas notas conclusivas que fomos enxertando durante o presente trabalho, importa condensar e concluir de uma forma mais sistemática e pragmática os anteriores desenvolvimentos respeitando a sua ordem temática.

Capítulo I

I) O tributo apresenta-se uma prestação pecuniária, coativa e de natureza *ex legge*. É exigido, por um ente público, em razão de uma manifestação de capacidade contributiva ou pela utilização ou um serviço ou atividade públicas. A sua função traduz-se na satisfação de necessidades coletivas e públicas, com exceção de prestações com finalidades sancionatórias.

II) Os tributos podem consistir em impostos (confundindo-se, por vezes, com estes), taxas ou contribuições, embora as duas últimas sempre tenham conhecido um tratamento diferenciado por parte do criador normativo e pela dogmática tributarista, o que, presentemente, ainda é evidenciado pela ausência de um regime geral de taxas e contribuições.

III) Os impostos obedecem ao princípio da legalidade fiscal, exigindo, de um lado, intervenção parlamentar, quer através de lei emanada pela AR, quer através decreto-lei autorizado emanado pelo Governo, na criação de imposto e na disciplina dos elementos essenciais (incidência, taxa, benefícios fiscais e garantias dos contribuintes) e, do outro, que o criador normativo seja tão exaustivo quanto possível na disciplina dos referidos elementos essenciais – estamos aqui perante o princípio da reserva material de lei.

IV) Em contraste, nas taxas e as contribuições assiste-se ao um *relaxamento* do princípio da legalidade, determinando que apenas o seu regime geral está sujeito a reserva parlamentar. Este *tempero* do princípio da legalidade compreende-se se tivermos em consideração os pressupostos da taxa. Tal justifica-se pelo nexo sinalagmático que se estabelece entre o tributo e a contraprestação. Neste momento, apesar do texto constitucional, inexiste um regime geral, o que, inclusive, poderá traduzir-se numa inconstitucionalidade por omissão.

V) O imposto encontra o seu pressuposto na capacidade contributiva dos contribuintes, alheando-se a uma qualquer prestação administrativa específica, sendo o seu edifico filosófico construído em torno de uma ideia de *solidariedade*. O pressuposto da taxa assenta na prestação individual e específica de um serviço público, na utilização de bens do domínio público ou na remoção de um obstáculo jurídico ao comportamento dos particulares. A sua finalidade, compensatória, transcende a mera arrecadação de receita pública.

VI) É nas taxas que o princípio da equivalência encontra o seu húmus fecundo, enquanto critério de igualdade tributária, quer ao nível da justa repartição dos encargos tributários, quer ao nível da adequação do *quantum debeatur*.

VII) O princípio da equivalência pode ser concretizado – alternativamente ou, com as devidas cautelas, cumulativamente – pelo custo do serviço ou pelo valor ou benefício da prestação pública. Na equivalência de custo, exige-se que o montante da taxa se adeque ao custo da prestação pública, não devendo estar acima ou abaixo deste valor, enquanto a equivalência de benefício determina a sua adequação ao benefício proporcionado ao sujeito passivo da taxa. O progressivo abandono da equivalência do benefício tem, no entanto, conduzido a que o custo do serviço se assuma hoje como a concretização predominante do princípio da equivalência.

VIII) No âmbito do princípio da equivalência podemos, ainda, falar em equivalência individual e equivalência de grupo, traduzindo aquela o custo ou benefício que a prestação da administração provoca ou proporciona a um sujeito passivo individual, enquanto a equivalência de grupo compreende o custo ou o valor que essa prestação reveste para um dado grupo de sujeitos passivo.

IX) Não sendo às ciências económico-financeiras possível apurar o custo ou o benefício que cada sujeito passivo, individualmente considerado, provoca ou colhe, de modo que o legislador, porque a praticabilidade assim determina, terá sempre de quedar-se por um custo ou benefício aproximados.

X) O princípio da equivalência, porém, não exige uma coincidência temporal, isto é, uma simultaneidade entre as prestações em jogo. Desta forma, a taxa tanto pode ser paga no mesmo momento em que é realizada a prestação pública, como em momento posterior ou até em momento anterior, não se colocando problemas quer no plano conceitual, quer no plano material. uma vez que se trata apenas de fixar a exigibilidade do tributo. Questão diferente, porém, tem que ver com a exigência de taxas em virtude de prestações presumidas, ou seja, que se destinem a compensar prestações meramente potenciais ou eventuais.

XI) O RGTAL regula as relações jurídico-tributárias geradoras da obrigação de pagamento de taxas às autarquias locais, contudo, temos algumas reservas em admitir que, até à fixação de um regime geral das taxas, se possa aplicar supletivamente este diploma. No entanto, da al. c), do n.º 2, do art. 8.º, da RGTAL, podemos extrair a seiva necessária a qualquer outra operação de criação de uma taxa, uma vez que esta fundamentação permitirá um melhor controlo ao nível da legitimação material do tributo.

Capítulo II

I) Terá sido no direito romano, na evolução do seu sistema processual, que começaram a surgir as primeiras prestações, pecuniárias e, ou, em espécie, destinados a pagar os serviços da justiça. As pretéritas *sportulae* terão sido o embrião da atual taxa de justiça e, a dízima até ao imposto de justiça, terão sido as várias fases do seu desenvolvimento, influenciadas por fatores jurídicos, sociais e económicos.

II) Entre nós, e também devido à forte influência do direito romano, a tributação do acesso à justiça remonta, pelo menos, às Ordenações do Reino, em que se previa o pagamento da dízima da sentença, bem como a condenação em custas pessoais e judiciais.

III) Visionamos, sem intenção exaustiva, a evolução da dízima, embora os dados disponíveis não permitam, com segurança, integrar a dízima nos tributos. É certo que, poderá ser impróprio procurar integrar, ou seja, importar a dízima para a atual construção jurídica em torno dos tributos, contudo, não é menos certo que a sua forte carga sancionatória direciona-nos mais para a família das sanções e multas.

IV) O panorama legislativo veio, contudo, a sofrer uma profunda reforma com a aprovação do primeiro Código das Custas Judiciais, em 1940, sucessivamente substituído em 1962, 1996 e, finalmente, em 2008, com a aprovação do Regulamento das Custas Processuais. Durante cerca de 60 anos, utilizadores e operadores da justiça estiveram perante códigos com cerca de duzentas disposições normativas, que, além do mais, careciam de articulação com normas dispersas por outros códigos, como era o caso do Código de Processo Civil e do Código de Processo Penal. Os operadores judiciários e os utilizadores da justiça não tinham, propriamente, a tarefa facilitada no que respeitava à quantificação dos custos com o processo, o que suscitava problemas de segurança jurídica, embora fosse inegável a sua onerosidade.

V) Não obstante alguma nebulosidade que possa, a determinado momento, ter existido em torno do respetivo regime jurídico, parece-nos óbvio que sempre existiu uma prestação, quer fosse paga inicialmente, quer a final, e independentemente de entrar ou não em regra de custas, que visava responsabilizar o impulsionador do aparelho judicial que, durante anos, teve uma forte carga sancionatória associada (levando a que alguns a reputassem como uma pena ou multa), e mais tarde, apelidada de *imposto*.

VI) No entanto, ainda que esta prestação fosse apelidada de *imposto de justiça*, evidente se torna que sempre se aproximou mais da figura de taxa do que, propriamente, do imposto. Desde logo, resulta patente que este apenas era devido pelos utentes da justiça, e não por uma qualquer manifestação de capacidade contributiva. Por outro lado, a ideologia associada ao imposto de justiça foi sempre a de cobrir os custos em que o aparelho judicial incorria pela prestação de um serviço, verificando-se inclusive uma certa predileção do legislador em se mover em função do custo, o que poderia consubstanciar uma manifestação da equivalência de custo.

VII) Não obstante, não podemos deixar de reconhecer que o pretérito *nomen iuris* desta prestação acabava por ser compreensível em face do panorama constitucional da época, uma vez que só com a revisão constitucional de 1997 se aditou à al. i), do n.º 1, do então art. 168.º, da CRP, a expressão "e regime geral das taxas e demais contribuições financeiras a favor das entidades públicas". Foi, portanto, neste ano, que se deu, se assim podemos dizer, a *emancipação* da taxa, figura, aliás, sempre vítima de secundarização, o que é evidenciado, atualmente, pela ausência do regime geral das taxas (e das contribuições também).

VIII) Por fim, tornou-se evidente, nesta investigação, que, à semelhança do que sucedeu em outros países, a nossa ordem jurídica não acolheu o ideário da revolução francesa plasmado na Lei de 3 de setembro de 1791, em que se reclamava uma justiça (absolutamente) gratuita. O legislador português, assim como a doutrina mais autorizada, tem entendido que uma justiça gratuita gera inconvenientes, não é condição necessária para uma boa administração da justiça e convida à judicialização de todas as questões, incluindo as designadas *bagatelas*. Ficou-se, assim, pelo benefício da assistência judiciária que, entre nós, foi publicada em 31 de julho de 1899, e, presentemente, regulada pela LADT.

IX) Sobrevoando a jurisprudência do TEDH, é possível extrair a ideia fundamental que, não se impondo uma justiça gratuita, deve existir um equilíbrio entre o interesse geral – neste caso, a retribuição do serviço público justiça – e o interesse de cada utente da justiça – o direito a um processo justo e equitativo. Se as custas processuais, onde se inclui a taxa de justiça, forem de tal ordem insuportáveis, que impeçam ou dificultem o direto de acesso aos tribunais e ao direito, por exemplo, porque os custos absorvem ou ultrapassam a vantagem económica que o sujeito processual retirou do processo, então, ponderadas as demais circunstâncias concretas, como as condições económicas ou a própria conduta processual dos interessados, poderá existir uma violação do n.º 1, do art. 6.º, da CEDH. Esta ideologia encaixa, em certa medida, naquilo que também tem sido a jurisprudência promanada do Tribunal Constitucional e que tem vindo a repelir taxas de justiça que se revelem manifestamente desproporcionais, sob pena de contravenção à Lei Fundamental.

Capítulo III

I) O desenho conceitual da taxa de justiça começa por ser traçado através do direito positivo, estabelecendo o RCP que a taxa de justiça corresponde ao montante devido pelo impulso processual do interessado e é fixada em função do valor e complexidade da causa. Esta formulação legal é, evidentemente, insuficiente, pois apenas nos indica o facto tributário ou o facto gerador da obrigação de pagar a taxa de justiça – ou seja, o impulso processual. Socorrendo-nos da doutrina nacional mais autorizada, podemos afirmar que a taxa de justiça é a contrapartida pela prestação dos serviços da justiça, mas também este conceito se mostra insuficiente.

II) Na sua natureza, no seu código genético, a taxa de justiça é uma verdadeira taxa, e corresponde à contraprestação pecuniária, devida ao Estado, e exigida aos utilizadores da justiça, por causa do impulso processual, isto é, por terem desencadeado a atividade jurisdicional e, nessa medida, ter aquele incorrido em custos. É uma prestação tendencialmente definitiva e duplamente coativa, quer na sua natureza, quer quanto ao seu cumprimento. É importante, no entanto, deixar bem claro que a taxa de justiça integra um outro conceito, bem mais amplo, mas com o qual, em caso algum, se pode confundir – o de custas processuais.

III) A taxa de justiça apresenta-se como uma *prestação pecuniária*, pois reconduz-se à entrega em dinheiro, e não na prestação de um facto ou na entrega de uma coisa. É tendencialmente *definitiva* porque a importância pecuniária paga pelo sujeito passivo, em princípio, não confere direito a reembolso. É *duplamente coativa* quer quanto à sua natureza, *ex legge*, e ainda que possa ter a sua origem na solicitação do serviço (por exemplo, através da apresentação de uma petição inicial), quer quanto ao seu cumprimento, sendo suscetível de processo de execução fiscal para a sua cobrança coerciva. Em todo o caso, nunca pode a taxa de justiça assumir finalidades sancionatórias (o que não deve ser confundido com finalidades extra-redíticias, ou com figuras análogas, como as multas processuais).

IV) É, assim, possível destacar um vínculo sinalagmático entre o pagamento da taxa de justiça e a prestação de uma atividade pública. Por outras palavras, verifica-se uma equivalência jurídica, suficiente para que, em termos estruturais, de acordo com a maioria da doutrina e jurisprudência, estejamos perante uma taxa, com o devido tratamento juridico-constitucional.

V) O pressuposto da taxa de justiça é a prestação de uma concreta prestação pública, traduzida, mais concretamente, na atividade jurisdicional, e a sua finalidade é a compensação do Estado pela prestação individualizada desse serviço ou atividade.

VI) Contudo, a taxa de justiça pode, abstratamente, prosseguir finalidades extratributárias, como por exemplo, a prevenção, dissuasão, racionalização do acesso à justiça e, ou, reorientação do comportamento dos que se encontram na iminência de recorrer aos tribunais, seja no sentido de procurarem outros meios de resolução dos dissensos, como no de ponderarem sobre a bondade da sua pretensão.

VII) A circunstância de a taxa de justiça dever ser paga, por norma, aquando do impulso processual, não tem qualquer influência sobre a sua natureza jurídica, uma vez que a ausência de sincronismo entre as prestações não desvirtua a natureza jurídica de taxa, tanto mais que o desfasamento temporal entre o momento em que se exige a taxa e a prestação do serviço é uma decorrência natural da própria função jurisdicional.

VIII) Ainda no plano da conformidade constitucional, poderá colocar-se a questão de saber se o não pagamento prévio da taxa de justiça, bem como o não pagamento da segunda prestação, é uma restrição válida ao acesso ao direito e aos tribunais, mormente, naqueles casos em que, a não indicação da referência do DUC, se a peça processual for submetida por mandatário, impede o sujeito processual de submeter, por essa via, o articulado em causa. Neste contexto, o nosso Tribunal Constitucional tem-se posicionado no sentido de que a imposição de ónus processuais, com as respetivas cominações, não viola o art. 20.º, da CRP, na medida em que são algo inerente ao próprio processo e constituem, eles próprios, fatores ou meios de segurança para todos os sujeitos processuais, desde que tais formalismos não sejam arbitrários e não representem um excesso ou uma intolerável desproporção que apenas sirva para dificultar o acesso aos tribunais.

IX) O pagamento da taxa de justiça não está sujeito a IVA, por não integrar o universo das operações tributárias. A atividade em causa – a atividade jurisdicional ou a administração da justiça – não se afigura como um ato de consumo e não preenche o conceito de atividade económica, por um lado, porque o seu pressuposto não é uma manifestação de capacidade contributiva, o que significa que seria incongruente que, para efeitos de IVA, fosse tratado como um ato de consumo e, por outro lado, porque o exercício de tal atividade é uma emanação do do *ius imperii*, não lhe podendo ser reconhecido um carácter económico, sendo também certo que, na esteira do que tem vindo a ser a jurisprudência do TJUE, a cobrança de uma taxa não é, só por si, suscetível de conferir carácter económico a uma determinada atividade.

X) Tratamento diferente, porém, terão os encargos e as custas de parte. No caso dos encargos, tratando-se de despesas motivadas pela realização de determinadas diligências por terceiros (isto é, que não os principais atores processuais) pode suceder que tais serviços configurem operações tributáveis em sede de IVA. Com efeito, se estivermos perante prestações de serviços, onerosas, localizadas em território nacional e prestadas por sujeitos passivos do imposto agindo como tal, poderemos estar perante operações tributáveis.

XI) Quanto às custas de parte, quer no que respeita ao cômputo das taxas de justiça pagas pelo vencedor e pelo vencido, quer quanto aos encargos, o pagamento destas quantias ao vencedor não se enquadra no campo de incidência do IVA. O pagamento das custas de parte não está associado a qualquer transação económica, inexistindo uma contraprestação associada a uma transmissão de bens ou prestação de serviços, assumindo tais quantias uma natureza meramente compensatória.

XII) No que respeita aos honorários dos advogados, o exercício do mandato forense constitui uma prestação de serviços, pelo que, verificando-se os demais requisitos, as operações ativas destes agentes económicos estarão sujeitas a IVA (podendo, eventualmente, verificar-se um regime de isenção).

Capítulo IV

I) As custas processuais *lato sensu* incluem a taxa de justiça, os encargos e as custas de parte, no entanto, só a taxa de justiça é que assume relevância juridico-tributária, não podendo, em caso algum, serem confundíveis. As demais constituem uma compensação por custos que terceiros ou até o próprio tribunal tiveram na ação (por exemplo, peritos, testemunhas, deslocações etc.) – os designados *encargos* – e compensação devida ao litigante que venceu a causa – são as *custas de parte*.

II) A "taxa de justiça" que o vencido paga ao vencedor, no âmbito do instituto das custas de parte, não configura uma prestação de natureza tributária. Trata-se de uma relação creditícia estabelecida unicamente entre os litigantes, sem qualquer intervenção de um ente público, enquanto credor tributário. As custas de parte assumem, assim, uma natureza compensatória e a "taxa de justiça" que o vencido está obrigado a pagar ao vencedor não é mais do que uma compensação no *valor equivalente à taxa de justiça* por este paga, não podendo qualificar-se como uma taxa, nem sequer reconhecer-lhe natureza tributária. Deste modo, a taxa de justiça paga pelo vencedor integrou, definitivamente, o erário público, não lhe sendo restituída por este em virtude do ganho de causa.

III) Os custos com a concessão de apoio judiciário, incluindo o pagamento de honorários do patrono ou defensor oficioso nomeado no âmbito do acesso ao direito e aos tribunais, constituem um encargo que entram em regra de custas a final, sendo suportados pelo vencido na proporção do decaimento. Isto significa que, se o beneficiário do apoio judiciário obtiver ganho de causa total, nem sequer será o responsável por esse pagamento, que, assim, incumbirá ao vencido. Ante este cenário, poderá questionar-se a natureza jurídica deste pagamento, mais concretamente, se será defensável a sua representação como uma taxa.

IV) No que respeita ao pressuposto, parece-nos que radica na prestação de uma atividade ou serviço públicos – prestação individualizada de serviços forenses no âmbito do acesso ao direito e aos tribunais. Poderá contra-argumentar-se que, entrando este pagamento em regra de custas a final, em função do decaimento, poderá ser paga pelo litigante vencido que, embora não tenha usufruído desse serviço (ou seja, que não beneficiou de proteção jurídica), é efetivo *causador* dessa prestação, atento o decaimento na causa, e independentemente da concreta posição processual que ocupe. Quanto à sua finalidade, parece residir na compensação do Estado pelo pagamento dos honorários (*rectius*, compensação) dos profissionais forenses inscritos no sistema de acesso ao direito e aos tribunais e, por isso, destinada à compensação de uma despesa pública concreta, o que também resultar das regras de consignação, pois reverte a favor do IGFEJ.

V) A questão tanto quanto julgamos, não terá sido suscitada na doutrina tributária e não é nossa intenção oferecer uma resposta. O nosso objetivo é incitar à reflexão, uma vez que, em nosso ver, parece ser possível deslindar-se uma ligação, um nexo sinalagmático, entre o pagamento deste *encargo* ou *reembolso* ao IGFEJ e a prestação de um serviço público de que o sujeito passivo foi o efetivo beneficiário ou causador.

VI) A taxa de justiça também não deve ser confundia com as multas processuais, nem sequer com a taxa sancionatória excecional, de feição sancionatória, o que, desde logo, permite recusar-lhe natureza tributária. Em particular, a taxa sancionatória excecional, apesar do *nomen iuris*, visa penalizar o uso manifestamente desnecessário do processo, num quadro de falta de prudência ou diligência. Por este motivo, é de estabelecer um paralelismo com a figura do agravamento da coleta, prevista no CPPT, e cuja aplicação também tem por fundamento a dedução de reclamação graciosa ou pedido de revisão de matéria tributável manifestamente infundados. Contudo, ambas as figuras se distinguem da multa aplicada por condenação em litigância de má fé.

VII) Os grandes litigantes, isto é, sociedades comerciais que, no ano anterior, tenha dado entrada num tribunal, secretaria judicial ou balcão, a 200 ou mais processos (em sentido lato) estão sujeitos a uma taxa de justiça agravada.

VIII) O problema da prossecução de finalidades extra-redíticas situa-se, por um lado, na derrogação ou mitigação do princípio da equivalência, enquanto expressão do princípio da igualdade tributária e, por outro, na relevância conceitual da quantificação. O TC tem-se posicionado no sentido de afastar a transmutação de um tributo comutativo em imposto ainda que o seu montante exceda o custo dos bens e serviços prestados ao respetivo utilizador, salvo em caso de desproporção colossal, adotando, de certa forma, uma visão *material* da qualificação de taxa.

IX) Uma qualificação baseada num critério material acarreta, porém, alguns inconvenientes. A qualificação de uma prestação pecuniária deverá atender aos seus elementos, sendo o seu controlo material um exercício posterior ao da sua delimitação conceitual. Querendo qualificar a taxa de justiça agravada atendendo ao seu pressuposto e finalidade – e recusando-lhe finalidades sancionatórias – concluímos que aquele reside na prestação de um serviço público, ainda que também lhe esteja acoplada uma função extratributária. Quanto às finalidades, verifica-se que a sua finalidade primacial é a de reorientação do comportamento de um grupo específico. A circunstância de o *quantum* da taxa de justiça agravada poder ultrapassar o custo ou do valor da prestação integrará um controlo material, e não de qualificação, pelo que são às instâncias judiciais, enquanto atores tributários, a quem cabe proceder a este controlo.

X) A taxa de justiça agravada, porém, num exercício de ponderação de valores, pode suscitar algumas questões no plano do princípio da proporcionalidade, em especial, nas suas dimensões de adequação e necessidade. Será, portanto, de questionar se a medida é apta ou capaz de atingir o fim pretendido e, por outro lado, se é absolutamente necessária à prossecução de tal finalidade, ou pelo, contrário, se, no espetro das medidas já existentes, existirá alguma mais idónea a atingir tal fim.

Capítulo V

I) No plano principiológico, destacam-se desde logo o princípio da legalidade, na dimensão de reserva de lei, o princípio da justiça retribuída, o princípio da confiança e o princípio da equivalência.

II) O princípio da legalidade expressa-se com menor intensidade na taxa de justiça, uma vez que apenas o regime geral das taxas está sujeito a reserva parlamentar, nos termos da al. i), *in fine*, do n.º 1, do art. 165.º, da CRP. Será, no entanto, de questionar a densidade legal que deve ser exigida ao nível material, isto é, conteudístico. Parece-nos defensável que tal regime deva conter uma exigência ao nível da fundamentação económico-financeira das taxas, bem como disposições relativas à liquidação, cobrança, extinção da obrigação tributária (incluindo a prescrição) e garantias dos sujeitos passivos.

III) A Lei Fundamental, não impõe uma justiça gratuita, apenas estabelecendo o limite de que o Estado não deve criar obstáculos, designadamente, económico-financeiros que impeçam o acesso à justiça, tendo em conta o paradigma da capacidade contributiva do homem médio. Surge-nos, assim, O princípio da justiça retribuída que determina que todos os processos estão sujeitos a custas e a sua primeira manifestação na obrigação do pagamento de taxa de justiça.

IV) O princípio da causalidade determina que, quem dá causa ao processo é responsável pelas custas, pelo que apenas assume relevância quando, a final, é permitido aferir a quem é imputável a causa. Por regra, a condenação nas custas processuais também implicará, para o mesmo sujeito processual, a responsabilidade pelas custas de parte, e, embora ambas estejam relacionadas com o decaimento na causa, uma não implica necessariamente a outra.

V) O princípio do proveito processual aparece como secundário, subsidiário, em face do princípio da causalidade e apenas será aplicado quando não for possível imputar a causa a qualquer dos sujeitos processuais, caso em que deve ser condenado no pagamento de custas quem da atividade processual tirou proveito.

VI) O litigante vencedor nunca será totalmente compensado pelas despesas que, efetivamente, suportou com a demanda, cuja compensação se efetua através do instituto das custas de parte, daí que se possa falar no princípio da tendencial justiça gratuita para o vencedor.

VII) Na nossa ordem jurídica, o princípio da capacidade contributiva repele o princípio da equivalência, e vice-versa, tal não sucede, por exemplo, em Espanha, em que o próprio direito positivado estabelece a possibilidade de as taxas, sempre que as suas concretas características permitirem, incorporarem o princípio da capacidade económica, defendo a doutrina que tal se deve verificar, não tanto no seu valor, mas na sua fundamentação, de sorte que não devem ser exigidas a quem não demonstre essa capacidade. Entre nós, esta força de repulsão não implica que, atendendo à natureza do direito de acesso à justiça, o Estado não esteja constitucionalmente incumbido de criar soluções legais que ressalvem situações de insuficiência de meios económicos.

VIII) Nesta senda, o nosso Tribunal Constitucional tem preconizado o critério da *capacidade contributiva do homem médio* estabelecendo que, na fixação da taxa de justiça, o legislador não pode tornar o acesso à justiça incomportável para o cidadão médio e, portanto, inacessível, sob pena de violação do n.º 1, do art. 20.º, da Lei Fundamental. Esta ideia da capacidade contributiva do homem médio também não deve ser confundida com a que precede ao instituto da proteção jurídica, que procura dar resposta a casos de manifesta insuficiência económica.

Capítulo VI

I) A doutrina mais autorizada tem sustentado que o atual sistema de tributação do acesso à justiça é um sistema misto, no entanto, não resultarão dúvidas de que o valor da causa é a base tributável por excelência da taxa de justiça. Na sua delimitação conceitual, o valor da causa corresponde à utilidade económica, efetiva ou equivalente. Trata-se, porém, de um instrumento que encontra o seu fundamento e finalidade no direito processual, sendo utilizado, por exemplo, para estabelecer a obrigatoriedade da constituição de mandatário, a possibilidade de recurso ou a competência dos tribunais. A sua instrumentalização como base tributável da taxa de justiça suscita, assim, algumas questões sensíveis.

II) Se a taxa de justiça, à semelhança de outras taxas, visa compensar prestações públicas determinadas e individualizadas, ou seja, se visa compensar os custos de determinada prestação, a única forma justa de repartir tais encargos pelos utilizadores será atendendo ao custo ou ao benefício, ainda que de modo aproximado.

III) Conscientes de que uma equivalência de benefício não terá aplicabilidade na taxa de justiça – desde logo, porque entendemos que o valor da causa é insuscetível de traduzir um benefício individualizado – a utilização do valor da causa como base tributável leva-nos a questionar, e duvidar, da adequação do montante da taxa da justiça ao custo efetivamente provocado. A ausência um estudo sobre os custos da atividade judicial ou os benefícios que dela se retiram, e que fundamentem a exigência da taxa de justiça, contribui em larga medida para que se questione se o valor da causa, enquanto base tributável, é efetivamente capaz de expressar tal custo ou benefício. Este problema continuará a ser alimentado, em nosso ver, enquanto o legislador ordinário procrastinar a criação de um regime geral de taxas.

IV) O problema da quantificação dos custos e benefícios, no entanto, não é algo que a dogmática tributarista se possa ocupar em profundidade, atenta a sua proximidade com a ciência económica e financeira. O que, de facto, deve ser colocado em evidência é que o legislador deve recorrer àquelas ciências para determinar, o mais aproximado quanto possível, o custo da prestação e, desse modo, fixar, com o rigor que o princípio da equivalência exige, o *quantum* da prestação tributária. Como dissemos no início desta investigação, o custo que determinada aprestação ou atividade pública implica é de difícil precisão. O legislador terá de conviver com essa realidade e mover-se no plano do custo estimado.

V) O respeito pelo princípio da equivalência, em matéria de taxa de justiça, não se fará, evidentemente, sem a intervenção do princípio do Estado Social, porém, parece-nos que esse é um problema que se coloca a jusante. Ou seja, só após a quantificação, ainda que aproximada, do custo da prestação é que o legislador está em condições de ajuizar se a fixação da taxa de justiça com base no princípio da cobertura do custo periga, ou não, o princípio do Estado Social e, nessa medida – e operando-se aqui uma ponderação de valores ou de interesses – o princípio da equivalência deverá ceder. Caso contrário, estaremos perante aquilo a que nos atrevemos de chamar de *divórcio sem justa causa* entre a taxa e o princípio da equivalência.

VI) Parece-nos, ainda, que deverá ser alargada a "intervenção moderadora" do juiz, na fixação do montante da taxa de justiça de forma casuística, de modo a que esta não se revele exageradamente elevada *apenas e só* em virtude do elevado valor da causa, sem qualquer relação com a concreta atividade jurisdicional produzida e, por isso, com o custo da prestação pública. As recentes alterações legislativas, em especial, a introdução da possibilidade de redução ou dispensa do remanescente da taxa de justiça evidenciam que o legislador não está desatento às exigências que a taxa, enquanto instrumento de tributação encerra, contudo, não nos parecem suficientes.

VII) A relação da violação do direito à obtenção de uma decisão em prazo razoável com o princípio da equivalência situa-se em território pernicioso. Concluímos, porém, que mesmo que se verifique tal transgressão, o pressuposto e a finalidade da taxa de justiça mantêm-se inalterados. O pressuposto da taxa de justiça continua a assentar numa prestação pública de que o sujeito passivo é o efetivo causador ou beneficiário (ainda que possa não ter usufruído dentro do tal espaço temporal em que seria razoável). Por sua vez, a finalidade também se mantém incólume, porquanto continua a residir na compensação dessa prestação, e ainda que se prossigam finalidades extrareditícias. No que respeita à compensação, vimos também ser pacífico na doutrina o entendimento de que, ainda que possa não prosseguir-se uma compensação do benefício – questão que eventualmente colocar-se-ia considerando o tal critério *l'enjeu du litige* – sempre se produzirá uma compensação dos custos, o que parece querer significar que esta frustração total ou parcial da utilidade ou benefício poderá não ser suficiente para colocar em causa a legitimação material da taxa de justiça.

VIII) Defendemos que a dogmática deverá olhar com maior atenção para este fenómeno e deslocá-lo para outros territórios, nomeadamente, o do Direito tributário, procurando-se indagar se a ultrapassagem injustificada daquele *prazo razoável* – o que sempre terá de ser apreciado casuisticamente –, será suficiente para colocar em crise a relação de intensidade entre o tributo e a utilidade ou fruição propiciada por aquela concreta prestação pública e, consequentemente, a sua qualificação como taxa.

Capítulo VII

I) Concluímos ser defensável o alargamento do espectro da admissibilidade da redução do montante de taxa de justiça quando se reconheça que, *in concreto*, a taxa de justiça paga é elevada, exorbitante ou desproporcional (por exemplo, quando o processo inclua articulados simples ou quando a pretensão deduzida se mostre, sob o ponto de vista jurídico, trivial). Ante uma situação de manifesta desproporcionalidade entre a prestação ou atividade públicas e a contraprestação, o sujeito passivo deve, de alguma forma, ser *ressarcido*, o que pode passar pela restituição da taxa de justiça, ou, pelo menos, pela sua redução. Neste particular, entendemos que deverá ser conferida uma maior margem ao tribunal para, oficiosamente, e antes da prolação da decisão final, poderá proceder a essa avaliação casuística.

II) A questão também poderá ser suscitada pelos intervenientes processuais antes da prolação da decisão final, ou seja, após o encerramento da audiência final, que culmina com as alegações orais. Nesta fase processual, o litigante, bem assim como o tribunal, já estarão em condições de avaliar se, *in concreto*, o processo revestiu excecional complexidade e se o montante a taxa de justiça se revela desproporcional.

III) Outro expediente processual que os litigantes poderão lançar mão é a reforma de sentença ou acórdão, no segmento em que se refere à responsabilidade das partes pelas custas da ação.

IV) No que respeita ao incidente de reforma e reclamação da conta de custa, não nos parece adequada, para este fim, a sua utilização, uma vez que o pagamento da taxa de justiça é independente de condenação a final.

Capítulo VIII

I) Quanto à sua estrutura, pode dizer-se que a relação jurídica tributária de taxa de justiça é uma relação do tipo obrigacional, complexa, tratando-se de um vínculo intersubjetivo constituído por uma constelação de direitos e deveres. De um ponto de vista genético ou constitutivo, a relação jurídica não emerge de um encontro de vontades, mas da verificação de um facto jurídico ao qual o Direito tributário atribui relevância. A circunstância de o sujeito passivo colocar-se de forma mais ou menos espontânea no território de incidência da taxa de justiça não é suficiente para afastar o seu carácter *ex lege*.

II) O sujeito passivo da relação jurídica de taxa de justiça é o *interessado* no impulso processual, ou, por outras palavras, quem beneficia ou provoca o serviço público *justiça* e, portanto, relativamente ao qual, se verifica o facto tributário e independentemente de se situar na extremidade passiva ou ativa da relação processual. Para ser um *cidadão tributário*, porém, não é necessário deter personalidade jurídica ou até mesmo personalidade judiciária, bastando que, quanto àquele, se verifique o facto gerador da obrigação tributária. De resto, também os estrangeiros e apátridas podem ser sujeitos passivos de taxa de justiça.

III) Em contexto de litigiosidade, poderão surgir fenómenos de pluralidade de sujeitos processuais – no pólo ativo ou passivo – com repercussões na responsabilidade pela taxa de justiça e na base de cálculo. Importa, assim, distinguir entre o litisconsórcio e a coligação. No primeiro caso, a taxa de justiça é devida na totalidade pelo litisconsorte que figurar em primeiro lugar na peça processual em causa. A relação que se estabelece entre os litisconsortes é uma relação solidária, contudo, não se trata do chamamento ao cumprimento de sujeitos passivos indiretos, nem tão pouco configura um caso de pluralidade passiva tributária. Diferentemente, no caso de coligação, uma vez que cada sujeito é titular de uma relação jurídica controvertida autónoma, a taxa de justiça é paga por cada um dos coligantes.

IV) O chamamento de sujeitos passivos indiretos, porém, verifica-se no caso da sucessão tributária *mortis causa*. Se o sujeito processual, e sujeito passivo da taxa de justiça, falecer na pendência dos autos, a causa suspende-se até que sejam habilitados os seus sucessores através do incidente de habilitação. Parece-nos, porém, que a habilitação processual não terá efeitos extra-processuais no sentido de definir a posição do habilitando face à herança, o qual, mesmo tendo sido habilitado, poderá repudiar à herança. Assim, se o sujeito passivo falecer no decurso do processo, a responsabilidade pela taxa de justiça (assumindo que estamos perante situações em que não deve ser paga inicialmente) transmite-se aos seus sucessores que, no entanto, não respondem com o seu património pessoal, mas até às forças da herança.

V) O quadro jurídico vigente não contempla qualquer disposição a identificar o sujeito ativo da relação tributária de taxa de justiça. O legislador não atribuiu ao IGFEJ qualquer competência para a criação da taxa de justiça, aparecendo-nos como o beneficiário da receita obtida com a cobrança da taxa de justiça e, embora seja sua atribuição legal receber e administrar esta receita, a lei também não lhe confere qualquer competência para a sua liquidação e cobrança. Excetuando as situações de autoliquidação, é às secretarias dos tribunais que compete a liquidação e cobrança da taxa de justiça, inclusive, a emissão e envio da certidão da conta de custas para a ATA para efeitos de cobrança coerciva, tudo sucedendo sem qualquer intervenção do IGFEJ. Julgamos, assim, ser defensável a tese de que será o Estado, enquanto *Estado prestador* ou *Estado-Comunidade*, e não o IGFEJ, o sujeito ativo da relação jurídica de taxa de justiça.

VI) Com o nascimento da relação jurídica tributária forma-se uma constelação de vínculos jurídicos que podem ter como destinatários tanto o credor tributário, como o sujeito passivo. Quanto vínculo principal, ou objeto imediato da relação jurídica, podemos afirmar que este consiste na obrigação de o sujeito passivo pagar a taxa de justiça. Quanto ao *quid*, ou seja, o objeto mediato ou em sentido material, será a respetiva quantia em dinheiro em que se traduz a taxa de justiça. No que respeita aos vínculos ou obrigações acessórias, parece-nos ser de questionar se a obrigação de o sujeito passivo comprovar em juízo o pagamento da taxa de justiça, além de um ónus processual, não configurará um dever acessório de natureza não pecuniária, na medida em que visa escrutinar, documentalmente, o pagamento da taxa de justiça, facilitando à secretaria a fiscalização do seu cumprimento.

VII) Quanto ao facto tributário, observa-se que a taxa de justiça é exigível por causa (mas nem sempre por ocasião) do impulso do aparelho judicial, que, por sua vez, origina a prestação de um serviço individualizado – pressuposto da taxa. O facto gerador da obrigação tributária será, em nosso ver, o impulso processual, e não a apresentação de uma peça processual. É através desses atos que o sujeito processual desencadeia o impulso processual, que pede ou solicita a prestação de um serviço, por outras palavras, são os meios que o legislador reconheceu como virtuosos para desencadear a atividade jurisdicional, mas que não consubstanciam o facto tributário. O facto tributário não pode ser confundido com o pagamento do tributo, pelo que a circunstância de o pagamento da taxa de justiça coincidir, normalmente, com a apresentação de uma peça processual não pode conduzir à conclusão de que esse ato consubstancia o facto tributário – estamos, pois, no âmbito da exigibilidade do tributo. Por fim, podemos caracterizar o facto tributário como duradouro, na medida em que não se esgota num único momento e não coincide com a prática de determinado ato processual.

VIII) A respeito do pagamento da taxa de justiça, o legislador privilegiou o modelo de autoliquidação, no enanto, também existem situações de heteroliquidação ou liquidação administrativa. Neste caso, parece-nos defensável que a conta de custas elaborada pela secretaria do tribunal, quando esteja em causa o pagamento de taxa de justiça, surja como um ato de liquidação – uma liquidação primária ou de 1.º grau –, enquanto documento próprio, elaborado pela secretaria do tribunal, que identifica o sujeito passivo, descreve e quantifica a taxa de justiça individual a pagar e que deve ser notificado àquele. Trata-se, ainda, de um ato semi-executório, pois que, juntamente com a decisão final transitada em julgado, constitui título executivo compósito para a cobrança coerciva em sede de processo de execução fiscal.

IX) Concluímos também que, no pagamento voluntário da taxa de justiça, não é admissível a dação em cumprimento, a compensação ou a confusão por ausência de expressão consagração legal, embora, quando seja devida aquando do impulso processual, possa ser paga em duas prestações No caso de ser paga afinal, isto é, após a elaboração da conta de custas, o sujeito passivo tem 10 dias de prazo para pagamento voluntário, podendo acrescer as dilações de 5, 10 e 30 dias, no entanto, também pode ser paga em prestações desde que o valor a pagar seja superior a 3UC e sejam respeitados determinados limites. Em todo o caso, não é exigível a prestação de uma garantia idónea. Havendo reclamação da conta de custas, o prazo para pagamento voluntário só se inicia com a notificação da nova conta ou com o trânsito em julgado da decisão que apreciou a reclamação. Havendo recurso desta decisão, o responsável é notificado para o pagamento quando o processo baixar ao tribunal que funcionou em 1.ª instância.

X) Se o pagamento não ocorrer dentro do prazo para pagamento voluntário, a secretaria do tribunal deve extrair certidão de dívida, ou seja, em rigor, a certidão da conta de custas, e promover a sua entrega à ATA, por via eletrónica, juntamente com a decisão transitada em julgado. Concluímos, assim, que cabe à ATA iniciar o processo de execução fiscal para a cobrança coerciva das custas, multas não penais e outras sanções pecuniárias fixadas em processo judicial. Encontrando-nos, em rigor, perante um crédito tributário, este está subordinado aos princípios da indisponibilidade e da irrenunciabilidade, o que significa que não só o ente público credor da taxa de justiça pode, como *deve* instaurar processo de execução fiscal para cobrança coerciva da quantia em dívida. Na fase executiva, o executado poderá realizar o pagamento da dívida exequenda através da dação em pagamento ou solicitar o pagamento em prestações, parecendo-nos também admissível a compensação. Tratando-se de devedores sediados fora de Portugal, a competência para promover a execução cabe ao MP, mediante a obtenção de título executivo europeu.

XI) Com o pagamento da taxa de justiça, extinguir-se-á a obrigação tributária, satisfazendo-se o crédito tributário do qual é titular o sujeito ativo, contudo, cremos que a relação jurídica tributária poderá subsistir, na medida em que permanecerá para o Estado o dever de prestar ao sujeito passivo o serviço *justiça*. Será, assim, de questionar se esta relação jurídica se extingue com o trânsito em julgado da decisão proferida sobre a causa, concluindo que, em nosso ver, enquanto a decisão for suscetível de recurso ordinário, mantém-se latente na esfera jurídica do sujeito processual o direito a recorrer. Tal sucedendo, estaremos perante uma *renovação* do facto tributário, de sorte que a relação jurídica se conserva até que a decisão em crise se torne definitiva. Nas situações em que, por exemplo, o sujeito processual, tendo sido considerado revel e, portanto, não promoveu qualquer impulso processual, interpor recurso da decisão, haverá uma relação jurídica tributária de taxa de justiça se constitui *ex novo*.

XII) O legislador prevê que o crédito por custas (*lato sensu*) prescreve no prazo de cinco anos, sem, contudo, se referir ao início da contagem deste prazo. A ausência de um regime geral de taxas e a circunstância de a LGT estar essencialmente direcionada para a figura do imposto, obriga-nos a recorrer às normas civilísticas. Na jurisprudência existem duas correntes jurisprudências sobre o início da contagem do prazo de prescrição. Uma delas, na senda da doutrina de Salvador da Costa, defende que as custas apenas são devidas a partir da notificação da conta de custas, de modo que, não estando liquidada a obrigação, nem tendo decorrido o prazo para o seu pagamento voluntário, o prazo prescricional não começa a correr. Outra, sustenta que essa tese confunde a possibilidade de exercer o direito com a exequibilidade do crédito e que o Estado tem a possibilidade de exercer o seu direito a partir do trânsito em julgado da decisão judicial que condenou em custas.

XIII) Para garantir o cumprimento das custas *lato sensu* e, portanto, da taxa de justiça, o legislador consagrou expressamente o direito de retenção sobre bens na sua *posse* ou quantias depositadas à ordem do Tribunal, desde que provenha de caução depositada pelo responsável pelas custas, de arresto, consignação em depósito ou mecanismo similar, relativos a bens ou quantias de que seja titular o responsável pelas custas, da consignação, venda ou remição relativa a bens penhorados que fossem propriedade do responsável pelas custas ou deva ser entregue ao responsável pelas custas. O legislador também estabelece uma ordem de prioridade de pagamentos, surgindo em primeiro lugar a taxa de justiça. Defendemos, no entanto, não estarmos perante uma medida cautelar de garantia do crédito tributário, mas de uma genuína garantia real, uma vez que é conferida ao tribunal a faculdade de se fazer pagar diretamente pelas mesmas, de acordo com uma ordem de prioridade. Não se trata, assim, de sustar a sua entrega ao sujeito passivo até que se verifique o pagamento da taxa de justiça.

LISTA DE LEGISLAÇÃO CITADA E CONSULTADA

Portugal

- Acesso ao Direito e aos Tribunais, aprovado pela Lei n.º 34/2004, de 29 de julho, com a última redação conferida pela Lei n.º 2/2020, de 31 de março
- Código Civil, aprovado pelo Decreto-Lei n.º 47344/66, de 25 de novembro, com a última redação conferida pela Lei n.º 8/2022, de 10 de janeiro
- Código das Custas Judiciais, aprovado pelo Decreto-Lei n.º 224-A/96, de 8 de março (revogado)
- Código das Custas Judiciais, aprovado pelo Decreto-Lei n.º 30688, de 26 de agosto de
- 1940 (revogado)
- Código das Custas Judiciais, aprovado pelo Decreto-Lei n.º 44 329, de 08 de maio de 1962 (revogado)
- Código de Procedimento e Processo Tributário, aprovado pelo Decreto-Lei n.º 433/99, de 26 de outubro, com a última redação conferida Lei n.º 56/2021, de 16 de agosto
- Código de Processo Civil de 1876, aprovado por Carta de Lei de 8 de novembro de 1876 (revogado)
- Código de Processo Civil, aprovado pela Lei n.º 41/2013, de 26 de junho, com a última redação conferida pela Lei n.º 55/2021, de 13 de agosto
- Código de Processo nos Tribunais Administrativos, aprovado pela Lei n.º 15/2002, de 22 de fevereiro, com a última redação conferida Lei n.º 56/2021, de 16 de agosto

- Código do Imposto sobre o Rendimento das Pessoas Singulares, aprovado pelo Decreto-Lei n.º 442-A/88, de 30 de novembro, com a última redação conferida pela Lei n.º 75-B/2020, de 31 de dezembro
- Código do Imposto sobre o Valor Acrescentado, aprovado pelo Decreto-Lei 394-B/84, de 26 de dezembro, com a última redação conferida pela Lei n.º 75-B/2020, de 31 de dezembro
- Código Penal, aprovado pelo Decreto-Lei n.º 48/95, de 15 de março, com a última redação conferida pela Lei n.º 94/2021, de 21 de dezembro
- Código Processo Penal, aprovado pelo Decreto-Lei n.º 78/87, de 17 de fevereiro, com a última redação conferida pela Lei n.º 94/2021, de 21 de dezembro
- Constituição da República Portuguesa
- Decreto-Lei n.º 10/2011, de 20 de janeiro, com a última redação conferida pela Lei n.º 7/2021, de 26 de fevereiro
- Decreto-Lei n.º 212/89, de 30 de junho (revogado)
- Decreto-Lei n.º 25 882, de 1 de outubro de 1935 (revogado)
- Decreto-Lei n.º 25 882, de 1 de outubro de 1935 (revogado)
- Decreto-Lei n.º 320-B/2000, de 15 de dezembro (revogado)
- Decreto-Lei n.º 387-D/87, de 29 de dezembro (revogado)
- Decreto-Lei n.º 49213, de 29 de agosto de 1969 (revogado)
- Decreto-Lei n.º 73/99, de 16 de março (revogado)
- Decreto-Lei n.º 92/88, de 17 de março (revogado)
- Decreto-Lei n.º 164/2012, de 31 de julho, com a última redação conferida pela Lei n.º 30/2017, de 30 de maio
- Decreto-Lei n.º 324/2003, de 27 de dezembro (revogado)
- Estatuto da Ordem dos Advogados, aprovado pela Lei n.º 145/2015, de 09 de setembro, com a última redação conferida pela Lei n.º 79/2021, de 24 de novembro
- Ilícito de Mera Ordenação Social, aprovado pelo Decreto-Lei n.º 433/82, de 27 de outubro, com a última redação conferida pela Lei n.º 109/2001, de 24 de dezembro
- Lei da Organização do Sistema Judiciário, aprovada pela Lei n.º 62/2013, de 26 de agosto, com a última redação conferida pela Lei n.º 107/2019, de 09 de setembro
- Lei de 13 de maio de 1896 (revogado)
- Lei Geral Tributária, aprovada pelo Decreto-Lei n.º 398/88, de 17 de dezembro, com a última redação conferida pela Lei n.º 7/2021, de 26 de fevereiro

- Lei n.º 22- A/2007, de 29 de junho, com a última redação conferida pela Lei n.º 84/2021, de 06 de dezembro
- Lei n.º 26/2007, de 23 de julho
- Lei n.º 29/2013, de 19 de abril
- Lei n.º 75-B/2020, de 31 de dezembro
- Lei n.º 78/2001, de 13 de julho, com a última redação conferida pela Lei n.º 54/2013, de 31 de julho
- Lei n.º 99/2021, de 13 de dezembro
- Lei Orgânica do Ministério da Justiça, aprovada pelo Decreto-Lei n.º 123/2011, de 29 de dezembro, com a última redação conferida pela Lei n.º 89/2017, de 21 de agosto
- Portaria n.º 200/2011, de 20 de maio, com a última redação conferida pela Portaria n.º 267/2018, de 20 de setembro
- Portaria n.º 267/2018, de 20 de setembro, com a última redação conferida pela Portaria n.º 93/2019, de 28 de março
- Portaria n.º 419-A/2009, de 17 de abril, com a última redação conferida pela Portaria n.º 267/2018, de 20 de setembro
- Portaria n.º 9/2008, de 03 de janeiro
- Portaria n.º 1423-I/2003, de 31 de dezembro
- Regime Financeiro das Autarquias Locais e Entidades Intermunicipais, aprovado pela Lei n.º 73/2013, de 03 de setembro, com a última redação conferida pela Lei n.º 66/2020, de 04 de novembro
- Regime Geral das Taxas das Autarquias Locais, aprovado pela Lei n.º 53-E/2006, de 29 de dezembro, com a última redação conferida pela Lei n.º 117/2009, de 29 de dezembro
- Regulamento da Lei de Acesso ao Direito, aprovado pela Portaria n.º 10/2008, de 03 de janeiro, com a última redação conferida pela Portaria n.º 319/2011, de 30 de dezembro
- Regulamento das Custas Processuais, aprovado pelo Decreto-Lei n.º 34/2008, de 26 de fevereiro, com a última redação conferida pela Lei n.º 9/2022, de 11 de janeiro
- Regulamento do Fundo para a Modernização da Justiça, aprovado pela Portaria n.º 119/2011, de 29 de março, com a última redação conferida pela Portaria n.º 243/2017, de 01 de agosto

Espanha

- *Constitución Española*
- *Ley de Tasas y Precios Públicos*, aprovada pela Ley 8/1989, de 13 de abril, com a última redação conferida pela *Ley 9/2017, de 8 de noviembre*
- *Ley General Tributaria*, aprovada pela *Ley 58/2003, de 17 de diciembre*, com a última redação conferida pela *Ley 11/2021, de 9 de julio*

Internacional

- Convenção Europeia dos Direitos do Homem, com a última redação conferida pelos Protocolo n.º 15
- Diretiva 2006/112/CE do Conselho, de 28 de novembro de 2006, relativa ao sistema comum do imposto sobre o valor acrescentado, com a última redação conferida pela Diretiva 2009/162/UE do Conselho de 22 de dezembro de 2009
- Modelo do Código Tributário do CIAT

Brasil

- Código Tributário do Rio de Janeiro, aprovado pelo Decreto-Lei n.º 05 de 15 de março 1975, com a última redação conferida pela Lei n.º 9.507/2021
- Código Tributário Nacional, aprovado pela Lei n.º 5.172, de 25 de 1966, com a última redação conferida pela Lei Complementar n.º 187, de 16 de dezembro de 2021
- Constituição da República Federativa do Brasil de 1988

França

- *Code général des impôts*, com a última redação conferida *pela Ordonnance n.º 2021-1735 du 22 décembre 2021*

Perú

- Código Tributário, aprovado pelo *Decreto Supremo n.º 133-2013-EF, de 22 de junio de 2013*

LISTA DE JURISPRUDÊNCIA CITADA E CONSULTADA

Tribunal Constitucional

- Ac. n.º 433/1987, proferido no processo n.º 244/86, em 04 de novembro de 1987, disponível em www.tribunalconstitucional.pt [28-02-2021]
- Ac. n.º 307/1990, proferido no processo n.º 171/89, em 28 de novembro de 1990, disponível em www.tribunalconstitucional.pt [08-03-2021]
- Ac. n.º 339/1990, proferido no processo n.º 123/90, em 17 de dezembro de 1990, disponível em www.tribunalconstitucional.pt [08-03-2021]
- Ac. n.º 351/1991, proferido no processo n.º 99/90, em 04 de julho de 1991, disponível em www.tribunalconstitucional.pt [28-02-2021]
- Ac. n.º 248/1994, proferido no processo n.º 240/89, em 22 de março de 1994, disponível em www.tribunalconstitucional.pt [17-11-2020]
- Ac. n.º 640/95, proferido no processo n.º 286/94, em 15 de novembro de 1995, disponível em www.tribunalconstitucional.pt [03-10-2020]
- Ac. n.º 608/1999, proferido no processo n.º 473/98, em 06 de novembro de 1999, disponível em www.tribunalconstitucional.pt [01-10-2021]
- Ac. n.º 8/2000, proferido no processo n.º 170/99, em 11 de janeiro de 2000, disponível em www.tribunalconstitucional.pt [17-11-2020]
- Ac. nº 214/2000, proferido no processo n.º 467/99, em 05 de abril de 2000, disponível em www.tribunalconstitucional.pt [13-12-2020].
- Ac. n.º 200/2001, proferido no processo n.º 168/99, em 09 de maio de 2001, disponível em www.tribunalconstitucional.pt [09-12-2020]
- Ac. n.º 122/2002, proferido no processo n.º 447/2001, em 14 de março de 2002, disponível em www.tribunalconstitucional.pt [01-10-2021]

- Ac. n.º 349/2002, proferido no processo n.º 632/01, em 15 de julho de 2002, disponível em www.tribunalconstitucional.pt [17-11-2020]
- Ac. n.º 353/2003, proferido no processo 330/03, em 08 de julho de 2003, disponível em www.tribunalconstitucional.pt [07-11-2020]
- Ac. n.º 364/2004, proferido no processo n.º 834/03, em 19 de maio de 2004, disponível em www.tribunalconstitucional.pt [24-01-2021]
- Ac. n.º 46/2005, proferido no processo n.º 260/03, em 26 de janeiro de 2005, disponível em www.tribunalconstitucional.pt [01-10-2021]
- Ac. n.º 266/2006, proferido no processo n.º 421/2006, em 11 de julho de 2006, disponível em www.tribunalconstitucional.pt [24-01-2021]
- Ac. n.º 68/2007, proferido no processo n.º 215/05, em 30 de janeiro de 2007, disponível em www.tribunalconstitucional.pt [24-10-2021]
- Ac. n.º 227/2007, proferido no processo n.º 946/05, em 28 de março de 2007, disponível em www.tribunalconstitucional.pt [17-11-2020]
- Ac. n.º 365/2008, proferido no processo n.º 22/08, em 02 de julho de 2008, disponível em www.tribunalconstitucional.pt [06-05-2021]
- Ac. n.º 301/2009, proferido no processo n.º 75/09, em 22 de junho de 2009, disponível em www.tribunalconstitucional.pt [17-11-2020]
- Ac. n.º 421/2013, proferido no processo n.º 907/2012, em 15 de julho de 2013, disponível em www.tribunalconstitucional.pt [18-12-2020]
- Ac. n.º 238/2014, proferido no processo n.º 223/13, em 06 de março de 2014, disponível em www.tribunalconstitucional.pt [20-02-2021]
- Ac. n.º 538/2014, proferido no processo n.º 41114, em 09 de julho de 2014, disponível em www.tribunalconstitucional.pt [13-12-2020]
- Ac. n.º 844/2014, proferido no processo n.º 275/13, em 03 de dezembro de 2014, disponível em www.tribunalconstitucional.pt [02-01-2021]
- Ac. n.º 27/2015, proferido no processo n.º 440/2014, em 14 de janeiro de 2015, disponível em www.tribunalconstitucional.pt [19-05-2022]
- Ac. n.º 320/2016, proferido no processo n.º 107/2014, em 19 de maio de 2015, disponível em www.tribunalconstitucional.pt [06-05-2021]
- Ac. n.º 361/2015, proferido no processo n.º 536/2014, em 09 de julho de 2015, disponível em www.tribunalconstitucional.pt [23-12-2021]
- Ac. n.º 539/2015, proferido no processo n.º 27/15, em 20 de outubro de 2015, disponível em www.tribunalconstitucional.pt [03-10-2020]
- Ac. n.º 591/2016, proferido no processo n.º 278/16, em 09 de novembro de 2016, disponível em www.tribunalconstitucional.pt [24-01-2021]

- Ac. n.º 17/2018, proferido no processo n.º 388/2017, em 10 de janeiro de 2017, disponível em www.tribunalconstitucional.pt [03-10-2020]
- Ac. n.º 34/2018, proferido no processo n.º 540/2017, em 31 de janeiro de 2017, disponível em www.tribunalconstitucional.pt [03-10-2020]
- Ac. n.º 367/2018, proferido no processo n.º 106/18, em 03 de julho de 2017, disponível em www.tribunalconstitucional.pt [06-05-2021]
- Ac. n.º 418/2017, proferido no processo n.º 789/2016, em 13 de julho de 2017, disponível em www.tribunalconstitucional.pt [03-10-2020]
- Ac. n.º 611/2017, proferido no processo n.º 361/2017, em 03 de outubro de 2017, disponível em www.tribunalconstitucional.pt [03-10-2020]
- Ac. n.º 848/2017, proferido no processo n.º 281/17, em 13 de dezembro de 2017, disponível em www.tribunalconstitucional.pt [03-10-2020]
- Ac. n.º 242/2018, proferido no processo n.º 598/17, em 08 de maio de 2018, disponível em www.tribunalconstitucional.pt [24-01-2021]
- Ac. n.º 615/2018, proferido no processo n.º 1200/17, em 21 de novembro de 2018, disponível em www.tribunalconstitucional.pt [12-09-2021]
- Ac. n.º 4/2020, proferido no processo n.º 841/2019, em 05 de fevereiro de 2019, disponível em www.tribunalconstitucional.pt [03-10-2020]
- Ac. n.º 344/2019, proferido no processo n.º 673/2017, em 04 de junho de 2019, disponível em www.tribunalconstitucional.pt [07-11-2020]
- Ac. n.º 364/2019, proferido no processo n.º 66/2018, em 19 de junho de 2019, disponível em www.tribunalconstitucional.pt [07-11-2020]
- Ac. n.º 303/2020, proferido no processo n.º 1091/2019, em 23 de junho de 2020, disponível em www.tribunalconstitucional.pt [08-11-2021]
- Ac. n.º 268/2021, proferido no processo n.º 1010/19, em 29 de abril de 2021, disponível em www.tribunalconstitucional.pt [08-11-2021]

Supremo Tribunal de Justiça

- Ac. proferido no processo n.º 99A1015, em 18 de janeiro de 2000, disponível em www.dgsi.pt [31-05-2021]
- Ac. proferido no processo n.º 669/10.8TBGRD-B.C1.S1, em 13 de julho de 2017, disponível em www.dgsi.pt [18-12-2020]
- Ac. proferido no processo n.º 5844/13.0TBBRG.P1.S1, em 22 de maio de 2018, disponível em www.dgsi.pt [18-12-2020]

- Ac. proferido no processo n.º 1194/14.3TVLSB.L1.S2, em 24 de maio de 2018, disponível em www.dgsi.pt [29-05-2021]
- Ac. proferido no processo n.º 0394/13.8BEVIS 0812/17, em 26 de setembro de 2018, disponível em www.dgsi.pt [24-10-2021]
- Ac. proferido no processo n.º 565/12.4TATVR-C.E1-A.S1, em 09 de maio de 2019, disponível em www.dgsi.pt [07-12-2020]
- Ac. proferido no processo n.º 364/14.9TAPDL.L1.S1, em 29 de maio de 2019, disponível em www.dgsi.pt [04-08-2021]
- Ac. proferido no processo n.º 136/13.8JDLSB.L2-A.S1, em 18 de dezembro de 2019, disponível em www.dgsi.pt [07-12-2020]
- Ac. proferido no processo n.º 2553/09.9TBVCD.P1.S1, em 29 de setembro de 2020, disponível em www.dgsi.pt [29-05-2021]
- Ac. proferido no processo n.º 767/14.9TBALQ-C.L1.S2, em 13 de outubro de 2020, disponível em www.dgsi.pt [18-08-2021]
- Ac. proferido o processo n.º 923/16.5YRLSB.S1, em 12 de novembro de 2020, disponível em www.dgsi.pt [31-05-2021]
- Ac. proferido no processo n.º 5745/16.0T8LSB.L1.S1, em 20 de maio de 2021, disponível em www.dgsi.pt [20-12-2021]
- Ac. Uniformizador de Jurisprudência n.º 1/2022, de 03 de janeiro, proferido no processo n.º 1118.16.3T8VRL -B.G1.S1-A, em 10 de novembro de 2021, disponível em www.stj.pt [31-05-2022]

Tribunal da Relação de Coimbra

- Ac. proferido no processo n.º 2431/07.6TBVIS-B.C1, em 11 de maio de 2010, disponível em www.dgsi.pt [12-06-2021]
- Ac. proferido no processo n.º 224/09.5TBCBR-B.C1, em 08 de março de 2016, disponível em www.dgsi.pt [07-12-2020]
- Ac. proferido no processo n.º 1825/03.0PBLRA.C1, em 07 de junho de 2017, disponível em www.dgsi.pt [09-10-2021]
- Ac. proferido no processo n.º 720/06.6TBFIG-A.C1, em 12 de junho de 2018, disponível em www.dgsi.pt [03-12-20]
- Ac. proferido no processo n.º 125/07.1GAVZL-G.C1, em 11 de dezembro de 2018, disponível em www.dgsi.pt [04-08-2021]
- Ac. proferido no processo n.º 6770/18.2T8CBR-A.C1, em 28 de maio de 2019, disponível em www.dgsi.pt [06-06-2021]

- Ac. proferido no processo n.º 1310/16.0T8PBL-A.C1, em 05 de maio de 2020, disponível em www.dgsi.pt [07-12-2020]
- Ac. proferido no processo n.º 500/09.7TBSRT.1.C1, em 17 de novembro de 2020, disponível em www.dgsi.pt [23-12-2020]
- Ac. proferido no processo n.º 4016/08.0TBLRA-A.C1, em 14 de dezembro de 2020, disponível em www.dgsi.pt [29-05-2021]
- Ac. proferido no processo n.º 75109/20.3YIPRT.C1, em 27 de abril de 2021, disponível em www.dgsi.pt [13-04-2022].

Tribunal da Relação de Évora

- Ac. proferido no processo n.º 1425/03-01, em 28 de outubro de 2003, disponível em www.dgsi.pt [19-01-2021]
- Ac. proferido no processo n.º 1267/09.4TBBNV.E1, em 07 de junho de 2008, disponível em www.dgsi.pt [20-08-2021]
- Ac. proferido no processo n.º 1107/08-2, em 26 de junho de 2008, disponível em www.dgsi.pt [18-06-2021]
- Ac. proferido no processo n.º 2561/07.4TBFAR-R.E1, em 07 de dezembro de 2012, disponível em www.dgsi.pt [23-12-2020]
- Ac. proferido no processo n.º 2288/04.9TBFAR-A.E1, em 26 de fevereiro de 2013, disponível em www.dgsi.pt [09-10-2021]
- Ac. proferido no processo n.º 127/10.0TBRMZ-B.E1, em 06 de outubro de 2016, disponível em www.dgsi.pt [12-06-2021]
- Ac. proferido no processo n.º 203/14.0T8PTG-E.E1, em 11 de maio de 2017, disponível em www.dgsi.pt [09-10-2021]
- Ac. proferido no processo n.º 716/17.2T8SLV-A.E1, em 12 de abril de 2018, disponível em www.dgsi.pt [07-12-2020]
- Ac. proferido no processo n.º 1445/12.9TBBNV.E2, em 25 de junho de 2020, disponível em www.dgsi.pt [18-08-2021]
- Ac. proferido no processo n.º 2351/18.9T9STB.E1, em 09 de fevereiro de 2021, disponível em www.dgsi.pt [05-05-2022]

Tribunal da Relação de Guimarães

- Ac. proferido no processo n.º 1624/02-2, em 29 de janeiro de 2003, disponível em www.dgsi.pt [12-06-2021]

- Ac. proferido no processo n.º 41777/12.4YIPRT-A.G1, em 02 de julho de 2013, disponível em www.dgsi.pt [06-06-2021]
- Ac. proferido no processo n.º 1336/15.1T8VRL.G1, em 04 de outubro de 2017, disponível em www.dgsi.pt [12-06-2021]
- Ac. proferido no processo n.º 2524/13.0TBVCT.G2-A, em 28 de março de 2018, disponível em www.dgsi.pt [07-12-2020]
- Ac. proferido no processo n.º 523/14.4TBBRG-H.G1, em 27 de junho de 2019, disponível em www.dgsi.pt [29-05-2021]
- Ac. proferido no processo n.º 797/12.5TVPRT-A.G2, em 10 de julho de 2019, disponível em www.dgsi.pt [29-05-2021]

Tribunal da Relação de Lisboa

- Ac. proferido no processo n.º 277/08.3TBSRQ-F.L1-7, em 11 de janeiro de 2011, disponível em www.dgsi.pt [23-12-2020]
- Ac. proferido no processo n.º 825/09.1TBLNH-A.L1-6, em 30 de novembro de 2011, disponível em www.dgsi.pt [06-06-2021]
- Ac. proferidos no processo n.º 18335/16.9T8LSB.L1-6, em 28 de março de 2019, disponível em www.dgsi.pt [18-12-2020]
- Ac. proferido no processo n.º 32063/15.9T8LSB-A.L1, em 24 de outubro de 2019, disponível em www.dgsi.pt [07-12-2020]
- Ac. proferido no processo n.º 17873/12.7YYLSB-D.L1.L1-7, em 21 de janeiro de 2020, disponível em www.dgsi.pt [04-08-2021]
- Ac. proferido no processo n.º 9761/18.0T8LSB.L1-7, em 18 de fevereiro de 2020, disponível em www.dgsi.pt [01-10-2021]
- Ac. proferido no processo n.º 17985/12.7YYLSB-C.L1-7, em 07 de abril de 2021, disponível em www.dgsi.pt [05-05-2022]
- Ac. proferido no processo n.º 517/19.3JELSB-A.L1-5, em 13 de abril de 2021, disponível em www.dgsi.pt [29-09-2021]

Tribunal da Relação do Porto

- Ac. proferido no processo n.º 9910453, em 26 de janeiro de 2000, disponível em www.dgsi.pt [23-12-2020]

- Ac. proferido no processo n.º 0231399, em 21 de novembro de 2002, disponível em www.dgsi.pt [23-12-2020]
- Ac. proferido no processo n.º 0735728, em 19 de dezembro de 2007, disponível em www.dgsi.pt [05-11-2021]
- Ac. proferido no processo n.º 375/11.6TYVNG-D.P1), em 05 de novembro de 2011, disponível em www.dgsi.pt [07-12-2020]
- Ac. proferido no processo n.º 22/08.3TBVLG.P1, em 15 de fevereiro de 2012, disponível em www.dgsi.pt [06-05-2021]
- Ac. proferido no processo n.º 269/10.2TAMTS-B.P1, em 19 de fevereiro de 2014, disponível em www.dgsi.pt [03-12-2020]
- Ac. proferido no processo n.º 1391/16.7T8AVR-A.P1, em 18 de abril de 2017, disponível em www.dgsi.pt [01-10-2021]
- Ac. proferido no processo n.º 1962/09.8TVPRT.P2, em 04 de maio de 2017, disponível em www.dgsi.pt [07-11-2021]
- Ac. proferido no processo n.º 462/06.2TBLSD-C.P1, em 14 de junho de 2017, disponível em www.dgsi.pt [03-12-2020]
- Ac. proferido no processo n.º 5087/15.9T8LOU-A.P1, em 23 de novembro de 2017, disponível em www.dgsi.pt [01-10-2021]
- Ac. proferido no processo n.º 1204/17.2T8PVZ-A.P1, em 22 de maio de 2019, disponível em www.dgsi.pt [06-06-2021]
- Ac. proferido no processo n.º 11964/17.5T8PRT.P1, em 10 de dezembro de 2019, disponível em www.dgsi.pt [24-01-2021]
- Ac. proferido no processo n.º 3039/15.8T8PNF-B.P1, em 14 de janeiro de 2020, disponível em www.dgsi.pt [29-05-2021]
- Ac. proferido no processo n.º 6590/13.0TBMTS-B.P1, em 06 de fevereiro de 2020, disponível em www.dgsi.pt [20-08-2021]
- Ac. proferido no processo n.º 13118/16.9T8LSB-A.P1, em 20 de fevereiro de 2020, disponível em www.dgsi.pt [26-12-2020]
- Ac. proferido no processo n.º 4307/16.7T8LOU-B.P1, em 23 de março de 2020, disponível em www.dgsi.pt [12-06-2021]
- Ac. proferido no processo n.º 4567/19.1T8PRT-A.P2, em 14 de julho de 2020, disponível em www.dgsi.pt [22-12-2020]
- Ac. proferido no processo n.º 1074/16.8T8OAZ-B.P1, em 09 de março de 2021, disponível em www.dgsi.pt [12-06-2021]

Supremo Tribunal Administrativo

- Ac. proferido no processo n.º 0122/09, em 08 de julho de 2009, disponível em www.dgsi.pt [06-02-2021]
- Ac. proferido no processo n.º 1957/13, em 22 de abril de 2015, disponível em www.dgsi.pt [05-05-2021]
- Ac. proferido no processo n.º 01009/15, em 09 de agosto de 2016, disponível em www.dgsi.pt [18-12-2020]
- Ac. proferido no processo n.º 01350/16, em 09 de março de 2017, disponível em www.dgsi.pt [23-12-2020]
- Ac. proferido no processo n.º 0490/17, em 23 de maio de 2018, disponível em www.dgsi.pt [22-12-2021]
- Ac. proferido no processo n.º 0398/17, em 27 de junho de 2018, disponível em www.dgsi.pt [01-10-2021]
- Ac. proferido no processo n.º 0906/14.0BEVIS-S1, em 17 de dezembro de 2019, disponível em www.dgsi.pt [23-12-2020]
- Ac. proferido no processo n.º 01175/12.1BESNT 0527/17, em 16 de janeiro de 2020, disponível em www.dgsi.pt [02-04-2022].
- Ac. proferido no processo n.º 0696/16.1BELLE, em 28 de janeiro de 2020, disponível em www.dgsi.pt [22-12-2020]
- Ac. proferido no processo n.º 0284/17.5BELSB, em 05 de março de 2020, disponível em www.dgsi.pt [23-12-2020]
- Ac. proferido no processo n.º 0155/04.5BELSB 0762/15, em 28 de outubro de 2020, disponível em www.dgsi.pt [22-12-2020]
- Ac. proferido no processo n.º 0415/17.5BEMDL-A, de 20 de janeiro de 2021, disponível em www.dgsi.pt [30-01-2021]

Tribunal Central Administrativo Norte

- Ac. proferido no processo n.º 00035/04, em 11 de novembro de 2004, disponível em www.dgsi.pt [20-08-2021]
- Ac. proferido no processo n.º 00564/04, em 21 de setembro de 2006, disponível em www.dgsi.pt [20-08-2021]
- Ac. proferido no processo n.º 03015/13.5BEPRT, em 18 de novembro de 2016, disponível em www.dgsi.pt [18-06-2021]

- Ac. proferido no processo n.º 00335/12.0BEMDL, em 24 de março de 2017, disponível em www.dgsi.pt [06-06-2021]
- Ac. proferido no processo n.º 00451/18.4BEVIS, em 28 de fevereiro de 2020, disponível em www.dgsi.pt [07-02-2021]
- Ac. proferido no processo n.º 01972/20.4BEPRT, em 24 de setembro de 2021, disponível em www.dgsi.pt [13-04-2022]

Tribunal Central Administrativo Sul

- Ac. proferido no processo n.º 294/14.4BESNT, em 04 de outubro de 2017, disponível em www.dgsi.pt [29-05-2021]
- Ac. proferido no processo n.º 2163/16.4BELSB, em 13 de fevereiro de 2020, disponível em www.dgsi.pt [18-12-2020]
- Ac. proferido no processo n.º 8290/14.5BCLSB, em 05 de março de 2020, disponível em www.dgsi.pt [20-08-2021]
- Ac. proferido no processo n.º 2073/16.5BELSB-A, em 28 de maio de 2020, disponível em www.dgsi.pt [04-08-2021]
- Ac. proferido no processo n.º 2545/12.0BELRS, em 25 de junho de 2020, disponível em www.dgsi.pt [05-06-2021]

Tribunal Europeu dos Direitos do Homem

- Ac. Silva Pontes c. Portugal, proferido no processo n.º 14940/89, em 23 de março de 1994, disponível em www.echr.coe.int/eng [19-02-2021]
- Ac. *Tolstoy Miloslavsky v. The United Kingdom*, proferido no processo n.º 18139/91, de 13 de julho de 1995, disponível em www.echr.coe.int/eng [14-12-2021]
- Ac. *Kreuz v. Poland*, proferido no processo n.º 28249/95, 19 de junho de 2001, disponível em www.echr.coe.int/eng [14-12-2021]
- Ac. *Reuther v. Germany*, proferido no processo n.º 74789/01, em 05 de junho de 2003, disponível em www.echr.coe.int/eng [14-12-2021]
- Ac. Jorge Nina Jorge *et autres* c. Portugal, proferido no processo n.º 52662/99, em 19 de fevereiro de 2004, disponível em www.echr.coe.int/eng [19-02-2021]

- Ac *Stankov v. Bulgary*, proferido no processo 68490/01, em de 12 de julho de 2007, disponível em www.echr.coe.int/eng [06-01-2021]
- Ac. *Rambauske v. Austria*, proferido no processo n.º 45369/07, em 28 de janeiro de 2010, disponível em www.echr.coe.int/eng [06-02-2021]
- Ac. Perdigão c. Portugal, proferido no processo 24768/06, em de 16 de novembro de 2010, disponível em www.echr.coe.int/eng [06-01-2021]
- Ac. *Harrison Mckee v. Hungary*, proferido no processo 22840/07, em 03 de junho de 2014 disponível em www.echr.coe.int/eng [14-12-2021]
- Ac. Cunha Martins da Silva Couto c. Portugal, proferido no processo n.º 69062/13, em 28 de fevereiro de 2017, disponível em www.echr.coe.int/eng [19-02-2021].
- Ac. *Zubac v. Croatia*, proferido no processo 40160/12, em de 05 de abril de 2018, disponível em www.echr.coe.int/eng [07-01-2021]
- Ac. Vilela c. Portugal, proferido no processo 63687/14, em 23 de fevereiro de 2021, disponível em www.echr.coe.int/eng [01-03-2021]

Tribunal de Justiça da União Europeia

- Ac. Comissão c. Finlândia, proferido no processo n.º C-246/08, em 29 de outubro de 2009, disponível em https://eur-lex.europa.eu [25-07-2021]

Tribunal Constitucional de España

- *Sentencia 6/1983, de 4 de febrero,* disponível em www.tribunalconstitucional.es [12-10-2020]
- *Sentencia 185/1995, de 14 de diciembre,* disponível em www.tribunalconstitucional.es [26-12-2020]
- *Sentencia 102/2005, de 20 de abril,* disponível em www.tribunalconstitucional.es [14-10-2020]
- *Sentencia 20/2012, de 16 de febrero,* disponível em www.tribunalconstitucional.es [03-09-2021]
- *Sentencia 79/2012, de 17 de abril,* disponível em www.tribunalconstitucional.es [03-09-202]

Supremo Tribunal Federal

- Ação Direta de Inconstitucionalidade n.º 3.826, do Estado de Góias, proferida em 12-05-2010, disponível em https://portal.stf.jus.br/ [19-04-2022]
- Representação n.º 1.077, do Estado do Rio de Janeiro, proferida em 28-03-1983, disponível em https://portal.stf.jus.br/ [19-04-2022]

LISTA DE REFERÊNCIAS BIBLIOGRÁFICAS CITADAS E CONSULTADAS

ABRANHAM, Marcus, "Curso de Direito Tributário Brasileiro", Rio de Janeiro, Forense, 2022

AGUDO RUIZ, Alfonso, "*Las costas en el proceso civil romano*", Madrid, Dykinson, 2013

ALARCÓN-GARCÍA, Gloria, "*Manual del Sistema Fiscal Español – Un compendio sistemático y prático*", Navarra, Editorial Aranzadi, 2009

ALBUQUERQUE, Pedro "Responsabilidade processual por litigância de má fé, abuso de direito e responsabilidade civil em virtude de actos praticados no processo: a responsabilidade por pedido infundado de declaração da situação de insolvência ou indevida apresentação por parte do devedor", Coimbra, Almedina, 2006

ALMEIDA, Aníbal, "Estudos de Direito Tributário", 2.ª Edição, Coimbra, Almedina, 1999

AMORIM, José de Campos, AZEVEDO, Patrícia Anjos, "Lições de Direito Fiscal", Porto, Primeira Edição, 2020

ANTUNES, Aquilino Paulo, "As Taxas Moderadoras e a Lei de Bases de Saúde" *in Revista Jurídica Luso-Brasileira,* Ano 6, n.º 1, 2020

APARICIO PÉREZ, Antonio, "*El impuesto sobre la administración de justicia – Estudio histórico y actual. Análisis crítico*", Pamplona, Editorial Aranzadi, 2017

AZEVEDO, Tiago Lopes de, "Lições de Direito das Contraordenações", Coimbra, Almedina, 2020

BOUVIER, Michel, "*Introdution au Droit Fiscal Général et à la Théorie de L'Impôt,* 14.º Edição, Paris, L.G.D.J, 2020

CANOTILHO, J. J. Gomes, "Direito Constitucional e Teoria da Constituição", 7.ª Edição – Reimp., Coimbra, Almedina, 2003

CATARINO, João Ricardo, FERRAZ, Diogo, "Impostos extrafiscais ainda são imposto? Um excurso sobre a admissibilidade teórica da figura e seus limites", *in Revista Jurídica Portucalense*, N.º Especial, Porto, 2022

CARREIRA, José António Coelho, "Regulamento das Custas Processuais – Anotado", 2.ª Edição, Coimbra, Almedina, 2018

CARVALHO, Jorge, OLIVEIRA, Fernanda Paula Marques de, "Perequação – Taxas e cedências: administração urbanística em Portugal", Coimbra, Almedina, 2008

CEDOUA, *et al.*, "Direito do urbanismo e autarquias locais – realidade actual e perspectivas de evolução", Coimbra, Almedina, 2006

Centro de Estudos Judiciários – Direção Geral da Administração da Justiça (Divisão de Formação), "Guia Prático das Custas Processuais", Lisboa, 5.ª Edição, 2021, disponível em http://www.cej.mj.pt/cej/recursos/ebooks/outros/eb_Custas_5edicao.pdf [04-12-2021]

COSTA, Mário Júlio de Almeida, "História do Direito Português", 5.ª Edição, Coimbra, Almedina, 2012

COSTA, Salvador da, "As Custas no Contencioso Tributário" *in Centro de Estudos Judiciários, Temas de Direito Tributário 2017 – Procedimento Tributário e Custas Processuais*, Lisboa, 2017, p. 37, disponível em https://cej.justica.gov.pt/LinkClick.aspx?fileticket=zhZIZ0wEo58%3d&portalid=30 [31-03-2022].

—, "As Custas Processuais – Análise e Comentário", 7.ª Edição, Coimbra, Almedina, 2018

—, "As Custas Processuais – Análise e Comentário", 8.ª Edição (Reimp.), Coimbra, Almedina, 2022

—, "Código das Custas Judiciais – Anotado e comentado", 5.ª Edição, Coimbra, Almedina, 1995

—, "Código das Custas Judiciais – Anotado e Comentado", 4.ª Edição, Coimbra, Almedina, 4.ª Edição

—, "Código das Custas Judiciais – Anotado e Comentado", 5.ª Edição, Coimbra, Almedina, 1995

—, "Regulamento das Custas Processuais", 2.ª Edição, Coimbra, Almedina, 2008

CRUZ, Sebastião, "Direito Romano (*Ius Romanum*)", 4.ª Edição, Coimbra, Coimbra Editora, 1984

DOMÉNECH PASCUAL, Gabriel, "*Las tas judiciales a juicio – Comentario crítico de la Sentencia del Tribunal Constitucional 140/2016, de 21 de julio*", *Revista para el análisis del Derecho InDret n.º 1/2017*, Barcelona, 2017

DOURADO, Ana Paula, "Direito Fiscal", 6.ª Edição, Coimbra, Almedina, 2021

DUARTE, Ronnie Preuss, "A garantia de acesso à justiça: os direitos processuais fundamentais", Coimbra, Coimbra Editora, 2007

ECHEVARRÍA PLAZA, Juan, "*La justicia como fundamento del sistema tributario español*", Madrid, Dykinson, 2021

ESTELLER-MORÉ, Alejandro, "*La configuración de una tasa judicial: análisis teórico*" *in Investigaciones Económicas, Vol. XXVI, n.º 3*, 2002

FÁLCON Y TELLA, Ramón, "*Derecho Financeiro y Tributario (parte general)*", 6.ª Edição, Madrid, Universidad Complutense, 2016

FALSITTA, Gaspare, "*Corso Istituzionale di Diritto Tributario*", 6.ª Edição, Wolters Kluwer Italia, 2016

FERNANDES, Filipe de Vasconcelos, "Direito Fiscal Constitucional – Introdução e Princípios Fundamentais", Lisboa, AAFDL, 2020

FLEISCHER, Victor, "*Curb your Enthusiasm for Pigouvian Taxes*", *in Vanderbilt Law Review*, Vol. 68:6:1673, 2015

FREITAS, José Lebre de, "A Ação Declarativa Comum – À Luz do Código de Processo Civil de 2013", 4.ª Edição, Coimbra, Gestlegal, 2017

GARCIA NOVOA, César, "*El concepto de tributo*", Buenos Aires, Marcial Pons Argentina, 2012

GARCIA, Nuno de Oliveira, "Contencioso de Taxas – Liquidação, audição e fundamentação", 3.ª Edição, Coimbra, Almedina, 2018

GERALDES, António Santos Abrantes, "Temas Judiciários – Volume I", Coimbra, Almedina, 1998

GIL RODRÍGUEZ, Isabel, "*Las tasas judiciales*", Valencia, Tirant Lo Branch, 2019

GOMES, Conceição, "Os Atrasos da Justiça", Lisboa, Fundação Francisco Manuel dos Santos, 2011

GONÇALVES, Marco Carvalho, "Prazos Processuais", 2.ª Edição, Coimbra, Almedina, 2020

GONZÁLEZ ALONSO, Alicia, "*Las tasas judiciales (o sobre la aflicción) desde la perspectiva constitucional*", *in Revista Jurídica de la Universidad Autónoma de Madrid*, n.º 27, 2013

GOROSPE OVIEDO, Juan Ignacio; HERRERA MOLINA, Pedro Manuel, "*La virtualidad del principio de capacidad económica en el ordenamiento tributario español*", *in* STERLING, Ana Yábar (coord.), *Estudios en homenaje al profesor Pérez de Ayala*, Madrid, Dykinson, 2007

Giuliani Fonrouge, Carlos M., "*Derecho Financero – Vol. I*", 9.ª Edição, Buenos Aires, La Ley, 2004.

Hodges, Christopher, *et. al.*, "*The Costs and Funding of Civil Litigation: A Comparative Perspective*", Londres, Bloomsbury Publishing, 2010

Kaser, Max, "*Römisches privatrecht*", tradução portuguesa de Samuel Rodrigues, Ferdinand Hammerle e Maria Armanda de Saint-Maurice, "Direito privado romano", Lisboa, Fundação Calouste Gulbenkian, 1999

Leitão, Hélder Martins, "Das custas, multa e indemnização", 2.ª Edição, Porto, Almeida & Leitão, Lda.,1997

Lobo, Carlos Baptista, "Reflexões sobre a (necessária) equivalência económica das taxas", *in* Faculdade de Direito da Universidade de Lisboa, *Estudos jurídicos e económicos em homenagem ao Prof. Doutor António de Sousa Franco – Volume I*, Coimbra, Coimbra Editora, 2006

Lobo, Fernando Gama, "Código de Processo Penal – Anotado", 4.ª Edição, Coimbra, Almedina, 2022

Locke, John, "Segundo Tratado do Governo", Fundação Calouste Gulbenkian, 2007

Loredo Colunga, Marcos, "*Las tasas judiciales: una controvertida alternativa de financiación de la Justicia*", *Revista para el análisis del Derecho InDret n.º 1/2005*, Barcelona, 2005

Machado, Jónatas E. M., Costa, Paulo Nogueira, "Manual de Direito Fiscal – perspetiva multinível", 3.ª Edição, Coimbra, Coimbra Editora, 2019

Magalhães, Fernando Sousa, "Estatuto da Ordem dos Advogados – Anotado e Comentado, 15.ª Edição, Coimbra, Almedina, 2021

Martínez Sánchez, César, "*Principio de Equivalencia en el Sistema Tributario Español*", Madrid, Marcial Pons, 2015

—, "*Una aproximación crítica a las tasas judiciales desde el derecho financiero y tributario*", *in Revista Jurídica de la Universidad Autónoma de Madrid*, n.º 27, 2013

Martinez, Pedro Soares, "A essência do fenómeno financeiro" *in Revista de Finanças Públicas e Direito Fiscal*, Ano 1, Número 2, Verão, 2008

Martinez, Pedro Soares, "Manual de Direito Fiscal", 2.ª Reimp., Coimbra, Almedina, 1987

Martins, Maria D'Oliveira, "Lições de Finanças Públicas e Direito Financeiro", 3.ª Edição, Coimbra, Almedina, 2019

Memorando de Entendimento sobre as Condicionalidades de Política Económica, de 17 de maio de 2011, disponível em https://www.bportugal.pt/sites/default/files/anexosmou_pt.pdf [20-01-2021]

Menéndez Moreno, Alejandro, "*Derecho financero y tributario: parte general: lecciones de cátedra*", 9.ª Edição, Valladolid, Editorial Lex Nova, 2008

Ministério da Justiça, "Relatório Justiça 2015-2020", Lisboa, 2021, disponível em https://justica.gov.pt/Portals/0/Ficheiros/Organismos/JUSTICA/RelatorioJustica-2015-2020-final.pdf [19-11-2021]

Miranda, Jorge, MEDEIROS, Rui, "Constituição Portuguesa Anotada – Livro I – Artigos 1.º a 79.º", Coimbra, Universidade Católica Editora, 2017

Monteiro, António Pedro Pinto, *et. al.*, "Manual de Arbitragem", Coimbra, Almedina, 2020

Musgrave, Richard A., Musgrave, Peggy B., "*Public Finance in Theory and Practice*", 5.ª Edição, Nova Iorque, McGraw-Hill, 1989

Nabais, Casalta, "Direito Fiscal", 11.ª Edição, Coimbra, Almedina, 2019

—, "Sobre o regime jurídico das taxas" *in* CEJ, *Taxas e contribuições financeiras a favor das entidades públicas e contribuições para a segurança social*, Lisboa, 2015, disponível em https://cej.justica.gov.pt/LinkClick.aspx?fileticket=GyuW8xXfZvE%3d&portalid=30 [23-04-2022]

—, "O dever fundamental de pagar impostos – Contributo para a compreensão constitucional do Estado fiscal contemporâneo", Coimbra, Almedina, 1998

Nazareth, Francisco J." Duarte, "Elementos do processo civil – Primeira Parte – Volume Primeiro", 4.ª Edição, Coimbra, Livraria de J. Augusto Orcel, 1866

Nunes, Cleucio Santos, "Controvérsias sobre taxa judiciária e o financiamento dos fundos de modernização do Poder Judiciário", *in Cadernos Jurídicos da Escola Paulista da Magistratura*, n.º 54, São Paulo, 2020

Pereira, Manuel Henrique de Freitas, "Fiscalidade", 6.ª Edição (Reimp. 2020), Coimbra, Almedina, 2018

Pimenta, Paulo, "Processo Civil Declarativo", 3.ª Edição, Coimbra, Almedina, 2020

Queralt Martín, Juan, *et al.*, "*Curso de Derecho Financeiro y Tributario*", Madrid, Tecnos, 2015

Ramos, Alfredo, "*Las Tasas Judiciales desde una Perspectiva Tributaria*", Valencia, Tirant lo Blanch, 2011

Rede Judiciária Europeia em Matéria Civil e Comercial, "Guia Prático para a aplicação do Regulamento relativo ao Título Executivo Europeu", Bélgica, 2008, disponível em https://e-justice.europa.eu/fileDownload.do?id=5aa075e5-e833-4816-9f55-7490a5723600 [23-12-2021]

ROCHA, Joaquim Freitas da, "Direito da Despesa Pública", Coimbra, Almedina, 2019

—, "Direito Financeiro Local", 3.ª Edição, Coimbra, Almedina, 2019

—, "Lições de Procedimento e Processo Tributário", 8.ª Edição, Coimbra, Almedina, 2021

—, "A (falta de) qualidade legislativa em matéria tributária", Braga, Universidade do Minho, 2019, disponível em https://repositorium.sdum.uminho.pt/bitstream/1822/68191/1/Falta%20de%20qualidade%20legislativa.pdf [20-11-2021]

ROCHA, Joaquim Freitas da, SILVA, Hugo Flores da "Teoria Geral da Relação Jurídica Tributária", Coimbra, Almedina, 2019

RIBEIRO, João Sérgio, "Um novo paradigma de imposto", *in Fiscalidade – Revista de direito e gestão fiscal*, n.º 43, Coimbra, Coimbra Editora, 2010

RODRIGUES, Benjamim Silva, "Para uma reforma do sistema financeiro e fiscal do urbanismo em Portugal", *in* CORREIA, Fernando Alves (coord.), *1.º Colóquio Internacional – O Sistema Financeiro e Fiscal do Urbanismo – Ciclo de Colóquios – O Direito do Urbanismo do Séc. XII*, Coimbra, Almedina, 2002

RUEDA FONSECA, María del Socorro, "*El arancel o tasa judicial*" *in* LOZANO RODRÍGUEZ, Eleonora (coord.), *Teoría y puesta en prática del análisis económico del derecho colombiano*, Bogotá, *Universidad de los Andes*, 2016

RUIZ DE CASTILLA, Francisco, "*Derecho tributario: temas básicos*", Perú, Fondo Ediorial de la PUCP, 2008

RUSSO, Pasquale, "*Instituzioni Di Diritto Tributario*", Milano, Giufree Editore, 2014

SÁ, Eduardo Alves de, "Commentario ao Código do Processo Civil Portuguez – 2.º Volume", Typ. de Christovão Augusto Rodrigues, Lisboa, 1877

SANCHES, J. L. Saldanha, "Manual de Direito Fiscal", Coimbra, Coimbra Editora, 3.ª Edição, 2007

SILVA, Edgard Neves da, "Taxas", *in* MARTINS, Ives Gandra da Silva, *Curso de Direito Tributário*, 11.ª Edição, São Paulo, Saraiva, 2009

SILVA, Nuno J. Espinosa Gomes da, "História do Direito Português: Fontes de Direito", 2.ª Edição, Lisboa, Fundação Calouste Gulbenkian, 1991

SILVA, Paula Costa e, "A Litigância de Má Fé", Coimbra, Coimbra Editora, 2008

SILVA, Suzana Tavares da, "As taxas e a coerência do sistema tributário", Braga, CEJUR – Centro de Estudos Jurídicos do Minho, 2008

Simon Acosta, Eugenio, "*Las Tasas de las Entidades Locales (El hecho imponible)*", Pamplona, Aranzadi, 1999

Soares, Fernando Luso, "A responsabilidade Processual Civil", Coimbra, Almedina, 1987

Sousa, Jorge Lopes de, "Código de Procedimento e de Processo Tributário – Anotado", 2.ª Edição, Lisboa, Vislis Editores, 2000

Sousa, José Caetano Pereira e Sousa, "Primeiras linhas sobre o Processo Civil – Tomo I", Lisboa, Imprensa Nacional, 1831

Teixeira, António Braz, "Princípios de Direito Fiscal – Vol. I", 3.ª Edição, Coimbra, Almedina, 1990

Teixeira, Glória, "Manual de Direito Fiscal", 6.ª Edição (Reimp.), Coimbra, Almedina, 2021

Teixeira, Glória, Nogueira, João Félix, "Breve anotação sobre o conceito de taxa", *in Revista da Faculdade de Direito da Universidade do Porto,* Ano II, 2005

Tipke, Klaus, Lang, Joachim, "*Steuerrecht*", 18.ª Edição, 2005, tradução portuguesa de Luiz Dória Furquim, "Direito Tributário – Vol. I", Porto Alegre, Sergio Antonio Fabris Editor, 2008

Varela, João de Matos Antunes, "Das Obrigações em Geral – Vol. I", 10.ª Edição, Coimbra, Almedina, 2011

—, "Das Obrigações em Geral", Vol. II, 7.ª Edição, Coimbra, Almedina, 2013

Valdez, Vasco, "A dinâmica da relação tributária. O Estado, o cidadão e o imposto" *in* Catarino, João Ricardo, Guimarães, Vasco Branco, *Lições de Fiscalidade,* 7.ª Edição, Coimbra, Almedina, 2021

Vasques, Sérgio, "Capacidade contributiva, rendimento e património", *in Fiscalidade – Revista de Direito e Gestão Fiscal,* n.º 23, Coimbra, Coimbra Editora, 2005

—, "Manual de Direito Fiscal", 2.ª Edição (Reimp.), Coimbra, Almedina, 2018

—, "O Imposto sobre o Valor Acrescentado", Coimbra, Almedina, 2019

—, "O Princípio da Equivalência como Critério de Igualdade Tributária", Coimbra, Almedina, 2008

—, "Regime das Taxas Locais: Introdução e Comentário", Coimbra, Almedina, 2008

Xavier, Alberto, "Manual de Direito Fiscal", Volume I, Lisboa, 1974